第三版

信託登記の実務

信託登記実務研究会［編著］

日本加除出版

第三版はしがき

信託法の全面改正から８年半余りが経過し，不動産登記実務においても定着し，新たに創設された担保権の設定の登記（いわゆるセキュリティ・トラスト），自己信託，信託の併合・分割等の信託の登記も順調にその利用がされていると聞き及んでいる。

この度は，改訂版が出版された後に実務先例として発出された根抵当権に係る担保権の設定の登記（いわゆるセキュリティ・トラスト）に関する事例を，新たに追加した。また，法改正により創設された限定責任信託についても，近時の活用の動きがあるものと仄聞したため，限定責任信託の定めに関する登記の事例等を追加して，第三版として新たに刊行することとなった。

また，併せて，本書の記述にいくつかの不十分な点があり，読者の皆様からのご指摘を受けた箇所等についても加筆修正を行うと同時に，近時の実務動向も踏まえて，全面的に見直しを行った。

本書が，不動産登記実務に携わる皆様のお役に立てれば幸いである。

平成28年２月

信託登記実務研究会

は　し　が　き

平成18年に，約80年ぶりに信託法が全面改正され（平成18年法律第108号），平成19年９月30日に施行となった。日本人にとって一般的になじみの薄い信託であるが，今般の改正により，より活発な信託の活用が期待されており，実際に新信託法の施行以降，信託に関する登記の申請件数も徐々に増加している。

信託法の改正に併せて不動産登記の関係法令の改正もなされ，登記事務についても新信託法に対応するものとなった。しかし，信託に関する登記事務の手続は，その複雑な法律関係などから，従来から難解なものであり，また，今般の改正により信託の併合・分割制度等の創設，担保権の設定による信託（いわゆる，セキュリティ・トラスト）の明文化，新たな信託の類型として自己信託，限定責任信託等の制度が設備されたことから，さらに理解の難しい登記となった。

本書は，可能な限り多くの事例を想定し，その申請書式や登記記録例を基にして信託の登記の実務上の手続等を研究したものである。特に，解説を要すると思われる事案には，登記原因証明情報などの添付書類についても，そのひな形を掲載した。事例はできうる限り現実の事例に則することで，実務に即した内容となるように心掛けた。また，例えば登録免許税の問題など，実務上で問題となった事項についても事例ごとに解説を施すようにした。

本書を執筆した信託登記実務研究会は，前東京法務局民事行政部不動産登記部門統括登記官である齊藤明を中心にした有志による研究会である。この研究会は，新信託法を理解し，円滑な登記事務を実現させるための私的なものであるが，この度その研究の成果を書籍として刊行することができた。

本書が，不動産登記業務に携わる実務家の皆様のお役に立てば幸いである。

平成21年11月

信託登記実務研究会

凡　例

- 本書における特に文献等の明記のない頁数については，本書の頁数を指すものとする。
- 本書における法令の略記例は以下の通り。

　不動産登記法　→　不登法

　不動産登記令　→　不登令

　不動産登記規則　→　不登規則

　不動産登記事務取扱手続準則　→　不登準則

目 次

第1章 信託法

第4節 受益者・受益権等 *36*

第2章 不動産信託登記手続総論

第３章 不動産信託登記手続各論

第1章

信 託 法

第1節

総　則

第1　信託の定義等

1　信託の定義

信託法（平成18年12月15日法律第108号）において，「信託」とは，信託契約を締結する方法（信託法3条1号），信託遺言をする方法（信託法3条2号）又は自己信託証書等を作成する方法（信託法3条3号）のいずれかにより，特定の者（受託者）が一定の目的（専らその者の利益を図る目的を除く。）に従い財産の管理又は処分及びその他の当該目的の達成のために必要な行為（信託行為）をすべきものとすることをいうとされている（信託法2条1項）。

2　信託の対象となる「財産」の範囲

信託の対象となる「財産」には，金銭的価値に見積もり得るものすべてが含まれ，金銭，不動産，有価証券，特許権等の知的財産権はもちろんのこと，特許を受ける権利，外国の財産権等も含まれるが，委託者の生命，身体，名誉等の人格権は含まれない。

また，「財産」には，いわゆる消極財産たる債務は含まれないが，委託者と受託者との合意に基づいて，かつ，債権者の同意を得て，委託者の債務を受託者が信託財産として引き受けることもできることから，実質的には積極財産と消極財産を合わせて信託することも可能である。

3　財産の処分

信託契約を締結する方法（信託法3条1号）及び信託遺言をする方法（信託法3条2号）においては，特定の者（受託者）に対し，「財産の譲渡，担保権の設定その他財産の処分」をすることとされ，「財産の処分」が予定されている。

「財産の処分」としては，財産の譲渡（信託譲渡）により委託者の財産を受託者に信託財産として移転させる方法が典型的ではあるが，担保権を受託者に設定し，これを信託財産に帰属させること，いわゆる担保権の設定による信託（セキュリティ・トラスト）も可能である。このほか，地上権，賃借権の設定による信託も可能である。

4　信託の目的

受託者となる者は，「一定の目的」に従って信託財産の管理又は処分をすることとなり，この「一定の目的」がおよそ存在しないようなものは，信託としては無効である。そして，その目的は，専らその者（受託者）の利益を図る目的であってはならないこととされている。

第2　信託の方法と効力

1　信託の方法とその効力

⑴　信託の方法

信託は，①信託契約を締結する方法（信託法3条1号），②信託遺言をする方法（信託法3条2号），③自己信託証書等を作成する方法（信託法3条3号）の3つの方法が認められている。

⑵　信託の効力

それぞれの信託の類型ごとに，信託の効力の発生時期について規定がされている（信託法4条）。

各類型の信託の効力については，各項目を参照願いたい。

2　信託契約を締結する方法による信託

⑴　信託契約

信託契約を締結する方法は，最も典型的な信託の方法であり，「特定の者との間で，当該特定の者に対し財産の譲渡，担保権の設定その他の財産の処分をする旨並びに当該特定の者が一定の目的に従い財産の管理又は処分及びその他の当該目的の達成のために必要な行為をすべき旨の契約」を締結する方法である（信託法３条１号）。

すなわち，委託者が受託者との間において，①委託者から受託者に対して，財産の譲渡，担保権の設定その他の財産の処分をすること，及び②受託者は，一定の目的に従い（専らその者の利益を図る目的を除く。）財産の管理又は処分及びその他の当該目的の達成のために必要な行為をすべきこと，の双方を約する契約を締結する方法である。

この信託契約により，委託者の財産は，受託者に信託財産として移転し，又は受託者を権利者として担保権の設定がされるが，その財産等はあくまでも信託財産として受託者が管理し，当該目的の達成のために処分することとなる。

なお，信託契約は，当事者（委託者・受託者）の合意のみで成立し効力が生ずる諾成契約である。

⑵　信託の効力

信託契約を締結する方法による信託は，委託者と受託者との間の信託契約の締結によってその効力を生ずる（信託法４条１項）。

また，信託契約において，その信託行為に停止条件又は始期が付されているときは，当該停止条件の成就又は当該始期の到来によってその効力が生ずることとなる（信託法４条４項）。

なお，信託の効力発生時期とは別に，信託による財産の譲渡があった場合に，委託者から受託者にその所有権等がいつ移転するか（権利の移転時期）については，物権変動の時期に関する一般的な見解により決せられるべきものと解されている。

3　信託遺言をする方法による信託

⑴　信託遺言

信託遺言をする方法とは，「特定の者に対し財産の譲渡，担保権の設定その他の財産の処分をする旨並びに当該特定の者が一定の目的に従い財産の管理又は処分及びその他の当該目的の達成のために必要な行為をすべき旨の遺言をする方法」である（信託法3条2号）。

すなわち，遺言者は，遺言によって受託者を指定して，①受託者に対して，遺言者の財産の譲渡，担保権の設定その他の財産の処分をすること，及び②受託者は，一定の目的に従い（専らその者の利益を図る目的を除く。）財産の管理又は処分及びその他の当該目的の達成のために必要な行為をすべきことを指定する方法である。

遺言により受託者が指定されているときには，受託者は，委託者の相続人，受益者，信託管理人等に引受けの確答を要する（信託法5条2項，3項）。なお，指定された受託者が引受けの確答をしないとき及び遺言に受託者の指定がないときには，裁判所は，利害関係人の申立てにより，受託者を選任することとなる（信託法6条1項）。

(2)　信託の効力

遺言信託は，遺言の効力の発生によってその効力を生ずる（信託法4条2項）。

遺言信託については，一般に，遺留分に関する規定をはじめとして遺贈に関する民法の規定が類推適用され，遺言の方式及び効力についても民法の規定に従うものと解されている（民法960条以下参照）。

4　自己信託証書等を作成する方法による信託

(1)　自己信託

自己信託証書等を作成する方法とは，「特定の者が一定の目的に従い自己の有する一定の財産の管理又は処分及びその他の当該目的の達成のために必要な行為を自らすべき旨の意思表示を公正証書その他の書面又は電磁的記録（電子的方式，磁気的方式その他人の知覚によっては認識することができない方式で作られる記録であって，電子計算機による情報処理の用に供されるものとして法務省令で定めるものをいう。以下同じ。）で当該目的，当該財産の特定に必要な事項その他の法務省令（注）で定める事項を記載し又は記録したものによってする方法」である（信託法3条3号）。

すなわち，信託を利用しようとする委託者自身が，自己の有する一定の財産について，これを固有財産でなく，信託財産として，自らを受託者として，一定の目的に従い財産の管理・処分等をする旨の意思表示を公正証書又は公証人の認証を受けた書面等によってする方法である。

（注）　信託法施行規則

第3条　〔信託〕法第3条第3号に規定する法務省令で定める事項は，次に掲げるものとする。

一　信託の目的

二　信託をする財産を特定するために必要な事項

三　自己信託をする者の氏名又は名称及び住所

四　受益者の定め（受益者を定める方法の定めを含む。）

五　信託財産に属する財産の管理又は処分の方法

六　信託行為に条件又は期限を付すときは，条件又は期限に関する定め

七　〔信託〕法第163条第9号の事由（当該事由を定めない場合にあっては，その旨）

八　前各号に掲げるもののほか，信託の条項

⑵　信託の効力

自己信託は，公正証書又は公証人の認証を受けた書面若しくは電磁的記録によってされる場合には，公証人によって公証された日，すなわち当該公正証書等の作成日に直ちに効力が生ずる（信託法4条3項1号）。

これに対し，公正証書等以外の書面又は電磁的記録によってされる場合には，受益者となるべき者として指定された第三者（当該第三者が2人以上ある場合にあっては，その1人）に対する確定日付のある証書による当該信託がされた旨及びその内容の通知によって効力が生ずる（信託法4条3項2号）。

第3　信託の公示（信託財産に属することの対抗要件）

1　信託財産に属する財産についての対抗要件

⑴　意　義

信託法14条においては，「登記又は登録をしなければ権利の得喪及び変更を

第三者に対抗することができない財産については，信託の登記又は登録をしなければ，当該財産が信託財産に属することを第三者に対抗することができない。」とされ，登記又は登録をしなければ権利の得喪及び変更を第三者に対抗することができない財産に限定して，信託の登記又は登録を第三者対抗要件としている。

よって，不動産所有権を委託者が受託者に対して信託する（固有財産から信託財産にする）場合には，当該財産の権利（所有権）が委託者から受託者に移転することから，第三者に対抗するためには，所有権の移転という物権変動を公示するところの「権利の移転等の登記」をすることにより対抗要件を具備する必要がある（民法177条）。

しかし，この「権利の移転等の登記」だけでは当該財産が受託者個人の固有財産であるのか信託財産であるのかが明確ではなく，信託には，第三者に対する一定の物権的効力（信託財産責任負担債務に係る債権に基づかない強制執行等はできない等）が付与されていることから，取引の安全を図る観点から信託法14条が定められ，信託財産に属する財産であることを公示するため，不動産の権利の変動に係る登記とは別に，「信託の登記」をすることにより第三者に対する対抗要件を具備する必要がある。

この第三者の範囲は，信託関係人（委託者，遺言信託の場合の委託者の相続人，受託者，受益者，信託管理人，信託監督人，受益者代理人，信託財産管理者），信託行為の当事者の包括承継人，不動産登記法５条に該当する者，信託財産又は受益権に対する不法行為者を除いた者である。

(2)　信託財産に属する財産の物権的効力

信託財産に属する財産については，受託者の固有財産及び他の信託の信託財産に属する財産と分別して管理する義務が受託者に課せられている（信託法34条）ばかりでなく，第三者との関係においては，一定の物権的効力，①信託財産責任負担債務に係る債権に基づく場合を除き，強制執行等をすることができないこと（信託法23条１項），②受託者が破産手続開始の決定を受けた場合でも，破産財団に属しない（信託法25条１項）など，が付与されている。

しかし，当該財産が，受託者個人の固有財産であるのか，信託財産であるのかの公示がない場合には，信託財産責任負担債務に係る債権に基づかない強制執行等に対しては受益者又は受託者から異議を主張されることもあるし，受託者がその任務を怠ったことにより，信託財産と知らずに処分をしたことから受益者から原状回復請求をされることがあり，受益者の保護，信託財産及び受託者と取引する第三者の保護等，取引の安全を図る観点からも，信託財産である旨及び信託の内容を公示する必要がある。

2　信託の登記・登録が対抗要件となる財産の範囲

信託法14条にいう「登記又は登録をしなければ権利の得喪及び変更を第三者に対抗することができない財産」とは，具体的には，不動産所有権，抵当権，地上権，特許権，著作権等の，当該財産一般について公示制度が整備され，登記又は登録が権利の得喪及び変更についての対抗要件とされているものである。なお，船舶，建設機械，農業用動産も信託財産となる。

不動産登記においては，信託法14条の趣旨を受けて不動産に関する信託の登記について，不動産登記法，不動産登記令，不動産登記規則及び不動産登記事務取扱手続準則に信託に関する登記の公示及び手続に係る規定を設けている。

これに対し，一般の動産や債権など，当該財産一般についての公示制度が整備されておらず，公示をもって対抗要件とすることになっているものについては，信託法14条の適用はなく，当該財産が信託財産に属する旨の公示がなくても信託財産に属することを第三者に対抗することができる。

3　不動産登記関係法令における信託の公示に係る規定

(1)　信託に関する登記の申請方法

ア　信託を原因とする登記，いわゆる「信託に関する登記」については，①信託財産に属する不動産についての物権変動を公示するところの「権利の保存，設定，移転又は変更の登記並びに権利の登記の抹消」（以下「権利の移転等の登記」という。）の登記の部分と②当該不動産が受託者が管理・処分等をすべきある信託の信託財産に帰属していることを公示するところの「信託の登記及び信託の登記の抹消」の登記の部分に区別することができる。

この両者については，同時に登記の申請をしなければならないとされ（不登法98条１項，104条１項，104条の２第１項），かつ，その登記の申請は，一の申請情報によってしなければならない（不登令５条２項，３項）。

イ　「権利の移転等の登記」については，権利に関する登記であることから，共同申請の原則が適用され，登記権利者と登記義務者が共同して申請しなければならない（不登法60条）。

ただし，自己信託による権利の変更の登記に限っては，受託者が単独ですることができる（不登法98条３項）。

なお，共同申請に当たっては，登記面上，利益を受ける者（新たに登記名義人になる者）が登記権利者となり，登記面上，不利益を受ける者（登記名義人でなくなる者）が登記義務者となって申請することとなる。

また，「信託の登記」については，改正前の不動産登記法の下では，委託者と受託者の共同申請によるとされていたが（旧不登法108条），改正後の不動産登記法では，「信託の登記」は，受託者が単独で申請することができるとされた（不登法98条２項）。「信託の登記の抹消」についても同様である（不登法104条２項）。この改正の趣旨は，信託の登記は，不動産に関する権利が，受託者の固有財産ではなく信託財産に属するという「権利の帰属関係」を示す特殊な登記であり，もともと，申請当事者の利害の対立を前提とする登記権利者及び登記義務者による共同申請という構造に親しむ性質のものではなかったからと考えられる。

(2)　信託に関する登記の公示方法（登記事項）

ア　信託に関する登記の登記事項

信託に関する登記の登記事項は，不動産登記法59条各号に掲げる権利に関する登記の登記事項（登記の目的，登記原因及びその日付，権利者の氏名・住所等）のほか，同法97条１項各号に掲げる信託の登記の登記事項を記載することとされている。

また，信託に関する登記事項のうち，信託財産に属した旨の記録（信託の登記）及び信託財産に属しなくなった旨の記録（信託の登記の抹消）については，登記簿に記録することとなるが，同法97条1項各号に掲げる信託の登記の登記事項（委託者，受託者及び受益者の氏名又は名称及び住所，信託の条項等）については，信託目録に記録することとなる（後述ウ参照）。

なお，信託に関する登記の登記事項に関する詳細については，後述第2章第1，2(5)(90頁）を参照願いたい。

イ　信託に関する登記の登記記録の方法

信託に関する登記の申請があった場合の登記官がする登記記録の方法については不動産登記規則175条に規定されており，信託の登記と権利の移転等の登記は，権利部の相当区に一の順位番号を用いて記録することとされている。

ウ　信託目録の記録

信託に関する登記申請があり，信託の登記をするときには，登記官は，登記記録に不動産登記法59条各号に掲げる権利に関する登記の登記事項の記録をするほか，信託目録に同法97条1項各号に掲げる事項を明らかにするため，不動産登記規則別記5号様式による信託目録を同規則176条各項の規定により作成することとなる（不登法97条3項）。

信託目録には，信託の当事者（委託者・受託者・受益者の氏名・名称及び住所）及び信託の目的・信託財産の管理方法・信託の終了の事由等の信託の条項等を記載し，当該信託の内容を公示することとしている。

また，受益者の変更，信託条項の変更等の信託の変更の登記があった場合においては，登記官は，申請に基づき又は職権で信託目録の記録を変更することとなる（不登規則176条3項）。

なお，信託目録の記録に関する詳細については，後述第2章第1，2(5)(90頁）～(7)(94頁）を参照願いたい。

第2節
信託財産

第1　信託財産の範囲

「信託財産」とは，受託者に属する財産であって，信託により管理又は処分すべき一切の財産とされている（信託法2条3項）。これに対し，「信託財産に属する財産」とは，信託財産を構成する個々の財産を示している。

「固有財産」とは，受託者に属する財産であって，信託財産に属する財産でない一切の財産とされている（信託法2条8項）。

受託者の財産のうち，信託財産に属することとなる財産の範囲については，①信託行為において信託財産に属すべきものと定められた財産（信託法16条本文）のほか，②信託財産に属する財産の管理，処分，滅失，損傷その他の事由により受託者が得た財産（信託法16条1号）及び信託財産について付合が生じた場合など，信託法の関連規定により信託財産に属することとなった財産（信託法16条2号）とされている。

②については，信託財産が他の財産に形を変えても，その新たな財産が信託財産を構成するという，いわゆる「信託財産の物上代位性」を規定したものである。具体的には，信託財産に属する財産である不動産を売却して得た売買代金債権，信託財産に属する金銭をもって購入した不動産，信託財産を担保として借り入れた金銭等は当該信託の信託財産となる。

第2　信託財産に属する財産の付合等

1　信託財産に属する財産の付合

受託者に帰属している信託財産に属する財産と固有財産若しくは他の信託財

産に属する財産との間に添付（付合・混和・加工）が生じた場合には，各信託の信託財産及び固有財産に属する財産は各別の所有者に属するものとみなされ，民法242条から248条までの規定が適用されることとしている（信託法17条）。

2　信託財産に属する財産の識別不能

受託者に帰属している信託財産に属する財産と固有財産に属する財産とが，付合・混和等のように物理的な結合・混在等により識別不能になったのではなく，物理的には弁別できる状態ではあるが，天災等の不可抗力とか，受託者の分別管理義務違反等により，その帰属関係のみが不明瞭・識別不能になった場合には，各財産の帰属関係を明確にするため，各財産の共有持分が信託財産と固有財産とに属するものとみなした上で，その共有持分の割合を，その識別することができなくなった当時における各財産の価格の割合に応じるとしている（信託法18条）。

3　信託財産と固有財産等とに属する共有物の分割等

信託財産に属する財産等について，前述の付合・混和あるいは識別不能が生じたとか，受託者が信託財産に属する金銭と固有財産に属する財産を合わせて不動産を購入したり，委託者と受託者の共有の不動産の委託者に係る持分を信託した場合など，信託財産と固有財産とで共有関係が生じたときに関する共有物分割の方法が信託法19条で定められている。

信託財産の処分権限を有するのは受託者であり，また，固有財産の処分権限を有するのも受託者であることから，受託者が単独で行う分割は，典型的な利益相反行為に当たる。したがって，受託者が行う共有物の分割に関しては，信託財産に係る利益相反行為の制限の例外（信託法31条2項）に関する規律と同旨の規定を設けている。

⑴　信託財産と固有財産とに属する共有物の分割

①信託行為において定めた方法，②受託者と受益者との協議による方法，③分割することが信託の目的の達成のために合理的に必要と認められる場合で

あって，受益者の利益を害しないことが明らかであるとき，又は当該分割の信託財産に与える影響，当該分割の目的及び態様，受託者の受益者との実質的な利害関係の状況その他の事情に照らして正当な事由があるときにおいて，受託者が決する方法のいずれかによって，当該共有物の分割をすることができるとされている（信託法19条1項）。

さらに，②の協議が調わないときその他①から③までに掲げる方法による分割をすることができないときは，受託者又は受益者は，裁判所に対し，当該共有物の分割を請求することができるとされている（信託法19条2項）。

⑵　ある信託の信託財産と他の信託の信託財産との間での共有物の分割

①各信託の信託行為において定めた方法，②各信託の受益者の協議による方法，③各信託について，分割することが信託の目的の達成のために合理的に必要と認められる場合であって，受益者の利益を害しないことが明らかであるとき，又は当該分割の信託財産に与える影響，当該分割の目的及び態様，受託者の受益者との実質的な利害関係の状況その他の事情に照らして正当な事由があるときにおいて，各信託の受託者が決する方法のいずれかによって，当該共有物の分割をすることができるとされている（信託法19条3項）。

さらに，②の協議が調わないときその他①から③までに掲げる方法による分割をすることができないときは，各信託の受益者は，裁判所に対し，当該共有物の分割を請求することができるとされている（信託法19条4項）。

第3　信託財産責任負担債務の範囲等及び信託財産に属する財産に対する強制執行等の制限

1　信託財産責任負担債務の範囲

信託財産に属する財産は，受託者に帰属するものであるが，実質的には，受益者のために財産を管理・処分されるべきものであり，受託者の債権者による信託財産に属する財産への強制執行等は，原則として，禁止されている。しかし，一部の債務（受託者が信託財産に属する財産をもって履行する責任を負う債務），いわゆる「信託財産責任負担債務」（信託法２条９項）に係る債権に基づく場合には，信託財産に属する財産に対して，強制執行，仮差押え，仮処分，担保権の実行，競売及び国税滞納処分等をすることができる（信託法23条１項)。

この「信託財産責任負担債務」に係る権利については，次のとおり信託法21条１項各号に列記されている。

①　受益債権（１号）

信託行為に基づいて受託者が受益者に対して負う債務であって信託財産に属する財産の引渡しその他の信託財産に係る給付をすべきものに係る債権（信託法２条７項括弧書き)。

②　信託財産に属する財産について信託前の原因によって生じた権利（２号）

例えば，信託前に信託財産である不動産に設定されている抵当権等が該当する。

③　信託前に生じた委託者に対する債権であって，当該債権に係る債務を信託財産責任負担債務とする旨の信託行為の定めがあるもの（３号）

④　信託法103条１項（信託の変更）又は同条２項（信託の併合又は分割）の規定による受益権取得請求権（４号）

⑤　信託財産のためにした行為であって受託者の権限に属するものによって生じた権利（５号）

例えば，受託者が信託財産である建物の外壁工事等のために締結した請負契約における請負代金支払債権とか，受託者が信託行為に基づき新たに不動産を取得するために金銭を借入れし，当該不動産に抵当権設定をした場合の貸金債権が該当する。

⑥　信託財産のためにした行為であって受託者の権限に属しないもののうち，次に掲げるものによって生じた権利（６号）

イ　信託法27条１項又は２項（これらの規定を信託法75条４項において準用する場合を含む。ロにおいて同じ）の規定により取り消すことができない行為（当該行為の相手方が，当該行為の当時，当該行為が信託財産のためにされたものであることを知らなかったもの（信託財産に属する財産について権利を設定し又は移転する行為を除く。）を除く。）

ロ　信託法27条1項又は2項の規定により取り消すことができる行為であって取り消されていないもの

これは，受託者の権限違反行為に基づく行為によって生じた権利に基づき信託財産に属する財産に対する強制執行等ができる場合である。

⑦　信託法31条6項に規定する処分その他の行為又は同条7項に規定する行為のうち，これらの規定により取り消すことができない行為又はこれらの規定により取り消すことができる行為であって取り消されていないものによって生じた権利（7号）

これは，受託者の利益相反行為に基づく行為によって生じた権利に基づき信託財産に属する財産に対する強制執行等ができる場合である。

⑧　受託者が信託事務を処理するについてした不法行為によって生じた権利（8号）

⑨　5号から8号までに掲げるもののほか，信託事務の処理について生じた権利（9号）

例えば，信託財産に関する租税・公課（信託財産に属する不動産について生ずる固定資産税等），瑕疵担保責任に基づく権利等である。

2　信託財産限定責任負担債務の範囲

前述のとおり，信託財産責任負担債務は，信託財産に属する財産をもって履行責任を負うところであるが，同時に，受託者が負担する債務であることから，受託者は，信託事務の遂行によって負担した債務であったとしても，相手方との関係においては，自らの固有財産に属する財産をもってその履行責任を負うことになる。

しかし，信託財産責任負担債務の中には，受託者の固有財産に属する財産をもって履行する責任がない債務もあり，これらの債務を「信託財産限定責任負担債務」として，次のとおり信託法21条2項各号に列記されている。

①　受益債権（1号）

信託行為に基づいて受託者が受益者に対して負う債務であって信託財

産に属する財産の引渡しその他の信託財産に係る給付をすべきものに係る債権（信託法２条７項括弧書き）。

受益債権に係る債務については，受託者は，信託財産に属する財産のみをもってこれを履行する責任を負うとされている（信託法100条）。

② 限定責任信託における信託債権（２号）

信託行為においてそのすべての信託財産責任負担債務について受託者が信託財産に属する財産のみをもってその履行の責任を負う旨の定めがあり（信託法216条１項），限定責任信託の定めの登記（信託法232条）がされているとき。

③ ①②に掲げる場合のほか，信託法の規定により信託財産に属する財産のみをもってその履行の責任を負うとされる場合における信託債権（３号）

④ 信託債権者との間で信託財産に属する財産のみをもってその履行の責任を負う旨の合意がある場合における信託債権（４号）

3　信託財産に属する財産に対する強制執行の制限等

(1) 強制執行の制限

ア　原　則

前記１のとおり，信託財産に属する財産は，形式的には受託者に帰属するものであるが，実質的には，受益者のために管理・処分されるべきものであり，その信託の利益は受益者に帰属する。そこで，原則として，受託者の債権者による信託財産に属する財産に対する強制執行，仮差押え，仮処分若しくは担保権の実行若しくは競売又は国税滞納処分をすることができないとされている。

例外的に，信託法21条１項各号に列記されている「信託財産責任負担債務」に係る債権に基づく場合には許容されている（信託法23条１項）。

なお，信託財産責任負担債務に該当しない権利に基づいてされた強制執行等に対しては，受託者又は受益者は，異議を主張することができる（信託法23条５項，６項）。

イ　自己信託の特則

自己信託が濫用され，委託者兼受託者の債権者が害されることを防止する観点から，自己信託に関しては，委託者がその債権者を害することを知って当該信託をしたときは，信託財産責任負担債務に係る債権を有する債権者のほか，当該委託者（受託者）に対する債権で信託前に生じたものを有する者は，信託財産に属する財産に対し，強制執行，仮差押え，仮処分若しくは担保権の実行若しくは競売又は国税滞納処分をすることができるとされている（信託法23条2項）。

よって，当該委託者の債権者は，詐害信託取消訴訟の手続を執ることなく，信託財産に属する財産に対し，直接，強制執行等ができることとなる。

ただし，受益者が現に存在する場合において，その受益者の全部又は一部が，受益者としての指定を受けたことを知った時又は受益権を譲り受けた時において債権者を害すべき事実を知らなかったときは，この限りではないとされている。

なお，この特則は，自己信託された時から2年間を経過すると適用されないこととなる（信託法23条4項）。

⑵　相　殺

ア　固有財産等責任負担債務に係る債権を有する者がする，信託財産に属する債権との相殺

受託者が固有財産又は他の信託の信託財産に属する財産のみをもって履行する責任を負う債務（以下「固有財産等責任負担債務」という。）に係る債権と，信託財産に属する財産に属する債権との間において，前者の債権を自働債権，後者を受働債権として相殺することはできないとされている（信託法22条1項本文）。

これを認めれば，信託債権者や受益者以外の第三者による信託財産に属する財産への強制執行等を認めたと同様になり，信託財産の独立性が害されることになるからである。

ただし，第三者保護の観点から，固有財産等責任負担債務に係る債権を有する第三者において，①相殺の受働債権である「信託財産に属する債権」が固有財産等に属するものでないことを知らず，かつ，知らなかったことにつき過失がなかった場合（信託法22条1項1号），②相殺の受働債権である固有財産等責任負担債務に係る債権が信託財産責任負担債務に係る債権でないことを知らず，かつ，知らなかったことにつき過失がなかった場合（信託法22条1項2号）には，第三者からの相殺が例外的に許容される。

イ　信託財産限定責任負担債務に係る債権を有する者がする，固有財産に属する債権との相殺

受託者が信託財産責任負担債務のうち信託財産に属する財産のみをもってその履行の責任を負う債務（信託財産限定責任負担債務）に係る債権と受託者の固有財産に属する債権との間において，第三者が，前者の債権を自働債権，後者を受働債権として相殺することはできないとされている（信託法22条3項）。

これを認めれば，信託財産限定責任負担債務については，受託者は，受託者の固有財産に属する財産をもってその履行責任を負わないとした趣旨（強制執行等の制限）に反することになるからである。

ただし，信託財産限定責任負担債務に係る債権を有する第三者において，相殺の受働債権である「固有財産に属する債権」が信託財産に属するものでないことを知らず，かつ，知らなかったことにつき過失がなかった場合には，第三者からの相殺が例外的に許容される（同項ただし書）。

ウ　受託者がする相殺

(ア)　信託財産に属する債権を自働債権としてする相殺

信託財産に属する債権と固有財産等責任負担債務とを受託者において相殺した場合には，固有財産等責任負担債務を信託財産に属する財産をもって弁済していることになるから，当該行為は利益相反行為（信託法31条1項4号）に当たる。

(イ)　固有財産に属する債権を自働債権としてする相殺

受託者が，固有財産に属する債権と信託財産責任負担債務に係る債権との間で相殺をした場合には，固有財産に属する財産をもって信託財産責任負担債務を弁済したことになるから，原則として利益相反行為とはならない。

(3)　信託財産と受託者の破産手続等との関係

ア　破産財団

受託者が破産手続開始の決定を受けた場合であっても，信託財産に属する財産は，破産財団に属しないとされている（信託法25条1項）。

イ　破産債権

受益債権（信託行為に基づいて受託者が受益者に対して負う債務であって信託財産に属する財産の引渡しその他の信託財産に係る給付をすべきものに係る債権）及び信託債権（信託財産限定責任負担債務に係る債権であって受益債権でないもの，信託法21条2項2号から4号）については，いずれも破産債権とならないとされている（信託法25条2項）。

この受益債権及び信託債権は，形式的には，「破産債権」の定義（破産者に対し破産手続開始前の原因に基づいて生じた財産上の請求権であって，財団債権に該当しないもの）に該当するものの，これらの債権は，いずれも信託財産に属する財産のみを引当財産とするものであるから，信託財産が破産財団に属しないものである以上，これらの債権を破産債権と位置付けてその権利行使を制限し破産手続による配当の対象とする必要はないとの考えからである。

第３節
受託者

第１　受託者の資格等

受託者とは，信託行為の定めに従い，信託財産に属する財産の管理又は処分及びその他の信託の目的の達成のために必要な行為をすべき義務を負う者である（信託法２条５項）。

この受託者には，未成年者，成年被後見人，被保佐人はなることはできない（信託法７条）。これは，受託者は信託の目的を達成するため信託財産に属する財産の管理・処分等をする者であることから，単独で財産の管理・処分することができない制限能力者（未成年者，成年被後見人，被保佐人）が受託者となることを禁じたものである。なお，信託がされた後に受託者が後見開始又は保佐開始の審判を受け，成年被後見人又は被保佐人となった場合には，その任務は終了する（信託法56条１項２号）。

また，破産者については，未成年者，成年被後見人，被保佐人とは異なり，財産の管理処分権を一般的に失うものではなく，破産財団に属する財産の管理処分権のみを失うに過ぎないから，破産者を受託者とする信託を絶対的に無効とするまでの必要性には乏しい等の理由から除外された。ただし，受託者が破産手続開始の決定を受けた場合には，原則として受託者の任務の終了事由とされている（信託法56条１項３号）。

第２　受託者の権限

受託者は，信託財産に属する財産の管理又は処分及びその他の信託の目的の達成のために必要な行為をする権限を有する。ただし，信託行為によりその権限に制限を加えることも可能である（信託法26条）。

受託者には，信託の目的を達成するために，信託財産に属する財産の管理処分権限は必ず与えられることになる。これに加え，信託の目的を達成するための行為であれば，緊急に資金を調達するために信託財産を引当てとする借入行為や信託財産である金銭により不動産を購入する行為等も行うことができる。

第3　受託者の権限違反行為の取消し

1　受託者の権限違反行為の取消し

受託者が信託財産のためにした行為がその権限に属しない場合においては，①当該行為の相手方が，当該行為の当時，当該行為が信託財産のためにされたものであることを知っており，かつ，②当該行為の相手方が，当該行為の当時，当該行為が受託者の権限に属しないことを知っていたとき又は知らなかったことにつき重大な過失があったときには，受益者は，当該行為を取り消すことができる（信託法27条1項）。

受託者が，権限なく信託財産に属する財産を処分した場合だけでなく，受託者が金銭の借入権限がないにもかかわらず，第三者から金銭を借り入れた場合においては，当該金銭消費貸借契約を取り消すことができることとなる。

2　信託の登記又は登録をすることができる財産について，受託者の権限違反行為があった場合の特則

信託法14条の信託の登記又は登録をすることができる財産について，受託者が，権利を設定し又は移転した行為（不動産への抵当権の設定行為，不動産の売却行為等）がその権限に属していない場合には，①当該行為の当時，当該信託財産に属する財産について信託法14条に規定する信託の登記又は登録がされており，かつ，②当該行為の相手方が，当該行為の当時，当該行為が受託者の権限に属しないことを知っていたとき又は知らなかったことにつき重大な過失があったときには，受益者は，当該行為を取り消すことができる（信託法27条2項）。

信託の登記又は登録することができる財産については，受益者が当該相手方

に信託の受託者がした行為であることを主張するためには，取消権を行使する前提として対抗問題が存することから，信託の登記又は登録がされていることを要件としている。

第4　受託者の義務

1　信託事務処理遂行義務・善管注意義務

(1)　信託事務処理遂行義務

受託者は，信託の本旨に従い，信託事務を処理しなければならない（信託法29条1項）。

委託者は，受託者の信託事務の処理によって信託の目的が達成されることを期待しているところ，信託行為の定めに形式的に従っているだけでは足りず，想定外の場面においては，信託行為の定めの背景にある委託者の意図，すなわち「信託の本旨」に適合するように信託事務を処理することが求められている。

(2)　善管注意義務

受託者は，信託事務を処理するに当たっては，善良な管理者の注意をもって，これをしなければならない（信託法29条2項本文）。

ただし，信託行為に別段の定めがあるときは，その定めるところによる注意をもって，これをしなければならない（同項ただし書）。

受託者は，委託者及び受益者の信任を受けて，信託財産の管理又は処分及びその他の信託の目的の達成のために必要な行為をする権限を有することから，信託事務の処理に当たっては，受託者の注意義務の基準としては，原則として，「自己の財産に対するのと同一の注意」では足りず，委任契約の受任者と同様に，より高度な注意義務を負うとして，「善良な管理者の注意」が必要とされている。

なお，「善良な管理者の注意」とは，その職業や地位にある者として通常要求される程度の注意を意味し，受託者が専門家である場合には，専門家として要求される程度の注意が必要であり，受託者が，実際にはそのような能力がないのに，あたかも高い能力があるかのように表示したために，委託者が当該受託者との間で信託契約を締結した場合においては，受託者は，表示した能力に応じた注意をもって，信託事務の処理をしなければならないこととなる。

受託者が善管注意義務に違反したか否かについては，受託者の行為時を基準として判断され，受託者が善管注意義務を怠ったと認められる場合には，損失てん補責任（信託法40条）を負うこととなる。

2　忠実義務

受託者は，受益者のために忠実に信託事務の処理その他の行為をしなければならない（信託法30条）。

忠実義務は，受託者が負う各種の義務の中でも極めて重要な義務であり，信託事務の処理その他の行為をするに当たって，受益者の利益を犠牲にして，自己又はその利害関係人の利益を図ることは許されるものではない。

(1)　利益相反行為の制限

受託者が信託財産のためにする行為に関し，受益者保護の観点から，利益相反行為の制限についての規定が次のとおり信託法31条1項各号に設けられている。

ア　利益相反となる行為（信託法31条1項各号）

①　信託財産に属する財産を固有財産に帰属させ，又は固有財産に属する財産を信託財産に帰属させること（自己取引・1号）

例えば，信託財産である不動産を売買により自己の固有財産に帰属させたり，自己の固有財産を有償で当該信託の信託財産に帰属させる場合である。

②　信託財産に属する財産を他の信託の信託財産に帰属させること（信託財産間取引・2号）

例えば，ある受託者が受託する複数の信託の信託財産間で，一方の信託財産である不動産を売買により他方の信託財産に帰属させる場合である。

なお，異なる受託者間での取引は含まない。

③　第三者との間において信託財産のためにする行為であって，自己が

当該第三者の代理人となって行うもの（3号）

例えば，受託している賃貸マンションの外装工事をする目的で，自らが代表取締役である会社との間で請負契約を締結する場合である。

④　第三者との間において信託財産のためにする行為であって，受託者又はその利害関係人と受益者との利益が相反することとなるもの（間接取引・4号）

例えば，受託者がその固有財産で負っている債務について，信託財産である不動産を引当てとして担保権を設定する場合である。

イ　利益相反行為の例外

受託者による利益相反行為が禁止されるのは，当該行為によって受益者の利益が害されることを防ぐ観点からであり，形式的には利益相反行為に当たるものの実質的な観点からは受益者の利益を害するおそれはないと認められる場合にまで，一律に禁止する必要性は乏しいことから，利益相反行為の原則禁止の例外の規定を信託法31条2項各号に設けている。

①　信託行為に当該行為をすることを許容する旨の定めがあるとき（1号）

例えば，信託行為において，受託者が自己からの金銭の借入れ及び当該借入れに係る信託財産に対する抵当権の設定を行うことを許容する定めがある場合には，信託の受託者である信託銀行を債務者兼抵当権設定者とし，かつ当該信託銀行を抵当権者とする抵当権設定の登記をすることが可能である。なお，この場合においては，債務者と権利者が同じ者となり，公示上紛らわしいことから，「債務者　○市○町○丁目○番○号　○信託銀行（平成○年信託目録第○号受託者）」との振り合いにより表示することとなる

②　受託者が当該行為について重要な事実を開示して受益者の承認を得たとき（2号）

③　相続その他の包括承継により信託財産に属する財産に係る権利が固有財産に帰属したとき（3号）

④　受託者が当該行為をすることが信託の目的の達成のために合理的に必要と認められる場合であって，受益者の利益を害しないことが明らかであるとき，又は当該行為の信託財産に与える影響，当該行為の目的及び態様，受託者の受益者との実質的な利害関係の状況その他の事情に照らして正当な理由があるとき（4号）

なお，受託者は，上記ア①から④までの行為をしたときは，受益者に対し，その行為についての重要な事実を通知しなければならない（信託法31条3項本文）。ただし，信託行為に別段の定めがあるときは，その定めによることとなる（同項ただし書）。

また，受託者が忠実義務に違反して，自己取引又は信託財産間取引等をした場合には，これらの行為は無効とされている（信託法31条4項）。よって，受益者は，信託財産に属する財産であることの確認請求又は固有財産から分別するよう原状回復の請求をすることができる。

しかし，当該自己取引等について，受益者が追認したときには，その行為の時にさかのぼって有効となる（信託法31条5項）。

⑵　競合行為の制限

受託者は，受託者として有する権限に基づいて信託事務の処理としてすることができる行為であってこれをしないことが受益者の利益に反するものについては，これを固有財産又は受託者の利害関係人の計算でしてはならない（信託法32条1項）として，受託者の競合行為を制限している。

例えば，受託者が信託事務として，不動産の管理処分とともに運用により優良不動産の購入等を委任されている場合において，優良な不動産が見つかったときに，当該不動産を信託財産でなく，受託者自身の固有財産として購入した場合が想定される。

この場合の，当該行為が禁止される競合行為に当たるか否かは，個別的・具体的に判断されることとなる。

なお，信託行為に許容する旨の定めがあるとき，受託者が重要な事実を開示して受益者の承認を得た場合には，競合行為も許されることとなる（信託法32

条2項)。

3　公平義務

受益者が2人以上ある信託においては，受託者は，受益者のために公平にその職務を行わなければならない（信託法33条)。

複数の受益者が存する信託において，受託者が，特定の受益者の利益を犠牲にして他の受益者の利益を図る行為は，信託の目的の達成のために必要な行為をすべき立場にある受託者として適当ではない。

なお，信託行為において，各受益者間において格差が生ずる行為が定められている場合（受益者間の給付額に差異がある定め，優先受益権と劣後受益権の定め）においては，信託行為の定めによる格差が生ずる信託行為をすることが公平義務に適するものである。

4　分別管理義務

受託者は，信託財産に属する財産と固有財産及び他の信託の信託財産に属する財産とを分別して管理しなければならない（信託法34条1項本文)。

分別管理がされることにより，受託者の財産のうち信託財産に属する財産が特定され，受託者は適切にその義務を果たすことができ，受託者個人の債権者から信託財産に属する財産に対して強制執行等がされた場合にも適切に異議を主張することができる。

分別管理は，財産の区分に応じ，次のような方法で行うものとされている。

①　信託法14条の信託の登記又は登録をすることができる財産

当該信託の登記等をすることを分別管理の方法としている（信託法34条1項1号)。

②　金銭以外の動産

信託財産に属する財産と固有財産及び他の信託の信託財産に属する財産とを外形上区別することができる状態で保管することを分別管理の方法としている（信託法34条1項2号イ)。

③　金銭その他②に掲げる財産以外の財産

その計算を明らかにする（帳簿の作成）ことをもって，分別管理の方法としている（信託法34条1項2号ロ）。

④　法務省令で定める財産（注1）

当該財産を適切に分別して管理する方法として法務省令で定めるもの（注2）を分別管理の方法としている（信託法34条1項3号）。

（注1）　信託法206条1項（編注・受益証券発行信託の受益権のうち受益証券を発行しないもの）その他の法令の規定により，当該財産が信託財産に属する旨の記載又は記録をしなければ，当該財産が信託財産に属することを第三者に対抗することができないとされているもの（信託法14条1項の信託の登記又は登録をすることができる財産を除く。）（信託法施行規則4条1項）。

（注2）　信託法206条1項その他の法令の規定に従い信託財産に属する旨の記載又は記録をするとともに，その計算を明らかにする方法とする（信託法施行規則4条2項）。

5　その他の義務

受託者の義務として，信託事務の処理の委託における第三者の選任及び監督に関する義務（信託法35条）及び信託事務の処理についての報告義務・帳簿等の作成等，報告及び保存の義務（信託法36条，37条）がある。

第5　受託者の責任

1　受託者の損失てん補責任と原状回復責任

受託者がその任務を怠ったことにより信託財産に損失が生じたときには，受益者は，当該受託者に対し，その損失のてん補を請求でき（信託法40条1項1号），また，受託者がその任務を怠ったことにより信託財産に変更が生じたときには，受益者は，当該受託者に対し，信託財産の原状の回復を請求することができる（同項2号）。

受託者が，損失てん補請求権又は原状回復請求権のいずれを行使するかは，原則として，受益者の選択に委ねられているが，原状の回復が著しく困難であるとき等には，原状回復請求権を行使することはできない（信託法40条1項ただし書）。

2　受益者による受託者の行為の差止め

受託者が法令若しくは信託行為の定めに違反する行為をし，又はこれらの行為をするおそれがある場合において，当該行為によって信託財産に著しい損害が生ずるおそれがあるときは，受益者は，当該受託者対し，当該行為の差止めを請求することができる（信託法44条1項）。

また，受託者が公平義務に違反する行為をし，又はこれをするおそれがある場合において，当該行為によって一部の受益者に著しい損害が生ずるおそれがあるときは，当該受益者は，当該受託者に対し，当該行為をやめることを請求することができる（信託法44条2項）。

第6　受託者の変更

1　受託者の任務の終了事由

受託者の任務は，信託の清算が結了した場合のほか，次に掲げる事由によって終了する（信託法56条1項本文）。

この受託者の任務の終了は，信託の終了とは別個の概念であり，ある受託者の任務が終了した場合には，新たに受託者が選任され，新しい受託者の下で信託事務の処理が継続される。

①　受託者である個人の死亡（1号）

受託者である地位は，一身専属的なものであって，受託者の相続人に承継されることはない。

②　受託者である個人が後見開始又は保佐開始の審判を受けたこと（2号）

成年被後見人又は被保佐人は受託者の資格を欠き，受託者となることができない者である（信託法7条）。

③　受託者（破産手続開始の決定により解散するものを除く。）が破産手続開始の決定を受けたこと（3号）

破産者を受託者の資格を欠く者から除外したことを踏まえ，受託者が破産手続開始の決定を受けたとしてもその任務が終了しないとする信託行為の定めがあったときには許容することとしている（信託法56条1項ただし書)。

受託者が破産手続開始の決定により解散する法人である場合においては，④の事由に当たり，任務は終了する。

④　受託者である法人が合併以外の理由により解散したこと（4号）

当該法人は，清算の手続に移行し，清算中の法人の権利能力は清算の目的範囲内に限定されることとなるため，もはや受託者としては適切でないからである。

⑤　受託者が辞任したこと（5号・後記3参照）

⑥　受託者が解任されたこと（6号・後記4参照）

⑦　信託行為において定めた事由（7号）

2　受託者である法人の合併・分割

受託者である法人が合併をした場合には，合併後存続する法人（吸収合併）又は合併により設立する法人（新設合併）が，当該受託者の任務を引き継ぐこととなり（信託法56条2項），受託者の任務の終了事由とはされていない。

また，受託者である法人が分割をした場合においても，分割により受託者として権利義務を承継する法人が，当該受託者の任務を引き継ぐこととなり（信託法56条2項），受託者の任務の終了事由とはされていない。

3　受託者の辞任

受託者は，委託者及び受益者の同意を得て，辞任することができる（信託法57条1項本文)。

受託者は，信託財産に属する財産の管理処分等の重要な責務を負っていること，及び新たな受託者を選任することは必ずしも容易でないことから，自由に辞任することは認められていない。

ただし，信託行為に別段の定め（委託者及び受益者の同意不要）を置くことも可能である（信託法57条1項ただし書)。

また，受託者は，やむを得ない事由があるときには，裁判所の許可を得て，辞任することができる（信託法57条2項)。

４　受託者の解任

委託者及び受益者は，いつでも，その合意により，受託者を解任することができる（信託法58条１項）。

ただし，委託者及び受益者が受託者に不利な時期に解任したときは，委託者及び受益者は，受託者の損害を賠償しなければならない（信託法58条２項本文）。

なお，信託行為に別段の定めを置き，委託者や受益者の行為によらない解任等をすることも可能である（信託法58条３項）。

また，受託者がその任務に違反して信託財産に著しい損害を与えたことその他重要な事由があるときは，裁判所は，委託者又は受益者の申立てにより，当該受託者を解任することができる（信託法58条４項）。この場合，裁判所は受託者の陳述を聴かなければならなく（同条５項），委託者，受託者又は受益者は，解任の裁判に対し，即時抗告することができる（同条７項）。

第７　新受託者の選任

前記第６，１のとおり，受託者が死亡等によって信託事務を遂行する能力を喪失するなどの事情が生じたとしても，直ちに委託者と受託者間でされた信託契約が終了することとはならず，後任の受託者（新受託者）の下で信託事務が遂行し，信託の目的の達成を図ることとなる。

この新受託者の選任については，次のとおりいくつかの方法が許容されている。

① 信託法56条１項各号に掲げる事由により受託者の任務が終了した場合において，信託行為に新受託者となるべき者に関する定めがないとき，又は信託行為の定めにより新受託者となるべき者として指定された者が信託の引受けをせず，若しくはこれをすることができないときは，委託者及び受益者は，その合意により，新受託者を選任することができる（信託法62条１項）。

② 信託法56条１項各号に掲げる事由により受託者の任務が終了した場合において，信託行為に新受託者となるべき者を指定する定めがあるときは，利害関係人は，当該指定された者に対し，相当の期間を定めて，就任の承諾をするかどうかを確答すべき旨を催告することができ（信託法62条２項），

その期間内に委託者及び受益者に対し確答がなかった場合には就任の承諾がなかったものとみなす（同条3項）。

③　①において，委託者及び受益者の合意に係る協議の状況その他の事情に照らして必要があると認めるときは，裁判所は，利害関係人の申立てにより，新受託者を選任することができる（信託法62条4項）。

第8　受託者が2人以上ある信託の特例

1　信託財産の所有形態

受託者が2人以上ある信託においては，信託財産は受託者の合有とされている（信託法79条）。

その内容は，共同受託者は，信託財産に対して固有の利益を持たないから，共同受託者による信託財産の所有形態を民法上の共有と同様に考えることはできず，かつ他に類似の所有形態が見当たらないことから，共同受託者の合有と位置付けられた。

このことにより，①共同受託者は，信託財産に属する財産に対して具体的持分を持たないから，信託財産に属する財産の分割を請求したり，持分の譲渡はできないこと，また，②共同受託者の一部が欠けた場合には，信託財産は残存受託者に当然帰属することとなる。

2　信託事務の処理の方法

(1)　職務分掌の定めがない信託（原則）

受託者が2人以上ある信託においては，信託事務の処理については，受託者の過半数をもって決することとされている（信託法80条1項）。

受託者の過半数をもって決するとした趣旨は，信託行為の定めにより複数の受託者を選任した委託者の意図としては，信託事務の処理に当たり受託者が相互に監視することによって信託違反行為が防止されることや，複数の者が意思決定に関与することによって慎重かつ合理的な信託事務の処理が行われることを期待していると考えられるからである。

また，共同受託者が保存行為について意思決定する場合には，その性質上，迅速な処理を必要とするものが多いと考えられることから，各受託者が単独で必要な意思決定をすることができるとされた（信託法80条2項）。

そして，上記の各規律により，意思決定がされた場合には，各受託者は，その決定に基づいて，他の受託者の代理人として信託事務の執行行為を行うことができる（信託法80条3項，5項）。

(2)　職務分掌の定めがある信託

信託行為に受託者の職務の分掌に関する定めがある場合には，各受託者は，その定めに従い，単独で，信託事務の処理について決し，これを執行することとなる（信託法80条4項）。

3　信託事務の処理に係る債務に係る責任

職務分掌の定めがない信託において，信託事務の処理をするに当たって各受託者が第三者に対し債務を負担した場合には，各受託者は，連帯して債務を弁済する責任（連帯債務）を負う（信託法83条1項）。

職務分掌の定めがある信託において，ある受託者がその定めに従い信託事務の処理を行うことにより，第三者に対し債務を負担した場合には，他の受託者は，信託財産に属する財産のみをもってこれを履行する責任を負う（同条2項）。当該執行受託者は，信託財産に属する財産だけでなく，固有財産に属する財産においても責任を負うことになるが，他の受託者の責任は，信託財産に属する財産に限定されることを明示している。

4　受託者の変更等の特例

受託者が2人以上ある信託においては，その1人の受託者の任務が終了しても，信託行為に別段の定めがない限り，任務が終了した受託者の信託に関する権利義務及び任務は，その任務終了時に当然に残りの受託者（残存受託者）に承継され，残存受託者をもって当該信託の管理処分等がされる（信託法86条4項）。

第9　信託財産管理者等

1　信託財産管理命令

受託者の任務が終了した場合において，新受託者が選任されておらず，かつ，必要があると認めるときは，裁判所は，新受託者が選任されるまでの間，利害関係人の申立てにより，信託財産管理者による管理を命ずる処分（信託財産管理命令）をすることができるとされている（信託法63条1項）。

また，裁判所は，信託財産管理命令を変更し，又は取り消すことができる（信託法63条3項）。

なお，利害関係人は，信託財産管理命令及び信託財産管理命令の変更又は取消しの決定に対しては，即時抗告ができる（信託法63条4項）。

この信託財産管理命令をする場合には，裁判所は，当該信託財産管理命令において，信託財産管理者を選任しなければならず（信託法64条1項），この選任の裁判に対する不服申立てをすることはできない（同条2項）。

裁判所は，信託財産管理者を選任したときは，直ちに，①信託財産管理者を選任した旨，②信託財産管理者の氏名又は名称を公告しなければならない（信託法64条3項）。

2　信託財産管理者の職務，権限等

信託財産管理者が選任されると，信託財産に属する財産の管理及び処分をする権利は，信託財産管理者に専属し（信託法66条1項），前受託者はこれらの権利を失う。

2人以上の信託財産管理者があるときには，共同してその権限に属する行為をしなければならないが，裁判所の許可を得て，それぞれ単独にその職務を行い，又は職務を分掌することができる（信託法66条2項）。

信託財産管理者の権限は，①保存行為，②信託財産に属する財産の性質を変えない範囲内において，その利用又は改良を目的とする行為に限定されており，これらの行為の範囲を超える行為をする必要が生じた場合には，別途，裁判所の許可を得なければならない（信託法66条4項）。

信託財産管理者は，就職後直ちに信託財産に属する財産の管理に着手しなければならなく（信託法67条），その職務を行うに当たっては，受託者と同一の義務及び責任を負う（信託法69条）。

3　登記の嘱託

信託財産管理命令があった場合において，信託財産に属する権利で登記又は登録がされたものがあることを知ったときは，裁判所書記官は，職権で，遅滞なく，信託財産管理命令の登記又は登録を嘱託しなければならない（信託法64条5項）。

また，信託財産管理命令を取り消す裁判があったとき，又は信託財産管理命令があった後に新受託者が選任された場合において，当該新受託者が信託財産管理命令の登記若しくは登録の抹消の嘱託の申立てをしたときは，裁判所書記官は，職権で，遅滞なく，信託財産管理命令の登記又は登録の抹消を嘱託しなければならない（信託法64条6項）。

4　信託財産法人管理人

前受託者が死亡したことにより受託者の任務が終了した場合には，信託財産は，法人となり（信託法74条1項），必要があると認めるときは，裁判所は，利害関係人の申立てにより，信託財産法人管理人による管理を命ずる処分（信託財産法人管理命令）をすることができるとしている（同条2項）。

前受託者が死亡した場合には，当該受託者の地位が前受託者の相続人に相続されるとすると，法律関係が複雑となることから，信託財産は法人と見なされることとしている。

信託財産法人管理人の代理権は，新受託者が信託事務の処理をすることができるに至ったときに消滅する（信託法74条5項）。

第4節
受益者・受益権等

第1　受益者・受益権・受益債権とは

信託は，委託者が受託者に一定の目的に従い財産（信託財産）の管理処分等の必要な行為を負わせ，受益者に対しその行為から得た利益を与えるという主旨からして，受益者のためにあるといえる。

信託法では，受益権を有する者を「受益者」と定義（信託法2条6項）するとともに，信託行為に基づいて受託者が受益者に対し負う債務であって信託財産に属する財産の引渡しその他の信託財産に係る給付をすべきものに係る債権（「受益債権」）及びこれを確保するためにこの法律に基づいて受託者その他の者に対し一定の行為を求めることができる権利を「受益権」と定義している（同条7項）。

よって，受益権とは，受益者が有する各種の権利の総体であって，受益者の地位そのものということができる。

「受益権」は，「受益債権」を含む概念であり，他方，「受益債権」は，「受益権」に包含される権利のうち，最も基本的な権利であるという関係にある。

第2　受益者の権利の取得及び行使

1　受益権の取得

信託行為の定めにより受益者となるべき者として指定された者は，当然に受益権を取得する（信託法88条1項本文）。ただし，信託行為に別段の定めがあるときは，その定めるところによる（同項ただし書）。

よって，受益者は，何らの受益の意思を表示しなくとも受益者となり，受益権を取得することとなる。なお，受益を受けることをよしとしない受益者は，受益権の放棄をすることも可能である（信託法99条）。

なお，受益者となるべき者として指定された者が受益権を取得したことを知らないときは，受託者は，その者に対し，遅滞なく，その旨を通知しなければならない（信託法88条2項本文）。ただし，信託行為に別段の定めがあるときは，その定めるところによる（同項ただし書）。

また，受益者の指定に関する条件又は受益者を定める方法の定めがあるときは，その定めを信託の登記の登記事項として登記をしなければならない（不登法97条1項2号）。この登記事項は，信託目録の「3　受益者に関する事項等」欄に記録することとなる。

2　受益者指定権・受益者変更権

受益者指定権とは，信託行為において特定の者を受益者として指定しないで，事後に一定の者の意思により受益者を指定させるものであり，受益者変更権とは，信託行為において受益者として指定された者を，事後に一定の者の意思により変更させるものである（両者を併せて「受益者指定権等」という。）。

受益者指定権等を有する者の定めがある信託においては，受益者指定権等は，受託者に対する意思表示によって行使する（信託法89条1項）。そして，受益者指定権等の行使の効果は，受託者に当該意思表示が到達した時に生ずる（民法97条1項）。

また，受益者指定権等は，遺言によってすることもできる（信託法89条2項）。

受益者変更権が行使されることにより，受益者であった者がその地位（受益権）を失ったときは，その者に対し，遅滞なく，その旨を通知しなければならない（信託法89条4項本文）。ただし，信託行為の別段の定めに，通知不要の旨の定めがあるときは，通知を要しない（同項ただし書）。

なお，受益者指定権等は，信託行為に別段の定めがない限り，相続によって承継されない（信託法89条5項）。

3　受益者の権利行使の制限

受託者が有する信託に関する権利については，受益者の受託者に対する監督に係る権利（信託法92条）と受益者の意思決定に係る権利（信託法105条）がある。

受益者の受託者に対する監督に係る権利は，受益者の利益の保護を強化し，受託者に対する実践的な監督を可能にするため，信託行為の定めにより受益者の権利をいかなる形であれ制限することができない単独受益者権として，信託法92条各号に規定されている。

その権利の一部を示せば，信託財産への強制執行等に対する異議申立権等（3号，4号），受託者等の権限違反行為の取消権（5号），受託者の利益相反行為に関する取消権（6号），受託者等の任務違反行為等に対する損失てん補等請求権（9号，10号），受託者の信託違反行為の差止請求権等（11号，12号），受益権を放棄する権利（17号），受益権取得請求権（18号）等がある。

第3　受益権等

1　受益権の譲渡等

(1)　受益権の譲渡

受益者は，その有する受益権を自由に譲り渡すことができる（信託法93条1項本文）。ただし，受益権の性質上その譲渡が許されないときは，譲渡することができない（同項ただし書）。

なお，信託行為に別段の定めを設けることにより，譲渡を禁止したり，信託行為で定めた一定の範囲の者に対して譲渡を認めたり，譲渡に際して受託者の同意を要するなど譲渡についての一定の制限があった場合には，当該信託行為の定めによることとなる（信託法93条2項本文）。ただし，当該禁止等は，善意の第三者に対抗することはできない（同項ただし書）。

譲渡の禁止は，信託行為の定めですることとされており，受益者と受託者間の合意で禁止することはできない。事後に譲渡を禁止するためには，信託の変更（信託条項の変更）によりする必要がある。

⑵　受益権の譲渡の対抗要件

受益権の譲渡は，譲渡人が受託者に通知をし，又は受託者が承諾をしなければ，受託者その他の第三者に対抗することができない（信託法94条1項）。

これらの通知及び承諾は，確定日付のある証書によってしなければ，受託者以外の第三者に対抗することができない（信託法94条2項）。

このように，受益権の譲渡の対抗要件については，指名債権の譲渡の対抗要件に関する規律（民法467条1項参照）に準じたこととされている。

また，受託者は，通知又は承諾されるまでに譲渡人に対し生じた事由をもって当然に譲受人に対して対抗することができる（信託法95条）。

⑶　受益権の質入れ

受託者は，自由に，その有する受益権に質権を設定することができる（信託法96条1項本文）。ただし，その性質がこれを許さないときは，質権を設定することはできない（同項ただし書）。質入れすることを禁止する特約を信託行為で定めることも可能であるが，善意の第三者に対抗することはできない（同条2項）。

受益権を目的とする質権は，受益権自体のほか，信託法97条各号に列挙する金銭その他の財産について存在する。

その一部を示せば，当該受益権を有する受益者が受託者から信託財産に係る給付として受けた金銭等（1号），受益権取得請求によって当該受益権を有する受益者が受ける金銭等（2号）等である。

そして，受益権に質権を設定した者は，受益権の価値代替物たる金銭を受領し，他の債権者に先立って自己の債権の弁済に充てることができる（信託法98条1項）。また，自己の債権の弁済期が到来していないときは，受託者に同項に規定する金銭等に相当する金額を供託させることができ，この場合には，質権はその供託金について存在する（同条2項）。金銭以外であるときは，担保権実行の方法により自己の債権の弁済に充てることとなる。

2　受益権の放棄

受益者は，信託行為の当事者である場合を除き，受託者に対し，受益権を放棄する旨の意思表示をすることができる（信託法99条1項）。

受益者となるべき者として指定された者は，受益の意思表示をすることなく受益者の地位を獲得し，信託の利益を享受するが，自己の意思に反して利益を強要されるおそれがあることから受益権の放棄をすることができる旨の規定が設けられている。

受益権を放棄した場合には，信託行為の定めがされた当初から受益権を有していなかったものとみなされるが，第三者の権利を害することはできない（信託法99条2項）。

3　受益債権

(1)　受益債権に係る受託者の責任等

「受益債権」とは，前記第1のとおり，「信託行為に基づいて受託者が受益者に対し負う債務であって信託財産に属する財産の引渡しその他の信託財産に係る給付をすべきものに係る債権」で，受益権たる権利の最も基本的な権利である。

受益債権に係る債務については，受託者は，信託財産に属する財産のみをもってこれを履行する責任を負う（信託法100条）。

この規定の意味するところは，受益債権に係る債務については，信託財産に属する財産のみが責任財産となり，受託者の固有財産は責任を負わない，いわゆる「信託財産限定責任負担債務」（信託法154条）であるということを明らかにしたものである。

受益債権と信託債権（受託者の信託事務の処理に基づいて生じる債権）とは，それぞれ，信託財産に属する財産を責任財産とする債権であるが，この両者の関係については，受益債権が信託債権に後れることとされた（信託法101条）。

よって，強制執行手続や破産手続における配当の局面では，受益債権は信託債権に劣後することとなる。

⑵　受益債権の消滅時効等

受益債権の消滅時効は，原則として，債権の消滅時効の例によるとされており（信託法102条1項），通常の民事信託における受益債権の消滅時効期間は10年となり，営業信託における受益債権の消滅時効期間は5年となる（民法167条1項，商法522条参照）。

また，受益債権の消滅時効は，受益者が受益者としての指定を受けたことを知るに至るまでの間（受益者が現に存しない場合にあっては，信託管理人が選任されるまでの間）は進行しない（信託法102条2項）。

なお，受益債権は，これを行使することができる時から20年間を経過したときは，消滅する（信託法102条4項）と規定され，除斥期間が定められている。

4　受益権取得請求権

信託の変更又は信託の併合若しくは分割（以下「信託の変更等」という。）をするについて，信託行為の定めにより特定の第三者に意思決定を委任することも可能であるし，受益者が複数の信託においては受益者の多数決による意思決定も可能としていることから，自己の意思に反して信託の変更等がされてしまう受益者が生ずることもあり得る。また，信託の変更等には，信託の目的を変更し，あるいは受益債権の内容を変更するなど重大な内容のものもあり得る。

そこで，信託法103条1項各号及び同条2項に係る信託の変更等がされる場合において，これにより損害を受けるおそれのある受益者は，受託者に対し，自己の有する受益権を公正な価格で取得することを請求できることとされている。

この信託の変更等に該当する事項としては，信託の目的の変更，受益権の譲渡の制限，受託者の義務の全部又は一部の減免，受益債権の内容の変更，信託の併合又は分割等である。

第4　2人以上の受益者による意思決定の方法の特例

1　意思の決定方法

2人以上の受益者による意思決定の方法については，意思の決定の対象に応じ，個々の受託者が意思決定するものとすべての受益者によって1つの意思の決定をすべきものとに分かれている。

前記第2，3（38頁）で説明した単独受益者権（信託法92条各号）については，各受益者が自己の権利に基づいて単独の意思に従って行使することが可能である。

この単独受益者権以外の意思決定は，全ての受益者の一致によってすることとされ（信託法105条1項本文），受益者の意思決定は1つしか存しないとされている。ただし，信託行為に別段の定めがあるときには，その定めによることとなる（同項ただし書）。

よって，信託行為により，意思決定の方法も任意に定められるし，受益者が多数の信託においては，多数決による方法も可能である。

2　受益者集会

信託法では，受益者が多数の信託については，その意思決定を適切に行うために，信託行為に受益者集会を設け，「受益者集会における多数決による」旨の定めがあれば，受益者集会に関する規定（信託法106条以下）が適用されることとしている（信託法105条2項）。

受益者集会に関する規定には，受益者集会の招集方法，受益者による招集の請求，受益者の議決権，受益者集会の決議の方法等が定められている。

第5　信託管理人等

1　信託管理人

信託管理人とは，受益者が現に存在しない場合に，受益者のために，自己の名をもって，受益者の権利に関する一切の裁判上又は裁判外の行為をする権限を有する者である（信託法123条，125条）。

受益者として，胎児や将来の一定の条件を付して受益者となるべき者を指定している場合，受益者の定めのない信託の場合においては，受益者が信託法上認められた権利を行使することができないことから，受益者が現に存するまでの間，受益者に代わって受託者の監督を行い，受益者としての意思決定を行う者が必要なことがあることから信託管理者を選任する必要がある。

そこで，信託法においては，信託行為の定めにより（信託法123条１項），又は利害関係人の申立てによる裁判所の決定により（同条４項），信託管理人の選任が認められている。

信託管理人の資格については，①未成年者又は成年被後見人若しくは被保佐人，②当該信託の受託者を除くとする規定のほか，別段の限定はされていない（信託法124条）。

信託管理人が選任された場合には，その氏名又は名称及び住所を登記することとなり（不登法97条１項３号），信託目録の「３　受益者に関する事項等」欄に記録される。

２　信託監督人

信託監督人とは，受益者のために，自己の名をもって，受託者の監督のため受益者の権利に関する一切の裁判上又は裁判外の行為をする権限を有する者である（信託法132条，131条）。

受益者が現に存在する場合にあっても，当該受益者が未成年者や高齢者であるため，受益者に認められた各種の権利を行使して受託者を十分に監督することが難しいときに，受益者に代わって受託者を監督する者を選任する必要がある。

そこで，信託法においては，受託者が現に存する場合においても，信託行為の定めにより（信託法131条１項），又は利害関係人の申立てによる裁判所の決定により（同条４項），受託者の監督を任務とする信託監督人の選任が認められている。

信託監督人の資格については，①未成年者又は成年被後見人若しくは被保佐人，②当該信託の受託者を除くとする規定のほか，別段の限定はされていない

（信託法137条に準用する信託法124条）。

信託監督人については，信託の登記事項とはされていない。

3　受益者代理人

受益者代理人とは，その代理する受益者のために，当該受益者の権利（受託者等の損失てん補責任等の免除を除く。）に関する一切の裁判上又は裁判外の行為をする権限を有する者である（信託法139条，138条）。

年金信託のように受益者が頻繁に変動し固定性を欠く場合，単なる投資の対象として受益権を取得した受益者が多数存在する場合，受益証券発行信託において，無記名式受益証券が発行され，当該証券が転々流通しているため，受益者の意思決定を実施することが事実上困難である場合等において，受益者に代わって受益者の権利を行使する受益者代理人を選任するニーズがある。

そこで，信託法においては，信託行為の定めにより，その代理する受益者を定めて，受益者代理人となるべき者を指定する定めを設けることができるとされている（信託法138条1項）。

受益者代理人が，その代理する受益者のために裁判上又は裁判外の行為をするときは，その代理する受益者の範囲を示せば足り，個別の受益者を表示することは要しない（信託法139条2項）。

受益者代理人の資格については，①未成年者又は成年被後見人若しくは被保佐人，②当該信託の受託者を除くとする規定のほか，別段の限定はされていない（信託法144条に準用する信託法124条）。

信託管理人が指定された場合には，その氏名又は名称及び住所を登記することとなり（不登法97条1項4号），信託目録の「3　受益者に関する事項等」欄に記録される。

第5節 委託者

第1　委託者の権利義務

委託者とは，信託法3条各号に掲げる方法により信託をする者であり（信託法2条4項），信託契約を締結する方法においては，当該契約当事者であり，信託遺言をする方法においては，遺言者であり，自己信託証書等を作成する方法においては，自分自身（受託者）である。

委託者は，信託行為の当事者ではあるが，信託の成立後は，信託に関する権利義務関係は，原則として，受託者と受益者との間で形成されるものであるという観点から，委託者に対して，受益者と同等の権利を付与することは相当ではないが，他方，委託者は，自己の設定した信託の目的の達成について相応の利害を有することから信託行為に定めなくても，一定の権利を有することとしている。

委託者として有する権利（利害関係人として認められる権利を含む。）の一部を掲げると，①信託事務の処理の状況等に関する報告請求権（信託法36条），②受託者の辞任に対する同意権（信託法57条1項），③信託の終了及び信託の目的に反するおそれがあるような信託の変更・併合・分割に対する合意（信託法149条1項等），④信託の終了時の法定帰属権利者（信託法182条2項）等である。

委託者は，信託行為に定めなくても，上記のとおり一定の権利を有することになるが，信託行為において，委託者が信託法の規定による権利の全部又は一部を有しない旨を定めることができるし（信託法145条1項），また逆に，委託者が原則として有しないとされている権利について，信託行為において，全部又は一部を有する旨を定めることができるとされている（同条2項）。

第2　委託者の地位の移転

委託者の地位は，①受託者及び受益者の同意を得て（他に委託者が存する場合には，他の委託者の同意を要する。），又は②信託行為に定めた方法に従い，第三者に移転することができるとされている（信託法146条）。

委託者の地位に関して，信託契約において，「受益権の譲渡又は承継により受益権を取得した者は，本件信託契約上の受益者及び委託者としての権利及び義務をすべて承継し，かつ，本件信託契約上の委託者の地位及び受益者の地位を承継するものとする。」とする旨の信託条項があった場合には，上記信託法146条の規定により，受益権売買に伴い，実質的には委託者の地位は受益者に承継（移転）することとなる。この場合には，不動産登記法103条の「〔不動産登記法〕第97条第1項各号に掲げる登記事項について変更があったときは，受託者は，遅滞なく，信託の変更の登記を申請しなければならない。」とする規定に該当するため，信託目録の「受益者の変更」の登記だけではなく，「委託者の変更」の登記を申請する必要があると解される。

なお，委託者の地位は，信託法上の委託者の権利義務との関係で意義を有するが，これにより，信託財産に属することとなった不動産の譲渡人である事実までが変更されたわけではないので，信託目録のみの変更の登記で足り，登記記録上の従前の所有者（委託者）の表示を変更する必要もなく，そのような登記も許されていない。

第3　委託者の相続人の地位

1　一般の信託における委託者の相続人の地位

委託者の地位の相続性の有無に関しては，①委託者又は受託者の死亡等によっても信託は終了しないことからして，委託者の地位が受託者との間の個人的な信頼関係に基づく一身専属的な権利義務であるとは言い難いこと，②信託行為という法律関係の当事者としての委託者の権利義務あるいは信託終了時の残余財産の法定帰属権利者としての地位については，相続による承継を認めることが相当であるとの考えから，委託者の地位の相続性を肯定する考えをとっている。

なお，委託者の相続人が相続の放棄をした場合には，委託者の地位は相続放棄した相続人には相続されないし，委託者の相続人が複数の場合には，相続人は，被相続人である委託者の地位を相続により共有し，委託者が有していた信託法上の権利を準共有することとなる。

2　遺言信託における委託者の相続人の地位

遺言による信託の委託者の相続人は，信託行為に別段の定めがある場合を除き，委託者の地位を相続により承継しないこととされている（信託法147条）。

その理由とするところは，遺言による信託の場合には，その大半は委託者がその財産について法定相続とは異なる財産承継を実現しようとするものであり，類型的に，信託の受益者と委託者の相続人とは信託財産に関して利害が対立する関係にあり，委託者の相続人に委託者としての権利の適切な行使を期待することは困難と考えられ，遺言者の意思としては，その相続人に対して信託の委託者としての権利義務を付与しないのが通常と考えられる。そこで，遺言による信託の委託者の相続人は，原則として，委託者の地位を承継しないこととされた。

第6節
信託の変更，併合及び分割

第1　信託の変更

信託の変更とは，信託行為に定められた信託の目的，信託財産の管理方法，信託の終了事由，その他の信託条項等について，事後的に関係当事者の合意等の一定の者の意思に従って改廃を加え，あるいは，信託行為に定められていなかった事項について，事後的に一定の者の意思に従って，新たに定めることである。

信託の変更は，原則として，関係当事者（委託者・受託者・受益者）の合意によってされるが，信託行為当時に予見できなかった特別の事情等があった場合には，裁判所は，委託者，受託者又は受益者の申立てに基づいて信託の変更を命ずることができるとされている（信託法149条，150条）。

1　関係当事者の合意等による信託の変更

信託の変更は，変更後の信託行為の内容を明らかにして，委託者，受託者及び受益者の合意によってすることができるとされている（信託法149条1項）。

しかしながら，信託の変更を行うにつき，常に委託者，受託者及び受益者の合意を要することとした場合には，必要以上の時間・費用等のコストがかかることが想定され，適時に適切な信託の変更をすることができなくなるおそれがあることから，関係者の利害に配慮しながら，次のような柔軟かつ迅速な信託の変更を行うことを可能としている。

すなわち，①信託の目的に反しないことが明らかであるときは，受託者及び受益者の合意により（信託法149条2項1号），②信託の目的に反しないこと及び受益者の利益に適合することが明らかであるときは，受託者の書面又は電磁的記録によってする意思表示により（同項2号），信託の変更ができるとされている。ただし，この場合，受託者は，①の場合は委託者に対し，②の場合は委託者及び受益者に対し，信託行為に別段の定めがない限り，遅滞なく，変更後の信託行為の内容を通知しなければならない（同条2項本文，4項）。

さらに，③受託者の利益を害しないことが明らかであるときは，委託者及び受益者による受託者に対する意思表示により（信託法149条3項1号），④信託の目的に反しないこと及び受託者の利益を害しないことが明らかであるときは，受益者による受託者に対する意思表示により（同項2号），信託の変更ができるとされている。なお，④の場合は，受託者は，委託者に対し，信託行為に別段の定めがない限り，遅滞なく，変更後の信託行為の内容を通知しなければならない（同条3項本文，4項）。

2　裁判所による信託の変更

信託行為の当時予見することができなかった特別の事情により，信託事務の処理の方法に係る信託行為の定めが信託の目的及び信託財産の状況その他の事情に照らして受益者の利益に適合しなくなるに至ったときは，裁判所は，委託者，受託者又は受益者の申立てにより，信託の変更を命ずることができるとされている（信託法150条1項）。

ただし，委託者，受託者又は受益者の申立てをする者は，「特別の事情」の存在や「信託行為の定め」が「受益者の利益に適合しなくなるに至った」ことを明らかにして，当該申立てに係る変更後の信託行為の定めを明らかにしてしなければならない（信託法150条2項）。

信託の変更は，原則，関係当事者の合意によって行うところ，関係当事者の人数が少なくない場合などには，実際上，合意を行うことが困難な場合もあることから，信託行為の定めのうち信託事務の処理の方法に係る定めについては，裁判所が信託の変更を命ずることができることとされた。

第２　信託の併合

信託の併合とは，受託者を同一とする２以上の信託の信託財産の全部を一の新たな信託の信託財産とすることである（信託法２条10項）。

受託者を同一とする従前存した複数の信託をまとめて，１つの信託として再組成することであり，会社の新設合併と類似する。従前の各信託において，一度信託の終了・清算を行って，新たに財産を信託するものではなく，信託の併合の手続をとることにより，直接，併合後の信託に財産は承継され，従前の信託の債務（信託財産責任負担債務）も併合後の信託の信託財産責任負担債務として引き継がれる（信託法153条）。

なお，信託の併合は，信託の終了事由ではあるが（信託法163条５号），信託の清算の開始原因とはされていない（信託法175条括弧書き）。

１　信託の併合の手続

信託の併合は，従前の各信託の委託者，受託者及び受益者の合意によってすることができるとされている（信託法151条１項前段）。

この従前の各信託における合意は，次のとおり一定の事項を明らかにしてされる必要がある（同条１項後段）。

①　信託の併合後の信託行為の内容（同項１号）

②　信託行為において定める受益権の内容に変更があるときは，変更の内容及び変更の理由（同項２号）

③　信託の併合に際して受益者に対し金銭その他の財産を交付するときは，当該財産の内容及びその価額（同項３号）

④　信託の併合がその効力を生ずる日（同項４号）

⑤　その他法務省令で定める事項（同項５号）

- 信託の併合をする他の信託を特定するために必要な事項（信託法施行規則12条１号）
- 信託を併合する他の信託の信託行為の内容（同条２号）
- 信託の併合をする理由（同条７号）

なお，信託の目的に反しないことが明らかであるときには，受託者及び受益者の合意によって信託の併合を行うことができ（信託法151条2項1号），さらに，受益者の利益に適合することが明らかであるときには，受託者の書面又は電磁的記録によってする意思表示によって信託の併合をすることができる（同項2号）。

さらに，それぞれの信託行為に別段の定めがある場合には，それぞれの合意についてはその定めるところによることとなる（信託法151条3項）。

2　債権者保護手続

信託の併合においては，従前の信託の一方の財産状況が芳しくない場合において，信託の併合がされると，他方の信託の信託債権者は，その債権の回収の可能性に関して悪影響を受ける可能性もあることから，信託債権者を保護する手続を経る必要がある。

そこで，信託の併合をする場合には，従前の信託の信託財産責任負担債務に係る債権を有する債権者（信託債権者）は，受託者に対し，信託の併合について異議を述べることができるとされている（信託法152条1項本文）。

ただし，信託の併合をしても当該債権者を害するおそれのないことが明らかであるときは，この限りではない（同項ただし書）。

債権者保護手続として，受託者は，信託の併合をする旨及び信託債権者が一定の期間内に異議を述べることができる旨等を官報に公告し，かつ，信託債権者で知れているものには，各別にこれを催告しなければならないとしている（信託法152条2項本文）。そして，信託債権者が異議を述べることができる期間は，1か月を下回る期間とすることができないとしている（同項ただし書）。なお，信託債権者がこの期間内に異議を述べなければ，信託の併合について承認したものとみなされる（同条4項）。

また，法人である受託者の場合には，各信託債権者への各別の催告は，①時事に関する事項を掲載する日刊新聞紙に掲載する方法による公告，②電子公告に代えることができる（信託法152条3項）。

そして，異議を述べた信託債権者には，受託者は，弁済するか，相当の担保を提供するか，又は当該債権者に弁済を受けさせることを目的として信託会社等に相当の財産を信託しなければならないが，当該信託の併合をしても当該債権者を害するおそれがないときは，その必要はないとされている（信託法152条5項）。

第3　信託の分割

信託の分割とは，「吸収信託分割」（ある信託の信託財産の一部を受託者を同一とする他の信託の信託財産として移転すること）と，「新規信託分割」（ある信託の信託財産の一部を受託者を同一とする新たな信託の信託財産として移転すること）をいう（信託法2条11項）。

すなわち，信託分割する信託の信託財産の一部を受託者を同一とする既存の信託あるいは新規の信託の信託財産とすることであるが，これに加えて，信託財産責任負担債務にも変動が生じ，かつ，信託分割をする信託の信託財産又はその受益者に対して他の信託の受益権や信託財産に属する財産が給付され，さらに，必要に応じて，信託行為の変更も行われるなど，単純な信託財産に属する財産の帰属の変更とは異なる効果を有する。

信託分割がされると，承継信託又は新たな信託の信託財産責任負担債務となるものとされた債務は，信託分割後は，分割信託又は従前の信託の信託財産責任負担債務でなくなり，承継信託又は新たな信託の信託財産責任負担債務となる（信託法157条前段，161条前段）。また，分割信託又は従前の信託の信託財産限定責任負担債務であった債務は，承継信託又は新たな信託の信託財産限定責任負担債務となる（信託法157条後段，161条後段）。

1　信託の分割の手続

(1)　吸収信託分割は，委託者，受託者及び受益者の合意によってすることができる（信託法155条1項前段）。

分割信託と承継信託の双方において，この合意が成立したときに，吸収信託分割の効力を生ずる。

この分割信託と承継信託における合意は，一定の事項を明らかにしてされる必要があるとされている（信託法155条1項後段）。

その一部を掲げると，①吸収信託分割後の信託行為の内容（同項1号），②信託行為において定める受益権の内容に変更があるときは，その内容及び変更の理由（同項2号），③吸収信託分割がその効力を生ずる日（同項4号）等である。

なお，吸収信託分割が及ぼす影響が小さいときには，一定の信託の関係当事者の合意なく，吸収信託分割を行うことができるとされている（信託法155条2項）。

(2)　新規信託分割は，委託者，受託者及び受益者の合意によってすることができる（信託法159条1項前段）。

なお，複数の信託で共同して新規信託分割を行うことがあり得るが，その場合には，各従前の信託において，関係当事者の合意が成立することによって，新規信託分割の効力が生ずる。

新規信託分割における合意は，一定の事項を明らかにしてされる必要があるとされており（信託法159条1項後段），その内容は基本的には吸収信託分割と同様である。

2　債権者保護手続

信託の分割においても，信託の併合と同様に，信託債権者を保護する手続を経る必要があり，その概要は基本的には信託の併合と同様である（信託法156条，160条）。

第7節

信託の終了

旧法においては，信託の目的の達成した場合などの信託終了事由が発生したときや信託が解除された場合などを総称して「信託の終了」としていたが，その一方，信託債権者等に対する清算をして受益者又は帰属権利者に対する残余財産の交付が終了した時点も「信託の終了」とされていた。

新信託法においては，信託財産に属する財産及び信託債権に係る債務等を清算し，その残余を残余財産受益者及び帰属権利者に対して交付することを「信託の清算」と位置付け，その開始事由として「信託の終了」を定めている。

なお，立法担当者によれば，旧法においては，信託を終了させる意思表示について「解除」という文言が用いられていたが，終了事由としての「解除」には遡及効が認められていないなど，一般の契約等における「解除」とは異なる性質を有するものである上（むしろ解約に近い），契約によって設定されるとは限らない信託を終了させる意思表示を「解除」とすること，及び信託の契約当事者でない受益者等が行う意思表示を「解除」とすることは，民法の「解除」の概念に沿うものではないとの観点から，「解除」という文言を，信託を終了させる意思表示を示すものとして用いないこととしている。よって，実務においては，「終了事由」を定めようとする場合には「終了」との用語を使用すべきと解されている。

不動産登記実務においても，例えば，抵当権移転及び信託の登記がされている事例において，その被担保債権の全部が弁済されたことに伴う抵当権登記の抹消及び信託登記の抹消については，抵当権登記の抹消の登記原因は，「平成○年○月○日解除」と記録するが，信託登記の抹消の登記原因については，当該債権の解除に伴って信託法163条１号の「信託の目的を達成したとき」に当たり，信託の終了事由に該当することから，「信託終了」と記録している。

第1　信託の終了事由

信託は，委託者と受益者の合意（信託法164条）のほか，信託法163条各号に掲げる場合に終了する。

① 委託者と受益者の合意がされたとき（信託法164条）

委託者及び受益者は，いつでも，その合意により，信託を終了することができる（同条1項）。ただし，信託行為に別段の定めがあった場合には，その定めに従うこととなる（同条3項）。

また，受託者に不利な時期に信託を終了したときは，委託者及び受益者は，受託者の損害を賠償しなければならないが，やむを得ない事由があったときは，この限りではない（同条2項）。

② 信託の目的を達成したとき，又は信託の目的を達成することができなくなったとき（信託法163条1号）

③ 受託者が受益権の全部を固有財産で有する状態が1年間継続したとき（信託法163条2号）

信託は，受託者が受益者のために信託財産の管理処分等を行うところ，受託者が受益権の全部を固有財産として取得した場合にあっては，信託財産の管理という関係が存在しないこととなる。

④ 受託者が欠けた場合であって，新受託者が就任しない状態が1年間継続したとき（信託法163条3号）

⑤ 受託者が信託法52条（53条2項及び54条4項において準用する場合を含む。）の規定により信託を終了させたとき（信託法163条4号）

受託者が信託財産から費用等の償還又は費用の前払（信託法52条1項），損害の賠償（信託法53条2項），信託報酬の支払（信託法54条4項）を受けるべきところ，信託財産が不足している場合には，受託者は，委託者及び受益者に必要な事項を通知した上で，相当な期間を経過しても償還等がされない場合には，信託を終了させることができる。

⑥ 信託の併合がされたとき（信託法163条5号）

信託が併合されると，従前の信託の財産は，併合後の信託に承継され，債務も併合後の信託に引き継がれることとなり，従前の信託は終了する。なお，信託の併合は，信託の終了事由ではあるが，信託の清算の開始原因とはなっていないので，信託の清算はされない。

⑦　信託法165条及び166条の規定により信託の終了を命ずる裁判があったとき（信託法163条6号）

信託行為の当時予見することのできなかった特別の事情により，信託を終了することが信託の目的及び信託財産の状況その他の事情に照らして受益者の利益に適合するに至ったことが明らかなときは，裁判所は，委託者，受託者又は受益者の申立てにより，信託の終了を命ずることができるとされている（信託法165条1項）。

また，裁判所は，公益を確保するため信託の存立を許すことができないと認めるときは，法務大臣又は委託者，受益者，信託債権者その他の利害関係人の申立てにより，信託の終了を命ずることができるとされている（信託法166条1項本文）。

⑧　信託財産についての破産手続開始の決定があったとき（信託法163条7号）

信託財産について破産手続開始の決定がされた場合には，信託は終了する。なお，信託の清算は破産法に従って行われるため，信託法の規定では清算は行われない（信託法175条括弧書き）。

⑨　委託者が破産手続開始の決定，再生手続開始の決定又は更生手続開始の決定を受けた場合において，破産法53条1項，民事再生法49条1項又は会社更生法61条1項（金融機関等の更生手続の特例等に関する法律41条1項及び206条1項において準用する場合を含む。）の規定による信託契約の解除がされたとき（信託法163条8号）

委託者が破産等をし，信託契約が解除された場合には，信託は終了し，信託の清算が行われる。

⑩　信託行為において定めた事由が生じたとき（信託法163条9号）

第2　信託の清算

1　信託の清算

信託は，当該信託が終了した場合（信託法163条5号に掲げる事由によって終了した場合及び信託財産についての破産手続開始の決定により終了した場合であって当該破産手続が終了していない場合を除く。）には，清算をしなければならない（信託法175条）。

信託の終了事由が生じた後は，信託をこれ以上存続させる必要がないことから，その時点における信託財産に属する債務を弁済した上で，残余財産を帰属権利者に給付し，信託関係を終了させることとなる。

なお，信託の併合による信託の終了においては，既に説明したように信託の清算は行われず，また，信託財産について破産手続が開始した場合には，破産法の手続により信託の清算が行われる。

また，信託は，当該信託が終了した場合においても，清算が結了するまではなお存続するものとみなす（信託法176条）。

2　清算受託者の職務・権限等

信託が終了した時以後の受託者（清算受託者）は，①現務の結了，②信託財産に属する債権の取立て及び信託債権に係る債務の弁済，③受益債権（残余財産の給付を内容とするものを除く。）に係る債務の弁済，④残余財産の給付の職務を行うこととなる（信託法177条）。

清算受託者は，信託の清算のために必要な一切の行為をする権限を有する。ただし，信託行為に別段の定めがあるときは，その定めるところによる（信託法178条1項）。

清算受託者は，一定の条件下においては，信託財産に属する財産を競売に付すことができる（信託法178条2項）。

3　残余財産受益者及び帰属権利者

残余財産は，第一順位として，①信託行為において残余財産の給付を内容とする受益債権に係る受益者（残余財産受益者）となるべき者として指定された者，②信託行為において残余財産の帰属すべき者（帰属権利者）となるべき者として指定された者，に帰属する（信託法182条1項）。

なお，第二順位として，信託行為に残余財産受益者若しくは帰属権利者の指定に関する定めがない場合又は信託行為の定めにより残余財産受益者若しくは帰属権利者として指定を受けた者の全てがその権利を放棄した場合には，信託行為に委託者又はその相続人その他の一般承継人を帰属権利者として指定する旨の定めがあったものとみなすとされている（信託法182条2項）。

さらに，それでも残余財産の帰属が定まらないときは，第三順位として，残余財産は，清算受託者に帰属するとされている（信託法182条3項）。

第8節 特殊な類型の信託

第1　受益証券発行信託

受益証券発行信託とは，信託行為において，一又は二以上の受益権を表示する証券を発行する旨の定めのある信託である（信託法185条3項）。

受益権を有価証券化し，その流通性を強化することによって，受益権に対する投資を可能にし，信託という制度を利用して資金を調達することが容易になると考えられている。

この受益証券発行信託においては，当該受益証券について，全ての受益権について受益証券を発行する必要はなく，特定の内容の受益権については受益証券を発行しない旨を信託行為によって定めることもできる（信託法185条2項）。なお，信託の変更によって，受益証券を発行する旨の定め及び特定の受益権について受益証券を発行しない旨の定めをすることはできず，必ず当初の信託行為で定める必要がある（同条3項，4項）。

なお，受益証券発行信託については，信託法186条以下に，①受益権原簿の作成，備置き及び閲覧あるいは受益者による権利の行使等に関する規定，②受益証券の発行された受益権の譲渡の方法及び対抗要件あるいは受益証券の占有者の権利推定など受益権の譲渡等に関する規定，③受益証券の発行，記載事項及び喪失など受益証券に関する規定，④受託者の義務，受益者の権利行使の制限に関する信託行為の定め，受益者の意思決定方法及び委託者の権利など信託当事者の権利義務等に関する規定など，の特例規定が設けられている。

また，受益証券発行信託の旨の定めがあるときは，その定めを信託の登記の登記事項として登記をしなければならない（不登法97条1項5号）。この登記事項は，信託目録の「3　受益者に関する事項等」欄に記録することとなる。

第2　限定責任信託

1　限定責任信託の意義

限定責任信託とは，受託者が当該信託の全ての信託財産責任負担債務について信託財産に属する財産のみをもってその履行の責任を負う信託である（信託法2条12項）。

一般に，信託においては，受託者が信託事務の処理として行った取引から生じた債務をはじめとして信託に関して負担する債務については，原則として，受託者は，信託財産に属する財産のみならず，固有財産に属する財産によっても，その履行の責任を負うことになる。

しかし，受託者が信託に関して負担した債務の履行責任を自己の固有財産に属する財産でも負わなければならないとされていることが，信託の利用を妨げている要因であったことから，受託者が信託財産に属する財産のみをもって債務の履行責任を負うとする信託が創設された。

2　限定責任信託の要件等

⑴　限定責任信託の要件

限定責任信託は，①信託行為においてその全ての信託財産責任負担債務について受託者が信託財産に属する財産のみをもってその履行の責任を負う旨の定めをし，②信託法232条に定めるところにより登記（限定責任信託の定めの登記）をすること，この2つの要件を満たすことにより，限定責任信託としての効力を生ずることとされている（信託法216条1項）。

なお，限定責任信託の信託行為においては，①限定責任信託の目的，②限定責任信託の名称，③委託者及び受託者の氏名又は名称及び住所，④限定責任信託の主たる信託事務の処理を行うべき場所（事務処理地），⑤信託財産に属する財産の管理又は処分の方法，⑥その他法務省令で定める事項（信託事務年度，信託法施行規則24条）を定める必要がある（信託法216条2項）。

⑵　固有財産に属する財産に対する強制執行等の制限

限定責任信託においては，信託法21条1項各号に掲げられた信託財産責任負担債務に係る債権を有する者は，同項8号に掲げる「受託者が信託事務を処理するについてした不法行為によって生じた権利」を有する者を除いて，受託者の固有財産に属する財産に対し強制執行，仮差押え，仮処分若しくは担保権の実行若しくは競売又は国税滞納処分をすることはできない（信託法217条1項）。これに反してされた強制執行等に対しては，受託者は異議の訴え等をすることにより，これを阻止することができる（同条2項，3項）。

このように，限定責任信託においては，信託財産の責任財産は信託財産に属する財産に限定されるとする効果があるが，「受託者が信託事務を処理するについてした不法行為によって生じた権利」に係る債務については，自ら帰責性を有する不法行為をした受託者についてまで限定責任信託の利益を認めることは適当でないとの観点から，原則に戻って，固有財産に属する財産をも責任財産としている。

その他，限定責任信託に関しては，限定責任信託における信託債権者の保護のため，会計帳簿及び貸借対照表等の作成・保存義務等（信託法222条，223条），受託者の第三者に対する責任（信託法224条），受益者に対する信託財産に係る給付制限及び違法な給付に関する責任等（信託法225条から228条），信託債権者に対する公告，債務の制限及び清算からの除斥等（信託法229条から231条）の規定が設けられている。

⑶　限定責任信託の定めの登記

ア　前述のとおり，限定責任信託においては，信託債権者の責任財産は信託財産に限定されることとなるため（信託法216条），当該信託が限定責任信託である旨を公示することが，信託債権者の保護に帰することから，限定責任信託の登記に関する規定が信託法232条から247条に設けられている。これを受けて，限定責任信託の登記の取扱手続として，限定責任信託登記規則（平成19年8月14日法務省令第46号）が定められ，さらに，「信託法の施行に伴う限定責任信託の登記事務の取扱いについて」（平成19年

８月20日付け法務省民商第1680号法務省民事局長通達）が発出され，限定責任信託の登記に係る各種登記の手続及び添付書類，更には登記記録の記録例が示され，取扱いの統一が図られた。

限定責任信託の登記は，限定責任信託の受託者に責任限定の利益を与えることから，限定責任信託自体の公示を充実させる必要がある観点から，新たに創設された。この限定責任信託の登記については，信託財産に属する財産についてされる信託の登記（不登法97条以下）とは位置付けを異にし，むしろ，法人における商業・法人登記と性質を同じくするものであることから，限定責任信託の事務処理地を管轄する法務局若しくは地方法務局若しくはこれらの支局又は出張所に，限定責任信託登記簿を編成し，必要な登記事項を記録することとされている（信託法238条，限定責任信託登記規則２条）。

イ　限定責任信託の定めの登記の登記事項は，①限定責任信託の目的，②限定責任信託の名称，③受託者の氏名又は名称及び住所，④限定責任信託の事務処理地，⑤信託財産管理者又は信託財産法人管理人が選任されたときは，その氏名又は名称及び住所，⑥信託の終了についての信託行為の定めがあるときは，その定め，⑦会計監査人設置信託であるときは，その旨及び会計監査人の氏名又は名称であり，信託行為の後，２週間以内に，これらの事項を登記しなければならない（信託法232条）。

また，限定責任信託の事務処理地に変更があったとき，その他の登記事項に変更があったとき，限定責任信託が終了したとき，信託の終了に続き，清算が開始したときには，清算受託者に関する登記，清算が結了したときはその旨の登記を，２週間以内に，登記申請しなければならないこととされている（信託法233条から237条）。

ウ　限定責任信託の登記の登記事項については，登記の後でなければ，これをもって善意の第三者に対抗することができないが，登記をした後は，第三者が正当な事由によってその登記があることを知らなかった場合を除き，第三者に対抗することができ（信託法220条１項），故意又は過失によって不実の事項を登記した者は，その事項が不実であることをもって善意の第三者に対抗することができないとされている（同条2項）。

第3　受益者の定めのない信託

受益者の定めのない信託とは，受益者の定め又は受益者を定める方法の定めのない信託，すなわち，受益権を有する受益者の存在を予定しない信託である。

よって，信託財産は，受益者の利益のためではなく，信託行為で定められた信託の目的の達成のために管理処分等がされることとなる。

受益者の定めのない信託は，信託契約を締結する方法によるか信託遺言をする方法によってのみすることができ（信託法258条1項），自己信託証書等を作成する方法（信託法3条3号）によってはすることができない。

受益者の定めのない信託においては，信託の変更によって受益者の定めを設けることはできないし（信託法258条2項），受益者の定めのある信託においては，信託の変更によって受益者の定めを廃止することもできない（同条3項）。また，その存続期間は20年を超えることができないという制限が設けられている（信託法259条）。

また，受益者の定めのない信託は，学術，技芸，慈善，祭祀，宗教その他公益を目的とするものを除き，別に法律で定める日までの間，当該信託に関する信託事務を適正に処理するに足りる財産的基礎及び人的構成を有する者として政令で定める法人以外の者を受託者としてすることはできないとしている（信託法附則3項）。

政令で定める法人以外の者を受託者としてされた信託は無効となり，信託の途中で受託者が政令で定める法人に該当しないこととなった場合には，受託者の任務は終了することとなる。

この政令で定める法人は，国及び地方公共団体のほか，①純資産の額（貸借対照表上資産の額から負債の額を控除して得た額をいう。）が5,000万円を超える法人，②業務を執行する社員，理事若しくは取締役，執行役，会計参与若しくはその職務を行うべき社員又は監事若しくは監査役（いかなる名称を有する者かを問わず，当該法人に対しこれらの者と同等以上の支配力を有するものと認められる者を含む。）のうちに5年以内に犯罪歴のある者や暴力団員等がいない法人，の2つの要件を満たすものであるとされている（信託法施行令3条）。

なお，受益者の定めのない信託であるときは，その旨を信託の登記の登記事項として登録をしなければならない（不登法97条1項6号）。この登記事項は，信託目録の「3　受益者に関する事項等」欄に記録することとなる。

第4　公益信託

公益信託とは，受益者の定めのない信託のうち，学術，技芸，慈善，祭祀，宗教その他公益を目的のため，受託者に対してその財産を移転し，受託者をしてその公益目的に従って財産を管理又は処分させ，もってその公益目的を実現しようとする信託をいい，受益者の存在が予定されていないことから，受益者の定めのない信託の一種と位置付けられている。

よって，公益信託は，①受益者の定めがないこと，②自己信託証書等を作成する方法によってはすることができないこと，③信託の変更によって受益者の定めを設けることができないこと等の点において，受益者の定めのない信託の特例に関する規定の適用を受ける。

他方，公益信託は，①受託者において主務官庁の許可を受けることを要すること（公益信託ニ関スル法律2条1項），②存続期間の制限がないこと（公益信託ニ関スル法律2条2項）等の点において，受益者の定めのない信託とは異なる。

法務省としては，公益法人制度改革の趣旨を踏まえその内容等を考慮しつつ，新たな公益信託制度のあり方についての検討が進行中と聞き及んでいる（「公益信託法改正研究会報告書」参照。）。

第2章

不動産信託登記手続総論

第１　信託登記制度

１　意　義

信託法14条においては，「登記又は登録をしなければ権利の得喪及び変更を第三者に対抗することができない財産については，信託の登記又は登録をしなければ，当該財産が信託財産に属することを第三者に対抗することができない。」とされている。

信託財産に属する財産については，受託者の固有財産及び他の信託の信託財産に属する財産と分別して管理する義務が受託者に課せられている（信託法34条）ばかりでなく，第三者との関係においては，一定の物権的効力，①信託財産責任負担債務に係る債権に基づく場合を除き，強制執行等をすることができないこと（信託法23条１項），②受託者が破産手続開始の決定を受けた場合でも，破産財団に属しない（信託法25条１項），などが付与されている。

しかし，当該財産が，受託者個人の固有財産であるのか，信託財産であるのかの公示がない場合には，信託財産責任負担債務に係る債権に基づかない強制執行等に対しては受益者又は委託者から異議を主張されることもあるし，受託者がその任務を怠ったことにより，信託財産と知らずに処分をしたことから受益者から原状回復請求をされることがあり，受益者の保護，信託財産及び受託者と取引する第三者の保護等，取引の安全を図る観点からも，信託財産である旨及び信託の内容を公示する必要がある。

そこで，「登記又は登録をしなければ権利の得喪及び変更を第三者に対抗することができない財産」，具体的には，不動産所有権，抵当権，地上権等について，信託財産に属する財産の対抗要件として，不動産に関する物権の変動の対抗要件（民法177条）と同様に，信託の登記をしなければ信託財産であることを第三者に対抗できないとされた。この第三者の範囲は，信託関係人（委託者，遺言信託の場合の委託者の相続人，受託者，受益者，信託管理人，信託監督人，受益者代理人，信託財産管理者），信託行為の当事者の包括承継人，不動産登記法５条に該当する者，信託財産又は受益権に対する不法行為者を除いた者である。

2　不動産登記法における信託の公示に係る規定の整備

不動産登記法においては，新しい信託法（平成18年法律第108号，平成19年9月30日施行）の制定とともに，信託法の施行に伴う関係法律の整備等に関する法律（平成18年法律第109号，以下「整備法」という。不動産登記法改正）も制定され，新しい信託法と同時に施行された。さらに，整備法の施行に伴う関係政令の整備等に関する政令（平成19年政令第207号，不動産登記令改正）及び不動産登記規則等の一部を改正する省令（平成19年省令第57号，不動産登記規則改正）も同時に施行されることとなった。

これにより，不動産登記事務取扱手続準則（平成17年2月25日付け法務省民二第456号民事局長通達）も一部改正され，さらに，新しい信託法の施行に伴う不動産登記事務の取扱いについては，「信託法等の施行に伴う不動産登記事務の取扱いについて」（平成19年9月28日付け法務省民二第2048号民事局長通達）が発出され，事務処理の統一が図られている。

3　不動産登記における信託に関する登記

(1)　信託に関する登記の意義

信託に関する登記とは，①ある不動産に関する権利が信託財産に属するものであることを公示する「信託の登記」（不登法97条ないし99条），②信託の登記の登記事項に変更が生じた場合に，その実体関係と登記を付合させるためにする「信託の変更の登記」（不登法100条ないし103条），③不動産に関する権利が信託財産に属する権利でなくなったとき，信託が終了したときなどにする「信託の登記の抹消」（不登法104条，権利の変更の登記等の特則について104条の2），④「信託目録の作成及びその記録事項の変更」（不登法97条3項，不登規則176条，不登準則115条）の4つを総称するものである。このうち④は，登記官が職権でするものであるから，当事者の申請によるものは①②③についてとなる。

これらの信託に関する登記の申請手続の要点は次のとおりである。

ア　信託の登記について

①　信託の登記の申請は，当該信託に係る権利の保存，設定，移転又は変更の登記の申請と同時にしなければならない（不登法98条1項）。こ

れらの登記の申請は，一の申請情報をもってしなければならない（不登令５条２項）。

② 信託の登記は，受託者が単独で申請することができる（不登法98条２項）。

③ 受益者又は委託者は，受託者に代わって信託の登記を申請することができる（不登法99条）。

イ　信託の変更の登記について

① 信託の変更の登記は，登記官の職権又は裁判所書記官若しくは主務官庁の嘱託によるほかは，受託者の単独申請による（不登法100条ないし103条）。

② 信託の変更の登記のうち，受託者の任務が終了して新受託者が就任したことによる受託者の変更の登記は，信託財産に属する不動産に関する権利が従前の受託者から新受託者に承継されたことによる当該権利の移転の登記をするのに伴って，登記官が職権でする（不登法101条１号）。

ウ　信託の登記の抹消

① 信託財産に属する不動産に関する権利が移転，変更又は消滅により信託財産に属しない財産となった場合における信託の登記の抹消の申請は，当該権利の移転の登記若しくは変更の登記又は当該権利の登記の抹消の登記と同時にしなければならない（不登法104条１項）。これらの登記の申請は，一の申請情報をもってしなければならない（不登令５条２項）。

② 信託の登記の抹消は，受託者が単独で申請することができる（不登法104条２項）。

(2)　信託の登記の意義と信託の登記の申請構造

ア　信託の登記の意義

信託の登記とは，不動産に関する権利の特定の信託の信託財産に属することを公示するための登記であり，当該登記は，当該信託に係る権利の保存，設定，移転又は変更の登記に伴ってされるもので，両者を併せて1個の登記を形成すると解されている。

すなわち，不動産に関する権利の移転等の登記により，当該権利変動が信託に係るものであることを公示し，信託の登記により，当該権利が現に信託財産に帰属していること及び当該信託の内容を公示するという機能を営むのである。

そのため，信託の登記の申請は，当該信託による権利の移転等の登記の申請と同時にしなければならないものとされ（不登法98条1項），これらの登記は，同一の順位番号を用いて登記記録の権利部の相当区に記録すべきものとされている（不登規則175条1項）。

イ　信託の登記の申請構造

㈠　信託行為による権利に関する登記と同時に申請すべきもの（以下「典型例」という。）

信託行為に基づいて，不動産に関する権利が委託者から受託者に移転した場合に，その移転の登記に伴ってされる信託の登記で，受託者を登記権利者，委託者を登記義務者とし，登記原因を「信託」とする当該権利の移転の登記がされることになる。この登記は，不動産登記法98条1項にいう「当該信託に係る権利の移転の登記」であるから，この申請と同時に，信託の登記も申請しなければならない。この信託の登記の申請人は，受託者が単独でする。

信託の登記が同時に申請されないときは，不動産登記法25条5号の規定により，当該登記申請は却下される。

㈡　信託財産の処分又は信託の財産の復旧による権利に関する登記と同時に申請すべきもの（以下「非典型例」という。）

①　信託契約において，信託財産とされた財産が金銭であって，受託者が，この金銭をもって第三者の不動産を買い受けた場合には，この不動産は，信託財産に属することとなる（信託法16条1号）。この場合，当該取得不動産について，受託者を登記権利者，第三者を登記義務者とし，登記原因を「売買」とする所有権移転の登記をすることになるが，この売買の実質は，「信託財産である金銭による売

買」であるから，上記の所有権移転の登記は，不動産登記法98条1項にいう「当該信託に係る権利の移転の登記」であり，この申請と同時に，信託の登記（信託財産の処分による信託の登記）も申請することになる。この信託の登記は，受託者が単独で申請する。

② 信託財産に属していた不動産に関する権利が，受託者の権限外の処分や受益者との利益相反行為により，信託財産の外に流出して第三者の手に渡った場合において，受益者・委託者が，受託者の当該行為を取り消して，当該不動産に関する権利を信託財産に復旧させる（信託法27条1項，2項，31条6項，7項。同法145条2項2号，3号参照）ため，受託者が当該第三者から当該不動産を買い受けたときも，受託者を登記権利者，第三者を登記義務者とし，登記原因を「売買」とする所有権移転の登記をすることになるが，当該登記もまた不動産登記法98条1項に規定する「当該信託に係る権利の移転の登記」に該当することから，この申請と同時に，信託の登記（信託財産の原状回復による信託の登記）も申請することになる。この信託の登記の申請人は，受託者が単独でする。

③ 上記の非典型例における信託に係る権利に関する登記の申請は，受託者を登記権利者，第三者を登記義務者としてされるものであり，委託者は登記手続に関与しないことから，信託の登記を単独でできる受託者が，同時に信託の登記の申請をしない場合が考えられる。また，当該所有権移転の登記の登記原因は，例えば「年月日売買」とされることから，形式的審査権しか有しない登記官には，当該申請情報によっては，当該権利に関する登記が「信託に係る」ものであることが明らかではないため，信託の登記が同時に申請されていない場合であっても，当該所有権移転の登記は，受理される。

そのため，登記実務においては，このような場合，受託者が，事後に，改めて信託の登記のみを申請することが認められている。この場合には，委託者又は受益者が，受託者に代位して信託の登記を申請することもできる（不登法99条）。

ウ　受託者による単独申請

(ア)　信託の登記の申請人について，整備法による改正前の不動産登記法98条2項は，「委託者から受託者に対し信託財産となるべき不動産に関する権利が処分された場合における信託の登記については，当該受託者を登記権利者とし，当該委託者を登記義務者とする。」旨規定し，信託行為に基づいて，委託者から受託者に対し不動産に関する権利の処分がされた場合，その処分の登記の申請（例えば，所有権移転の登記）は，受託者を登記権利者とし，委託者を登記義務者としてすることとなるが（不登法60条），これと同時にされる信託の登記（典型例）の申請も受託者と委託者との共同申請によるものとしていた。

他方，改正前の不動産登記法98条3項は，「(旧) 信託法第14条の規定による信託財産に属する不動産又は同法第27条の規定により復旧して信託財産に属する不動産に関する権利についての信託の登記は，受託者が単独で申請することができる。」と規定していた。旧信託法14条の規定は，「信託財産ノ管理，処分，滅失，毀損其ノ他ノ事由ニ因リ受託者ノ得タル財産ハ信託財産ニ属ス」と定めるもので，新信託法16条1号の規定に相当する。また，旧信託法27条の規定は，「受託者カ管理ノ失当ニ因リテ信託財産ニ損失ヲ生セシメタルトキ又ハ信託ノ本旨ニ反シテ信託財産ヲ処分シタルトキハ委託者，其ノ相続人，受益者及他ノ受託者ハ其ノ受託者ニ対シ損失ノ塡補又ハ信託財産ノ復旧ヲ請求スルコトヲ得」とするもので，このうち信託財産の復旧の請求に関する部分については，新信託法27条及び31条にこれを合理化・具体化した規定が設けられている。改正前の不動産登記法98条3項の規定は，信託の登記のうち非典型例のものは，受託者の単独申請によるものとしていたのである。

すなわち，非典型例においても，当該信託による権利の移転等の登記と信託の登記とは，同時に申請され，両者が1個の登記として公示されるのが望ましいが，この類型における信託財産への権利の復旧の登記の申請は，受託者を登記権利者，受託者の不当な処分行為の相手方である第三者を登記義務者とするものであることから，これに伴ってされる信託の登記の申請の当事者を，典型例の場合と同様に，受託者と委託者とすべきものとすると，両登記の申請当事者が異なることになり，同時申請によることができない。そこで，両登記の同時申請を可能とするために，信託の登記の申請は，受託者が，単独ですることができるとしていた。

(イ)　整備法による改正後の現行の不動産登記法98条2項は，「信託の登記は，受託者が単独で申請することができる。」と規定し，典型例，非典型例を通じて，信託の登記は，受託者の単独申請によるものとされた。

この改正は，次のような理由に基づくものと考えられる。

信託の登記というのは，不動産に関する権利が，当該信託の信託財産に属するものであることを公示する登記である。権利に関する登記が，一般に，不動産に関する権利の保存，設定，移転，変更，処分の制限又は消滅についてされる（不登法3条参照）のと多少異なり，信託の登記は，不動産に関する権利が，受託者の固有財産ではなく信託財産に属するという「権利の帰属関係」を示す特殊な登記にほかならない。したがって，それは，もともと，申請当事者の利害の対立を前提とする登記権利者及び登記義務者による共同申請という構造に親しむ性質のものではなかったと考えられる。

そのため，整備法による改正後の現行の不動産登記法においては，信託の登記の性質を正しく見直し，これを信託に係る権利の変動を公示する登記ではなく，当該不動産に関する権利が信託財産に帰属する状態を公示する登記として明確に位置付けることを企図したのではないかと考えられる。

そして，信託の登記に当たっては，誰が，登記上直接の利益若しくは不利益を受けることになるのか判然としないのであるから，共同申請方式が有効に作用するとはいえず，信託の登記の真正は，通常は，受託者の単独申請に委ねることによっても担保されると考えられる。

エ　信託の登記の代位申請

信託の登記がされた場合，当該不動産に関する権利が信託財産に属することを，第三者に対抗することができることから，受益者及び委託者もこれによって利益を享受することができる。このため，受託者が，任意に信託の登記をしない場合には，受益者又は委託者は，受託者に代わって信託の登記を申請することができる（不登法99条）。

㈠　典型例の場合

信託の登記の典型例の場合，例えば，委託者甲と受託者乙の間で，甲所有のA不動産を信託目的のために乙に移転する信託契約が締結された場合には，A不動産について，受託者である乙を登記権利者，委託者である甲を登記義務者とし，登記原因を「信託」とする所有権移転の登記の申請がされることになるが，同時に，乙が，単独でA不動産の所有権が信託財産に属するものであることを公示する信託の登記の申請をしなければならない。

この場合に，乙が任意に両登記の登記申請をしないときは，不動産登記法99条に基づき，受益者丙は，乙に代位して，信託の登記を申請することができる地位にあり，当該信託の登記は，甲から乙への所有権移転の登記の申請と同時にすべきものであるから，丙は，その代位権を行使する前提として，乙に代位して（不登法59条7号），甲とともに，上記の所有権移転の登記を申請し，同時に乙に代位して，単独で信託の登記を申請することができる。

㈡　非典型例の場合

他方，信託の登記の非典型例の場合，例えば，甲と乙の信託契約において信託財産とされた財産が金銭であって，受託者乙が，この金銭をもって第三者丁所有のB不動産を買い受けたときは，B不動産は，信託財産に属するものになる（信託法16条1号）。この場合，B不動産について，乙を登記権利者，丁を登記義務者として，登記原因を「売買」とする所有権移転の登記の申請がされることとなるが，同時に，乙は，単独で信託の登記を申請しなければならない。

この場合に，乙が任意に両登記の申請手続をしないときは，典型例の場合と同様に，受益者丙は，代位により，所有権移転の登記の申請と信託の登記を申請することができる。また，乙が丁とともに所有権移転の登記の申請はしたが，信託の登記の申請をしなかったという場合には，受益者丙は，乙に代位して，単独で信託の登記のみを申請することができる。

⑶　信託に関する登記の申請方法及び申請人等

信託に関する登記における申請の類型ごとの登記申請の方法及び申請人等については，次のとおりである。

ア　権利の保存，設定，移転の登記と信託の登記

㈠　信託契約又は信託遺言による権利の保存，移転の登記と信託の登記

（3章の事例【2】，【4】から【7】，【18】から【21】）

委託者から受託者に対し，財産の譲渡（信託譲渡）をし，受託者が一定の目的に従い当該財産の管理又は処分する等の行為の信託契約又は信託遺言がされた場合には，委託者から受託者に信託のために財産権（所有権，抵当権，地上権等）たる権利が保存，移転されることとなる。

- 共同申請により権利の保存，移転の登記と信託の登記を同時申請（保存登記の場合は，受託者のみが申請人）
- 登記権利者…受託者
- 登記義務者…委託者（所有者，制限物権の帰属者）
- 信託の登記の申請人…受託者

㈡　信託行為による担保権の設定の登記と信託の登記（3章の事例【13】から【16】）

信託契約又は信託遺言により，目的財産の所有者が委託者となり，受託者に対して担保権を設定し，同時にこれを信託の対象として一定の目的に従い当該財産の管理又は処分をする等の行為に付す手続であり，当該担保権の被担保債権となる債権を有する者が受益者となる。

この担保権の設定による信託（いわゆるセキュリティ・トラスト）は，債務者が自己の所有する不動産について，受託者を権利者として抵当権（根抵当権）を設定し，その被担保債権の債権者を受益者に指定するものであり，債務者以外の者が物上保証人として抵当権設定者（根抵当権設定者）となることも可能であ

る。

また，複数の債権者が有する別個独立の複数の債権（債権者が同一でない場合も含む。）を1つの抵当権で担保することも可能であり，この場合には，各債権者が有する債権は別個独立のものであり，1つの債権を準共有するものではないため，個別の債権額等を登記すべきとされ，さらに，利息又は損害金の定めが異なる場合には，これも登記すべきこととされた。

なお，根抵当権のセキュリティ・トラストにあっては，複数の継続的金銭消費貸借取引に係る極度額の合計額を登記し，担保すべき債権の範囲として，不特定の債権の範囲を継続的取引契約をもって定めた場合には，その契約の成立年月日及び名称を，また，特定の原因に基づいて継続して生ずる債権を担保すべき債権と定めた場合には，その債権発生の原因を特定するに足りる事項を記載することとなる。

- 共同申請により担保権の設定の登記と信託の登記を同時申請
- 登記権利者…受託者
- 登記義務者…委託者（債務者・所有者）又は物上保証人
- 信託の登記の申請人…受託者

㈦　受託者が信託債権の管理のためにする抵当権の設定の登記と信託の登記（3章の事例【17】）

信託財産に属する財産の管理により受託者が得た財産は，信託財産に属するものとされていることから（信託法16条1項），委託者（債権者）が有する金銭消費貸借契約に基づく貸付債権を受託者に信託譲渡した場合においては，受託者は信託財産の管理処分権限に基づき，信託財産として有する当該貸付債権を被担保債権として，債務者（土地所有者）との間で抵当権設定契約を締結することができ，このときは同時に「信託財産の管理による信託」もすることとなる。

- 共同申請により抵当権の設定の登記と信託財産の管理による信託の登記を同時申請
- 登記権利者…受託者
- 登記義務者…債務者（所有者）又は物上保証人
- 信託の登記の申請人…受託者

㈣　受託者が信託財産である金銭をもって不動産を買い受けたことによる権利の保存，移転の登記と信託の登記（３章の事例【１】,【８】,【９】）

受託者が信託財産である金銭又は信託財産である土地を担保として資金として借入れした金銭をもって，不動産（土地・建物）を第三者から買い受けたり，建物を新築したりした場合には，当該不動産は新たな信託財産となり，受託者は自らを所有権の登記名義人として所有権移転又は所有権保存等をすることとなる。

- 共同申請により権利の保存，移転の登記と信託の登記を同時申請（保存登記の場合は，受託者のみが申請人）
- 登記権利者…受託者
- 登記義務者…所有者（売主）
- 信託の登記の申請人…受託者

㈤　共有持分を目的とする信託の登記がされている２筆の土地について，当該２筆の土地をそれぞれ受託者と他の共有者の単独所有とする場合における，受託者の単独所有となる土地についての共有物分割を原因とする共有持分全部移転の登記及び信託財産の処分による信託の登記（３章の事例【10】）

受託者は信託の設定により信託財産に属する財産の管理又は処分及びその他の信託の目的達成のために必要な行為をする権限を有し（信託法26条），信託行為において定められた受託者の権限の範囲内である限り，共有物分割については，信託財産に属する管理・処分の一形態として許容されると考えられている。よって，受託者が共有物分割により新たに取得した共有持分については，信託の物上代位性（信託法16条1号）により，当該信託財産に組み入れられることとなり，共有物分割により他の共有者に属することとなった信託財産たる共有持分部分については，当該信託の信託財産から除かれることとなる。

そこで，受託者の単独所有となる土地（受託者が新たに取得する土地）については，共有物分割を原因とする共有持分全部移転の登記及び信託財産の処分による信託の登記をすることとなる。

- 共同申請により共有持分全部移転の登記と信託財産の処分による信託の登記を同時申請
- 登記権利者…受託者
- 登記義務者…他の共有者
- 信託の登記の申請人…受託者

(カ)　共有持分を目的とする信託の登記がされている2筆の土地について，当該2筆の土地をそれぞれ受託者と他の共有者の単独所有とする場合における，他の共有者の単独所有となる土地についての共有物分割を原因とする共有持分全部移転の登記及び信託財産の処分を原因とする信託の登記の抹消（3章の事例**【11】**）

受託者は信託の設定により信託財産に属する財産の管理又は処分及びその他の信託の目的達成のために必要な行為をする権限を有し（信託法26条），信託行為において定められた受託者の権限の範囲内である限り，共有物分割については，信託財産に属する管理・処分の一形態として許容されると考えられている。よって，受託者が共有物分割により新たに取得した共有持分については，信託の物上代位性（信託法16条1号）により，当該信託財産に組み入れられることとなり，共有物分割により他の共有者に属することとなった信託財産たる共有持分部分については，当該信託の信託財産から除かれることとなる。

そこで，他の共有者の単独所有となる土地については，共有物分割を原因とする共有持分全部移転の登記及び信託財産の処分を原因とする信託の登記の抹消をすることとなる。

- 共同申請により共有持分全部移転の登記と信託の登記の抹消を同時申請
- 登記権利者…他の共有者
- 登記義務者…受託者
- 信託の登記の抹消の申請人…受託者

(キ)　信託財産の原状回復による権利の保存，移転の登記と信託の登記
（３章の事例**【3】**，**【12】**）

信託財産の受託者がその任務を怠ったことにより，信託財産たる不動産を処分するなどして信託財産に変更が生じた場合には，受益者は，受託者に原状の回復を請求をすることができ，受託者が原状回復により再取得した不動産は信託財産となり，受託者は自らを所有権の登記名義人として所有権移転又は所有権保存等をすることとなる。

- 共同申請により権利の保存，移転の登記と信託の登記を同時申請（保存登記の場合は，受託者のみが申請人）
- 登記権利者…受託者
- 登記義務者…委託者（所有者，制限物権の帰属者）
- 信託の登記の申請人…受託者

(ク)　受益者又は委託者の代位による権利の保存，移転の登記と信託の登記（不登法99条）（３章の事例**【22】**，**【23】**）

権利の移転の登記及び信託の登記は，委託者と受託者の共同申請によることを原則とするが，受託者が当該登記の申請をしない場合には，受益者又は委託者は，受託者に代位して登記義務者と共に権利の移転の登記及び信託の登記をすることができる。

- 共同申請により権利の保存，移転の登記と信託の登記を同時申請（保存登記の場合は，受託者（代位者・受益者又は委託者）のみが申請人）
- 登記権利者…受託者（代位者・受益者又は委託者）
- 登記義務者…所有者（売主）
- 信託の登記の申請人…受託者（代位者・受益者又は委託者）

イ　権利の変更の登記と信託の登記

(ア)　自己信託による権利の変更の登記と信託の登記（不登法98条3項）（3章の事例【24】,【25】）

信託の対象となる権利は，自己信託されても，所有者（制限物権の帰属者）には変更はなく，権利の移転は伴わないが，受託者の固有財産から信託財産に属するという，帰属の変更があることから，これを「権利の変更」の一類型と捉え，当該権利が信託財産になった旨の権利の変更をすることになる。

この場合の信託登記の申請は，当該信託に係る権利の変更の登記と同時にしなければならい。

なお，自己信託による信託の変更の登記申請は，共同申請の例外として，受託者が単独で申請することができるとされている（不登法98条3項）。

- 申請人…受託者（委託者）の単独申請

(イ)　信託の併合又は分割による権利の変更の登記と信託の登記（不登法98条1項，104条の2第1項，第2項）（3章の事例【26】,【27】）

信託の併合又は分割により信託財産に属する不動産に関する権利の帰属に変更を生じたときは，信託の併合又は分割は受託者が同一である信託についてされるものであり，当該権利の登記名義人である受託者に変更がない。そこで，自己信託と同様に，信託の併合又は分割を原因とする権利の変更の登記をすることとされた。

この場合には，当該権利の変更の登記と併せて，当該不動産に関する権利が属していた信託についての信託の登記の抹消をし，新たに当該不動産に関する権利が属することとなる信託についての信託の登記をすることになるが，これらの信託の登記の抹消の申請及び信託の登記の申請は，信託の併合又は分割を原因とする権利の変更の登記と同時にすることとされた。

なお，この場合の登記権利者及び登記義務者については，下記のとおり特例が設けられている（不登法104条の２第２項）。

- 共同申請により権利の変更の登記と信託の登記及び信託の登記の抹消を同時申請
- 登記権利者…当該不動産に関する権利が属することとなる信託の受託者及び受益者
- 登記義務者…当該不動産に関する権利が属していた信託の受託者及び受益者
- 信託の登記及び信託の登記の抹消の申請人…受託者

(ウ)　信託財産に属する財産を固有財産に属する財産に帰属，固有財産に属する財産を信託財産に属する財産に帰属又は信託財産に属する財産を他の信託財産に属する財産に帰属させる権利の変更の登記と信託の登記（不登法98条１項，104条の２第１項，第２項）（３章の事例**【28】**から**【30】**）

不動産に関する権利が，①信託財産に属する財産が固有財産に属する財産に帰属，②固有財産に属する財産が信託財産に属する財産に帰属，③一の信託の信託財産に属する財産から受託者を同一とする他の信託の信託財産に属する財産に帰属した場合には，いずれも，権利の変更の登記をすることになるが，これに併せて信託の登記や信託の登記の抹消をする必要がある。

なお，この場合の登記権利者及び登記義務者については，下記のとおり特例が設けられている（不登法104条の２第２項）。

①　固有財産に属する財産が信託財産に属する財産に帰属

- 共同申請により権利の変更の登記と信託の登記を同時申請
- 登記権利者…受益者
- 登記義務者…受託者
- 信託の登記の申請人…受託者

② 信託財産に属する財産が固有財産に属する財産に帰属

- 共同申請により権利の変更の登記と信託の登記の抹消を同時申請
- 登記権利者…受託者
- 登記義務者…受益者
- 信託の登記の抹消の申請人…受託者

③ 一の信託の信託財産に属する財産から受託者を同一とする他の信託の信託財産に属する財産に帰属

- 共同申請により権利の変更の登記と信託の登記及び信託の登記の抹消を同時申請
- 登記権利者…当該不動産に関する権利が属することとなる信託の受託者及び受益者
- 登記義務者…当該不動産に関する権利が属していた信託の受託者及び受益者
- 信託の登記及び信託の登記の抹消の申請人…受託者

ウ　仮登記

信託契約，信託遺言又は自己信託による権利の保存，設定，移転又は変更の仮登記と信託の仮登記をする場合においても，その申請形態は本登記と同様である（3章の事例【31】から【35】）。

エ　信託の登記の抹消（不登法104条）

信託の登記の抹消の申請は，当該信託に係る権利の移転の登記若しくは変更の登記又は当該権利の登記の抹消と同時にしなければならない（不登法104条1

項）とされている。

(ア)　信託の終了による受益者（帰属権利者）**への信託財産引継を原因とする権利の移転の登記と信託の登記の抹消**（3章の事例**【36】**, **【37】**, **【41】**）

- 共同申請により権利の移転の登記と信託の登記の抹消を同時申請
- 登記権利者…受益者（帰属権利者）
- 登記義務者…受託者
- 信託の登記の抹消の申請人…受託者

(イ)　被担保債権の全額弁済による委託者から受託者へ移転していた抵当権を含めての権利の抹消の登記と信託の登記の抹消（3章の事例**【38】**）

- 共同申請により権利の抹消の登記と信託の登記の抹消と同時申請
- 登記権利者…所有権の登記名義人
- 登記義務者…受託者
- 信託の登記の抹消の申請人…受託者

(ウ)　自己信託された不動産に関する権利が信託の終了により固有財産になった旨の登記と信託の登記の抹消（3章の事例**【39】**, **【40】**）

- 受託者の単独申請により権利の変更の登記と信託の登記抹消を同時申請
- 申請人…受託者の単独申請

(エ)　信託財産処分による売買を原因とする権利の移転の登記と信託の登記の抹消（3章の事例**【42】**）

- 共同申請により権利の移転の登記と信託の登記の抹消を同時申請
- 登記権利者…当該不動産の買主
- 登記義務者…受託者
- 信託の登記の抹消の申請人…受託者

(オ)　信託財産に属する財産を受託者の固有財産に属する財産とする権利の変更の登記と信託の登記の抹消（3章の事例【43】）

- 共同申請により権利の変更の登記と信託の登記の抹消を同時申請
- 登記権利者…受託者
- 登記義務者…受益者
- 信託の登記の抹消の申請人…受託者

オ　受託者の変更に関する登記

(ア)　受託者が1人（権利の移転の登記）

①　受託者（法人）の合併又は分割による受託者の変更に係る権利の移転の登記（不登法63条2項）（3章の事例【44】，【45】）

受託者である法人が合併により解散した場合においては，信託行為に別段の定めがない限り（信託法56条3項），受託者の任務終了事由とならず，合併後存続する法人（吸収合併）又は合併により設立する法人（新設合併）がその任務を引き継ぐこととされた（信託法56条2項）。これを受けて，不登法100条1項においては，「法人の解散」を「法人の合併以外の理由による解散」と改められたため，法人の合併による解散については，不登法100条1項の規定に基づく権利の移転の登記としてではなく，不登法63条2項の法人の合併による権利の移転の登記として，任務を引き継いだ受託者が単独で申請することとされた（平成19年第2048号通達第2，6）。

なお，受託者である法人が分割した場合における分割により受託者としての権利義務を承継する法人も同様である。

・　登記権利者（申請人）…任務を引き継いだ受託者（法人）

②　受託者の辞任・解任による受託者の変更による権利の移転の登記（3章の事例【47】）

・　共同申請の原則どおり，登記権利者と登記義務者の共同申請となる。
・　登記権利者…新たに選任された受託者
・　登記義務者…辞任・解任された受託者

③　受託者の死亡，後見開始若しくは保佐開始の審判，破産手続開始の決定，法人の合併以外の理由による解散又は裁判所若しくは主務官庁の解散命令による受託者の変更に係る権利の移転の登記（3章の事例【49】）

これらの受託者の任務終了事由が死亡等による場合には，共同申請の例外として，新たに選任された受託者が単独で申請することができるとされた（不登法100条1項）。

・　登記権利者（申請人）…新たに選任された受託者

(イ)　受託者が2人以上（合有登記名義人の変更の登記）

受託者が2人以上ある信託においては，信託財産は，その合有となる（信託法79条）。この場合の権利の変更の登記は，合有登記名義人の変更の登記ですることになる。

①　受託者（法人）の合併又は分割による受託者の変更に係る合有登記名義人の変更の登記（3章の事例【46】）

法人の合併による権利の変更の登記として，任務を引き継いだ受託者が単独で申請する。

・　登記権利者（申請人）…任務を引き継いだ受託者（法人）

②　受託者の辞任・解任による受託者の変更に係る合有登記名義人の変更の登記（3章の事例【48】）

・　共同申請の原則どおり，登記権利者と登記義務者の共同申請となる。
・　登記権利者…他の受託者（残存受託者）
・　登記義務者…辞任・解任された受託者

③　受託者の死亡，後見開始若しくは保佐開始の審判，破産手続開始の決定，法人の合併以外の理由による解散又は裁判所若しくは主務官庁の解散命令による受託者の変更に係る合有登記名義人の変更の登記（不登法100条2項）（3章の事例【50】）

これらの受託者の任務終了事由が死亡等による場合には，共同申請の例外として，残存受託者が単独で申請することができる（不登法100条2項）。

・　登記権利者（申請人）…他の受託者（残存受託者）

カ　信託の変更の登記（信託目録の記録事項の変更）

(ア)　受託者の申請による信託目録の記録事項の変更の登記（不登法103条）

信託目録に記録した登記事項について変更があったときは，受託者は，遅滞なく，当該信託の変更を申請しなければならないとされている。

①　受託者（法人）の合併又は分割による権利の移転又は合有登記名義人の変更の登記に伴う受託者の変更の登記（3章の事例【54】）

改正不動産登記法100条1項においては，「法人の解散」を「法人の合併以外の理由による解散」と改められたため，法人の合併又は分割による権利の移転又は合有登記名義人の変更の登記の申請がされても，登記官の職権による信託目録の変更（不登法101条）とはならず，別途，信託目録の記録事項の変更の登記の申請をする必要がある。

② 受益権売買による受益者の変更の登記（３章の事例【52】）

③ 受益権売買により委託者の地位が承継した場合の委託者の変更の登記（３章の事例【53】）

④ 委託者又は受益者の氏名若しくは名称又は住所若しくは本店に変更が生じたときの変更の登記（３章の事例【55】）

⑤ 信託条項の変更の登記（３章の事例【56】）

(イ) 裁判所書記官（主務官庁）の嘱託による信託目録の記録事項の変更の登記（不登法102条）（３章の事例【57】）

受託者の解任の裁判があったとき，信託管理人若しくは受益者代理人の選任若しくは解任の裁判があったとき，又は信託の変更を命ずる裁判があった場合である。

(ウ) 登記官の職権による信託目録の記録事項の変更の登記（不登法101条）

① 受託者の任務終了（信託法75条１項又は２項）による権利の移転の登記に伴う信託の変更の登記

受託者の死亡，後見開始若しくは保佐開始の審判，破産手続開始の決定，法人の合併以外の理由による解散又は裁判所若しくは主務官庁の解散命令並びに受託者の辞任・解任よる受託者の権利の移転の登記があった場合である。

② 受託者の任務終了（信託法86条４項本文）による合有登記名義人の変更の登記に伴う信託の変更の登記

受託者の死亡，後見開始若しくは保佐開始の審判，破産手続開始の決定，法人の合併以外の理由による解散又は裁判所若しくは主務官庁の解散命令並びに受託者の辞任・解任よる受託者の権利の変更の登記があった場合である。

③ 受託者の氏名若しくは名称又は住所若しくは本店に変更が生じたときの変更の登記

キ　嘱託の登記

裁判所書記官は，職権で，遅滞なく，①信託財産管理命令があったとき，信託財産管理命令を取り消す裁判があったとき又は信託財産管理命令があった後に新受託者が選任され，新受託者が信託財産管理命令の登記の抹消の嘱託を申し立てたときは，信託財産管理命令の登記の嘱託若しくは登記の抹消の嘱託（信託法64条5項，6項），②公益の確保のための信託の終了を命ずる決定があるまでの間における信託財産に関する管理人による管理を命ずる処分その他の必要な保全処分があったときは，当該保全処分の嘱託及びその取消しの嘱託（信託法170条5項，6項）をしなければならない（3章の事例【58】,【59】）。

・　嘱託者…裁判所書記官

(4)　申請情報及び添付情報

ア　申請情報（申請書に記載すべき情報）

登記の申請は，電子情報処理組織を使用する方法又は申請情報を記載した書面を提出する方法により，不動産を識別するために必要な事項，申請人の氏名又は名称，登記の目的その他の申請に必要な事項として政令で定める情報（申請情報）を登記所に提出することとされ（不登法18条），登記所に提供しなければならない申請情報については，不動産登記令3条に列記されている。

なお，申請情報の内容となる事項の全部又は一部が欠けている場合や申請情報の提供の方法が不動産登記法に基づく命令又はその他の法令の規定により定められた方式に適合しないときには，不動産登記法25条5号によって，登記の申請が却下されることになる。

申請情報の概要としては，以下のとおりである。

①　申請人の氏名又は名称及び住所

②　申請人が法人であるときは，その代表者の氏名

③　代理人によって登記を申請するときは，当該代理人の氏名又は名称及び住所並びに代理人が法人であるときはその代表者の氏名

④　代位によって申請するときは，申請人が代位者である旨，当該他人の氏名又は名称及び住所並びに代位原因

⑤　登記の目的

⑥　登記原因及びその日付

⑦　不動産の表示

土地については，所在，地番，地目及び地積

建物については，所在，家屋番号，建物の種類，構造及び床面積，名称，附属建物があるとき又は区分建物であるときはその情報

⑧　登記名義人が2人以上あるときは，当該登記名義人となる者ごとの持分（信託の登記は除く）

⑨　申請人が登記権利者又は登記義務者でないときは，登記権利者，登記義務者又は登記名義人の氏名又は名称及び住所

⑩　相続その他の一般承継による登記をするときは，申請人が登記権利者，登記義務者又は登記名義人の相続人その他の一般承継人である旨

⑪　⑩において，登記名義人となる登記権利者の相続人その他の一般承継人が申請するときは，登記権利者の氏名又は名称及び一般承継の時における住所

⑫　権利の一部を移転する登記を申請するときは，移転する権利の一部

⑬　敷地権付き区分建物についての所有権，一般の先取特権，質権又は抵当権に関する登記（不登法73条3項ただし書に規定する登記を除く。）を申請するときは，次に掲げる事項

・　敷地権の目的となる土地の所在する市，区，郡，町，村及び字並びに当該土地の地番，地目及び地積

・　敷地権の種類及び割合

⑭　登記識別情報を提供することができないときは，当該識別情報を提供することができない理由

⑮　その他，不動産登記令別表の登記欄に掲げる登記を申請するときは，同表の申請情報欄に掲げる事項

イ　添付情報（申請書に添付すべき情報・書面）

添付情報とは，登記の申請をする場合において，「登記識別情報」（不登法2条14号）の提供（不登法22条本文），権利に関する登記における「登記原因を証する情報」（登記原因証明情報）の提供（不登法61条）及び不動産登記令第2章（申請情報及び添付情報）の規定又はその他の法令の規定によりその申請情報と併せて登記所に提供しなければならないものとされている情報とされ（不登令2条1

号)，申請情報と併せて登記所に提供しなければならない添付情報については，不動産登記令7条に列記されている。

なお，この添付情報が提供されない場合には，不動産登記法25条9号によって，登記の申請が却下されることになる。

添付情報の概要としては，以下のとおりである。

①　申請人が法人であるときは，次に掲げる情報

イ　会社法人等番号を有する法人にあっては，当該法人の会社法人等番号

なお，会社法人等番号を有する法人である場合であっても，作成後1月以内の当該法人の代表者の資格を証する情報（代表者事項証明書等）を提供したときは，会社法人等番号の提供を要しない（不登規則36条1項1号各号，2項)。

ロ　イに規定する法人以外の法人にあっては，当該法人の代表者の資格を証する情報

②　代理人によって登記を申請するときは，当該代理人の権限を証する情報

③　代位によって登記を申請するときは，代位原因を証する情報

④　相続その他一般承継人によって登記を申請するときは，相続その他一般承継があったことを証する市町村長，登記官その他公務員が職務上作成した情報

⑤　登記原因を証する情報

⑥　登記原因について第三者の許可，同意又は承諾を要するときは，当該第三者が許可し，同意し，又は承諾したことを証する情報

⑦　その他，不動産登記令別表の登記欄に掲げる登記を申請するときは，同表の添付情報欄に掲げる事項

(5)　信託に関する登記の登記事項

信託に関する登記の登記事項は，不動産登記法59条各号に掲げる権利に関する登記の登記事項のほか，同法97条1項各号に掲げる信託の登記の登記事項を

記載することとされている。

ア　権利に関する登記の登記事項（不登法59条）

権利に関する登記の登記事項については，当該権利に関する登記及び信託の登記の申請に基づき登記記録に記録することになり，その主たる記載事項は次のとおりである。

① 登記の目的

② 申請の受付の年月日及び受付番号

③ 登記原因及びその日付

④ 登記に係る権利の権利者の氏名又は名称及び住所並びに登記名義人が２人以上であるときは当該権利の登記名義人ごとの持分

ただし，信託の登記については，複数の受託者の場合には，合有の性質を有し（信託法79条），持分の概念がなく，申請情報からも除外（不登令３条９号）されており，持分を記載する必要はない。

⑤ 代位による登記においては，当該代位者の氏名又は名称及び住所並びに代位原因

⑥ 順位番号

イ　信託の登記の登記事項（不登法97条）

不動産登記法97条１項各号に規定する信託の登記の登記事項については，信託目録に記録することとなる。

① 委託者，受託者及び受益者の氏名又は名称及び住所

② 受益者の指定に関する条件又は受益者を定める方法の定めがあるときは，その定め

③ 信託管理人があるときは，その氏名又は名称及び住所

④ 受益者代理人があるときは，その氏名又は名称及び住所

⑤ 信託法185条３項に規定する受益証券発行信託であるときは，その旨

⑥ 信託法258条１項に規定する受益者の定めのない信託であるときは，その旨

⑦ 公益信託ニ関スル法律１条に規定する公益信託であるときは，その

旨

⑧　信託の目的

⑨　信託財産の管理方法

⑩　信託の終了の事由

⑪　その他の信託の条項

⑫　②から⑥までに掲げる事項のいずれかを登記したときは，受益者（受益者代理人に掲げる登記をした場合にあっては，当該受益者代理人が代理する受益者に限る。）のその氏名又は名称及び住所を登記することを要しない（不登法97条2項）。

ウ　信託目録の様式の改正について（平成19年9月28日付け法務省民二第2048号民事局長通達第2，1）

信託法の施行に伴う関係法律の整備等に関する法律（以下「整備法」という。）71条により不動産登記法97条が改正され，信託の登記事項として，新たに，上記イの内②④⑤⑥⑦及び⑫が加えられた。この趣旨は，受益者が多数である場合には，そのすべての受益者を登記するとしたならば，受益権が譲渡される度に受益者の氏名等を変更する必要があり煩雑に過ぎると考えられることから，受益者代理人等が存する場合には，個別の受益者の氏名又は名称及び住所を登記することは不要としたと解される。

なお，②④⑤に掲げる事項については，前記のとおり受益者の氏名等を省略することは可能であるが，受益者が現に存在し，その氏名等を特定することができる場合には，受益者の氏名等を併せて登記しても差し支えないとされている。

さらに，④の受益者代理人の事項を登記した場合において，登記の省略が認められるのは当該受益者代理人が代理する受益者に限定されるため，受益者代理人によって代理されない受益者については，別途，その氏名等を登記する必要がある。この場合の記録方法は次のとおりである。

＊　受益者代理人によって代理される受益者と代理されない受益者が存在する場合

一　受益者　　　　○市○町○丁目○番○号

法務三郎
受益者代理人　△市△町△丁目△番△号
法務四郎
＊　受益者代理人が複数存在する場合
一　受益者代理人　△市△町△丁目△番△号
法務四郎
受益者代理人　○市○町○丁目○番○号
法務五郎

また，これらの登記事項等の改正を受け，信託目録の様式が改正され（不登規則別記５号），従前の４項目が，「１　委託者に関する事項」，「２　受託者に関する事項」及び「３　受益者に関する事項等」の３項目に整理され，前記イの①については，それぞれ委託者，受託者及び受益者に関する事項欄に，②から⑦までは，「３　受益者に関する事項等」に，⑧から⑪までについては，従前どおり「４　信託条項」にそれぞれ記録することとされた。

土地及び建物に係る信託目録について，不動産登記法附則３条１項に基づく法務大臣の指定（以下「電子化指定」という。）が平成23年法務省告示第13号（平成23年１月12日）及び平成23年法務省告示第466号（平成23年10月12日）になされ，法務局・地方法務局の全ての登記所において，信託目録の電子化（磁気ディスクをもって調整する信託目録への改製）がされた。電子化された不動産登記規則別記５号様式による信託目録は次のとおりである。

【不動産登記規則別記５号様式（信託目録）】

<table>
<tr><td colspan="3">信託目録</td><td>調製</td><td></td></tr>
<tr><td>番　号</td><td>受付年月日・受付番号</td><td colspan="3">予　備</td></tr>
<tr><td></td><td></td><td colspan="3"></td></tr>
<tr><td>１　委託者に関する事項</td><td colspan="4"></td></tr>
<tr><td>２　受託者に関する事項</td><td colspan="4"></td></tr>
<tr><td>３　受益者に関する事項等</td><td colspan="4"></td></tr>
<tr><td>４　信託条項</td><td colspan="4"></td></tr>
</table>

(6) 信託に関する登記の登記記録方法（不登規則175条）

信託に関する登記の申請があった場合の登記官がする登記記録の方法については，不動産登記規則175条に次のとおり規定されている。

ア　不動産登記法98条1項の規定による登記の申請があった場合において，権利の保存，設定，移転又は変更の登記及び信託の登記をするときは，権利部の相当区に一の順位番号を用いて記録

イ　不動産登記法104条1項の規定による登記の申請があった場合において，権利の移転の登記若しくは変更の登記又は当該権利の抹消の登記及び信託の抹消の登記をするときは，権利部の相当区に一の順位番号を用いて記録

ウ　不動産登記法104条の2第1項の規定による登記の申請があった場合において，当該申請に基づく権利の変更の登記及び信託の登記又は信託の抹消の登記をするときは，権利部の相当区に一の順位番号を用いて記録

(7) 信託目録（不登規則176条）

信託の登記をするときには，登記官は，登記記録に不動産登記法59条各号に掲げる権利に関する登記の登記事項の記録をするほか，信託目録に同法97条1項各号に掲げる事項を明らかにするため，前述(3)のとおり法務省令（不動産登記規則）で定めるところにより，信託目録を作成することができるとされ（不登法97条3項），その信託目録には不動産登記規則の定めるところにより，次のとおり記録することになる（不登規則176条）。

ア　登記官は，信託の登記をするときは，不動産登記法97条1項各号に掲げる登記事項を記録した信託目録を作成し，これに当該目録の目録番号を記録しなければならない（不登規則176条1項）。

イ　不動産登記規則102条1項後段の規定（分筆等の登記における権利部の記録方法）は，信託の登記がある不動産について分筆の登記又は建物の分割の登記若しくは建物の区分の登記をする場合の信託目録について準用する。この場合には，登記官は，分筆後又は分割後若しくは区分後の信託目録の目録番号を変更しなければならない（不登規則176条2項）。

ウ　登記官は，信託の変更の登記をするときは，信託目録の記録を変更しなければならない（不登規則176条３項）。

受託者の申請による信託目録の記録事項の変更の登記（不登法103条）及び裁判所書記官（主務官庁）の嘱託による信託目録の記録事項の変更の登記（不登法102条）があったときには，登記官は，信託目録の記録を変更することとなる。

エ　登記官は，次に掲げる登記の申請があったときにおいても，職権により信託目録の記録を変更しなければならない（不登法101条）。

・　信託法75条１項又は２項の規定による権利の移転の登記（不登法101条１号）

受託者の任務が，個人の死亡・後見開始又は保佐開始の審判，破産手続開始の決定，法人の合併以外の理由による解散，辞任（ただし，委託者及び受益者の同意を得た場合），解任及び信託行為において定めた事由によって終了し，新たな受託者が就任したとき（信託法75条１項，２項）の受託者の権利の移転の登記が申請されたとき

・　信託法86条４項本文の規定による権利の変更の登記（不登法101条２号）

前記の場合にあって，受託者が２名以上のため，受託者の変更の登記（合有登記名義人変更登記）が申請されたとき

・　受託者である登記名義人の氏名若しくは名称又は住所についての変更の登記又は更正の登記（不登法101条３号）

ただし，受託者である法人が合併又は分割により解散した場合においては，信託行為に別段の定めがない限り，受託者の任務終了事由とはならず，合併又は分割後に存続する法人が任務を引き継ぐことになることから，信託法75条１項の規定による権利の移転の登記及び信託法86条４項本文の規定による権利の変更の登記に該当せず，よって，登記官の職権による信託目録の記録の変更の対象とはならない。この場合には，法人の合併による権利の移転の登記（不登法63条２項）をするとともに信託目録の記録事項の変更の登記（不登法103条）をする必要がある。

第2　信託登記の申請形式

1　共同申請

権利に関する登記の申請は，法令に別段の定めがある場合を除き，登記権利者及び登記義務者が共同して申請しなければならないとされ，共同申請の原則が採用されている（不登法60条）。

よって，共同申請に当たっては，登記上，利益を受ける者（新たに登記名義人になる者）が登記権利者となり，登記上，不利益を受ける者（登記名義人でなくなる者）が登記義務者となって申請することとなる。

2　単独申請

共同申請の例外として，次の申請をするときには，単独で申請することができるとされている。

(1)　信託の登記は，受託者が単独で申請することができる（不登法98条2項）。

(2)　信託の登記の抹消は，受託者が単独で申請することができる（不登法104条2項）。

(3)　自己信託による権利の変更の登記は，受託者が単独で申請することができる（不登法98条3項）。

自己信託された信託財産が信託の終了により，信託財産引継を原因として所有者（制限物権の帰属者）の固有財産になった旨の登記（権利の変更の登記）をするときにおいても，法令上規定はないが，不動産登記法98条3項の規定を準用して，受託者が単独で申請することができると考える。

(4)　受託者（法人）の合併又は分割による受託者の変更に係る権利の移転の登記は，新受託者である法人が単独で申請する（不登法63条2項）。

(5)　(4)において，受託者が2名以上ある場合においては，他の受託者（残存受託者，複数の場合は連名で）が単独で申請することなる。

(6)　受託者の任務が死亡，後見開始若しくは保佐開始の審判，破産手続開始の決定，法人の合併以外の理由による解散又は裁判所若しくは主務官庁の解散命令により終了し，新たに受託者が選任されたときは，受託者の変更による権利の移転の登記は，新たに選任された受託者が単独で申請することができる（不登法100条１項）。

(7)　(6)において，受託者が２名以上ある場合においては，他の受託者（残存受託者，複数の場合は連名で）が単独で申請することができる（不登法100条２項）。

これらの場合においては，不動産登記法97条１項各号に掲げる登記事項について変更があったときに当たるので，受託者は，信託目録の記録事項の変更の登記を申請することとなる（不登法103条１項）。

3　代位申請

受託者がその職務を怠り，権利の移転の登記及び信託の登記の申請をしない場合には，受益者又は委託者は自己の権利を保全するため受託者に代位して登記義務者と共同申請によって権利の移転の登記及び信託の登記の申請をすることができる（不登法99条，59条７号）。

4　嘱託登記

(1)　裁判所書記官は，職権で，遅滞なく，①信託財産管理命令があったとき，信託財産管理命令を取り消す裁判があったとき，又は信託財産管理命令があった後に新受託者が選任され，新受託者が信託財産管理命令の登記の抹消の嘱託の申立てをしたときは，信託財産管理命令の登記の嘱託若しくは登記の抹消の嘱託（信託法64条５項，６項），②公益の確保のための信託の終了を命ずる決定があるまでの間における信託財産に関する管理人による管理を命ずる処分その他の必要な保全処分があったときは，当該保全処分の嘱託及びその取消しの嘱託（信託法170条５項，６項）をしなければならない。

(2)　裁判所書記官（主務官庁）は，受託者の解任，信託管理人若しくは受益者代理人の選任若しくは解任の裁判があったとき，又は信託の変更を命ずる裁判があったときは，嘱託による信託目録の記録事項の変更の登記を嘱託しなければならない（不登法102条１項，２項）。

5　職権登記

(1)　職権による信託目録の変更の登記

登記官は，信託財産に属する不動産について次に掲げる登記をするときは，職権で，信託目録の記録事項の変更の登記をしなければならない（不登法101条）。なお，前記第1（7）ウ（94頁）を参照。

ア　受託者の任務終了（信託法75条1項又は2項）による権利の移転の登記がされたとき

イ　受託者の任務終了（信託法86条4項本文）による合有登記名義人の変更の登記がされたとき

ウ　受託者である登記名義人の氏名若しくは名称又は住所若しくは本店に変更が生じたときの変更の登記がされたとき

(2)　受託者の解任による付記登記の廃止

旧不動産登記規則においては，登記官は，受託者の解任の登記の嘱託に基づく信託の変更の登記をするときは，職権で，当該信託に係る権利の保存，設定，移転又は変更の登記についてする付記登記によって，受託者の解任した旨及び登記の年月日を記録することとされていたが，改正規則においては，付記登記を行う旨の取扱いは廃止された（不登規則177条）。

第3　申請情報について

登記を申請する場合に登記所に提供しなければならないとして不動産登記法18条に規定する申請情報の内容については，不動産登記令3条各号に定められており，これらの情報を申請書に記載することとなる。その詳細は次のとおりである。

1　一の申請情報による登記の申請（不登令5条）

不動産登記令5条各項は，一の申請情報によってしなければならない登記の申請について定めている。

一の申請情報によってしなければならない登記の申請について，一の申請情報による登記の申請でない場合には，不動産登記法25条5号によって，登記の申請が却下されることになる。

信託に関する登記において一の申請情報によってしなければならない登記の申請は，次のとおりである。

⑴　信託の登記の申請は，当該信託に係る権利の保存，設定，移転又は変更の登記の申請と同時にしなければならない（不登法98条1項）とされ，かつ，その登記の申請は，一の申請情報によってしなければならない（不登令5条2項）。

なお，①信託財産に属する財産が固有財産に属する財産に帰属，②固有財産に属する財産が信託財産に属する財産に帰属する場合にあっては，権利の変更の登記をすることとなる。

⑵　信託の登記の抹消の申請は，当該信託に係る権利の移転の登記若しくは変更の登記又は当該権利の登記の抹消の登記と同時にしなければならない（不登法104条1項）とされ，かつ，その登記の申請は，一の申請情報によってしなければならない（不登令5条3項）。

⑶　不動産に関する権利が，信託の併合又は分割若しくは信託の併合又は分割以外の事由により，一の信託の信託財産に属する財産から受託者を同一とする他の信託の信託財産に属する財産に帰属した場合には，権利の変更の登記をすることになるが，これに併せて信託の登記や信託の登記の抹消をする必要があり，これらの登記の申請は，権利の変更の登記と同時にしなければならない（不登法104条の2第1項）とされ，かつ，その登記の申請は，一の申請情報によってしなければならない（不登令5条4項）。

2　登記の目的（不登令3条5号）

登記の目的は，権利に関する登記の登記事項であり（不登法59条1号），登記の対象となる権利と権利の変動の内容等を端的に示す必要があることから，申請情報とされている。

信託に関する登記においては，①信託財産に属する不動産についての物権変動を公示するところの「権利の移転等の登記」と，②当該不動産が，受託者が管理・処分等をすべきある信託の信託財産に帰属していることを公示するところの「信託の登記及び信託の登記の抹消」を同時に申請しているのであるから，登記の目的もそれに対応して，例えば「所有権移転及び信託」と2個の登記の目的を並記して申請する必要がある。

信託に関する登記における典型的な登記の目的の記録方法を示せば，次のとおりである。

① 信託行為による権利の保存，設定，移転の登記と信託の登記

「所有権移転及び信託」，「所有権移転（合有）及び信託」，「○番抵当権移転及び信託」，「所有権移転仮登記及び信託仮登記」，「抵当権設定及び信託」

② 受託者が信託財産である金銭をもって不動産を買い受けたことによる権利の保存，移転の登記と信託の登記

「所有権移転及び信託財産の処分による信託」，「所有権保存及び信託財産の処分による信託」

③ 自己信託による権利の変更の登記と信託の登記

「信託財産となった旨の登記及び信託」，「抵当権の信託財産となった旨の登記及び信託」

④ 信託の併合又は分割による権利の変更の登記と信託の登記

「信託の併合（分割）により別信託の目的となった旨の登記，○番信託登記の抹消及び信託」

⑤ 信託財産に属する財産を固有財産に属する財産に帰属させる権利の変更の登記と信託の登記

「受託者○某（順位○番で登記した持分）の固有財産となった旨の登記及び○番信託登記の抹消」

⑥ 信託終了による受益者（帰属権利者）への信託財産引継による権利の移転の登記と信託の登記の抹消

「所有権移転及び○番信託登記の抹消」，「○番付記○号抵当権移転及び○番信託登記の抹消」

⑦ 信託財産処分による権利の移転の登記と信託の登記の抹消

「所有権移転及び○番信託登記の抹消」

⑧　受託者（１人）の変更に関する登記

「所有権移転」

⑨　受託者（２人以上）の変更に関する登記

「○番合有登記名義人変更」

３　登記原因及びその日付（不登令３条６号）

登記原因及びその日付は，権利に関する登記の登記事項であり（不登法59条３号），物権変動が生じた登記原因（登記の原因となる事実又は法律行為・不登法５条２項括弧書き）とその日付が申請情報とされ，その事実を証するために登記原因を証する情報（登記原因証明情報）を提供しなければならないとされている（不登法61条）。

信託に関する登記における典型的な登記原因及びその日付の記録方法を示せば，次のとおりである。

①　信託行為による権利の設定，移転の登記と信託の登記

「平成○年○月○日信託」，「平成○年○月○日債権譲渡（信託）」，「平成○年○月○日金銭消費貸借平成○年○月○日信託」，「㈠平成○年○月○日金銭消費貸借，㈡平成○年○月○日金銭消費貸借平成○年○月○日信託」

なお，これらの内「平成○年○月○日信託」（担保権のみを信託譲渡する抵当権の移転の登記）と「平成○年○月○日債権譲渡（信託）」（担保付債権を信託財産とする抵当権の移転の登記）を区別する必要がある。

②　受託者が信託財産である金銭をもって不動産を買い受けたことによる権利の保存，移転の登記と信託の登記

「平成○年○月○日売買」

この場合は，信託行為によって所有権を取得したものではなく，信託財産である金銭をもって所有権を取得したのであるから，原因は「信託」ではなく「売買」となる。

③　自己信託による権利の変更の登記と信託の登記

「平成○年○月○日自己信託」

④　信託の併合又は分割による権利の変更の登記と信託の登記

「平成○年○月○日信託併合（分割）」

⑤　共有物分割を原因として信託財産に属する財産を固有財産に属する財産に帰属させる権利の変更の登記と信託の登記

「平成○年○月○日共有物分割」

⑥　信託終了による受益者（帰属権利者）への信託財産引継による権利の移転の登記と信託登記の抹消

「平成○年○月○日信託財産引継」

⑦　信託財産処分による権利の移転の登記と信託登記の抹消

「平成○年○月○日売買」

⑧　受託者（1人）の変更に関する登記

「平成○年○月○日受託者合併」，「平成○年○月○日受託者辞任による変更」，「平成○年○月○日受託者死亡による変更」

⑨　受託者（2人以上）の変更に関する登記

「平成○年○月○日受託者○株式会社合併」，「平成○年○月○日受託者○株式会社任務終了による変更」

4　申請人等

⑴　申請人の氏名又は名称及び住所（不登令3条1号）

申請人が自然人であるときは，氏名及び住所が申請情報の内容となり，申請人が法人であるときは，名称及び住所（主たる事務所又は本店）が申請情報の内容となる。

権利に関する登記においては，登記権利者及び登記義務者の共同申請が原則となるので，これらの者の氏名又は名称及び住所が申請情報の内容となる。

また，代位登記又は一般承継人による申請においては，代位者又は一般承継人が申請人になるので，代位者又は一般承継人の氏名又は名称及び住所が申請情報の内容となる。

⑵　申請人が法人であるときは，その代表者の氏名（不登令3条2号）

申請人が法人であるときは，その法人における代表権のある者が有効に申請していることを表する趣旨で，代表者の氏名が申請情報の内容とされている。

なお，代表者の資格も記載することとなる。

⑶　代理人によって登記を申請するときは，当該代理人の氏名又は名称及び住所並びに代理人が法人であるときはその代表者の氏名（不登令3条3号）

代理人による申請であることを明らかにするため，代理人の氏名又は名称及び住所が申請情報の内容となる。

司法書士法人，弁護士法人が代理人であるときは，氏名又は名称及び住所に加え，その法人における代表権のある者が有効に申請していることを表する趣旨で，代表者の氏名及び資格が申請情報の内容とされている。

⑷　代位によって登記を申請するときは，申請人が代位者である旨，被代位者の氏名又は名称及び住所並びに代位原因（不登令3条4号）

代位原因は，権利に関する登記の登記事項であり（不登法59条7号），代位によって登記を申請するときは，次の事項が申請情報の内容となる。

①　申請人が代位者である旨

代位登記による申請においては，代位者が申請人になるので，代位者の氏名又は名称及び住所が申請情報の内容となり（不登令3条1号），当該申請人が代位者であることを「申請人（代位者）○市○町○丁目○番○号　△△△△」と記載することになる。

②　代位されている他人（被代位者）の氏名又は名称及び住所

③　代位原因

⑸　登記識別情報を提供することができない理由（不登令3条12号）

登記権利者及び登記義務者が共同して権利に関する登記の申請をするときは，申請人は，登記義務者の登記識別情報の提供をしなければならない（不登法22条本文）が，正当な理由があれば登記識別情報の提供をしなくても，申請が却下されることはない（同条ただし書）。そこで，登記識別情報の提供をできない場合には，申請情報として，できない理由を記載する必要がある。

正当な理由がある場合とは，次に掲げる場合である（不登準則42条１項）。

①　登記識別情報が通知されなかった場合

②　登記識別情報の失効の申出に基づき，登記識別情報が失効した場合

③　登記識別情報を失念した場合

④　登記識別情報を提供することにより登記識別情報を適切に管理する上で支障が生ずることとなる場合

⑤　登記識別情報を提供したとすれば当該申請に係る不動産の取引を円滑に行うことができないおそれがある場合

⑹　不動産登記令別表に掲げる申請情報（不登令３条13号）

不動産登記令３条に掲げる申請情報のほか，不動産登記令別表の登記欄に掲げる登記を申請するときは，同表の申請情報欄に掲げる事項についても申請情報の内容となる。

よって，登記の申請に当たっては，当該登記の目的からして不動産登記令別表の登記欄に掲げる登記であるか否かを確認して，申請情報の漏れがないように注意しなければならない。

⑺　送付の方法による登記識別情報の通知（不登規則63条３項から５項）

送付の方法により登記識別情報を記載した書面の交付を求める場合には，その旨を記載することが申請情報の内容となる。

よって，登記所の窓口での交付ではなく，郵送での交付を希望するときには，その旨を申請情報として記載することになり，その記載方法の例を示せば，次のとおりである。

「送付の方法により登記識別情報通知書の交付を希望します。

送付先：資格者代理人の事務所あて」

５　持分の表示

権利の保存，設定若しくは移転の登記を申請する場合において，登記名義人となる者が２人以上あるときは，当該登記名義人となる者ごとの持分の記載が申請情報の内容となっている（不登令３条９号）。

しかし，信託に関する登記において，受託者が２人以上の場合には，信託財産は合有の性質を有し（信託法79条），この信託財産の合有は，持分を有する通常の共有とは違うことから，本号の規定の適用がないとされ，持分の記載は必要としない。

ただし，受託者が信託財産である金銭をもって不動産を買い受けた場合には，信託行為によって所有権を取得したものではないので，「受託者」とは記録せず，「所有者又は共有者」と記録することになり，この場合には持分の記載をすることになる。

第４　添付情報について

登記の申請をする場合には，不動産登記令７条に規定する情報（添付情報）を申請情報と併せて提供しなければならないとされている（不登令10条，15条）。

信託の登記に係る添付情報の主なものは次のとおりであり，書面を提供する方法による登記の申請においては，申請情報を記載した書面にこれら添付情報を記載した書面を添付して提出する必要がある（不登令15条）。

１　信託目録に記録すべき情報

信託の登記の申請をする場合には，信託目録に記録すべき情報を記載した書面をその申請情報と併せて提供しなければならない（不登令７条１項６号，別表65項添付情報欄ハ）。

⑴　信託目録の電子化指定

土地及び建物に係る信託目録について，不動産登記法附則３条１項に基づく法務大臣の指定（以下「電子化指定」という。）が平成23年法務省告示第13号（平成

23年1月12日指定・同月17日施行）及び平成23年法務省告示第466号（平成23年10月12日指定・同月17日施行）をもってなされ，法務局・地方法務局の全ての登記所において，信託目録の電子化（磁気ディスクをもって調整する信託目録への改製）がされた。

これにより，法務局・地方法務局の全ての登記所において，信託目録に係る登記事項証明書の交付請求（窓口・郵送・オンライン）が可能となった。

⑵　信託目録に係る登記手続のオンライン指定

法務局・地方法務局の全ての登記所において，信託目録に係る登記手続について，不動産登記法附則6条1項に基づく法務大臣の指定（以下「オンライン指定」という。）が平成24年法務省告示第33号（平成24年1月27日指定・同月30日施行）をもってなされた。

これにより，法務局・地方法務局の全ての登記所において，これまでは信託の設定の登記や信託の抹消の登記の申請は，不動産に係る登記手続についての申請であることから（不動産登記に係る事務については，既に不登法附則3条の指定及び同法附則6条の指定がされている。），書面による申請でも，電子情報処理組織を使用する方法による申請（以下「オンライン申請」という。）でも可能であったが，信託目録に係る事務については，不動産登記法附則3条の指定及び同法附則6条の指定を受けていなかった。そのため，受益者の変更や信託条項の変更等の信託目録の記録事項に係る申請については，書面による申請でしかできなかったが，今後は，信託目録に係る事務についても同法附則3条及び同法附則6条の指定を受けたことにより，書面による申請だけではなく，オンライン申請によっても申請が可能となった。

⑶　不動産登記規則の改正に伴う「信託目録に記録すべき情報」の提供方法の変更

信託目録の電子化に伴い，「不動産登記規則の一部を改正する省令」（平成23年法務省令第1号）が平成23年1月12日公布・施行された。

これにより，信託目録の登記事務について，電子化指定を受けた登記所（法務局・地方法務局の全ての登記所が電子化指定を受けている。）において，信託の登記の申請を書面申請によりするときは，信託目録に記録すべき情報の提供方法として，当該情報を所定の様式（不登規則別記第5号様式）による用紙に記載して提出（信託目録の提出）しなければならないとする従前の規定が改められ，不動産登記令15条の規定に基づき，信託目録に記録すべき情報を記載した書面（当該情報を電磁的記録で作成している場合にあっては，当該情報を記録した磁気ディスクを含む。）の提出をもって足りることとなった（不登令7条1項6号，別表65項添付情報欄ハ）。

⑷　信託の登記を書面申請する場合の「信託目録に記録すべき情報」の提供方法

信託の登記を書面申請によりする場合には，信託目録に記録する情報が膨大であることから，登記事務を円滑かつ正確に行うために，実務上は，信託目録に記録すべき情報を記載した書面の提出のほかに下記のとおり磁気ディスクの提出を行っている。

ア　信託の登記を申請する場合

㋐　不動産登記令15条の添付情報の提供方法として書面の提出による場合

信託目録に記録すべき情報の提供を当該情報を記載した書面を提出する場合には，任意の添付書面として，当該情報を記録した磁気ディスクの提出を行っている。この場合の電子データの形式等は，次の「当該情報を記録した磁気ディスクの形式等」のとおりであり，この場合には作成者の電子署名は必要ではなく，当該磁気ディスクは，登記事務を円滑かつ正確に行うための任意の提出であることから，登記完了後に返還される。

【信託目録に記録すべき情報を記録した磁気ディスクの形式等】

1　磁気ディスクの種類

①　3.5インチフロッピーディスク（2ＨＤ/1.44ＭＢ）

②　120ミリメートルのＣＤ－Ｒ

2　信託目録に記録すべき情報のデータ形式

⑴　信託目録の文字情報をテキスト形式で記録したファイル（拡張子を“.txt”とするもの）を，磁気ディスクに格納して提供する。

※　目録様式の罫線の情報は記録する必要はない。なお，テキストファイルの作成は，Microsoft Windows の「メモ帳（NotePad)」等を利用する。

⑵　なお，信託目録の情報を，以下のアプリケーションソフトを使用して作成する場合には，それぞれに指定の形式で保存したデータを提供することでも，差し支えない。

※　ファイル形式の指定は，アプリケーションソフトの「ファイル」メニューの「名前を付けて保存」画面から，選択することができる。

①　Microsoft Wordで作成する場合

「名前を付けて保存」画面から，ファイルの種類に「Word 97-2003文書（＊.doc)」等を指定し，ファイル拡張子を“.doc”として保存したデータを提供する。

②　Microsoft Excelで作成する場合

「名前を付けて保存」画面から，ファイルの種類に「Excel 97-2003ブック（＊.xls)」等を指定し，ファイル拡張子を“.xls”として保存したデータを提供する。

③　ジャストシステム一太郎で作成する場合

保存形式に「通常」等を指定し，ファイル拡張子を“.jtd”として保存したデータを提供する。

3　その他の注意事項

上記磁気ディスクについては，提出前に，必ずウィルスチェックを行う。なお，作成者の電子署名は必要ない。

(イ) 不動産登記令15条の添付情報の提供方法として磁気ディスクの提出による場合

添付情報を記録した磁気ディスクについては，「添付情報を記録した磁気ディスクの記録作成方法について」(http://www.moj.go.jp/content/000123197.pdf) に従い作成し，ファイルの形式については，文字情報のコピーが可能なデータ形式とする。

なお，磁気ディスクに記録する添付情報については，作成者の電子署名が必要となるところ（不登令15条で準用する同令12条２項），信託目録に記録すべき情報の作成権限を申請代理人が有している場合には，申請代理人が作成者として電子署名を行う。

おって，当該磁気ディスクは，申請書の添付書面として登記所において保管されることになり，提出者に返還されない。（不登規則17条２項）。

イ　信託の変更の登記を申請する場合

信託条項について大幅な変更がされる等の信託の変更の登記（信託目録の記録事項の変更の登記）を申請する場合にあっても，登記事務を円滑かつ正確に行うために，任意の添付情報として，当該情報を記録した磁気ディスクの提出を行っている。

(5) 信託の変更の登記を申請する場合の添付情報と登記完了証の交付

信託の変更の登記の申請をする場合においても，信託目録に記録すべき情報を記載した書面（信託目録の変更情報）をその申請情報と併せて提供することとなる（不登令７条１項６号，別表65項添付情報欄ハ）。

また，信託目録に係る事務についても不動産登記法附則３条及び同法附則６条の指定を受けたことにより，従前は，受益者の変更や信託条項の変更等の信託目録の記録事項に係る申請については，申請書の写しを提出し，登記完了後に登記済証の交付を受けていたが，オンライン指定後は，申請書の写しの提出は必要でなく，登記完了後には登記完了証が交付されることになる。

2　登記原因証明情報

登記の内容の正確性の確保という観点から，権利に関する登記においては，原則として登記原因証明情報を提供しなければならないとされ（不登法61条），不動産登記令７条１項５号ロで申請情報と併せて登記所に提出しなければならない添付情報と定められている。

なお，信託の登記においては，不動産登記令別表65の項の添付情報欄で，①自己信託にあっては，信託法４条３項１号に規定する公正証書等（公正証書については謄本）又は同項２号の書面等及び通知をしたことを証する情報，②信託契約による信託及び遺言信託にあっては，契約書や遺言書など，それらの事実があったことを証する情報を添付することとなっている。

⑴　登記原因証明情報の意義

「登記原因」とは，登記の原因となる事実又は法律行為であり，登記原因証明情報とは，登記の原因となる事実又は法律行為の存在を証明する情報である。

登記の原因となる法律行為とは，物権変動の原因行為である債権行為であるが，登記は物権変動を公示するものであるから，当該原因行為に基づいて物権が現に変動したことが確認されなければならない。よって，登記原因証明情報は，物権変動の原因行為とこれに基づく物権の変動という２つの要素から構成され，この２つの要素を証明する情報といえる。

⑵　登記原因証明情報の要件

登記原因証明情報を要求している趣旨は，登記原因が真実であることを担保するためであるので，本来は，売買契約書とか信託契約書等の原契約書の写しを提供することになるが，一般的には，報告形式の登記原因証明情報を提出している。この報告形式の登記原因証明情報を作成する際には，申請に係る登記の原因となる事実又は法律行為及びこれに基づき現に物権変動等の登記を申請すべき原因が生じたことを内容とする書面に，登記権利者及び登記義務者の双方が署名若しくは記名押印する必要があるが，最低限の要件として，登記義務者が署名若しくは記名押印が必要である。

⑶　登記原因証明情報の具体例

ア　信託行為による権利の移転の登記と信託の登記

①信託契約当事者（委託者・受託者），②対象不動産，③信託契約の年月日，④信託目録に記録すべき情報，⑤信託契約締結の事実，⑥信託契約に基づき所有権が移転したことを内容とするもの

（例）

⑤　甲（委託者）と乙（受託者）は，平成○年○月○日，信託契約を締結し，甲はその所有する本件不動産を乙に信託し，乙はこれを引き受けた。

⑥　⑤の信託契約締結に伴い，本件不動産の所有権は信託契約の規定に基づき，甲から乙に，平成○年○月○日，信託を原因として移転した。

イ　受託者が信託財産である金銭をもって不動産を買い受けたことによる権利の移転の登記と信託の登記

①売買契約当事者（売主・買主（受託者）），②対象不動産，③売買契約の年月日，④信託目録に記録すべき情報，⑤信託契約締結の事実，⑥売買契約締結の事実，⑦売買契約に基づき所有権が移転したことを内容とするもの

（例）

⑤　甲（委託者）と乙（受託者）は，平成○年○月○日，受益者を甲とする金銭の管理運用処分を目的とする金銭信託を締結した。当該信託契約には，甲の指図により金銭を処分して，不動産を購入することができ，これにより取得した当該不動産は信託財産とする旨の条項がある。

⑥　乙は上記信託契約に基づき，平成○年○月○日これを処分し，丙と本件不動産の売買契約を締結し，同日，乙は，丙に対し，売買代金を支払い，丙は受領した。

⑦　よって，本件不動産の所有権は，同日，丙から乙に移転し，本件

不動産を信託財産とした。

ウ　信託財産の処分による売買を原因とする権利の移転の登記と信託の登記の抹消

①売買契約当事者（売主（受託者）・買主），②対象不動産，③売買契約の年月日，④信託契約締結の事実，⑤売買契約締結の事実，⑥売買契約に基づき所有権が移転し，信託が終了したことを内容とするもの

（例）

④　乙は，平成○年○月○日，甲と乙との間で締結された不動産管理処分信託契約に基づく信託受託者である。

⑤　乙は，本信託契約の本旨に従い，平成○年○月○日，丙に対し，本件不動産を売却する契約をした。

当該売買契約には，本件不動産の所有権は売買代金の支払いが完了したときに丙に移転する旨の特約が付されている。

平成○年○月○日，甲は，本信託契約に基づき本件不動産の丙への売却を乙に指図した。

丙は，乙に対し，平成○年○月○日，売買代金全額を支払い，乙はこれを受領した。

⑥　よって，本件不動産の所有権は，同日，乙から丙に移転し，本件不動産の信託は終了した。

エ　受益権売買による受益者の変更の登記

①当事者（受益権譲渡人・受益権譲受人・受託者），②対象不動産（信託目録番号の記載），③受益権売買の年月日，④信託契約締結の事実，⑤受益権売買契約締結の事実，⑥受託者の承諾，⑦受益権売買契約に基づき受益権が移転したことを内容とするもの。なお，信憑性を担保する観点から受益権譲渡人，受益権譲受人及び受託者が記名押印し，印鑑証明書を添付することが望ましい。最低限，権利を失う受益権譲渡人については，記名押印し，印鑑証明書を添付する。

ところで，質権の実行による信託受益権の移転に伴う受益者の変更の登記手続に関して，登記原因証明情報として，質権設定契約書，質権実行通知書等が提供されている場合には，旧受益者が承諾している証明書及び印鑑証明書は要

しない旨の回答がある（平成22年11月24日付け法務省民二第2949号法務省民事局民事第二課長回答）。

（例）

④　乙は，平成○年○月○日，甲と乙との間で締結された不動産管理処分信託契約に基づく信託受託者である。

⑤　平成○年○月○日，甲（受益権譲渡人）は，丙に本件不動産の信託受益権を売り渡した。

⑥　乙は，同日，信託契約に定めるところにより，当該受益権売買を承諾した。

⑦　よって，本件受益権は，同日，甲から丙に移転した。

オ　信託条項の変更の登記

①当事者（受託者・受益者），②対象不動産（信託目録番号の記載），③信託条項変更の年月日，④変更後の信託条項，⑤信託契約締結の事実，⑥信託条項変更の事実を内容とするもの

（例）

⑤　受託者乙と委託者甲は，平成○年○月○日，受益者を甲とする不動産管理処分信託契約を締結し，登記を経由した。

⑥　甲と乙は，本件不動産につき，信託契約に定めるところにより，甲と乙の合意により，平成○年○月○日，別紙のとおり，信託の目的，信託財産の管理方法，信託終了の事由及びその他の信託条項を変更した。

3　登記識別情報（登記済証）

(1)　登記識別情報（登記済証）の制度

旧不動産登記法においては，登記義務者本人であるか否かの審査は，印鑑証明書と登記済証によって行っていた。登記が完了した際に，登記所が登記済証を作成し，登記権利者に交付し，この交付を受けた者（所持している者）に次回の登記申請時に提出させることにより，登記名義人本人である蓋然性が高いことから，これをもって登記手続固有の本人確認の手段としていた。

しかし，オンラインによる申請が改正不動産登記法で採用されたことから，オンラインでは，情報と媒体とが切り離されて送信される以上，紙形式の登記済証自体をオンラインで利用することができず，これに代わる本人確認手段を導入する必要が生じた。

そこで，登記識別情報（登記名義人が登記を申請する場合において，当該登記名義人自らが当該登記を申請していることを確認するために用いられる符号その他の情報であって，登記名義人を識別することができるもの，不登法2条14号）が採用され，各不動産の登記名義人ごとに個別の情報を作成し，当該登記名義人以外の者が知り得ないという秘密性を保持するという観点から，12桁のアラビア数字その他の符号の組合せによるとする登記識別情報が導入された。

これにより，紙という媒体から情報を切り離すことにより，電子申請でも書面申請でも利用することができる登記制度固有の本人確認の手段が存続することとなった。

(2)　登記識別情報の通知

登記識別情報は，その登記をすることによって，申請人自らが登記名義人となる場合において，当該登記を完了したときに，当該申請人に対して通知される（不登法21条本文）。

したがって，申請人であっても登記名義人にならない者（例えば，代位登記における代位者・登記権利者，共同相続人の1人が保存行為として行った共同相続の他の相続人）に対しては，登記識別情報の通知は行われない。

なお，登記識別情報は，本人確認の手段という秘密性が高い情報であることから，その交付に当たっては，申請人本人であるかを確認の上で交付することとなっているばかりでなく，委任による代理人が申請している場合においては，当該代理人が当該登記識別情報の通知を受けることについての特別の授権が必要とされている（不登規則62条2項）。よって，代理権限証書（委任状）の作成に当たっては，一般的な「登記申請に関する一切の件」という委任事項では足りず，「登記識別情報の受領に関する件」という個別の委任事項が必要となる。

(3) 登記識別情報（登記済証）の提供

ア　信託に関する登記における登記識別情報（登記済証）の提供を要する場合

① 登記権利者及び登記義務者が共同して権利に関する登記の申請をする場合の登記義務者となる登記名義人（不登法22条本文）

ただし，不動産登記法104条の２の規定による権利の変更の登記に係る受益者が登記義務者となる場合にあっては，22条本文の規定は適用しないとされている（受益者には登記識別情報（登記済証）の通知はされていないので提出は不可能である。）。

② 自己信託による権利の変更の登記の登記名義人（不登令８条１項８号）

イ　登記識別情報（登記済証）の提供をすることができない正当な理由（不登準則42条１項）

① 登記識別情報が通知されなかった場合

② 登記識別情報の失効の申出に基づき，登記識別情報が失効した場合

③ 登記識別情報を失念した場合

④ 登記識別情報を提供することにより登記識別情報を適切に管理する上で支障が生ずることとなる場合

⑤ 登記識別情報を提供したとすれば当該申請に係る不動産の取引を円滑に行うことができないおそれがある場合

ウ　登記識別情報（登記済証）の提供がない場合の本人確認手続

登記官は，正当な理由により登記識別情報を提供しないで登記申請があった場合には，登記識別情報による本人確認に代えて，当該登記義務者に対し，事前通知の方法により申請人となるべき者が申請していることを確認することとなる（不登法23条１項）。

エ　資格者代理人等による本人確認情報提供

登記官は，本来，事前通知をすべき場合に，①登記の申請の代理を業とすることができる者（司法書士，土地家屋調査士及び弁護士，以下「資格者」という。）が登記申請の代理人となり，②その資格者代理人から本人確認情報の提供を受け，③登記官がその内容を相当と認めた場合にあっては，事前

通知を省略することができるとされている（不登法23条4項1号）。

また，当該申請に係る申請情報又は代理権限証明情報に公証人の認証を受けた場合においても，登記官がその内容を相当と認めた場合には，事前通知を省略することができる（不登法23条4項2号）。

4　印鑑証明書

(1)　書面申請においては，申請人又はその代表者若しくは代理人は，法務省令で定める場合を除き（不登規則47条），申請情報を記載した書面に記名押印（委任による代理人を除く。）し，申請情報を記載した書面には，法務省令で定める場合を除き（不登規則48条），記名押印した者の印鑑証明書を添付しなければならない（不登令16条1項，2項）。また，委任による代理人によって登記を申請する場合には，申請人又はその代表者は，当該代理人の権限を証する情報を記載した書面（委任状）に記名押印しなければならず（不登令18条1項），当該委任状に記名押印した者の印鑑証明書を添付しなければならない（不登令18条2項）。

なお，この印鑑証明書は，市町村長又は登記官が作成したものに限定され，作成後3か月以内のものに限られる（不登令16条3項，不登令18条3項）。

ところで，自己信託による所有権の変更の登記については，共同申請の例外として受託者の単独で申請することができるとされているが，印鑑証明書の添付が必要であるので注意する必要がある（不登規則48条1項5号）。

(2)　委任による代理人が申請書に署名した場合，申請人又はその代表者若しくは代理人が署名した申請書について公証人又はこれに準ずる者の認証を受けた場合（委任による代理人が申請書に署名した場合は除く。）等においては，申請人又はその代表者の記名押印は要しない（不登規則47条）。

(3)　申請を受ける登記所が，添付すべき印鑑に関する証明書を作成すべき登記所と同一であって，法務大臣が指定した登記所以外のものである場合，申請人又はその代表者若しくは代理人が記名押印した申請書について公証人又はこれに準ずる者の認証を受けた場合等においては，印鑑証明書の添付は要しない（不登規則48条）。

5　代表者の資格証明書

(1)　申請人が法人であるときには，その法人における代表権のある者がその権限に基づいて登記を申請していることを証するため，当該法人が会社法人等番号を有する法人である場合には，当該会社法人等番号を提供しなければならない（不登令７条１項１号イ）。

申請人の会社法人等番号を提供するときは，不動産登記令３条１号の「申請人の名称」に続けて記録して差し支えない。

なお，会社法人等番号を有する法人である場合であっても，作成後１か月以内の当該法人の代表者の資格を証する登記事項証明書又は支配人等の権限を証する登記事項証明書を提供したときは，会社法人等番号の提供を要しない（不登規則36条１項１号各号，２項）。

(2)　なお，(1)において，申請人が法人であるときにあって，当該法人が会社法人等番号を有しない法人である場合には，作成後３か月以内の当該法人の当該代表者の資格を証する情報を提供しなければならない（不登令７条１項１号ロ，17条１項）。

(3)　代理人が法人であるときには，その法人における代表権のある者がその権限に基づいて登記を申請していることを証するため，作成後３か月以内の当該法人の当該代表者の資格を証する情報を提供しなければならない（不登令７条１項２号，17条１項）。

ただし，当該代理人の会社法人等番号を提供したときは，当該代理人の代表者の資格を証する情報の提供に代えることができる（不登規則37条の２）。

6　住所証明情報

権利に関する登記のうち，所有権保存又は所有権移転の登記申請においては，所有者（登記名義人となる者）の住所証明情報（市町村長，登記官その他公務員が職務上作成した情報）を提供することとなっている（不登令別表28項添付情報欄ニ，別表30項添付情報欄ロ）。

ただし，申請情報と併せて会社法人等番号が提供されたときは，当該住所証明情報を提供することは要しない（不登令9条，不登規則36条4項）。

7　代理権限証明情報

⑴　代理人よって登記を申請する場合には，申請情報とともに，当該代理人の権限を証する情報を提供しなければならず（不登令7条1項2号），委任による代理人によって登記を申請する場合には，申請人又はその代表者は，法務省令で定める場合を除き（不登規則49条1項），当該代理人の権限を証する情報を記載した書面（代理権限証書・委任状）に記名押印しなければならない（不登令18条1項）。

委任状に記名押印した場合には，法務省令で定める場合を除き（不登規則49条2項），委任状に押印した者（委任による代理人を除く。）の印鑑証明書を添付しなければならない（不登令18条2項）。

⑵　申請人又はその代表者若しくは代理人が署名した委任による代理人の権限を証する情報を記載した書面（委任状）について公証人又はこれに準ずる者の認証を受けた場合等においては，記名押印は必要でなく（不登規則49条1項），申請を受ける登記所が，添付すべき印鑑に関する証明書を作成すべき登記所と同一であって，法務大臣が指定した登記所以外の者である場合，申請人又はその代表者若しくは代理人が記名押印した委任状について公証人又はこれに準ずる者の認証を受けた場合等においては，印鑑証明書の添付は要しない（不登規則49条2項）。

⑶　委任状の記載事項

ア　受任者の氏名・住所の表示

登記申請人たる受任者の氏名・住所を記載する。受任者が司法書士又は弁護士等のときは，個人の住所でも，事務所の所在地でも差し支えない。

なお，受任者である代理人が法人であるときは，その代表者の氏名を記載する。

イ　委任者の氏名・住所の表示

登記申請人たる委任者の氏名・住所を記載し，当該委任者が法人のときは，その代表者の氏名も記載する。

ウ　登記申請を委任する不動産の表示

登記申請を委任する不動産の表示を記載することになるが，不動産の表示は，土地については，所在及び地番を，建物については，所在，地番及び家屋番号を記載することとなる。

エ　委任する登記申請の内容（登記事項）

登記申請の代理人は，委任状に記載されている内容に基づいて当該登記申請書を作成するので，登記申請書に記載すべき事項を全て明らかにする必要がある。

よって，「登記の目的」，「登記原因とその日付」，「権利者の住所・氏名」，「義務者の住所・氏名」を記載することになる。

オ　委任年月日

カ　その他の委任事項

①　委任事項として一般的には「登記申請に関する一切の権限を委任する。」旨の記載をする。

②　「原本還付請求及び受領に関する一切の件」，「復代理人選任に関する一切の件」の振り合いで記載する。

③　代理人が登記識別情報の通知を受けるためには，その旨の特別の授権が必要とされているので（不登規則62条２項），①の「登記申請に関する一切の権限」だけでは足りず，「登記識別情報の受領及び登記識別情報の受領に係る復代理人選任に関する一切の件」と記載する必要がある。

また，登記識別情報の通知を要しない場合には，「登記識別情報の通知を希望しない」旨の記載をする必要がある。

キ　登記権利者及び登記義務者の委任状を同一書面で作成しても差し支え

ない。

ク　登記申請の代理人については，自己契約・双方代理の禁止に関する規定（民法108条本文）の適用がないと解されているので，登記権利者が登記義務者の代理人となっても，登記権利者及び登記義務者が同一人を代理人として登記申請しても差し支えない。

8　債権者保護情報

信託の併合又は分割による権利の変更の登記を申請するときは，債権者保護手続をしたことを証する情報を提供しなければならない（不登令別表66項の2添付情報欄ハ）。

よって，信託の併合又は分割に係る債権者保護手続（第1章第6節第2，2（51頁）及び第3，2（53頁））を実施し，①信託を併合又は分割をしても当該債権者を害するおそれがないことが明らかであるときはその旨の情報を，②受託者において，信託法152条2項，156条2項又は160条2項の規定による公告及び催告をしたこと並びに異議を述べた債権者があるときは，当該債権者に対し，弁済若しくは相当の担保を提供し若しくは当該債権者に弁済を受けさせることを目的として相当の財産を信託したこと又は当該信託の併合若しくは分割をしても当該債権者を害するおそれがないことを証する情報を提供することにより，信託の併合又は分割を行っても，信託債権者に不測の損害を与えないことを立証することとしている。

第5　その他

1　合筆の登記

信託の登記がされている不動産について合筆の登記の申請がされた場合には，受理することができないとするのが登記実務の取扱いであったが（昭和48年8月30日付け法務省民事三第6677号法務省民事局長回答），不動産登記規則105条が改正され，「信託の登記であって，〔不動産登記〕法第97条第1項各号に掲げる登記事項が同一のもの」（不登規則105条3号）である場合には，合筆の登記ができることとされ，合筆の登記の制限が緩和された（平成19年９月28日付け法務省民二第2048号法務省民事局長通達第２，２）。

そして，合筆の登記における権利部の記録方法も変更され，合筆後の土地の登記記録の権利部の相当区に当該信託の登記を記録することとされた（不登規則107条１項４号）。この場合，各筆の土地の所有者の全部が同一の信託に属する場合のほか，各筆の土地が共有関係にあり，その共有持分が異なる複数の信託に属する場合も含まれ，このときは，合筆後の土地の登記記録の甲区には，各信託について信託の登記をそれぞれ記録することとなる。

よって，登記官は，合筆後の土地の登記記録の甲区にする信託目録番号については，合筆前の信託目録番号とは異なる番号（新たに信託目録を作成）を付すことになる（合筆前の信託目録番号は抹消する記号（下線）を記録する。）。

２　建物の合併の制限の特例

建物の合併においても，合併の登記の緩和がされ，「信託の登記であって，〔不動産登記〕法第97条第１項各号に掲げる登記事項が同一のもの」（不登規則131条２号）である場合には，合併の登記ができるとされ，合併の登記における権利部の記録方法については，合筆の登記の記録方法を準用している（前掲第2048号民事局長通達第２，３）。

第６　登録免許税

１　登録免許税の一般原則

信託に関する登記に関連する登録免許税の一般原則は，次のとおりである。

⑴　課税標準及び税率（登録免許税法９条）

登録免許税の課税標準及び税率は，登録免許税に別段の定めがあるほかは，登記等の区分に応じ，別表第一の課税標準欄に掲げる金額又は数量及び同表の税率欄に掲げる割合又は金額によるので，登録免許税法の別表にてよく確認する必要がある。

⑵　不動産の価額（登録免許税法10条）

別表第一第1号に掲げる不動産等の登記又は登録における課税標準たる不動産等の価額は，当該登記の時における不動産等の価額による。

⑶　共同担保の登記等の場合の課税標準及び税率（登録免許税法13条2項）

同一の債権のために数個の不動産等に関する権利を目的とする先取特権，質権又は抵当権の保存若しくは設定，移転又は信託の登記又は登録（以下，「抵当権等の設定登記等」という。）を受ける場合において，当該抵当権等の設定登記等の申請が最初の申請以外のものであるときは，当該抵当権等の設定登記等に係る登録免許税の課税標準及び税率は，当該抵当権等の設定登記等がこの項の規定に該当するものであることを証する財務省令で定める書類を添付して当該抵当権等の設定登記等の申請をするものに限り，当該抵当権等の設定登記等に係る不動産等に関する権利の件数1件につき1,500円とする。

⑷　共同担保の登記等の場合の税率の特例の適用を受けるための書類（登録免許税法施行規則11条）

登録免許税法13条2項に規定する財務省令で定める書類は，その登記に係る債権金額につき既に同条1項に規定する抵当権等の設定登記等を受けている旨を証する書類とする。

一般的には，当該抵当権等の設定登記等を受けている不動産の登記事項証明書（共同担保目録，信託目録付き）を添付している。

⑸　2以上の登記等を受ける場合の税率（登録免許税法18条）

同一の登記等の申請書により，別表第一に掲げる登記等の区分に応じ2以上の登記等を受ける場合における登録免許税の額は，各登記等につき別表に掲げる税率を適用して計算した金額の合計金額となる。

2　信託に関する登記に係る登録免許税の軽減規定

信託に関する登記に関連する登録免許税については，いくつかの軽減措置が定められているが，その概要は次のとおりである。

(1)　信託財産の登記等の課税の特例（登録免許税法7条）

信託のために所有権又は抵当権等の財産権を委託者から受託者に移転するとき，信託の終了により受託者から委託者（承継人）に信託財産引継を原因として財産権を移転するとき（一定の条件がある。）及び受託者の変更により新たな受託者に財産権を移転するときには，次のとおりアについては登録免許税は非課税となり，イについては課税されることとなる。

ア　信託による財産権の移転の登記又は登録で次のいずれかに該当するもの（登録免許税法7条1項）

①　委託者から受託者に信託のために財産を移す場合における財産権の移転の登記又は登録（1号）

②　信託の効力が生じた時から引き続き委託者のみが信託財産の元本の受益者である信託の信託財産を受託者から当該受益者（当該信託の効力が生じた時から引き続き委託者である者に限る。）に移す場合における財産権の移転の登記又は登録（2号）

③　受託者の変更に伴い受託者であった者から新たな受託者に信託財産を移す場合における財産権の移転の登記又は登録（3号）

イ　信託財産を受託者から受益者に移す場合であって，かつ，当該信託の効力が生じた時から引き続き委託者のみが信託財産の元本の受益者である場合において，当該受益者が当該信託の効力が生じた時における委託者の相続人（当該委託者が合併により消滅した場合にあっては，当該合併後存続する法人又は当該合併により設立された法人）であるときは，当該信託による財産権の移転の登記又は登録を相続（当該受益者が当該存続する法人又は当該設立された法人である場合にあっては，合併）による財産権の移転の登記又は登録とみなして，登録免許税は不動産の価額の1,000分の4となる（登録免許税法7条2項，同法別表第一，1，㈡，イ）。

(2)　土地の売買による所有権の移転登記等の税率の軽減（租税特別措置法72条）

ア　個人又は法人が，平成25年4月1日から平成29年3月31日までの間に，土地に関する登記で次に掲げるものを受ける場合には，当該各号に掲げる登記に係る登録免許税の税率は，登録免許税法9条の規定にかかわらず，当該各号に掲げる登記の区分に応じ，当該各号に定める割合とする（租税特別措置法72条1項）。

①　売買による所有権の移転の登記　　1,000分の15（1号）

②　所有権の信託の登記　　1,000分の3（2号）

イ　平成15年4月1日から平成18年3月31日までの間に登録免許税法別表第一，1号㈩ロ(3)又はニ(1)に掲げる仮登記を受けた者が，土地について，当該仮登記に基づき前項の規定により同項各号の登記を受ける場合には，同法17条1項の規定により控除する割合は，同項の規定にかかわらず，次の各号に掲げる登記の区分に応じ，当該各号に定める割合とする（租税特別措置法72条2項）。

①　売買による所有権の移転の登記　　1,000分の7.5（1号）

②　所有権の信託の登記　　1,000分の1.5（2号）

ウ　平成15年3月31日以前に登録免許税法別表第一，1号㈩ロ(3)に掲げる仮登記を受けた者が，土地について，当該仮登記に基づき第1項の規定により同項第1号の登記を受ける場合には，同法17条1項の規定により控除する割合は，同項及び所得税法等の一部を改正する法律（平成15年法律第8号）附則24条4項の規定にかかわらず，1,000分の3とする（租税特別措置法72条3項）。

3　信託に関する登記の申請の類型による登録免許税等

前記第3，2（99頁）の登記の目的（不登令3条5号）の項で示したとおり，信託に関する登記においては，①信託財産に属する不動産についての物権変動を公示するところの「権利の保存，設定，移転の登記」（権利に関する登記）と，②当該不動産が受託者が管理・処分等をすべきある信託の信託財産に帰属していることを公示するところの「信託の登記」，「信託の登記の抹消」などの2個ないし3個の登記を同時に申請することが多いが，この場合の登録免許税は，登録免許税法18条の規定のとおり各登記ごとに納付する必要がある。

信託に関する登記における登録免許税額の算出に当たって，登録免許税法及び租税特別措置法のどの規定を適用するのかは，登記の区分及び登記の目的に応じて考えることとなる。

典型的な例を示せば以下のとおりである。

⑴　信託行為による権利の保存，設定，移転の登記と信託の登記

ア　所有権保存と信託の登記（３章の事例【1】から【3】）

①　課税価格として，建物（及び敷地権）の登記時の不動産の価額（固定資産課税台帳の登録価格）を記載する。

固定資産評価証明書（市町村発行）は法定の添付書面ではないが，実務上は添付する取扱いとなっている。

②　所有権保存の登記の登録免許税は，不動産の価額の1,000分の４の額である（登録免許税法別表第一，１，㈠）。

なお，敷地権については，非課税である（登録免許税法７条１項１号）。

③　信託の登記の登録免許税は，建物及び敷地権とも，不動産の価額の1,000分の４の額である（登録免許税法別表第一，１，㈩イ）。

ただし，土地に関する所有権の信託の登記の税率については，平成25年４月１日から平成29年３月31日までの間は特例で税率が1,000分の３に軽減されている（租税特別措置法72条１項２号）。

イ　所有権移転と信託の登記（３章の事例【4】，【6】，【7】）

①　課税価格として，土地又は建物の登記時の不動産の価額（固定資産課税台帳の登録価格）を記載する。

固定資産評価証明書（市町村発行）は法定の添付書面ではないが，実務上は添付する取扱いとなっている。

②　所有権移転の登記の登録免許税は，非課税である（登録免許税法７条１項１号）。

③　信託の登記の登録免許税は，不動産の価額の1,000分の４の額である（登録免許税法別表第一，１，㈩イ）。

ただし，土地に関する所有権の信託の登記の税率については，平成

25年4月1日から平成29年3月31日までの間は特例で税率が1,000分の3に軽減されている（租税特別措置法72条1項2号）。

ウ　所有権移転の仮登記と信託の仮登記（3章の事例【31】）

①　課税価格として，土地又は建物の登記時の不動産の価額（固定資産課税台帳の登録価格）を記載する。

固定資産評価証明書（市町村発行）は法定の添付書面ではないが，実務上は添付する取扱いとなっている。

②　所有権移転の仮登記の登録免許税は，非課税である（登録免許税法7条1項1号）。

③　信託の仮登記の登録免許税は，不動産の価額の1,000分の2の額である（登録免許税法別表第一，1，㈩ニ（1））。

エ　所有権移転の仮登記と信託の仮登記の本登記（3章の事例【5】）

①　課税価格として，土地又は建物の登記時の不動産の価額（固定資産課税台帳の登録価格）を記載する。

固定資産評価証明書（市町村発行）は法定の添付書面ではないが，実務上は添付する取扱いとなっている。

②　所有権移転の仮登記に基づく本登記の登録免許税は，非課税である（登録免許税法7条1項1号）。

③　信託の仮登記に基づく本登記の登録免許税として，不動産の価額の1,000分の4から1,000分の2を控除した割合の額を記載する（登録免許税法17条1項）。

ただし，土地に関する所有権の信託の登記の税率については，平成25年4月1日から平成29年3月31日までの間は特例で税率が1,000分の3に軽減されている（租税特別措置法72条1項2号）ので注意する必要がある。なお，控除した結果，零となった場合には，当該不動産が土地のみの場合には，1,000円だが，建物と一緒に本登記をする場合には，土地分については，無税となる（登録免許税法18条，19条）。

さらに，平成15年4月1日から平成18年3月31日までの間に仮登記を受けた者が本登記をする場合には，租税特別措置法72条2項2号に特例が設けられているので注意する必要がある。

オ　抵当権設定の登記及び信託の登記（セキュリティ・トラスト）（3章の事例**【13】**，**【14】**）

①　課税価格として，債権金額を記載する。

②　抵当権設定の登記の登録免許税は，債権額1,000分の4の額である（登録免許税法別表第一，1，㈤）。

③　信託の登記の登録免許税は，債権額の1,000分の2の額である（登録免許税法別表第一，1，㈩ロ）。

カ　抵当権設定の仮登記及び信託の仮登記（セキュリティ・トラスト）（3章の事例**【32】**）

①　課税価格として，債権金額を記載する。

②　抵当権設定の仮登記の登録免許税は，不動産1個につき，1,000円である（登録免許税法別表第一，1，⑿へ）。

③　信託の仮登記の登録免許税は，債権額の1,000分の1の額である（登録免許税法別表第一，1，⑿ニ(2)）。

キ　オの事例の登記完了後，他管轄登記所にする追加抵当権設定と信託の登記（3章の事例**【15】**）

①　追加する抵当権設定の登記の登録免許税は，不動産等に関する権利の件数1件につき，1,500円である（登録免許税法13条2項）。

②　信託の登記の登録免許税は，不動産等に関する権利の件数1件につき，1,500円である（登録免許税法13条2項）。

なお，同一の債権を担保するために，数個の不動産等に関する権利を目的として設定された抵当権等が信託された場合であって，その抵当権等の信託の登記の申請が，1又は2以上の登記所に時を異にしてされたときのその抵当権等の信託の登記に係る登録免許税の額についても，その申請が最初の申請以外のものであることを証する書類を添付してその抵当権等の信託の登記の申請をするものに限り，その抵当権等の信託の登記に係る不動産等に関する権利の件数1件につき，1,500円である（登録免許税法13条。なお，平成20年10月28日付け法務省民二

第2861号法務省民事局民事第二課長通知参照)。

ク　根抵当権設定の登記及び信託の登記（セキュリティ・トラスト）（３章の事例【16】）

①　課税価格として，極度額を記載する。

②　根抵当権設定の登記の登録免許税は，極度額の1,000分の４の額である（登録免許税法別表第一，１，㈤)。

③　信託の仮登記の登録免許税は，極度額の1,000分の２の額である（登録免許税法別表第一，１，㈩ロ)。

ケ　根抵当権設定の仮登記及び信託の仮登記（セキュリティ・トラスト）（３章の事例【33】）

①　課税価格として，極度額を記載する。

②　根抵当権設定の仮登記の登録免許税は，不動産１個につき，1,000円である（登録免許税法別表第一，１，㈦ヘ)。

③　信託の仮登記の登録免許税は，極度額の1,000分の１の額である（登録免許税法別表第一，１，㈦ニ(2))。

コ　抵当権移転の登記と信託の登記（３章の事例【18】,【20】）

①　課税価格として，移転を受けた債権金額を記載する。

②　抵当権移転の登記の登録免許税は，非課税である（登録免許税法７条１項１号)。

③　信託の登記の登録免許税は，移転を受けた債権額の1,000分の２の額である（登録免許税法別表第一，１，㈩ロ)。

サ　コの事例の登記完了後，他管轄登記所にする抵当権移転と信託の登記（３章の事例【19】）

①　抵当権移転の登記の登録免許税は，非課税である（登録免許税法７条１項１号)。

②　信託の登記の登録免許税は，不動産等に関する権利の件数１件につき，1,500円である（登録免許税法13条２項，上記キ②参照)。

シ　抵当権移転の仮登記と信託の仮登記（３章の事例【34】）

①　課税価格として，移転を受けた債権金額を記載する。

② 抵当権移転の仮登記の登録免許税は，非課税である（登録免許税法7条1項1号）。

③ 信託の仮登記の登録免許税は，移転を受けた債権額の1,000分の1の額である（登録免許税法別表第一，1，(十二)ニ(2)）。

ス　地上権移転の登記と信託の登記（3章の事例【21】）

① 課税価格として，地上権の目的たる土地の登記時の不動産の価額（固定資産課税台帳の登録価格）を記載する。

固定資産評価証明書（市町村発行）は法定の添付書面ではないが，実務上は添付する取扱いとなっている。

② 地上権移転の登記の登録免許税は，非課税である（登録免許税法7条1項1号）。

③ 信託の登記の登録免許税は，不動産の価額の1,000分の2の額である（登録免許税法別表第一，1，(十)ハ）。

セ　受託者が信託財産である金銭をもって不動産を買い受けたことによる所有権移転の登記と信託財産の処分による信託の登記（3章の事例【8】）

① 課税価格として，土地又は建物の登記時の不動産の価額（固定資産課税台帳の登録価格）を記載する。

固定資産評価証明書（市町村発行）は法定の添付書面ではないが，実務上は添付する取扱いとなっている。

② 所有権移転の登記の登録免許税は，不動産の価額の1,000分の20の額である（登録免許税法別表第一，1，(二)ハ）。

ただし，土地に関する売買による所有権の移転の登記の税率については，平成25年4月1日から平成29年3月31日までの間は特例で税率が1,000分の15に軽減されている（租税特別措置法72条1項1号）。

③ 信託の登記の登録免許税は，不動産の価額の1,000分の4の額である（登録免許税法別表第一，1，(十)イ）。

ただし，土地に関する所有権の信託の登記の税率については，平成25年4月1日から平成29年3月31日までの間は特例で税率が1,000分の3に軽減されている（租税特別措置法72条1項2号）。

ソ　受託者が信託財産である金銭をもって別信託の信託財産である不動産を買い受けたことによる所有権の移転，信託の登記の抹消及び信託財産の処分による信託（３章の事例【9】）

①　課税価格として，土地又は建物の登記時の不動産の価額（固定資産課税台帳の登録価格）を記載する。

固定資産評価証明書（市町村発行）は法定の添付書面ではないが，実務上は添付する取扱いとなっている。

②　所有権移転の登記の登録免許税は，不動産の価額の1,000分の20の額である（登録免許税法別表第一，１，㈡ハ）。

ただし，土地に関する売買による所有権の移転の登記の税率については，平成25年４月１日から平成29年３月31日までの間は特例で税率が1,000分の15に軽減されている（租税特別措置法72条１項１号）。

③　信託の登記の抹消の登録免許税は，不動産１個につき1,000円である（登録免許税法別表第一，１，㈤）。

④　信託の登記の登録免許税は，不動産の価額の1,000分の４の額である（登録免許税法別表第一，１，㈩イ）。

ただし，土地に関する所有権の信託の登記の税率については，平成25年４月１日から平成29年３月31日までの間は特例で税率が1,000分の３に軽減されている（租税特別措置法72条１項２号）。

タ　共有持分を目的とする信託の登記がされている２筆の土地について，当該２筆の土地をそれぞれ受託者と他の共有者の単独所有とする場合における受託者の単独所有となる土地についての，共有物分割を原因とする共有持分全部移転の登記及び信託財産の処分による信託の登記（３章の事例【10】）

①　課税価格として，登記時の不動産の価額（固定資産課税台帳の登録価格）に移転する持分の割合を乗じた価額を記載する。

固定資産評価証明書（市町村発行）は法定の添付書面ではないが，実務上は添付する取扱いとなっている。

②　所有権移転の登記の登録免許税として，不動産の価額の1,000分の

４の額を記載する（登録免許税法別表第一，１，㈡ロ）。

登録免許税法７条１項１号（委託者から受託者に信託のために財産を移す場合における財産権の移転の登記又は登録には登録免許税を課さない。）の適用はない。

③　信託の登記の登録免許税として，不動産の価額の1,000分の４の額を記載する（登録免許税法別表第一，１，㈩イ）。

ただし，土地に関する所有権の信託の登記の税率については，平成25年４月１日から平成29年３月31日までの間は特例で税率が1,000分の３に軽減されている（租税特別措置法72条１項２号）。

チ　共有持分を目的とする信託の登記がされている２筆の土地について，当該２筆の土地をそれぞれ受託者と他の共有者の単独所有とする場合における，他の共有者の単独所有となる土地についての共有物分割を原因とする共有持分全部移転の登記及び信託財産の処分を原因とする信託の登記の抹消（３章の事例**【11】**）

①　課税価格として，登記時の不動産の価額（固定資産課税台帳の登録価格）に移転する持分の割合を乗じた価額を記載する。

固定資産評価証明書（市町村発行）は法定の添付書面ではないが，実務上は添付する取扱いとなっている。

②　所有権移転の登記の登録免許税として，不動産の価額の1,000分の４の額を記載する（登録免許税法別表第一，１，㈡ロ）。

③　信託の登記の抹消の登録免許税は，不動産１個につき1,000円である（登録免許税法別表第一，１，⒂）。

⑵　権利の変更の登記と信託の登記

ア　自己信託

㈠　自己信託による所有権の信託財産となった旨の登記及び信託の登記

（３章の事例**【24】**）

①　課税価格として，土地又は建物の登記時の不動産の価額（固定資産課税台帳の登録価格）を記載する。

固定資産評価証明書（市町村発行）は法定の添付書面ではないが，実務上は添付する取扱いとなっている。

② 権利の変更の登記の登録免許税は，不動産1個につき1,000円である（登録免許税法別表第一，1，㈣）。

登録免許税法7条1項1号（委託者から受託者に信託のために財産を移す場合における財産権の移転の登記又は登録には登録免許税を課さない。）の適用はない。

③ 信託の登記の登録免許税は，不動産の価額の1,000分の4の額である（登録免許税法別表第一，1，㈩イ）。

ただし，土地に関する所有権の信託の登記の税率については，平成25年4月1日から平成29年3月31日までの間は特例で税率が1,000分の3に軽減されている（租税特別措置法72条1項2号）。

㈠ 自己信託による抵当権の信託財産となった旨の登記及び信託の登記（3章の事例【25】）

① 課税価格として，債権金額を記載する。

② 権利の変更の登記の登録免許税は，不動産1個につき1,000円である（登録免許税法別表第一，1，㈣）。

登録免許税法7条1項1号（委託者から受託者に信託のために財産を移す場合における財産権の移転の登記又は登録には登録免許税を課さない。）の適用はない。

③ 信託の登記の登録免許税は，不動産の価額の1,000分の2の額である（登録免許税法別表第一，1，㈩ロ）。

イ　信託の併合又は分割

㈦ 信託の併合により別信託の目的となった旨の登記，信託の登記の抹消及び信託の登記（3章の事例【26】）

① 課税価格として，土地又は建物の登記時の不動産の価額（固定資産課税台帳の登録価格）を記載する。

固定資産評価証明書（市町村発行）は法定の添付書面ではないが，実務上は添付する取扱いとなっている。

② 権利の変更の登記の登録免許税は，不動産1個につき1,000円である（登録免許税法別表第一，1，(十四)）。

登録免許税法7条1項1号（委託者から受託者に信託のために財産を移す場合における財産権の移転の登記又は登録には登録免許税を課さない。）の適用はない。

③ 信託の登記の抹消の登録免許税は，不動産1個につき1,000円である（登録免許税法別表第一，1，(十五)）。

④ 信託の登記の登録免許税は，不動産の価額の1,000分の4の額である（登録免許税法別表第一，1，(十)イ）。

ただし，土地に関する所有権の信託の登記の税率については，平成25年4月1日から平成29年3月31日までの間は特例で税率が1,000分の3に軽減されている（租税特別措置法72条1項2号）。

なお，信託の併合がされた場合には，信託の終了事由となり，新たに不動産に関する権利が属することとなる信託の登記をする必要があるので，④の信託の登記については，登録免許税法別表第一，1，(十)イに該当し，不動産の価額を課税標準として，1,000分の4により算出した額とされている。

(イ) 信託の分割により別信託の目的となった旨の登記，信託の登記の抹消及び信託の登記（3章の事例【27】）

信託の併合と同様である。

なお，信託の分割については，信託の終了事由ではないが，不動産登記法104条の2第1項により，信託の分割により別信託の目的となった旨の登記，信託の登記の抹消及び信託の登記をしなければならず，この場合の登録免許税も，信託の併合と同様と解されている。

ウ　共有物分割

(ア) 固有財産に属する財産を共有物分割を原因として信託財産に属する財産に帰属させる権利の変更の登記及び信託の登記（3章の事例【28】）

① 課税価格として，登記時の不動産の価額（固定資産課税台帳の登録価格）に移転する持分の割合を乗じた価額を記載する。

固定資産評価証明書（市町村発行）は法定の添付書面ではないが，実務上は添付する取扱いとなっている。

② 権利の変更の登記の登録免許税は，不動産1個につき1,000円である（登録免許税法別表第一，1，(十四)）。

登録免許税法7条1項1号（委託者から受託者に信託のために財産を移す場合における財産権の移転の登記又は登録には登録免許税を課さない。）の適用はない。

③ 信託の登記の登録免許税として，不動産の価額の1,000分の4の額を記載する（登録免許税法別表第一，1，(十)イ）。

ただし，土地に関する所有権の信託の登記の税率については，平成25年4月1日から平成29年3月31日までの間は特例で税率が1,000分の3に軽減されている（租税特別措置法72条1項2号）。

(イ) **信託財産に属する財産を共有物分割を原因として固有財産に属する財産に帰属させる権利の変更の登記及び信託の登記の抹消**（3章の事例【29】）

① 課税価格として，登記時の不動産の価額（固定資産課税台帳の登録価格）に移転する持分の割合を乗じた価額を記載する。

固定資産評価証明書（市町村発行）は法定の添付書面ではないが，実務上は添付する取扱いとなっている。

② 権利の変更の登記の登録免許税は，実質的には所有権の移転の登記（共有物分割）であることから，不動産の価額の1,000分の20の額を記載する（登録免許税法別表第一，1，(二)ハ）。

ただし，登録免許税法施行令9条の適用があるときには，不動産の価額の1,000分の4の額となる。

③ 信託の登記の抹消の登録免許税は，不動産1個につき1,000円である（登録免許税法別表第一，1，(十五)）。

(ウ) **一の信託の信託財産に属する財産を共有物分割を原因として受託者を同一とする他の信託の信託財産に属する財産に帰属させる権利の変更の登記，信託の登記の抹消及び信託の登記**（3章の事例【30】）

①　課税価格として，登記時の不動産の価額（固定資産課税台帳の登録価格）に移転する持分の割合を乗じた価額を記載する。

固定資産評価証明書（市町村発行）は法定の添付書面ではないが，実務上は添付する取扱いとなっている。

②　権利の変更の登記の登録免許税は，不動産1個につき1,000円である（登録免許税法別表第一，1，(十四)）。

登録免許税法7条1項1号（委託者から受託者に信託のために財産を移す場合における財産権の移転の登記又は登録には登録免許税を課さない。）の適用はない。

③　信託の登記の抹消の登録免許税は，不動産1個につき1,000円である（登録免許税法別表第一，1，(十五)）。

④　信託の登記の登録免許税として，不動産の価額の1,000分の4の額を記載する（登録免許税法別表第一，1，(十)イ）。

ただし，土地に関する所有権の信託の登記の税率については，平成25年4月1日から平成29年3月31日までの間は特例で税率が1,000分の3に軽減されている（租税特別措置法72条1項2号）。

(3)　信託の登記の抹消

ア　信託の終了

(ア)　信託終了による受益者（帰属権利者）への信託財産引継による所有権の移転の登記と信託の登記の抹消（3章の事例【36】）

①　課税価格として，土地又は建物の登記時の不動産の価額（固定資産課税台帳の登録価格）を記載する。

固定資産評価証明書（市町村発行）は法定の添付書面ではないが，実務上は添付する取扱いとなっている。

②　所有権移転の登記の登録免許税として，不動産の価額の1,000分の20の額を記載する（登録免許税法別表第一，1，(二)ハ）。

ただし，受益者に信託財産を引き継ぐ場合であって，信託の効力を生じた時から引き続き委託者のみが信託財産の元本の受益者であるときには，非課税とされている（登録免許税法７条１項２号）。

なお，この場合にあって，当該受益者が当該信託の効力が生じたとき時における委託者の相続人（合併承継法人）であるときは，当該信託による財産の移転の登記を相続（合併）による財産権の移転の登記とみなして，登録免許税は，不動産の価額の1,000分の４となる（登録免許税法７条２項，同法別表第一，１，㈡イ）。

③　信託の登記の抹消の登録免許税は，不動産１個につき1,000円である（登録免許税法別表第一，１，⒂）。

㈠　信託終了による受益者（帰属権利者）への信託財産引継による抵当権の移転の登記と信託の登記の抹消（３章の事例**【37】**）

①　課税価格として，移転をする債権金額を記載する。

②　抵当権移転の登録免許税は，債権額の1,000分の２の額である（登録免許税法別表第一，１，㈥ロ）。

ただし，受益者に信託財産を引き継ぐ場合であって，信託の効力を生じた時から引き続き委託者のみが信託財産の元本の受益者であるときには，非課税とされている（登録免許税法７条１項２号）。

なお，この場合にあって，当該受益者が当該信託の効力が生じたときにおける委託者の相続人（合併承継法人）であるときは，当該信託による財産の移転の登記を相続（合併）による財産権の移転の登記とみなして，登録免許税は，不動産の価額の1,000分の１となる（登録免許税法７条２項，同法別表第一，１，㈥イ）。

③　信託の登記の抹消の登録免許税は，不動産１個につき1,000円である（登録免許税法別表第一，１，⒂）。

㈢　自己信託された不動産が信託の終了により，委託者（受託者）の固有財産になった旨の権利（所有権）の変更の登記と信託の登記の抹消（３章の事例**【39】**）

①　権利の変更の登記の登録免許税は，不動産１個につき1,000円である（登録免許税法別表第一，１，⒁）。

なお，登録免許税法７条１項２号の適用はない。

②　信託の登記の抹消の登録免許税は，不動産1個につき1,000円である（登録免許税法別表第一，1，⒂）。

㈤　自己信託された不動産が信託の終了により，委託者（受託者）の固有財産になった旨の権利（抵当権）の変更の登記と信託の登記の抹消（3章の事例**【40】**）

登録免許税は，㈦と同様である。

なお，登記の記録は，付記登記ですることとなる。

㈥　信託終了による受益者（帰属権利者）への信託財産引継による抵当権移転の仮登記の抹消と信託の仮登記の抹消（3章の事例**【41】**）

①　仮登記抵当権の抹消の登録免許税は，不動産1個につき1,000円である（登録免許税法別表第一，1，⒂）。

②　信託仮登記の抹消の登録免許税は，不動産1個につき1,000円である（登録免許税法別表第一，1，⒂）。

イ　信託財産処分による売買を原因とする所有権の移転の登記と信託の登記の抹消（3章の事例**【42】**）

①　課税価格として，土地又は建物の登記時の不動産の価額（固定資産課税台帳の登録価格）を記載する。

固定資産評価証明書（市町村発行）は法定の添付書面ではないが，実務上は添付する取扱いとなっている。

②　所有権移転の登記の登録免許税は，不動産の価額の1,000分の20の額である（登録免許税法別表第一，1，⑵ハ）。

ただし，土地に関する売買による所有権の移転の登記の税率については，平成25年4月1日から平成29年3月31日までの間は特例で税率が1,000分の15に軽減されている（租税特別措置法72条1項1号）。

③　信託の登記の抹消の登録免許税は，不動産1個につき1,000円である（登録免許税法別表第一，1，⒂）。

ウ　委付を原因として信託財産に属する財産を受託者の固有財産とした旨の登記と信託の登記の抹消（3章の事例**【43】**）

①　課税価格として，土地又は建物の登記時の不動産の価額（固定資

産課税台帳の登録価格）を記載する。

固定資産評価証明書（市町村発行）は法定の添付書面ではないが，実務上は添付する取扱いとなっている。

② 権利の変更の登記の登録免許税は，実質的に委付（その他の原因）による所有権の移転の登記であることから，不動産の価額の1,000分の20の額である（登録免許税法別表第一，1，(二)ハ）。

③ 信託の登記の抹消の登録免許税は，不動産1個につき1,000円である（登録免許税法別表第一，1，(十五)）。

⑷　受託者の変更の登記及び合有登記名義人の変更の登記

ア　受託者の変更による所有権（抵当権）の移転の登記（受託者1人）（3章の事例**【44】**,**【45】**,**【47】**,**【49】**）

① 登録免許税は非課税である（登録免許税法7条1項3号）。

イ　受託者の変更による所有権（抵当権）の合有登記名義人の変更の登記（受託者2人以上）（3章の事例**【46】**,**【48】**,**【50】**）

① 登録免許税は非課税である（登録免許税法7条1項3号）。

ウ　受託者の本店及び商号変更による登記名義人表示の変更の登記（3章の事例**【51】**）

① 登録免許税は，不動産1個につき1,000円である（登録免許税法別表第一，1，(十四)）。

⑸　信託目録の記録事項の変更の登記（3章の事例【52】から【57】）

信託目録の変更に関する登録免許税は，不動産1個につき1,000円である（登録免許税法別表第一，1，(十四)）。

⑹　嘱託の登記（3章の事例【58】,【59】）

嘱託の登記の登録免許税は，不動産1個につき1,000円である（登録免許税法別表第一，1，(十四)）。

第３章

不動産信託登記手続各論

第１節

権利の保存・設定・移転の登記と信託の登記

第１　所有権

１　所有権の保存

【１】　受託者（１人）が土地の信託を受け，当該敷地に建物を新築し，受託者名義で所有権保存の登記と同時にする信託の登記

委託者（土地所有者）が受託者と自己を受益者とする信託契約を締結した後，受託者が土地の有効利用の企画立案の上，建物を新築して，当該建物を賃貸し，その賃料等を受益者に交付する，いわゆる賃貸型の土地信託における所有権保存登記とともに，信託の登記をする登記手続である。

なお，この信託の登記は，所有権保存の登記と同時（一の申請情報）にしなければならない（不登法98条１項，不登令５条２項）。

この建物は，信託財産である金銭又は信託財産である土地を担保として建築資金として借り入れた金銭が当該建物に形を変えただけであり，新たな財産である当該建物は当然信託財産を構成する（信託財産の物上代位性，信託法16条１号）。この建物の所有権の登記名義人は，受託者であり，受託者の名義で保存登記をすることとなる。

【１】－１　登記申請書

登　記　申　請　書

登 記 の 目 的　　所有権保存及び信託財産の処分による信託（注１）

申　請　人　　○市○町○丁目○番○号
（受託者）　　　　　乙　株式会社（注2）
（会社法人等番号　1234-56-789123）
代表取締役　○○○○

添付書類
登記原因証明情報（注3）　信託目録に記録すべき情報（注4）
会社法人等番号（資格証明書）（注5）　住所証明情報（注6）
代理権限証明情報（注7）

登記識別情報の通知について（注8）
送付の方法により登記識別情報通知書の交付を希望します。
送付先：資格者代理人の事務所あて

平成○年○月○日申請　　不動産登記法74条1項1号申請
○法務局○出張所

代　理　人　　○市○町○丁目○番○号
○　○　○　○　㊞
電話先　○○－○○○○－○○○○

課税価格　　金○円（注9）

登録免許税　　金○円（注10）
保存分　　金○円（注11）
信託分　　金○円（注12）

不動産の表示（省略）

（注1）　登記の目的として，「所有権保存及び信託財産の処分による信託」と記載する。
信託財産である金銭又は信託財産である土地を担保として建築資金として借り入れた金銭により得た財産（処分財産）であることから，「信託」ではなく「信託財産の処分によ

る信託」と記載する。

（注２）　申請人として，受託者を記載する（登記原因証明情報の表示及び住所証明情報における表示と符合していることを要する。）。

申請人が法人であるときは，その代表者の資格及び氏名を記載する。

申請人の会社法人等番号を提供するときは，「申請人の名称」に続けて会社法人等番号を記載する。

（注３）　権利に関する登記を申請するときには，申請情報と併せて登記原因を証する情報を提供しなければならない（不登法61条，不登令７条１項５号ロ）が，所有権の保存の登記を申請する場合には除外されている（不登令７条３項１号）。

信託に関する登記においては，信託契約書又は信託の内容を記載した書面（報告形式の登記原因証明情報）を提出する必要がある（不登令別表65項添付情報欄ロ）。

（注４）　信託の登記の申請を書面申請によりするときは，不動産登記令15条の規定に基づき，信託目録に記録すべき情報を記載した書面（当該情報を電磁的記録で作成している場合にあっては，当該情報を記録した磁気ディスクを含む。）を添付して提出しなければならない（不登令７条１項６号，別表65項添付情報欄ハ）。

なお，信託目録に記録すべき情報を書面で提出する場合にあっては，登記事務を円滑かつ正確に行うために，実務上は，信託目録に記録すべき情報を記録した磁気ディスクを併せて提出している（詳細は，第２章第４・１⑷（107頁）を参照。）。

（注５）　申請人が法人であり，当該法人が会社法人等番号を有する法人である場合には，当該会社法人等番号を提供しなければならない（不登令７条１項１号イ）。

なお，会社法人等番号を有する法人である場合であっても，作成後１か月以内の当該法人の代表者の資格を証する情報（代表者事項証明書等）を提供したときは，会社法人等番号の提供を要しない（不登規則36条１項１号各号，２項）。

（注６）　所有権の保存の登記申請においては，登記名義人となる者の住所を証する市町村長，登記官その他の公務員が職務上作成した情報を提供しなければならない（不登令別表28項添付情報欄ニ）。

自然人の場合には住民票等を，法人の場合には登記事項証明書（登記簿謄本）等を添付することとなる。

ただし，申請情報と併せて会社法人等番号が提供されたときは，当該住所証明情報を提供することは要しない（不登令９条，不登規則36条４項）。

（注７）　代理人によって登記を申請するときは，当該代理人の権限を証する情報として，委任状を添付する（不登令７条１項２号）。

委任状には，登記識別情報の通知の受領を委任する場合は，別途その旨を明らかにし，受領の復代理人の選任を委任する場合は，その旨を記載する。また，登記識別情報の通知を希望しない場合は，その旨も記載する必要がある。

なお，代理人が法人であるときには，その法人における代表権のある者がその権限に基づいて登記を申請していることを証するため，作成後３か月以内の当該法人の当該代表者の資格を証する情報を提供しなければならない（不登令７条１項２号，17条１項）。ただし，当該代理人の会社法人等番号を提供したときは，当該代理人の代表者の資格を証する情報の提供に代えることができる（不登規則37条の２）。

（注８）　登記識別情報の通知の送付を希望するときは，その旨を記載し，登記所の窓口での交付を希望するときは，何らの記載も要しない。

また，登記識別情報の通知を希望しない場合には，その旨を記載する。

(注9)　課税価格として，建物の登記時の不動産の価額を記載する。
　当該建物が評価されている場合にあっては，固定資産評価証明書（市町村発行）は法定の添付書面ではないが，実務上は添付する取扱いとなっている。
(注10)　登録免許税として，所有権保存の登記分と信託の登記分の合計金額を記載する。
(注11)　所有権保存の登記の登録免許税は，不動産の価額の1,000分の4の額である（登録免許税法別表第一，1，㈠）。
(注12)　信託の登記の登録免許税は，不動産の価額の1,000分の4の額である（登録免許税法別表第一，1，㈩イ）。

【1】－2　登記記録例

権利部（甲区）（所有権に関する事項）			
順位番号	登記の目的	受付年月日・受付番号	権利者その他の事項
1 (注1)	所有権保存	平成○年○月○日 受付第○号	所有者　○市○町○丁目○番○号 乙　株式会社(注3)
	信託財産の処分による信託(注2)	余白	信託目録第○号(注4)

信託目録		調製	平成○年○月○日
番　号	受付年月日・受付番号	予　備	
第○号	平成○年○月○日 第○号	余白	
1　委託者に関する事項	○市○町○丁目○番○号 甲　某		
2　受託者に関する事項	○市○町○丁目○番○号 乙　株式会社		
3　受益者に関する事項等	受益者　○市○町○丁目○番○号 甲　某		
4　信託条項	(省略)		

(注1)　権利の保存，設定，移転又は変更の登記及び信託の登記をするときは，権利部の相当区に同一の順位番号を用いて記録することになる（不登規則175条1項）。
(注2)　登記の目的欄は，信託財産の処分による信託であるから「信託」ではなく「信託財産の処分による信託」と記録する。
(注3)　権利者の表記は「受託者」ではなく「所有者」と記録する。
(注4)　信託登記に係る内容は信託目録に記録され公示されることから，登記記録には信託目録の信託番号のみを記録し，信託目録の信託番号は不動産ごとに異なる番号が付される。

【1】－3　添付書類

登　記　原　因　証　明　情　報

1　登記申請情報の要項

(1)　登記の目的　　　所有権保存及び信託財産の処分による信託

(2)　申請人（受託者）　○市○町○丁目○番○号

乙　株式会社

(3)　不動産の表示（省略）

(4)　信託目録に記録すべき情報　　別紙「信託目録に記録すべき情報」のとおり

2　登記の原因となる事実又は法律行為

(1)　信託契約の締結

委託者甲某（以下「甲」という。）と受託者乙株式会社（以下「乙」という。）は，平成△年△月△日，受益者を甲とする不動産及び金銭の管理・運用・処分を目的とする信託契約を締結した。

当該信託契約には，甲の指図により金銭を処分して不動産の購入及び建物の建築をすることができ，これにより取得した当該不動産は信託財産とする旨の条項がある。

(2)　本件建物の建築と信託財産への帰属

乙は，上記信託契約に基づき，金銭を処分して本件建物を建築し，乙名義での建物表題登記を経由し，本件建物は信託財産に帰属した。

よって，受託者乙名義での所有権保存登記をする。

平成○年○月○日　　○法務局○出張所　御中

上記の登記原因のとおり相違ありません。

申請人（受託者）　○市○町○丁目○番○号

乙　株式会社

代表取締役　○○○○　㊞

信託目録に記録すべき情報

委託者　　○市○町○丁目○番○号
　　　　　甲　　　某
受託者　　○市○町○丁目○番○号
　　　　　乙　株式会社
受益者　　○市○町○丁目○番○号
　　　　　甲　　　某
〔信託条項〕
　1　信託の目的（**省略**）
　2　信託財産の管理方法（**省略**）
　3　信託終了の事由（**省略**）
　4　その他信託条項（**省略**）

委　任　状

平成○年○月○日

○市○町○丁目○番○号
○　○　○　○

私は，上記の者を代理人として，下記の登記申請に関する一切の権限を委任する。

記

1　登記の目的　　所有権保存及び信託財産の処分による信託
1　申　請　人　　○市○町○丁目○番○号
（受託者）　　　　乙　株式会社

1　原本還付請求及び受領に関する一切の件
1　復代理人選任に関する一切の件
1　登記識別情報の受領及び登記識別情報の受領に係る復代理人選任に関する一切の件

不動産の表示
○市○町○丁目○番地○
家屋番号○番○の建物

○市○町○丁目○番○号
乙　株式会社
代表取締役　○○○○　㊞

【2】　委託者名義で表題登記がされている敷地権付き区分建物について，受託者（1人）が，受託者名義で所有権保存の登記と同時にする信託の登記

委託者名義で表題登記のみがされている敷地権付き区分建物を信託契約に基づいて受託者名義で所有権保存の登記と信託の登記をする登記手続である。

この信託の登記は，所有権保存の登記と同時（一の申請情報）にしなければならない（不登法98条1項，不登令5条2項）。

この敷地権付き区分建物の保存登記については，信託のために保存登記をすることから，所有者ではなく受託者として登記することとなる。

【2】－1　登記申請書

登　記　申　請　書

登記の目的　　所有権保存及び信託（注1）

原　　　因　　平成○年○月○日信託（注2）

申　請　人　　○市○町○丁目○番○号

（受託者）　　　　　乙　株式会社（注3）

（会社法人等番号　1234-56-789123）

代表取締役　○○○○

添付書類

登記原因証明情報（注4）　信託目録に記録すべき情報（注5）

承諾書（注6）　会社法人等番号（資格証明書）（注7）

住所証明情報（注8）　代理権限証明情報（注9）

登記識別情報の通知について（注10）

送付の方法により登記識別情報通知書の交付を希望します。

送付先：資格者代理人の事務所あて

平成○年○月○日申請　　不動産登記法74条２項申請
○法務局○出張所

代　理　人　　○市○町○丁目○番○号
○　○　○　○　㊞
電話先　○○－○○○○－○○○○

課税価格　　金○円（注11）
建　物　　金○円
敷地権　　金○円

登録免許税　　金○円（注12）
保存分　　金○円（注13）
建　物　　金○円
敷地権　　登録免許税法７条１項１号により非課税
信託分　　金○円（注14）
建　物　　金○円
敷地権　　金○円

不動産の表示（省略）

（注１）　登記の目的として，「所有権保存及び信託」と記載する。
（注２）　原因の日付は，信託の効力の発生した日付（信託法４条１項）を記載し，「平成○年○月○日信託」と記載する。
（注３）　申請人（受託者）として，受託者を記載する（登記原因証明情報の表示及び住所証明情報における表示と符合していることを要する。）。
　申請人が法人であるときは，その代表者の資格及び氏名を記載する。
　申請人の会社法人等番号を提供するときは，「申請人の名称」に続けて会社法人等番号を記載する。
（注４）　権利に関する登記を申請するときには，申請情報と併せて登記原因を証する情報を提供しなければならない（不登法61条，不登令７条１項５号ロ，不登令別表29項添付情報

欄ロ)。

信託に関する登記においては，信託契約書又は信託の内容を記載した書面（報告形式の登記原因証明情報）を提出する必要がある（不登令別表65項添付情報欄ロ)。

本件の場合には，区分建物の所有権及び敷地権が表題部所有者である委託者から受託者に信託契約に基づいて信託譲渡されたことを証する書面を添付する。

（注5） 信託の登記の申請を書面申請によりするときは，不動産登記令15条の規定に基づき，信託目録に記録すべき情報を記載した書面（当該情報を電磁的記録で作成している場合にあっては，当該情報を記録した磁気ディスクを含む。）を添付して提出しなければならない（不登令7条1項6号，別表65項添付情報欄ハ)。

なお，信託目録に記録すべき情報を書面で提出する場合にあっては，登記事務を円滑かつ正確に行うために，実務上は，信託目録に記録すべき情報を記録した磁気ディスクを併せて提出している（詳細は，第2章第4・1(4)（107頁）を参照。)。

（注6） 敷地権が区分建物とともに譲渡されたことを明らかにするため，敷地権の登記名義人である委託者の承諾を証する書面（印鑑証明書及び資格証明書の添付）を添付する（不登令別表29項添付情報欄ロ)。

（注7） 申請人が法人であり，当該法人が会社法人等番号を有する法人である場合には，当該会社法人等番号を提供しなければならない（不登令7条1項1号イ)。

なお，会社法人等番号を有する法人である場合であっても，作成後1か月以内の当該法人の代表者の資格を証する情報（代表者事項証明書等）を提供したときは，会社法人等番号の提供を要しない（不登規則36条1項1号各号， 2項)。

（注8） 不登法74条2項の規定による所有権保存の登記においては，登記名義人となる者の住所を証する市町村長，登記官その他の公務員が職務上作成した情報を提供しなければならない（不登令別表29項添付情報欄ハ)。

自然人の場合には住民票等を，法人の場合には登記事項証明書（登記簿謄本）等を添付することとなる。

ただし，申請情報と併せて会社法人等番号が提供されたときは，当該住所証明情報を提供することは要しない（不登令9条，不登規則36条4項)。

（注9） 代理人によって登記を申請するときは，当該代理人の権限を証する情報として，委任状を添付する（不登令7条1項2号)。

委任状には，登記識別情報の通知の受領を委任する場合は，別途その旨を明らかにし，受領の復代理人の選任を委任する場合は，その旨を記載する。また，登記識別情報の通知を希望しない場合は，その旨も記載する必要がある。

なお，代理人が法人であるときには，その法人における代表権のある者がその権限に基づいて登記を申請していることを証するため，作成後3か月以内の当該法人の当該代表者の資格を証する情報を提供しなければならない（不登令7条1項2号，17条1項)。ただし，当該代理人の会社法人等番号を提供したときは，当該代理人の代表者の資格を証する情報の提供に代えることができる（不登規則37条の2)。

（注10） 登記識別情報の通知の送付を希望するときは，その旨を記載し，登記所の窓口での交付を希望するときは，何らの記載も要しない。

また，登記識別情報の通知を希望しない場合には，その旨を記載する。

（注11） 課税価格として，建物及び敷地権の登記時の不動産の価額（固定資産課税台帳の登録価格）を記載する。

固定資産評価証明書（市町村発行）は法定の添付書面ではないが，実務上は添付する取扱いとなっている。

（注12）　登録免許税として，所有権保存の登記分と信託の登記分の合計金額を記載する。

（注13）　所有権保存の登記の登録免許税は，建物については，不動産の価額の1,000分の４の額（登録免許税法別表第一，１，㈠），敷地権については，非課税である（登録免許税法７条１項１号）。

（注14）　信託の登記の登録免許税は，建物及び敷地権とも，不動産の価額の1,000分の４の額である（登録免許税法別表第一，１，㈩イ）。

ただし，土地に関する所有権の信託の登記の税率については，特例で，平成25年４月１日から平成29年３月31日までは1,000分の３に軽減されている（租税特別措置法72条１項２号）。

【２】－２　登記記録例

権利部（甲区）（所有権に関する事項）			
順位番号	登記の目的	受付年月日・受付番号	権利者その他の事項
１（注１）	所有権保存	平成○年○月○日 受付第○号	原因　平成○年○月○日信託（注３） 受託者　○市○町○丁目○番○号 乙　株式会社（注４）
	信託（注２）	余白	信託目録第○号（注５）

信託目録		調製	平成○年○月○日
番　号	受付年月日・受付番号	予　備	
第○号	平成○年○月○日 第○号	余白	
１　委託者に関する事項	○市○町○丁目○番○号 甲　某		
２　受託者に関する事項	○市○町○丁目○番○号 乙　株式会社		
３　受益者に関する事項等	受益者　○市○町○丁目○番○号 甲　某		
４　信託条項	（省略）		

（注１）　権利の保存，設定，移転又は変更の登記及び信託の登記をするときは，権利部の相当区に同一の順位番号を用いて記録することになる（不登規則175条１項）。

（注２）　登記の目的欄は，「信託」と記録する。

（注３）　原因は「平成○年○月○日信託」と記録する。

（注４）　権利者の表記は，信託のために財産（不動産）を移すための所有権保存の登記であるから，「受託者」と記録する。

（注５）　信託登記に係る内容は信託目録に記録され公示されることから，登記記録には信託目録の信託番号のみを記録し，信託目録の信託番号は不動産ごとに異なる番号が付される。

【2】－3　添付書類

登記原因証明情報

1　登記申請情報の要項

(1)　登記の目的　　所有権保存及び信託

(2)　登記の原因　　平成○年○月○日信託

(3)　当　事　者　　受託者　　○市○町○丁目○番○号
乙　株式会社
委託者　　○市○町○丁目○番○号
甲　　某

(4)　不動産の表示（省略）

(5)　信託目録に記録すべき情報　　別紙「信託目録に記録すべき情報」のとおり

2　登記の原因となる事実又は法律行為

(1)　信託契約の締結

委託者甲某（以下「甲」という。）と受託者乙株式会社（以下「乙」という。）は，平成○年○月○日，受益者を甲とする不動産の管理・運用・処分を目的とする不動産管理処分信託契約を締結し，甲はその所有する不動産を信託財産として乙に信託することとし，乙はこれを引き受けた。

(2)　本件敷地権付区分建物（保存登記未了）の所有権保存登記

乙は，上記信託契約に基づき，本件敷地権付区分建物を信託財産として引き継ぎ，その所有権は，同日，甲から乙に移転したが，本件敷地権付区分建物は建物表題登記のままで所有権保存登記がされていないことから，不動産登記法74条2項の規定により，同日信託を原因とする受託者乙名義での所有権保存登記をする。

平成○年○月○日　　○法務局○出張所　御中

上記の登記原因のとおり相違ありません。

受託者　　○市○町○丁目○番○号
乙　株式会社
代表取締役　○○○○　㊞
委託者　　○市○町○丁目○番○号
甲　　　某　　　　　㊞

信託目録に記録すべき情報

委託者　　○市○町○丁目○番○号
甲　　　某
受託者　　○市○町○丁目○番○号
乙　株式会社
受益者　　○市○町○丁目○番○号
甲　　　某

〔信託条項〕
1　信託の目的（**省略**）
2　信託財産の管理方法（**省略**）
3　信託終了の事由（**省略**）
4　その他信託条項（**省略**）

委　任　状

平成○年○月○日

○市○町○丁目○番○号
○　○　○　○

私は，上記の者を代理人として，下記の登記申請に関する一切の権限を委任する。

記

1　登記の目的　　所有権保存及び信託
1　登記の原因　　平成○年○月○日信託
1　申　請　人　　○市○町○丁目○番○号
（受託者）　　　乙　株式会社
1　原本還付請求及び受領に関する一切の件
1　復代理人選任に関する一切の件
1　登記識別情報の受領及び登記識別情報の受領に係る復代理人選任に関する一切の件

不動産の表示
一棟の建物の表示
所　　在　○市○町一丁目77番地1
建物の名称　○○マンション
専有部分の建物の表示
家屋番号　○町一丁目77番1の701
建物の名称　701
種　　類　居　宅
構　　造　鉄筋コンクリート造1階建
床 面 積　7階部分　○○．○○㎡

敷地権の表示

所在及び地番　　○市○町一丁目77番１

地　　　　目　　宅　地

地　　　　積　　○○○．○○㎡

敷地権の種類　　所有権

敷地権の割合　　○○○分の○○

○市○町○丁目○番○号

乙　株式会社

代表取締役　○○○○　㊞

所有権譲渡証明書及び承諾書兼登記原因証明情報

平成○年○月○日

○法務局○出張所　御中

譲渡人（委託者）　　○市○町○丁目○番○号

甲　　某　　㊞

私は，後記敷地権付区分建物を平成○年○月○日不動産管理処分信託契約に基づき，同日，その所有権を譲渡人（受託者）に移転した。よって，不動産登記法74条２項の規定により，同日信託を原因とする所有権保存登記申請をすることを承諾する。

譲受人（受託者）　　○市○町○丁目○番○号

乙　株式会社

記

不動産の表示

一棟の建物の表示

所　　　在　　○市○町一丁目77番地1

建物の名称　　○○マンション

専有部分の建物の表示

家屋番号　　○町一丁目77番1の701

建物の名称　　701

種　　　類　　居　宅

構　　　造　　鉄筋コンクリート造1階建

床 面 積　　7階部分　　○○．○○㎡

敷地権の表示

所在及び地番　　○市○町一丁目77番1

地　　　目　　宅　地

地　　　積　　○○○．○○㎡

敷地権の種類　　所有権

敷地権の割合　　○○○分の○○

【３】　信託財産の原状回復があった場合の所有権保存の登記と同時にする受託者（１人）の単独申請による信託の登記

信託財産の受託者がその任務を怠ったことにより，信託財産たる不動産を処分するなどして信託財産に変更が生じた場合，受益者は，受託者に対して，原状回復を請求することができ（信託法40条１項２号），受託者が原状回復により再取得した不動産は信託財産となる。

なお，この信託の登記は，所有権保存の登記と同時（一の申請情報）にしなければならない（不登法98条１項，不登令５条２項）。

この建物の所有権の登記名義人は，受託者であり，受託者の名義で保存登記をすることとなる。

【３】－１　登記申請書

登　記　申　請　書

登記の目的　　所有権保存及び信託財産の原状回復による信託（注１）
申　請　人　　○市○町○丁目○番○号
（受託者）　　　　乙　株式会社（注２）
　　　　　　　　（会社法人等番号　1234-56-789123）
　　　　　　　　代表取締役　○○○○

添付書類
　登記原因証明情報（注３）　信託目録に記録すべき情報（注４）
　会社法人等番号（資格証明書）（注５）　住所証明情報（注６）
　代理権限証明情報（注７）

登記識別情報の通知について（注８）
　送付の方法により登記識別情報通知書の交付を希望します。
　送付先：資格者代理人の事務所あて

平成○年○月○日申請　　不動産登記法74条1項1号申請
○法務局○出張所

代　理　人　　○市○町○丁目○番○号
○　○　○　○　　　㊞
電話先　○○－○○○○－○○○○

課税価格　　金○円（注9）

登録免許税　　金○円（注10）
保存分　　金○円（注11）
信託分　　金○円（注12）

不動産の表示（省略）

（注1）　登記の目的として，「所有権保存及び信託財産の原状回復による信託」と記載し，信託財産の原状回復による所有権の保存の登記と信託の登記であることを明記する。

（注2）　申請人として，受託者を記載する（登記原因証明情報の表示及び住所証明情報における表示と符合していることを要する。）。

申請人が法人であるときは，その代表者の資格及び氏名を記載する。

申請人の会社法人等番号を提供するときは，「申請人の名称」に続けて会社法人等番号を記載する。

（注3）　権利に関する登記を申請するときには，申請情報と併せて登記原因を証する情報を提供しなければならない（不登法61条，不登令7条1項5号ロ）。

信託に関する登記においては，信託契約書又は信託の内容を記載した書面（報告形式の登記原因証明情報）を提出する必要がある（不登令別表65項添付情報欄ロ）。本事例においては，信託財産に変更が生じたことにより，受益者の請求に基づき当該不動産を再取得したことが判る情報を提供することとなる。

（注4）　信託の登記の申請を書面申請によりするときは，不動産登記令15条の規定に基づき，信託目録に記録すべき情報を記載した書面（当該情報を電磁的記録で作成している場合にあっては，当該情報を記録した磁気ディスクを含む。）を添付して提出しなければならない（不登令7条1項6号，別表65項添付情報欄ハ）。

なお，信託目録に記録すべき情報を書面で提出する場合にあっては，登記事務を円滑かつ正確に行うために，実務上は，信託目録に記録すべき情報を記録した磁気ディスクを併せて提出している（詳細は，第２章第４・1(4)（107頁）を参照。）。

（注５）　申請人が法人であり，当該法人が会社法人等番号を有する法人である場合には，当該会社法人等番号を提供しなければならない（不登令７条１項１号イ）。

なお，会社法人等番号を有する法人である場合であっても，作成後１か月以内の当該法人の代表者の資格を証する情報（代表者事項証明書等）を提供したときは，会社法人等番号の提供を要しない（不登規則36条１項１号各号，２項）。

（注６）　所有権の保存の登記申請においては，登記名義人となる者の住所を証する市町村長，登記官その他の公務員が職務上作成した情報を提供しなければならない（不登令別表28項添付情報欄ニ）。

自然人の場合には住民票等を，法人の場合には登記事項証明書（登記簿謄本）等を添付することとなる。

ただし，申請情報と併せて会社法人等番号が提供されたときは，当該住所証明情報を提供することは要しない（不登令９条，不登規則36条４項）。

（注７）　代理人によって登記を申請するときは，当該代理人の権限を証する情報として，委任状を添付する（不登令７条１項２号）。

委任状には，登記識別情報の通知の受領を委任する場合は，別途その旨を明らかにし，受領の復代理人の選任を委任する場合は，その旨を記載する。また，登記識別情報の通知を希望しない場合は，その旨も記載する必要がある。

なお，代理人が法人であるときには，その法人における代表権のある者がその権限に基づいて登記を申請していることを証するため，作成後３か月以内の当該法人の当該代表者の資格を証する情報を提供しなければならない（不登令７条１項２号，17条１項）。ただし，当該代理人の会社法人等番号を提供したときは，当該代理人の代表者の資格を証する情報の提供に代えることができる（不登規則37条の２）。

（注８）　登記識別情報の通知の送付を希望するときは，その旨を記載し，登記所の窓口での交付を希望するときは，何らの記載も要しない。

また，登記識別情報の通知を希望しない場合には，その旨を記載する。

（注９）　課税価格として，建物の登記時の不動産の価額を記載する。

当該建物が評価されている場合にあっては，固定資産評価証明書（市町村発行）は法定の添付書面ではないが，実務上は添付する取扱いとなっている。

（注10）　登録免許税として，所有権保存の登記分と信託の登記分の合計金額を記載する。

（注11）　所有権保存の登記の登録免許税は，不動産の価額の1,000分の４の額である（登録免許税法別表第一，１，(一)）。

（注12）　信託の登記の登録免許税は，不動産の価額の1,000分の４の額である（登録免許税法別表第一，１，(十)イ）。

【3】－2　登記記録例

権利部（甲区）（所有権に関する事項）			
順位番号	登記の目的	受付年月日・受付番号	権利者その他の事項
1（注1）	所有権保存	平成○年○月○日 受付第○号	所有者　○市○町○丁目○番○号 乙　株式会社（注3）
	信託財産の原状回復による信託（注2）	余白	信託目録第○号（注4）

信託目録		調製	平成○年○月○日
番　号	受付年月日・受付番号	予　備	
第○号	平成○年○月○日 第○号	余白	
1　委託者に関する事項	○市○町○丁目○番○号 甲　某		
2　受託者に関する事項	○市○町○丁目○番○号 乙　株式会社		
3　受益者に関する事項等	受益者　○市○町○丁目○番○号 甲　某		
4　信託条項	**（省略）**		

（注1）　権利の保存，設定，移転又は変更の登記及び信託の登記をするときは，権利部の相当区に同一の順位番号を用いて記録することになる（不登規則175条1項）。

（注2）　登記の目的欄は，原状回復請求に基づき，受託者が第三者から再取得した不動産であることを明確にするため，「信託」ではなく「信託財産の原状回復による信託」と記録する。

（注3）　権利者の表記は，「受託者」ではなく，「所有者」と記録する。

（注4）　信託登記に係る内容は信託目録に記録され公示されることから，登記記録には信託目録の信託番号のみを記録し，信託目録の信託番号は不動産ごとに異なる番号が付される。

２　所有権の移転

【４】　委託者及び受託者（１人）の共同申請により受託者への所有権移転の登記と同時にする信託の登記

委託者の所有する不動産を信託財産とする信託行為（信託契約）により，不動産の所有権を受託者（１人）に移転するとともに，信託の登記をする登記手続である。

なお，信託の登記は，所有権移転の登記と同時（一の申請情報）にしなければならない（不登法98条１項，不登令５条２項）。所有権移転の登記申請は，受託者を登記権利者，委託者を登記義務者とする共同申請でする（不登法60条）。

信託の登記は，受託者が単独で申請することができる（不登法98条２項）。

【４】－１　登記申請書

登　記　申　請　書

登記の目的　所有権移転及び信託（注１）

原　　　因　平成○年○月○日信託（注２）

権　利　者　○市○町○丁目○番○号

（信託登記申請人）　乙　株式会社（注３）

（会社法人等番号　1234-56-789123）

代表取締役　○○○○

義　務　者　○市○町○丁目○番○号

甲　　某（注４）

添付書類

登記原因証明情報（注５）　登記識別情報（注６）

信託目録に記録すべき情報（注７）　印鑑証明書（注８）

会社法人等番号（資格証明書）（注９）　住所証明情報（注10）

代理権限証明情報（注11）

登記識別情報の通知について(注12)

　送付の方法により登記識別情報通知書の交付を希望します。

　送付先：資格者代理人の事務所あて

平成○○年○月○日申請　　○法務局○出張所

代　理　人　　○市○町○丁目○番○号

　　　　　　　　　　　○　○　○　○　　㊞

　　　　　　電話先　○○－○○○○－○○○○

課税価格　　金○円(注13)

登録免許税　　金○円(注14)

　　　　　　移転分　　登録免許税法7条1項1号により非課税(注15)

　　　　　　信託分　　金○円(注16)

不動産の表示（省略）

（注1）　登記の目的として，「所有権移転及び信託」と記載し，所有権の移転登記と信託の登記である旨を明記する。

（注2）　原因の日付は，信託の効力の発生した日付（信託法4条1項）である信託契約の締結年月日を記載する。

（注3）　登記権利者兼信託登記申請人として，受託者を記載する（登記原因証明情報の表示及び住所証明情報における表示と符合していることを要する。）。

　受託者が法人であるときは，その代表者の資格及び氏名を記載する。

　申請人の会社法人等番号を提供するときは，「申請人の名称」に続けて会社法人等番号を記載する。

（注4）　登記義務者として，所有権の登記名義人たる委託者を記載する（登記記録に記録された所有権の登記名義人の表示及び登記原因証明情報の表示と符合していることを要する。）。

　委託者が法人であるときは，その代表者の資格及び氏名を記載する。

（注５）　権利に関する登記を申請するときには，登記原因を証する情報を提供しなければならない（不登法61条，不登令７条１項５号ロ）。

所有権の移転及び信託の登記においては，信託契約書又は信託契約の締結と当該不動産の移転に関する事項を記載した書面（報告形式の登記原因証明情報）を提出する必要がある（不登令別表30項添付情報欄イ，不登令別表65項添付情報欄ロ）。

なお，報告形式の登記原因証明情報を提供する場合，一般的には，登記権利者及び登記義務者が署名若しくは記名押印すべきであるが，最低限，登記義務者が作成名義人になっていなければならない。

（注６）　登記権利者及び登記義務者が共同して権利に関する登記を申請する場合には，申請情報と併せて登記義務者の登記識別情報（登記済証）を提供しなければならない（不登法22条）。

登記義務者が所有権移転の登記等を受けたときの登記識別情報（登記済証）を提供する。

なお，紛失等の理由により登記義務者の登記識別情報（登記済証）を提供できない場合において，資格者代理人及び公証人による本人確認情報（不登法23条４項）の提供がない場合には，登記官による事前通知をすることとなる（不登法23条１項，２項）。

（注７）　信託の登記の申請を書面申請によりするときは，不動産登記令15条の規定に基づき，信託目録に記録すべき情報を記載した書面（当該情報を電磁的記録で作成している場合にあっては，当該情報を記録した磁気ディスクを含む。）を添付して提出しなければならない（不登令７条１項６号，別表65項添付情報欄ハ）。

なお，信託目録に記録すべき情報を書面で提出する場合にあっては，登記事務を円滑かつ正確に行うために，実務上は，信託目録に記録すべき情報を記録した磁気ディスクを併せて提出している（詳細は，第２章第４・１(4)（107頁）を参照。）。

（注８）　所有権の登記名義人である登記義務者の作成後３か月以内の印鑑証明書を添付する（不登令16条２項，３項）。

（注９）　申請人が法人であり，当該法人が会社法人等番号を有する法人である場合には，当該会社法人等番号を提供しなければならない（不登令７条１項１号イ）。

なお，会社法人等番号を有する法人である場合であっても，作成後１か月以内の当該法人の代表者の資格を証する情報（代表者事項証明書等）を提供したときは，会社法人等番号の提供を要しない（不登規則36条１項１号各号，２項）。

（注10）　所有権の取得の登記を受ける登記権利者の住所を証する市町村長，登記官その他の公務員が職務上作成した情報を提供しなければならない（不登令別表30項添付情報欄ロ）。

自然人の場合には住民票等を，法人の場合には登記事項証明書（登記簿謄本）等を添付することとなる。

ただし，申請情報と併せて会社法人等番号が提供されたときは，当該住所証明情報を提供することは要しない（不登令９条，不登規則36条４項）。

（注11）　代理人によって登記を申請するときは，当該代理人の権限を証する情報として，委任状を添付する（不登令７条１項２号）。

委任状には，登記識別情報の通知の受領を委任する場合は，別途その旨を明らかにし，受領の復代理人の選任を委任する場合は，その旨を記載する。また，登記識別情報の通知を希望しない場合は，その旨も記載する必要がある。

なお，代理人が法人であるときには，その法人における代表権のある者がその権限に基づいて登記を申請していることを証するため，作成後３か月以内の当該法人の当該代表者の資格を証する情報を提供しなければならない（不登令７条１項２号，17条１項）。ただし，当該代理人の会社法人等番号を提供したときは，当該代理人の代表者の資格を証する情報の提供に代えることができる（不登規則37条の２）。

（注12）　登記識別情報の通知の送付を希望するときは，その旨を記載し，登記所の窓口での交付を希望するときは，何らの記載も要しない。

また，登記識別情報の通知を希望しない場合には，その旨を記載する。

（注13）　課税価格として，土地又は建物の登記時の不動産の価額（固定資産課税台帳の登録価格）を記載する。

固定資産評価証明書（市町村発行）は法定の添付書面ではないが，実務上は添付する取扱いとなっている。

（注14）　登録免許税として，所有権移転の登記分と信託の登記分の合計金額を記載する。

（注15）　所有権移転の登記の登録免許税は非課税である（登録免許税法７条１項１号）。

（注16）　信託の登記の登録免許税は，不動産の価額の1,000分の４の額である（登録免許税法別表第一，１，(十)イ）。

ただし，土地に関する所有権の信託の登記の税率については，特例で，平成25年４月１日から平成29年３月31日までは1,000分の３に軽減されている（租税特別措置法72条１項２号）。

【４】－２　登記記録例

権利部（甲区）（所有権に関する事項）			
順位番号	登記の目的	受付年月日・受付番号	権利者その他の事項
2	所有権移転	平成○年○月○日受付 第○号	原因　平成○年○月○日売買 所有者　○市○町○丁目○番○号 甲　某
3（注１）	所有権移転	平成○年○月○日 受付第○号	原因　平成○年○月○日信託（注３） 受託者　○市○町○丁目○番○号 乙　株式会社（注４）
	信託（注２）	余白	信託目録第○号（注５）

信託目録		調製	平成○年○月○日
番　号	受付年月日・受付番号	予　備	
第○号	平成○年○月○日 第○号	余白	
１　委託者に関する事項	○市○町○丁目○番○号 甲　某		
２　受託者に関する事項	○市○町○丁目○番○号 乙　株式会社		
３　受益者に関する事項等	受益者　○市○町○丁目○番○号 甲　某		
４　信託条項	（省略）		

（注１）　権利の保存，設定，移転又は変更の登記及び信託の登記をするときは，権利部の相当区に同一の順位番号を用いて記録することになる（不登規則175条１項）。
（注２）　登記の目的欄は，「信託」と記録する。
（注３）　原因は，「平成○年○月○日信託」と記録する。
（注４）　権利者の表記は，「受託者」と記録する。
（注５）　信託登記に係る内容は信託目録に記録され公示されることから，登記記録には信託目録の信託番号のみを記録し，信託目録の信託番号は不動産ごとに異なる番号が付される。

（参考）共有者１人の持分が信託財産として移転した場合

権利部（甲区）（所有権に関する事項）			
順位番号	登記の目的	受付年月日・受付番号	権利者その他の事項
2	所有権移転	平成○年○月○日受付 第○号	原因　平成○年○月○日売買 共有者 　○市○町○丁目○番○号 　持分２分の１ 　甲　某 　○市○町○丁目○番○号 　２分の１ 　丙　某
3	甲某持分全部移転	平成○年○月○日受付 第○号	原因　平成○年○月○日信託 受託者　○市○町○丁目○番○号 　乙　株式会社 （受託者持分２分の１）(注)
	信託	余白	信託目録第○号

（注）　権利者の表記は，「受託者」と記録するとともに，所有者の持分の記録とは異なり「（受託者持分２分の１）」と記録し，２分の１が受託者の有する信託財産であることを明記する。

【４】－３　添付書類

登記原因証明情報

１　登記申請情報の要項

(1)　登記の目的　　所有権移転及び信託

(2)　登記の原因　　平成○年○月○日　信託

⑶　当　事　者　　権利者　　○市○町○丁目○番○号
（受託者）　　　　乙　株式会社
義務者　　○市○町○丁目○番○号
（委託者）　　　　甲　　　某

⑷　不動産の表示（省略）

⑸　信託目録に記録すべき情報　　別紙「信託目録に記録すべき情報」のとおり

2　登記の原因となる事実又は法律行為

⑴　信託契約の締結

平成○年○月○日，甲某（委託者）と乙株式会社（受託者）は不動産管理処分信託契約を締結し，甲某はその所有する本件不動産を乙株式会社に信託し，乙株式会社はこれを引き受けた。

⑵　不動産の移転

⑴の信託契約締結に伴い，本件不動産の所有権は信託契約の規定に基づき，甲某から乙株式会社へ，平成○年○月○日，信託を原因として移転した。

平成○年○月○日　　○○法務局○○出張所　御中

上記の登記原因のとおり相異ありません。

（義務者）　○市○町○丁目○番○号
甲　　　某　　　　　㊞
（権利者）　○市○町○丁目○番○号
乙　株式会社
代表取締役　○○○○　㊞

信託目録に記載すべき情報

委　託　者　　○市○町○丁目○番○号　　甲　　　某
受　託　者　　○市○町○丁目○番○号　　乙　株式会社
受　益　者　　○市○町○丁目○番○号　　甲　　　某

〔信託条項〕

１　信託の目的

信託不動産を受益者のために管理・運用し，又はこれを処分すること

２　信託財産の管理方法

一　受託者は，信託不動産及びその他の信託財産の管理・運用・処分等の信託事務につき，本契約に別段の定めがある場合を除き，受益者又は本契約に定める代理人（以下「受益者等」という）による指図に基づいて行う。

二　委託者は，本件管理委託契約を締結することにより，管理受託者に信託不動産の管理を委託する。

三　受託者は，信託不動産の管理事務を遂行するために必要があるときは，信託不動産の一部を無償で使用することができる。また，受託者は管理受託者をして信託不動産の一部を無償にて使用させることができる。

四　受託者は，本件賃借人との間で転貸を目的とするマスターリース契約（以下「本件賃貸借契約」という）を締結し，本件賃借人に対して信託建物を一括して賃貸し，本件賃貸借契約に基づく賃料を収受する。

五　受託者は，金銭の借入又は信託財産に対する担保設定を行うことができない。ただし，本信託が資金不足となった場合又は資金不足となるおそれがある場合において，信託財産に属する租税債務その他の対外債務に係る債務不履行を回避するために，受託者の裁量により金銭の借入をする場合は，この限りでない。

六　受託者は，信託不動産の売却に係る受益者等の指図があった場合は，当該指図に従い信託不動産を売却処分する。

七　受託者は，次の各号の一に該当する場合においては，受益者等に一〇営業日以内の相当の期間を定めて弁済又は支払の催告をした後，客観的に合理的と認める方法・価額をもって，信託財産の全部又は一部を売却し，当該売却代金を立替金の弁済及び信託事務処理に必要な費用の支払若しくは信託報酬の受入れに充当し，又は弁済期の到来しないこれらの債務の支払若しくは受入れのために留保することができる。受託者が過失なくして受けた損害の補償について，受益者に請求する場合についても，同様とする。

⑴　受託者による立替払いを要するおそれがあると受託者が認めた場合

⑵　信託財産に属する金銭が信託事務処理に必要な費用の支払に不足し，受益者からその支払を受けることができないために当該信託事務処理に必要な費用を立替えた場合

⑶　信託財産に属する金銭が信託報酬の受入れに不足し，受益者からその支払を受けられない場合

3　信託終了の事由

一　本信託は，信託期間（平成〇年〇月〇日まで）満了のとき，本契約の定めるところに従い本信託契約が解除されたとき，又は受託者が本契約の規定に基づき信託不動産の全部を売却処分したときに終了する。

二　前項に定める期間は，受益者と受託者との合意により，これを延長することかできる。

受益者は，延長を希望する場合には，信託期間満了の三か月前までに受託者に対して申出を行う。

4　その他の信託条項

一　本信託の受益権は，これを分割することができない。

二　受益者は，受託者の事前の承諾を得なければ，受益権を譲渡又は質入することができない。
三　受益権の譲受又は承継により受益権を取得した者は，本信託契約上の受益者及び委託者としての権利及び義務を承継し，かつ委託者の地位も承継する。
四　本契約の条項は，受託者及び受益者の合意によってのみ変更又は修正することができる。

委　任　状

平成○年○月○日

○市○町○丁目○番○号
○　○　○　○

私は，上記の者を代理人として，下記の登記申請に関する一切の権限を委任する。

記

1　登記の目的　所有権移転及び信託
1　原　　　因　平成○年○月○日信託
1　権　利　者　○市○町○丁目○番○号
　乙　株式会社
1　義　務　者　○市○町○丁目○番○号
　甲　　某
1　原本還付請求及び受領に関する一切の件
1　復代理人選任に関する一切の件
1　登記識別情報の受領及び登記識別情報の受領に係る復代理人選任に関する一切の件

不動産の表示
　○市○町○丁目○番○の土地
　○市○町○丁目○番地○
　　家屋番号○番○の建物

○市○町○丁目○番○号
　乙　株式会社
　　代表取締役　○○○○　㊞
○市○町○丁目○番○号
　甲　　某　　㊞

【５】　所有権移転の仮登記及び信託の仮登記の本登記（【31】の事例の本登記）

所有権移転の仮登記と信託の仮登記がされている不動産を本登記する場合には，所有権移転仮登記の本登記と信託仮登記の本登記を同時（一の申請情報）にしなければならない（不登法98条１項，不登令５条２項）。

仮登記名義人である受託者を登記権利者，委託者を登記義務者とする共同申請でする（不登法60条）。

信託の登記は，受託者が単独で申請することができる（不登法98条２項）。

信託目録に記録すべき情報は，信託の仮登記の際に提出しているので不要である。

【５】－１　登記申請書

登　記　申　請　書

登記の目的　　○番仮登記の所有権移転及び信託本登記（注１）
原　　　因　　平成○年○月○日信託（注２）
権　利　者　　○市○町○丁目○番○号
（信託登記申請人）　　乙　株式会社（注３）
（会社法人等番号　1234-56-789123）
代表取締役　○○○○
義　務　者　　○市○町○丁目○番○号
甲　　　某（注４）

添 付 書 類
登記原因証明情報（注５）　登記識別情報（注６）
印鑑証明書（注７）　会社法人等番号（資格証明書）（注８）
住所証明情報（注９）　代理権限証明情報（注10）

登記識別情報の通知について（注11）

送付の方法により登記識別情報通知書の交付を希望します。

送付先：資格者代理人の事務所あて

平成○年○月○日申請　　○法務局○出張所

代　理　人　　○市○町○丁目○番○号

○　○　○　○　　㊞

電話先　○○－○○○○－○○○○

課税価格　　金○円（注12）

登録免許税　　金○円（注13）

移転分　登録免許税法7条1項1号により非課税（注14）

信託分　金○円（注15）

不動産の表示（省略）

（注1）　登記の目的として，「○番仮登記の所有権移転及び信託本登記」と記載し，所有権の移転仮登記及び信託の仮登記に基づく本登記である旨を明記する。

（注2）　原因の日付は，信託の効力の発生した日付（信託法4条1項）である信託契約の締結年月日を記載する。

（注3）　登記権利者兼信託登記申請人として，受託者を記載する（登記原因証明情報の表示及び住所証明情報における表示と符合していることを要する。）。

受託者が法人であるときは，その代表者の資格及び氏名を記載する。

申請人の会社法人等番号を提供するときは，「申請人の名称」に続けて会社法人等番号を記載する。

（注4）　登記義務者として，所有権の登記名義人たる委託者を記載する（登記記録に記録された所有権の登記名義人の表示及び登記原因証明情報の表示と符合していることを要する。）。

委託者が法人であるときは，その代表者の資格及び氏名を記載する。

（注5）　権利に関する登記を申請するときには，登記原因を証する情報を提供しなければならない（不登法61条，不登令7条1項5号ロ）。

所有権の移転仮登記及び信託の仮登記の本登記においては，信託契約書又は信託契約の締結と当該不動産の移転に関する事項を記載した書面（報告形式の登記原因証明情報）を提出する必要がある（不登令別表30項添付情報欄イ，不登令別表65項添付情報欄ロ）。

なお，報告形式の登記原因証明情報を提供する場合，一般的には，登記権利者及び登記義務者が署名若しくは記名押印すべきであるが，最低限，登記義務者が作成名義人になっていなければならない。

（注６） 登記権利者及び登記義務者が共同して権利に関する登記を申請する場合には，申請情報と併せて登記義務者の登記識別情報（登記済証）を提供しなければならない（不登法22条）。

登記義務者が所有権移転の登記等を受けたときの登記識別情報（登記済証）を提供する。

なお，紛失等の理由により登記義務者の登記識別情報（登記済証）を提供できない場合において，資格者代理人及び公証人による本人確認情報（不登法23条４項）の提供がない場合には，登記官による事前通知をすることとなる（不登法23条１項，２項）。

（注７） 所有権の登記名義人である登記義務者の作成後３か月以内の印鑑証明書を添付する（不登令16条２項，３項）。

（注８） 申請人が法人であり，当該法人が会社法人等番号を有する法人である場合には，当該会社法人等番号を提供しなければならない（不登令７条１項１号イ）。

なお，会社法人等番号を有する法人である場合であっても，作成後１か月以内の当該法人の代表者の資格を証する情報（代表者事項証明書等）を提供したときは，会社法人等番号の提供を要しない（不登規則36条１項１号各号，２項）。

（注９） 所有権の取得の登記を受ける登記権利者の住所を証する市町村長，登記官その他の公務員が職務上作成した情報を提供しなければならない（不登令別表30項添付情報欄ロ）。

自然人の場合には住民票等を，法人の場合には登記事項証明書（登記簿謄本）等を添付することとなる。

ただし，申請情報と併せて会社法人等番号が提供されたときは，当該住所証明情報を提供することは要しない（不登令９条，不登規則36条４項）。

（注10） 代理人によって登記を申請するときは，当該代理人の権限を証する情報として，委任状を添付する（不登令７条１項２号）。

委任状には，登記識別情報の通知の受領を委任する場合は，別途その旨を明らかにし，受領の復代理人の選任を委任する場合は，その旨を記載する。また，登記識別情報の通知を希望しない場合は，その旨も記載する必要がある。

なお，代理人が法人であるときには，その法人における代表権のある者がその権限に基づいて登記を申請していることを証するため，作成後３か月以内の当該法人の当該代表者の資格を証する情報を提供しなければならない（不登令７条１項２号，17条１項）。ただし，当該代理人の会社法人等番号を提供したときは，当該代理人の代表者の資格を証する情報の提供に代えることができる（不登規則37条の２）。

（注11） 登記識別情報の通知の送付を希望するときは，その旨を記載し，登記所の窓口での交付を希望するときは，何らの記載も要しない。

また，登記識別情報の通知を希望しない場合には，その旨を記載する。

（注12） 課税価格として，土地又は建物の登記時の不動産の価額（固定資産課税台帳の登録価格）を記載する。

固定資産評価証明書（市町村発行）は法定の添付書面ではないが，実務上は添付する取扱いとなっている。

（注13）　登録免許税として，所有権移転の仮登記に基づく本登記分及び信託の仮登記に基づく本登記分の合計金額を記載する。

（注14）　所有権移転の仮登記に基づく本登記の登録免許税は非課税である（登録免許税法7条1項1号）。

（注15）　信託の仮登記に基づく本登記の登録免許税として，不動産の価額の1,000分の4から1,000分の2を控除した割合の額を記載する（登録免許法17条1項）。

ただし，土地に関する所有権の信託の登記の税率については，特例で，平成25年4月1日から平成29年3月31日までは1,000分の3に軽減されている（租税特別措置法72条1項2号）ので注意する必要がある。なお，控除した結果，零となった場合には，当該不動産が土地のみの場合には，1,000円だが，建物と一緒に本登記をする場合には，土地分については，無税となる。

さらに，平成15年4月1日から平成18年3月31日までの間に仮登記を受けた者が本登記をする場合には，租税特別措置法72条2項2号に特例が設けられているので注意する必要がある。

【5】－2　登記記録例

権利部（甲区）（所有権に関する事項）			
順位番号	登記の目的	受付年月日・受付番号	権利者その他の事項
2	所有権移転	平成○年○月○日 受付第○号	原因　平成○年○月○日売買 所有者　○市○町○丁目○番○号 　甲　某
3（注1）	所有権移転仮登記	平成○年○月○日 受付第○号	原因　平成○年○月○日信託 権利者　○市○町○丁目○番○号 　乙　株式会社
	信託仮登記	余白	信託目録第○号
	所有権移転（注2）	平成○年○月○日 受付第○号	原因　平成○年○月○日信託（注3） 受託者　○市○町○丁目○番○号 　乙　株式会社（注4）
	信託（注2）	余白	信託目録第○号（注5）

信託目録		調製	平成○年○月○日
番　号	受付年月日・受付番号	予　備	
第○号	平成○年○月○日 第○号	余白	
１　委託者に関する事項	○市○町○丁目○番○号 甲　某		
２　受託者に関する事項	○市○町○丁目○番○号 乙　株式会社		
３　受益者に関する事項等	受益者　○市○町○丁目○番○号 甲　某		
４　信託条項	**（省略）**		

（注１）　権利の保存，設定，移転又は変更の登記及び信託の登記をするときは，権利部の相当区に同一の順位番号を用いて記録することになる（不登規則175条１項）。

（注２）　登記の目的欄の各仮登記の余白に，「所有権移転」及び「信託」と記録する。

（注３）　原因は，「平成○年○月○日信託」と記録する。

（注４）　権利者の表記は，「受託者」と記録する。

（注５）　信託登記に係る内容は信託目録に記録され公示されることから，登記記録には信託目録の信託番号のみを記録し，信託目録の信託番号は不動産ごとに異なる番号が付される。なお，信託仮登記と信託の信託目録の信託番号は同一の番号を記録する。

【6】　委託者及び受託者（2人）の共同申請により受託者への所有権移転の登記と同時にする信託の登記

受託者が2名以上で共同して受託する場合についても，受託者が1名の場合である【4】の事例と登記手続に差異はない。

受託者が2名以上の場合には，信託財産は合有の性質を有し（信託法79条），この信託財産の合有は，各受託者が持分を有する通常の共有とは違い不動産登記令3条9号の適用はないと解されているので（昭和38年5月17日付け法務省民事甲第1423号法務省民事局長回答），持分の記載は必要としない。

【6】−1　登記申請書

登　記　申　請　書

登記の目的　所有権移転（合有）及び信託（注1）
原　　　因　平成○年○月○日信託（注2）
権　利　者　○市○町○丁目○番○号
（信託登記申請人）　乙　株式会社（注3）
（会社法人等番号　1234-56-789123）
代表取締役　○○○○
○市○町○丁目○番○号
丙　株式会社
（会社法人等番号　1234-56-789124）
代表取締役　○○○○
義　務　者　○市○町○丁目○番○号
甲　　某（注4）

添 付 書 類
登記原因証明情報（注5）　登記識別情報（注6）
信託目録に記録すべき情報（注7）　印鑑証明書（注8）

会社法人等番号（資格証明書）(注9)　住所証明情報 (注10)
代理権限証明情報 (注11)

登記識別情報の通知について (注12)
送付の方法により登記識別情報通知書の交付を希望します。
送付先：資格者代理人の事務所あて

平成○○年○月○日申請　　　○法務局○出張所

代　理　人　　○市○町○丁目○番○号
○　○　○　○　㊞
電話先　○○－○○○○－○○○○

課税価格　　金○円 (注13)

登録免許税　　金○円 (注14)
移転分　　登録免許税法7条1項1号により非課税 (注15)
信託分　　金○円 (注16)

不動産の表示（省略）

（注1）　登記の目的として，「所有権移転（合有）及び信託」と記載し，登記権利者である受託者が複数の所有権の移転と信託の登記である旨を明記する。

（注2）　原因の日付は，信託の効力の発生した日付（信託法4条1項）である信託契約の締結年月日を記載する。

（注3）　登記権利者兼信託登記申請人として，受託者全員の住所及び氏名を記載する（登記原因証明情報の表示及び住所証明情報における表示と符合していることを要する。）。
受託者が法人であるときは，その代表者の資格及び氏名を記載する。
申請人の会社法人等番号を提供するときは，「申請人の名称」に続けて会社法人等番号を記載する。

（注4）　登記義務者として，所有権の登記名義人たる委託者を記載する（登記記録に記録された所有権の登記名義人の表示及び登記原因証明情報の表示と符合していることを要する。）。

委託者が法人であるときは，その代表者の資格及び氏名を記載する。

（注５） 権利に関する登記を申請するときには，登記原因を証する情報を提供しなければならない（不登法61条，不登令７条１項５号ロ）。

所有権の移転及び信託の登記においては，信託契約書又は信託契約の締結と当該不動産の移転に関する事項を記載した書面（報告形式の登記原因証明情報）を提出する必要がある（不登令別表30項添付情報欄イ，不登令別表65項添付情報欄ロ）。

なお，報告形式の登記原因証明情報を提供する場合，一般的には，登記権利者及び登記義務者が署名若しくは記名押印すべきであるが，最低限，登記義務者が作成名義人になっていなければならない。

（注６） 登記権利者及び登記義務者が共同して権利に関する登記を申請する場合には，申請情報と併せて登記義務者の登記識別情報（登記済証）を提供しなければならない（不登法22条）。

登記義務者が所有権移転の登記等を受けたときの登記識別情報（登記済証）を提供する。

なお，紛失等の理由により登記義務者の登記識別情報（登記済証）を提供できない場合において，資格者代理人及び公証人による本人確認情報（不登法23条４項）の提供がない場合には，登記官による事前通知をすることとなる（不登法23条１項，２項）。

（注７） 信託の登記の申請を書面申請によりするときは，不動産登記令15条の規定に基づき，信託目録に記録すべき情報を記載した書面（当該情報を電磁的記録で作成している場合にあっては，当該情報を記録した磁気ディスクを含む。）を添付して提出しなければならない（不登令７条１項６号，別表65項添付情報欄ハ）。

なお，信託目録に記録すべき情報を書面で提出する場合にあっては，登記事務を円滑かつ正確に行うために，実務上は，信託目録に記録すべき情報を記録した磁気ディスクを併せて提出している（詳細は，第２章第４・１(4)（107頁）を参照。）。

（注８） 所有権の登記名義人である登記義務者の作成後３か月以内の印鑑証明書を添付する（不登令16条２項，３項）。

（注９） 申請人が法人であり，当該法人が会社法人等番号を有する法人である場合には，当該会社法人等番号を提供しなければならない（不登令７条１項１号イ）。

なお，会社法人等番号を有する法人である場合であっても，作成後１か月以内の当該法人の代表者の資格を証する情報（代表者事項証明書等）を提供したときは，会社法人等番号の提供を要しない（不登規則36条１項１号各号，２項）。

（注10） 所有権の取得の登記を受ける登記権利者（受託者全員）の住所を証する市町村長，登記官その他の公務員が職務上作成した情報を提供しなければならない（不登令別表30項添付情報欄ロ）。

自然人の場合には住民票等を，法人の場合には登記事項証明書（登記簿謄本）等を添付することとなる。

ただし，申請情報と併せて会社法人等番号が提供されたときは，当該住所証明情報を提供することは要しない（不登令９条，不登規則36条４項）。

（注11） 代理人によって登記を申請するときは，当該代理人の権限を証する情報として，委任状を添付する（不登令７条１項２号）。

委任状には，登記識別情報の通知の受領を委任する場合は，別途その旨を明らかにし，受領の復代理人の選任を委任する場合は，その旨を記載する。また，登記識別情報の通知を希望しない場合は，その旨も記載する必要がある。

なお，代理人が法人であるときには，その法人における代表権のある者がその権限に基づいて登記を申請していることを証するため，作成後３か月以内の当該法人の当該代表者の資格を証する情報を提供しなければならない（不登令７条１項２号，17条１項）。ただし，当該代理人の会社法人等番号を提供したときは，当該代理人の代表者の資格を証する情報の提供に代えることができる（不登規則37条の２）。

(注12)　登記識別情報の通知の送付を希望するときは，その旨を記載し，登記所の窓口での交付を希望するときは，何らの記載も要しない。

また，登記識別情報の通知を希望しない場合には，その旨を記載する。

(注13)　課税価格として，土地又は建物の登記時の不動産の価額（固定資産課税台帳の登録価格）を記載する。

固定資産評価証明書（市町村発行）は法定の添付書面ではないが，実務上は添付する取扱いとなっている。

(注14)　登録免許税として，所有権移転の登記分と信託の登記分の合計金額を記載する。

(注15)　所有権移転の登記の登録免許税は，非課税である（登録免許税法７条１項１号）。

(注16)　信託の登記の登録免許税は，不動産の価額の1,000分の４の額である（登録免許税法別表第一，１，㈩イ）。

ただし，土地に関する所有権の信託の登記の税率については，特例で，平成25年４月１日から平成29年３月31日までは1,000分の３に軽減されている（租税特別措置法72条１項２号）。

【６】－２　登記記録例

権利部（甲区）（所有権に関する事項）			
順位番号	登記の目的	受付年月日・受付番号	権利者その他の事項
2	所有権移転	平成○年○月○日 受付第○号	原因　平成○年○月○日売買 所有者　○市○町○丁目○番○号 甲　某
3(注1)	所有権移転(合有)(注2)	平成○年○月○日 受付第○号	原因　平成○年○月○日信託(注3) 受託者 ○市○町○丁目○番○号 乙　株式会社 ○市○町○丁目○番○号 丙　株式会社(注4)
	信託(注2)	余白	信託目録第○号(注5)

信託目録		調製	平成○年○月○日
番　号	受付年月日・受付番号	予　備	
第○号	平成○年○月○日 第○号	余白	
1　委託者に関する事項	○市○町○丁目○番○号 　甲　某		
2　受託者に関する事項	○市○町○丁目○番○号 　乙　株式会社 ○市○町○丁目○番○号 　丙　株式会社		
3　受益者に関する事項等	受益者　○市○町○丁目○番○号 　甲　某		
4　信託条項	**（省略）**		

（注1）　権利の保存，設定，移転又は変更の登記及び信託の登記をするときは，権利部の相当区に同一の順位番号を用いて記録することになる（不登規則175条1項）。

（注2）　登記の目的欄は，「所有権移転（合有）」，「信託」と記録する。

（注3）　原因は，「平成○年○月○日信託」と記録する。

（注4）　権利者の表記は「受託者」と2名を記録するが，受託者が2人以上の場合には，信託財産は合有となり，持分の概念がないことから，持分の記録は要しない。

（注5）　信託登記に係る内容は信託目録に記録され公示されることから，登記記録には信託目録の信託番号のみを記録し，信託目録の信託番号は不動産ごとに異なる番号が付される。

【7】　遺言信託による委託者の遺言執行者及び受託者（1人）の共同申請により受託者への所有権移転の登記と同時にする信託の登記

委託者である遺言者の所有する不動産を信託財産とする信託行為（遺言）により，不動産の所有権を受託者（1人）に移転するとともに，信託の登記をする登記手続である。

なお，信託の登記は，所有権移転の登記と同時（一の申請情報）にしなければならない（不登法98条1項，不登令5条2項）。所有権移転の登記申請は，受託者を登記権利者，委託者を登記義務者とする共同申請でする（不登法60条）。

信託の登記は，受託者が単独で申請することができる（不登法98条2項）。

遺言信託においては，委託者がすでに死亡しているため，遺言執行者の定めがある場合には，遺言執行者が登記申請人となり，遺言執行者の定めがない場合には，家庭裁判所が選任した遺言執行者が登記申請人となる。

遺言による信託の委託者の相続人は，信託行為に別段の定めがある場合を除き，委託者の地位を相続により承継しない（信託法147条）ので，相続人が義務者として申請することは，一般的にはあり得ない。

【7】－1　登記申請書

登　記　申　請　書

登記の目的　　所有権移転及び信託（注1）
原　　　因　　平成○年○月○日遺言信託（注2）
権　利　者　　○市○町○丁目○番○号
（信託登記申請人）　　乙　株式会社（注3）
（会社法人等番号　1234-56-789123）
代表取締役　○○○○
義　務　者　　○市○町○丁目○番○号
甲　　某（注4）
遺言執行者　　○市○町○丁目○番○号
○　○　○　○

添 付 書 類

登記原因証明情報（注5）　登記識別情報（注6）

信託目録に記録すべき情報（注7）　印鑑証明書（注8）

会社法人等番号（資格証明書）（注9）　住所証明情報（注10）

代理権限証明情報（注11）

登記識別情報の通知について（注12）

送付の方法により登記識別情報通知書の交付を希望します。

送付先：資格者代理人の事務所あて

平成○○年○月○日申請　　○法務局○出張所

代　理　人　　○市○町○丁目○番○号

○　○　○　○　㊞

電話先　○○－○○○○－○○○○

課 税 価 格　　金○円（注13）

登 録 免 許 税　　金○円（注14）

移転分　登録免許税法7条1項1号により非課税（注15）

信託分　金○円（注16）

不動産の表示（省略）

（注1）　登記の目的として，「所有権移転及び信託」と記載し，所有権の移転登記と信託の登記である旨を明記する。

（注2）　原因の日付は，信託の効力の発生した日付（信託法4条2項）である遺言の効力の発生年月日（原則として，遺言者・委託者の死亡年月日）を記載する。

（注3）　登記権利者兼信託登記申請人として，受託者を記載する（登記原因証明情報の表示及び住所証明情報における表示と符合していることを要する。）。

受託者が法人であるときは，その代表者の資格及び氏名を記載する。

申請人の会社法人等番号を提供するときは，「申請人の名称」に続けて会社法人等番号を記載する。

（注４）　登記義務者として，所有権の登記名義人たる委託者（遺言者）を記載する（登記記録に記録された所有権の登記名義人の表示及び登記原因証明情報の表示と符合していることを要する。）。

委託者（遺言者）がすでに死亡しているので，登記申請人として遺言執行者の住所及び氏名又は名称を記載する。

（注５）　権利に関する登記を申請するときには，登記原因を証する情報を提供しなければならない（不登法61条，不登令７条１項５号ロ）。

遺言信託の登記においては，遺言書と委託者（遺言者）の死亡を証する戸籍抄本等を提出する必要がある（不登令別表30項添付情報欄イ，不登令別表65項添付情報欄ロ）。

（注６）　登記権利者及び登記義務者が共同して権利に関する登記を申請する場合には，申請情報と併せて登記義務者の登記識別情報（登記済証）を提供しなければならない（不登法22条）。

登記義務者である委託者（遺言者）が所有権移転の登記等を受けたときの登記識別情報（登記済証）を提供する。

なお，紛失等の理由により登記義務者の登記識別情報（登記済証）を提供できない場合には，登記官による事前通知をすることとなる（不登法23条１項，２項）。

（注７）　信託の登記の申請を書面申請によりするときは，不動産登記令15条の規定に基づき，信託目録に記録すべき情報を記載した書面（当該情報を電磁的記録で作成している場合にあっては，当該情報を記録した磁気ディスクを含む。）を添付して提出しなければならない（不登令７条１項６号，別表65項添付情報欄ハ）。

なお，信託目録に記録すべき情報を書面で提出する場合にあっては，登記事務を円滑かつ正確に行うために，実務上は，信託目録に記録すべき情報を記録した磁気ディスクを併せて提出している（詳細は，第２章第４・１⑷（107頁）を参照。）。

（注８）　遺言執行者の作成後３か月以内の印鑑証明書を添付する（不登令16条２項，３項）。

（注９）　申請人が法人であり，当該法人が会社法人等番号を有する法人である場合には，当該会社法人等番号を提供しなければならない（不登令７条１項１号イ）。

なお，会社法人等番号を有する法人である場合であっても，作成後１か月以内の当該法人の代表者の資格を証する情報（代表者事項証明書等）を提供したときは，会社法人等番号の提供を要しない（不登規則36条１項１号各号，２項）。

（注10）　所有権の取得の登記を受ける登記権利者の住所を証する市町村長，登記官その他の公務員が職務上作成した情報を提供しなければならない（不登令別表30項添付情報欄ロ）。

自然人の場合には住民票等を，法人の場合には登記事項証明書（登記簿謄本）等を添付することとなる。

ただし，申請情報と併せて会社法人等番号が提供されたときは，当該住所証明情報を提供することは要しない（不登令９条，不登規則36条４項）。

（注11）　代理人によって登記を申請するときは，当該代理人の権限を証する情報として，委任状（遺言執行者作成）を添付する（不登令７条１項２号）。

委任状には，登記識別情報の通知の受領を委任する場合は，別途その旨を明らかにし，受領の復代理人の選任を委任する場合は，その旨を記載する。また，登記識別情報の通知を希望しない場合は，その旨も記載する必要がある。

遺言執行者が選任されている場合は，遺言書と委託者（遺言者）の死亡を証する戸籍抄本等が遺言執行者の代理権限証書となり，家庭裁判所が遺言執行者を選任した場合は，審判書の謄本が代理権限証書となる。

なお，代理人が法人であるときには，その法人における代表権のある者がその権限に基づいて登記を申請していることを証するため，作成後3か月以内の当該法人の当該代表者の資格を証する情報を提供しなければならない（不登令7条1項2号，17条1項）。ただし，当該代理人の会社法人等番号を提供したときは，当該代理人の代表者の資格を証する情報の提供に代えることができる（不登規則37条の2）。

(注12)　登記識別情報の通知の送付を希望するときは，その旨を記載し，登記所の窓口での交付を希望するときは，何らの記載も要しない。

また，登記識別情報の通知を希望しない場合には，その旨を記載する。

(注13)　課税価格として，土地又は建物の登記時の不動産の価額（固定資産課税台帳の登録価格）を記載する。

固定資産評価証明書（市町村発行）は法定の添付書面ではないが，実務上は添付する取扱いとなっている。

(注14)　登録免許税として，所有権移転の登記分と信託の登記分の合計金額を記載する。

(注15)　所有権移転の登記の登録免許税は非課税である（登録免許税法7条1項1号）。

(注16)　信託の登記の登録免許税は，不動産の価額の1,000分の4の額である（登録免許税法別表第一，1，(十)イ）。

ただし，土地に関する所有権の信託の登記の税率については，特例で，平成25年4月1日から平成29年3月31日までは1,000分の3に軽減されている（租税特別措置法72条1項2号）。

【7】－2　登記記録例

権利部（甲区）（所有権に関する事項）			
順位番号	登記の目的	受付年月日・受付番号	権利者その他の事項
2	所有権移転	平成○年○月○日 受付第○号	原因　平成○年○月○日売買 所有者　○市○町○丁目○番○号 甲　某
3(注1)	所有権移転	平成○年○月○日 受付第○号	原因　平成○年○月○日遺言信託(注3) 受託者　○市○町○丁目○番○号 乙　株式会社(注4)
	信託(注2)	余白	信託目録第○号(注5)

信託目録		調製	平成○年○月○日
番　号	受付年月日・受付番号	予　備	
第○号	平成○年○月○日 第○号	余白	
１　委託者に関する事項	○市○町○丁目○番○号 甲　某		
２　受託者に関する事項	○市○町○丁目○番○号 乙　株式会社		
３　受益者に関する事項等	受益者　○市○町○丁目○番○号 ○　某		
４　信託条項	**（省略）**		

（注１）　権利の保存，設定，移転又は変更の登記及び信託の登記をするときは，権利部の相当区に同一の順位番号を用いて記録することになる（不登規則175条１項)。

（注２）　登記の目的欄は，「信託」と記録する。

（注３）　原因は，遺言による信託であることを明確にするため「平成○年○月○日信託」ではなく，「平成○年○月○日遺言信託」と記録する。

（注４）　権利者の表記は，「受託者」と記録する。

（注５）　信託登記に係る内容は信託目録に記録され公示されることから，登記記録には信託目録の信託番号のみを記録し，信託目録の信託番号は不動産ごとに異なる番号が付される。

【8】　信託財産である金銭をもって不動産を買い受けた場合の所有権移転の登記と同時にする受託者のみの申請による信託の登記

受託者が信託財産である金銭をもって不動産を第三者から買い受けた場合には，この取得不動産は，信託財産である金銭が不動産という財産に形を変えただけであり，新たな財産である不動産は当然信託財産を構成する（信託法16条1号）。

なお，信託の登記は，所有権移転の登記と同時（一の申請情報）にしなければならない（不登法98条1項，不登令5条2項）。所有権移転の登記申請は，受託者を登記権利者，第三者を登記義務者とする共同申請である（不登法60条）。

【8】－1　登記申請書

登　記　申　請　書

登記の目的　　所有権移転及び信託財産の処分による信託（注1）
原　　　因　　平成○年○月○日売買（注2）
権　利　者　　○市○町○丁目○番○号
（信託登記申請人）　　乙　株式会社（注3）
　　　　　　　　（会社法人等番号　1234-56-789123）
　　　　　　　　代表取締役　○○○○
義　務　者　　○市○町○丁目○番○号
　　　　　　　　○　　某（注4）

添付書類
　登記原因証明情報（注5）　登記識別情報（注6）
　信託目録に記録すべき情報（注7）　印鑑証明書（注8）
　会社法人等番号（資格証明書）（注9）　住所証明情報（注10）
　代理権限証明情報（注11）

登記識別情報の通知について（注12）

送付の方法により登記識別情報通知書の交付を希望します。
送付先：資格者代理人の事務所あて

平成○年○月○日申請　　　○法務局○出張所

代　理　人　　○市○町○丁目○番○号
　　　　　　　　　　○　○　○　○　　　㊞
　　　　　　電話先　○○－○○○○－○○○○

課 税 価 格　　金○円（注13）

登 録 免 許 税　　金○円（注14）
　　　　　　移転分　　金○円（注15）
　　　　　　信託分　　金○円（注16）

不動産の表示（省略）

（注１）　登記の目的として，「所有権移転及び信託財産の処分による信託」と記載し，所有権の移転登記と信託財産の処分による信託の登記である旨を明記する。

（注２）　信託行為によって所有権を取得したものではなく，信託財産である金銭により（信託財産の処分により）所有権を取得したのであるから，原因は「信託」ではなく「売買」と記載し，その日付は売買契約成立の日である。

（注３）　登記権利者兼信託登記申請人として，買主である受託者を記載する（登記原因証明情報の表示及び住所証明情報における表示と符合していることを要する。）。
受託者が法人であるときは，その代表者の資格及び氏名を記載する。
申請人の会社法人等番号を提供するときは，「申請人の名称」に続けて会社法人等番号を記載する。

（注４）　登記義務者として，売主である所有権の登記名義人を記載する（登記記録に記録された所有権の登記名義人の表示及び登記原因証明情報の表示と符合していることを要する。）。
所有権の登記名義人が法人であるときは，その代表者の資格及び氏名を記載する。

（注５）　権利に関する登記を申請するときには，登記原因を証する情報を提供しなければならない（不登法61条，不登令７条１項５号ロ）。
所有権の移転登記の登記原因証明情報と信託の登記の登記原因証明情報を提供すること

となる。

所有権の移転登記の登記原因証明情報については，売買契約書，又は報告形式の登記原因証明情報を添付する。

信託の登記の登記原因証明情報については，信託条項（信託財産の管理・運用・処分）に基づいて不動産を取得したことが判る情報を添付する。

なお，報告形式の登記原因証明情報を提供する場合，一般的には，登記権利者及び登記義務者が署名若しくは記名押印すべきであるが，最低限，登記義務者が作成名義人になっていなければならない。

（注6） 登記権利者及び登記義務者が共同して権利に関する登記を申請する場合には，申請情報と併せて登記義務者の登記識別情報（登記済証）を提供しなければならない（不登法22条）。

登記義務者が所有権移転の登記等を受けたときの登記識別情報（登記済証）を提供する。

なお，紛失等の理由により登記義務者の登記識別情報（登記済証）を提供できない場合において，資格者代理人及び公証人による本人確認情報（不登法23条4項）の提供がない場合には，登記官による事前通知をすることとなる（不登法23条1項，2項）。

（注7） 信託の登記の申請を書面申請によりするときは，不動産登記令15条の規定に基づき，信託目録に記録すべき情報を記載した書面（当該情報を電磁的記録で作成している場合にあっては，当該情報を記録した磁気ディスクを含む。）を添付して提出しなければならない（不登令7条1項6号，別表65項添付情報欄ハ）。

なお，信託目録に記録すべき情報を書面で提出する場合にあっては，登記事務を円滑かつ正確に行うために，実務上は，信託目録に記録すべき情報を記録した磁気ディスクを併せて提出している（詳細は，第2章第4・1(4)（107頁）を参照。）。

（注8） 所有権の登記名義人である登記義務者の作成後3か月以内の印鑑証明書を添付する（不登令16条2項，3項）。

（注9） 申請人が法人であり，当該法人が会社法人等番号を有する法人である場合には，当該会社法人等番号を提供しなければならない（不登令7条1項1号イ）。

なお，会社法人等番号を有する法人である場合であっても，作成後1か月以内の当該法人の代表者の資格を証する情報（代表者事項証明書等）を提供したときは，会社法人等番号の提供を要しない（不登規則36条1項1号各号，2項）。

（注10） 所有権の取得の登記を受ける登記権利者（受託者全員）の住所を証する市町村長，登記官その他の公務員が職務上作成した情報を提供しなければならない（不登令別表30項添付情報欄ロ）。

自然人の場合には住民票等を，法人の場合には登記事項証明書（登記簿謄本）等を添付することとなる。

ただし，申請情報と併せて会社法人等番号が提供されたときは，当該住所証明情報を提供することは要しない（不登令9条，不登規則36条4項）。

（注11） 代理人によって登記を申請するときは，当該代理人の権限を証する情報として，委任状を添付する（不登令7条1項2号）。

委任状には，登記識別情報の通知の受領を委任する場合は，別途その旨を明らかにし，受領の復代理人の選任を委任する場合は，その旨を記載する。また，登記識別情報の通知を希望しない場合は，その旨も記載する必要がある。

なお，代理人が法人であるときには，その法人における代表権のある者がその権限に基づいて登記を申請していることを証するため，作成後3か月以内の当該法人の当該代表者の資格を証する情報を提供しなければならない（不登令７条１項２号，17条１項）。ただし，当該代理人の会社法人等番号を提供したときは，当該代理人の代表者の資格を証する情報の提供に代えることができる（不登規則37条の２）。

(注12)　登記識別情報の通知の送付を希望するときは，その旨を記載し，登記所の窓口での交付を希望するときは，何らの記載も要しない。

また，登記識別情報の通知を希望しない場合には，その旨を記載する。

(注13)　課税価格として，土地又は建物の登記時の不動産の価額（固定資産課税台帳の登録価格）を記載する。

固定資産評価証明書（市町村発行）は法定の添付書面ではないが，実務上は添付する取扱いとなっている。

(注14)　登録免許税として，所有権移転の登記分と信託の登記分の合計金額を記載する。

(注15)　所有権移転の登記の登録免許税は，不動産の価額の1,000分の20の額である（登録免許税法別表第一，１，㈡ハ）。

ただし，土地に関する売買による所有権の移転の登記の税率については，特例で，平成25年４月１日から平成29年３月31日までは1,000分の15に軽減されている（租税特別措置法72条１項１号）。

(注16)　信託の登記の登録免許税は，不動産の価額の1,000分の４の額である（登録免許税法別表第一，１，㈩イ）。

ただし，土地に関する所有権の信託の登記の税率については，特例で，平成25年４月１日から平成29年３月31日までは1,000分の３に軽減されている（租税特別措置法72条１項２号）。

【８】－２　登記記録例

権利部（甲区）（所有権に関する事項）			
順位番号	登記の目的	受付年月日・受付番号	権利者その他の事項
2	所有権移転	平成○年○月○日 受付第○号	原因　平成○年○月○日売買 所有者　○市○町○丁目○番○号 ○　某
3 (注1)	所有権移転	平成○年○月○日 受付第○号	原因　平成○年○月○日売買(注3) 所有者　○市○町○丁目○番○号 乙　株式会社(注4)
	信託財産の処分による信託 (注2)	余白	信託目録第○号(注5)

信託目録		調製	平成○年○月○日
番　号	受付年月日・受付番号	予　備	
第○号	平成○年○月○日 第○号	余白	
1 委託者に関する事項	○市○町○丁目○番○号 甲　某		
2 受託者に関する事項	○市○町○丁目○番○号 乙　株式会社		
3 受益者に関する事項等	受益者　○市○町○丁目○番○号 甲　某		
4 信託条項	**（省略）**		

（注1） 権利の保存，設定，移転又は変更の登記及び信託の登記をするときは，権利部の相当区に同一の順位番号を用いて記録することになる（不登規則175条1項）。

（注2） 登記の目的欄は「信託」ではなく，「信託財産の処分による信託」と記録する。

（注3） 信託行為によって委託者から所有権を取得したのではないから，原因は，「平成○年○月○日信託」ではなく，「平成○年○月○日売買」と記録する。

（注4） 権利者の表記は，「受託者」ではなく「所有者」と記録する。

（注5） 信託登記に係る内容は信託目録に記録され公示されることから，登記記録には信託目録の信託番号のみを記録し，信託目録の信託番号は不動産ごとに異なる番号が付される。

【8】－3　添付書類

登記原因証明情報

1　登記申請情報の要項

(1)　登記の目的　　所有権移転及び信託財産の処分による信託

(2)　登記の原因　　平成○年○月○日売買

(3)　当　事　者　　権利者　○市○町○丁目○番○号

（信託登記申請人）　乙　株式会社

義務者　○市○町○丁目○番○号

○　　某

(4)　不動産の表示 **（省略）**

(5)　信託目録に記録すべき情報　　別紙「信託目録に記録すべき情報」のとおり

２　登記の原因となる事実又は法律行為

⑴　信託契約の締結

受託者乙株式会社（以下「甲」という。）と委託者甲某（以下「乙」という。）は平成○年○月○日，受益者を乙とする金銭の管理運用処分を目的とする金銭信託契約を締結した。

当該信託契約には，乙の指図により金銭を処分して，不動産を購入することができ，これにより取得した当該不動産は信託財産とする旨の条項がある。

⑵　売買契約及び代金の支払

甲は，上記信託契約に基づき，平成○年○月○日○某（以下「丙」という。）と本件不動産の売買契約を締結し，同日，甲は丙に対し売買代金の全額を信託財産である金銭で支払い，丙はこれを受領した。

⑶　所有権の移転

よって，本件不動産の所有権は，同日，丙から甲に移転し，同時に本件不動産を信託財産とした。

平成○年○月○日　○法務局○出張所　御中

上記の登記原因のとおり相違ありません。

権利者　○市○町○丁目○番○号

乙　株式会社

代表取締役　○○○○　㊞

義務者　○市○町○丁目○番○号

○　某　㊞

信託目録に記録すべき情報

委託者　　○市○町○丁目○番○号
　　　　　　　　甲　　　某
受託者　　○市○町○丁目○番○号
　　　　　　　　乙　株式会社
受益者　　○市○町○丁目○番○号
　　　　　　　　甲　　　某

〔信託条項〕

1　信託の目的（省略）

2　信託財産の管理方法（省略）

3　信託終了の事由（省略）

4　その他信託条項（省略）

委　　任　　状

平成○年○月○日

○市○町○丁目○番○号
○　○　○　○

私は，上記の者を代理人として，下記の登記申請に関する一切の権限を委任する。

記

1　登記の目的　　所有権移転及び信託財産の処分による信託

1　原　　　因　　平成○年○月○日売買

1　権　利　者　　○市○町○丁目○番○号
（信託登記申請人）　　乙　株式会社

１　義　務　者　　○市○町○丁目○番○号
　　　　　　　　　　○　　　某
１　原本還付請求及び受領に関する一切の件
１　復代理人選任に関する一切の件
１　登記識別情報の受領及び登記識別情報の受領に係る復代理人選任に関する一切の件

不動産の表示
　○市○町○丁目○番○の土地
　○市○町○丁目○番地○
　　家屋番号○番○の建物
　　　　　　　　　　　　○市○町○丁目○番○号
　　　　　　　　　　　　　　乙　株式会社
　　　　　　　　　　　　　　　代表取締役　○○○○　　㊞
　　　　　　　　　　　　○市○町○丁目○番○号
　　　　　　　　　　　　　　○　　　某　　　　　　　㊞

【9】　信託財産である金銭をもって別信託の目的である不動産を買い受けた場合の所有権移転の登記及び信託の登記の抹消と同時にする受託者のみの申請による信託の登記

受託者が信託財産である金銭をもって不動産（別信託の信託財産）を第三者（別信託の受託者）から買い受けた場合には，この取得不動産は，信託財産である金銭が不動産という財産に形を変えただけであり，新たな財産である不動産は当然信託財産を構成する（信託法16条1号）。

なお，信託の登記は，所有権移転の登記と同時（一の申請情報）にしなければならない（不登法98条1項，不登令5条2項）。所有権移転の登記申請は，受託者を登記権利者，第三者を登記義務者とする共同申請である（不登法60条）。

【9】－1　登記申請書

登　記　申　請　書

登記の目的　所有権移転，○番信託登記抹消及び信託財産の処分による信託（注1）

原　　　因　所有権移転　平成○年○月○日売買（注2）
　　　　　　信託登記抹消　信託財産の処分

権　利　者　○市○町○丁目○番○号
（信託登記申請人）　乙　株式会社（注3）
　　　　　　（会社法人等番号　1234-56-789123）
　　　　　　代表取締役　○○○○

義　務　者　○市○町○丁目○番○号
　　　　　　○　　某（注4）

添付書類
　登記原因証明情報（注5）　登記識別情報（注6）
　信託目録に記録すべき情報（注7）　印鑑証明書（注8）
　会社法人等番号（資格証明書）（注9）　住所証明情報（注10）

代理権限証明情報（注11）

登記識別情報の通知について（注12）

送付の方法により登記識別情報通知書の交付を希望します。

送付先：資格者代理人の事務所あて

平成○年○月○日申請　　○法務局○出張所

代　理　人　○市○町○丁目○番○号

○　○　○　○　　㊞

電話先　○○－○○○○－○○○○

課税価格　金○円（注13）

登録免許税　金○円（注14）

移転分　金○円（注15）

抹消分　金○円（注16）

信託分　金○円（注17）

不動産の表示（省略）

（注１）　登記の目的として，「所有権移転，○番信託登記抹消及び信託財産の処分による信託」と記載し，所有権移転の登記及び別信託に係る信託登記抹消並びに信託財産の処分による信託の登記である旨を明記する。

（注２）　所有権移転の原因日付については，信託行為によって所有権を取得したものではなく，信託財産である金銭により（信託財産の処分により）所有権を取得したのであるから，原因は「信託」ではなく「売買」と記載し，その日付は売買契約成立の日である。

また，信託登記抹消の原因については，信託財産である当該不動産を処分したことによる抹消登記であることから，原因は「信託財産の処分」となる。

（注３）　登記権利者兼信託登記申請人として，買主である受託者を記載する（登記原因証明情報の表示及び住所証明情報における表示と符合していることを要する。）。

受託者が法人であるときは，その代表者の資格及び氏名を記載する。

申請人の会社法人等番号を提供するときは，「申請人の名称」に続けて会社法人等番号

を記載する。

（注４）　登記義務者として，売主である所有権の登記名義人を記載する（登記記録に記録された所有権の登記名義人の表示及び登記原因証明情報の表示と符合していることを要する。）。

所有権の登記名義人が法人であるときは，その代表者の資格及び氏名を記載する。

（注５）　権利に関する登記を申請するときには，登記原因を証する情報を提供しなければならない（不登法61条，不登令７条１項５号ロ）。

所有権移転の登記，信託登記の抹消及び信託の登記の３つの登記原因証明情報を提供することとなる。

所有権移転の登記及び信託登記の抹消の登記原因証明情報については，売買契約書（信託財産の管理・運用・処分に基づいての売却であることが判る情報），又は報告形式の登記原因証明情報を添付する（不登令別表30項添付情報欄イ）。

信託の登記の登記原因証明情報については，信託条項（信託財産の管理・運用・処分）に基づいて不動産を取得したことが判る情報を添付する（不登令別表65項添付情報欄ロ）。

なお，報告形式の登記原因証明情報を提供する場合，一般的には，登記権利者及び登記義務者が署名若しくは記名押印すべきであるが，最低限，登記義務者が作成名義人になっていなければならない。

（注６）　登記権利者及び登記義務者が共同して権利に関する登記を申請する場合には，申請情報と併せて登記義務者の登記識別情報（登記済証）を提供しなければならない（不登法22条）。

登記義務者が所有権移転の登記等を受けたときの登記識別情報（登記済証）を提供する。

なお，紛失等の理由により登記義務者の登記識別情報（登記済証）を提供できない場合において，資格者代理人及び公証人による本人確認情報（不登法23条４項）の提供がない場合には，登記官による事前通知をすることとなる（不登法23条１項，２項）。

（注７）　信託の登記の申請を書面申請によりするときは，不動産登記令15条の規定に基づき，信託目録に記録すべき情報を記載した書面（当該情報を電磁的記録で作成している場合にあっては，当該情報を記録した磁気ディスクを含む。）を添付して提出しなければならない（不登令７条１項６号，別表65項添付情報欄ハ）。

なお，信託目録に記録すべき情報を書面で提出する場合にあっては，登記事務を円滑かつ正確に行うために，実務上は，信託目録に記録すべき情報を記録した磁気ディスクを併せて提出している（詳細は，第２章第４・１⑷（107頁）を参照。）。

（注８）　所有権の登記名義人である登記義務者の作成後３か月以内の印鑑証明書を添付する（不登令16条２項，３項）。

（注９）　申請人が法人であり，当該法人が会社法人等番号を有する法人である場合には，当該会社法人等番号を提供しなければならない（不登令７条１項１号イ）。

なお，会社法人等番号を有する法人である場合であっても，作成後１か月以内の当該法人の代表者の資格を証する情報（代表者事項証明書等）を提供したときは，会社法人等番号の提供を要しない（不登規則36条１項１号各号，２項）。

（注10）　所有権の取得の登記を受ける登記権利者（受託者全員）の住所を証する市町村長，登記官その他の公務員が職務上作成した情報を提供しなければならない（不登令別表30項添付情報欄ロ）。

自然人の場合には住民票等を，法人の場合には登記事項証明書（登記簿謄本）等を添付することとなる。

ただし，申請情報と併せて会社法人等番号が提供されたときは，当該住所証明情報を提供することは要しない（不登令９条，不登規則36条４項）。

(注11)　代理人によって登記を申請するときは，当該代理人の権限を証する情報として，委任状を添付する（不登令７条１項２号)。

委任状には，登記識別情報の通知の受領を委任する場合は，別途その旨を明らかにし，受領の復代理人の選任を委任する場合は，その旨を記載する。また，登記識別情報の通知を希望しない場合は，その旨も記載する必要がある。

なお，代理人が法人であるときには，その法人における代表権のある者がその権限に基づいて登記を申請していることを証するため，作成後３か月以内の当該法人の当該代表者の資格を証する情報を提供しなければならない（不登令７条１項２号，17条１項)。ただし，当該代理人の会社法人等番号を提供したときは，当該代理人の代表者の資格を証する情報の提供に代えることができる（不登規則37条の２)。

(注12)　登記識別情報の通知の送付を希望するときは，その旨を記載し，登記所の窓口での交付を希望するときは，何らの記載も要しない。

また，登記識別情報の通知を希望しない場合には，その旨を記載する。

(注13)　課税価格として，土地又は建物の登記時の不動産の価額（固定資産課税台帳の登録価格）を記載する。

固定資産評価証明書（市町村発行）は法定の添付書面ではないが，実務上は添付する取扱いとなっている。

(注14)　登録免許税として，所有権移転の登記分，信託登記の抹消分及び信託の登記分の合計金額を記載する。

(注15)　所有権移転の登記の登録免許税は，不動産の価額の1,000分の20の額である（登録免許税法別表第一，１，㈡ハ)。

ただし，土地に関する売買による所有権の移転の登記の税率については，特例で，平成25年４月１日から平成29年３月31日までは1,000分の15に軽減されている（租税特別措置法72条１項１号)。

(注16)　信託登記の抹消の登録免許税は，不動産１個につき1,000円である（登録免許税法別表第一，１，⒂)。

(注17)　信託の登記の登録免許税は，不動産の価額の1,000分の４の額である（登録免許税法別表第一，１，㈩イ)。

ただし，土地に関する所有権の信託の登記の税率については，特例で，平成25年４月１日から平成29年３月31日までは1,000分の３に軽減されている（租税特別措置法72条１項２号)。

【9】－2　登記記録例

権利部（甲区）（所有権に関する事項）			
順位番号	登記の目的	受付年月日・受付番号	権利者その他の事項
2	所有権移転	平成○年○月○日 第○号	原因　平成○年○月○日売買 所有者　○市○町○丁目○番○号 丙　某
3	所有権移転	平成○年○月○日 第○号	原因　平成○年○月○日信託 受託者　○市○町○丁目○番○号 ○　某
	信託(注2)	余白抹消	信託目録第○号
4(注1)	所有権移転	平成○年○月○日 第○号	原因　平成○年○月○日売買(注4) 所有者　○市○町○丁目○番○号 乙　株式会社(注5)
	3番信託登記抹消(注2)	余白	原因　信託財産の処分(注4)
	信託財産の処分による信託(注3)	余白	信託目録第○○号(注6)

信託目録		調製	平成○年○月○日
番　号	受付年月日・受付番号	予　備	
第○号	平成○年○月○日 第○号	信託抹消　平成○年○月○日受付第○号抹消	
1　委託者に関する事項	○市○町○丁目○番○号 丙　某		
2　受託者に関する事項	○市○町○丁目○番○号 ○　某		
3　受益者に関する事項等	受益者　○市○町○丁目○番○号 丙　某		
4　信託条項	（省略）		

信託目録		調製	平成○年○月○日
番　号	受付年月日・受付番号	予　備	
第○○号	平成○年○月○日 第○号	余白	
１　委託者に関する事項	○市○町○丁目○番○号 甲　某		
２　受託者に関する事項	○市○町○丁目○番○号 乙　株式会社		
３　受益者に関する事項等	受益者　○市○町○丁目○番○号 甲　某		
４　信託条項	**（省略）**		

（注１）　権利の保存，設定，移転又は変更の登記及び信託の登記をするときは，権利部の相当区に同一の順位番号を用いて記録することになる（不登規則175条１項）。また，権利の移転の登記若しくは変更の登記又は権利の抹消の登記及び信託の抹消の登記をするときは，権利部の相当区に同一の順位番号を用いて記録することになる（不登規則175条２項）。

（注２）　３番の信託は別信託の信託財産となる処分によって消滅したので，登記の目的欄は「３番信託登記抹消」と記録し，３番の信託の登記，余白及び信託目録番号は抹消する記号（下線）を記録する。

（注３）　登記の目的欄には「信託」ではなく「信託財産の処分による信託」と記録する。

（注４）　信託行為によって委託者から所有権を取得したのではないから，原因は「平成○年○月○日信託」でなく「平成○年○月○日売買」と記録し，３番信託登記の抹消の原因として，「信託財産の処分」と記録する。

（注５）　権利者の表記は「受託者」ではなく「所有者」と記録する。

（注６）　信託登記に係る内容は信託目録に記録され公示されることから，登記記録には信託目録の信託番号のみを記録し，信託目録の信託番号は不動産ごとに異なる番号が付される。なお，４番の信託目録の信託番号は，新たな番号を付すことになる。

【10】　共有持分を目的とする信託の登記がされている2筆の土地について，当該2筆の土地をそれぞれ受託者と他の共有者の単独所有とする場合における，受託者の単独所有となる土地についての共有物分割を原因とする共有持分全部移転の登記及び信託財産の処分による信託の登記

受託者は信託の設定により信託財産に属する財産の管理又は処分及びその他の信託の目的達成のために必要な行為をする権限を有し（信託法26条），信託行為において定められた受託者の権限の範囲内である限り，共有物分割については，信託財産に属する管理・処分の一形態として許容されると考えられている。よって，受託者が共有物分割により新たに取得した共有持分については，信託の物上代位性（信託法16条1号）により，当該信託財産に組み入れられることとなり，共有物分割により他の共有者に属することとなった信託財産たる共有持分部分については，当該信託の信託財産から除かれることとなる。

そこで，受託者の単独所有となる土地（受託者が新たに取得する土地）については，共有物分割を原因とする共有持分全部移転の登記及び信託財産の処分による信託の登記をすることとなる。

この信託の登記は，所有権移転の登記と同時（一の申請情報）にしなければならない（不登法98条1項，不登令5条2項）。

共有持分全部移転の登記申請は，受託者を登記権利者，他の共有者を登記義務者とする共同申請である（不登法60条）。信託の登記は，受託者が単独で申請することができる（不登法98条2項）。

【10】－1　登記申請書

登　記　申　請　書

登記の目的　　○某持分全部移転及び信託財産の処分による信託（注1）
原　　　因　　平成○年○月○日共有物分割（注2）
権　利　者　　○市○町○丁目○番○号
（信託登記申請人）　持分2分の1　　乙　株式会社（注3）

（会社法人等番号　1234-56-789123）
代表取締役　○○○○

義　務　者　　○市○町○丁目○番○号
○　　某(注4)

添 付 書 類
登記原因証明情報(注5)　登記識別情報(注6)
信託目録に記録すべき情報(注7)　印鑑証明書(注8)
会社法人等番号（資格証明書）(注9)　住所証明情報(注10)
代理権限証明情報(注11)

登記識別情報の通知について(注12)
送付の方法により登記識別情報通知書の交付を希望します。
送付先：資格者代理人の事務所あて

平成○年○月○日申請　　○法務局○出張所

代　理　人　　○市○町○丁目○番○号
○　○　○　○　　㊞
電話先　○○－○○○○－○○○○

課 税 価 格　　金○円(注13)

登録免許税　　金○円(注14)
移転分　　金○円(注15)
信託分　　金○円(注16)

不動産の表示（省略）

(注1)　登記の目的として，「○某持分全部移転及び信託財産の処分による信託」と記載し，所有権の移転登記と信託財産の処分による信託の登記である旨を明記する。

(注2)　登記原因及びその日付として，「共有物分割」と登記原因を記載し，その日付として，共有物分割の協議が整った日付を記載する。

(注3)　登記権利者兼信託登記申請人として，受託者を記載する（登記原因証明情報の表示及び住所証明情報における表示と符合していることを要する。）。

受託者が法人であるときは，その代表者の資格及び氏名を記載する。

申請人の会社法人等番号を提供するときは，「申請人の名称」に続けて会社法人等番号を記録する。

(注4)　登記義務者として，他の共有者を記載する（登記記録に記録された他の共有者の表示及び登記原因証明情報の表示と符合していることを要する。）。

他の共有者が法人であるときは，その代表者の資格及び氏名を記載する。

(注5)　権利に関する登記を申請するときには，登記原因を証する情報を提供しなければならない（不登法61条，不登令7条1項5号ロ）。

所有権の移転登記の登記原因証明情報と信託の登記の登記原因証明情報を提供することとなる。

所有権の移転登記の登記原因証明情報については，共有物分割協議書又は報告形式の登記原因証明情報を添付する。

信託の登記の登記原因証明情報については，信託条項（信託財産の管理・運用・処分）に基づいて不動産を取得したことが判る情報を添付する。

なお，報告形式の登記原因証明情報を提供する場合，一般的には，登記権利者及び登記義務者が署名若しくは記名押印すべきであるが，最低限，登記義務者が作成名義人になっていなければならない。

(注6)　登記権利者及び登記義務者が共同して権利に関する登記を申請する場合には，申請情報と併せて登記義務者の登記識別情報（登記済証）を提供しなければならない（不登法22条）。

登記義務者が所有権移転の登記等を受けたときの登記識別情報（登記済証）を提供する。

なお，紛失等の理由により登記義務者の登記識別情報（登記済証）を提供できない場合において，資格者代理人及び公証人による本人確認情報（不登法23条4項）の提供がない場合には，登記官による事前通知をすることとなる（不登法23条1項，2項）。

(注7)　信託の登記の申請を書面申請によりするときは，不動産登記令15条の規定に基づき，信託目録に記録すべき情報を記載した書面（当該情報を電磁的記録で作成している場合にあっては，当該情報を記録した磁気ディスクを含む。）を添付して提出しなければならない（不登令7条1項6号，別表65項添付情報欄ハ）。

なお，信託目録に記録すべき情報を書面で提出する場合にあっては，登記事務を円滑かつ正確に行うために，実務上は，信託目録に記録すべき情報を記録した磁気ディスクを併せて提出している（詳細は，第2章第4・1(4)（107頁）を参照。）。

(注8)　所有権の登記名義人である登記義務者の作成後3か月以内の印鑑証明書を添付する（不登令16条2項，3項）。

(注9)　申請人が法人であり，当該法人が会社法人等番号を有する法人である場合には，当該会社法人等番号を提供しなければならない（不登令7条1項1号イ）。

なお，会社法人等番号を有する法人である場合であっても，作成後1か月以内の当該法人の代表者の資格を証する情報（代表者事項証明書等）を提供したときは，会社法人等番

号の提供を要しない（不登規則36条１項１号各号，２項）。

（注10） 所有権の取得の登記を受ける登記権利者（受託者）の住所を証する市町村長，登記官その他の公務員が職務上作成した情報を提供しなければならない（不登令別表30項添付情報欄ロ）。

自然人の場合には住民票等を，法人の場合には登記事項証明書（登記簿謄本）等を添付することとなる。

ただし，申請情報と併せて会社法人等番号が提供されたときは，当該住所証明情報を提供することは要しない（不登令９条，不登規則36条４項）。

（注11） 代理人によって登記を申請するときは，当該代理人の権限を証する情報として，委任状を添付する（不登令７条１項２号）。

委任状には，登記識別情報の通知の受領を委任する場合は，別途その旨を明らかにし，受領の復代理人の選任を委任する場合は，その旨を記載する。また，登記識別情報の通知を希望しない場合は，その旨も記載する必要がある。

なお，代理人が法人であるときには，その法人における代表権のある者がその権限に基づいて登記を申請していることを証するため，作成後３か月以内の当該法人の当該代表者の資格を証する情報を提供しなければならない（不登令７条１項２号，17条１項）。ただし，当該代理人の会社法人等番号を提供したときは，当該代理人の代表者の資格を証する情報の提供に代えることができる（不登規則37条の２）。

（注12） 登記識別情報の通知の送付を希望するときは，その旨を記載し，登記所の窓口での交付を希望するときは，何らの記載も要しない。

また，登記識別情報の通知を希望しない場合には，その旨を記載する。

（注13） 課税価格として，土地又は建物の登記時の不動産の価額（固定資産課税台帳の登録価格）を記載する。

固定資産評価証明書（市町村発行）は法定の添付書面ではないが，実務上は添付する取扱いとなっている。

（注14） 登録免許税として，所有権移転の登記分と信託の登記分の合計金額を記載する。

（注15） 所有権移転の登記の登録免許税は，不動産の価額の1,000分の４の額である（登録免許税法別表第一，１，㈡ロ）。

（注16） 信託の登記の登録免許税は，不動産の価額の1,000分の４の額である（登録免許税法別表第一，１，㈩イ）。

ただし，土地に関する所有権の信託の登記の税率については，特例で，平成25年４月１日から平成29年３月31日までは1,000分の３に軽減されている（租税特別措置法72条１項２号）。

【10】－2　登記記録例

権利部（甲区）（所有権に関する事項）			
順位番号	登記の目的	受付年月日・受付番号	権利者その他の事項
2	所有権移転	平成○年○月○日 受付第○号	原因　平成○年○月○日売買 共有者 　○市○町○丁目○番○号 　持分2分の1 　甲　某 　○市○町○丁目○番○号 　2分の1 　○　某
3	甲某持分全部移転	平成○年○月○日 受付第○号	原因　平成○年○月○日信託 受託者　○市○町○丁目○番○号 　乙　株式会社 　（受託者持分2分の1）
	信託	余白	信託目録第○号
4（注1）	○某持分全部移転	平成○年○月○日 受付第○号	原因　平成○年○月○日共有物分割（注3） 受託者　○市○町○丁目○番○号 　乙　株式会社（注4） 　（受託者持分2分の1）
	信託財産の処分による信託（注2）	余白	信託目録第○○号（注5）

信託目録		調製	平成○年○月○日
番　号	受付年月日・受付番号	予　備	
第○号	平成○年○月○日 第○号	余白	
1　委託者に関する事項	○市○町○丁目○番○号 　甲　某		
2　受託者に関する事項	○市○町○丁目○番○号 　乙　株式会社		
3　受益者に関する事項等	受益者　○市○町○丁目○番○号 　甲　某		
4　信託条項	**（省略）**		

信託目録		調製	平成○年○月○日
番　号	受付年月日・受付番号	予　備	
第○○号	平成○年○月○日 第○号	余白	
１　委託者に関する事項	○市○町○丁目○番○号 甲　某		
２　受託者に関する事項	○市○町○丁目○番○号 乙　株式会社		
３　受益者に関する事項等	受益者　○市○町○丁目○番○号 甲　某		
４　信託条項	**（省略）**		

（注１）　権利の保存，設定，移転又は変更の登記及び信託の登記をするときは，権利部の相当区に同一の順位番号を用いて記録することになる（不登規則175条１項）。

（注２）　登記の目的欄は「信託」ではなく，「信託財産の処分による信託」と記録する。

（注３）　原因は，「平成○年○月○日共有物分割」と記録する。

（注４）　権利者の表記は，「受託者」と記録する。

（注５）　信託登記に係る内容は信託目録に記録され公示されることから，登記記録には信託目録の信託番号のみを記録し，信託目録の信託番号は順位番号３番の信託目録の信託番号と異なる番号が付される。

【10】－３　添付書類

登記原因証明情報

１　登記申請情報の要項

⑴　登記の目的　　○某持分全部移転及び信託財産の処分による信託

⑵　登記の原因　　平成○年○月○日共有物分割

⑶　移転する持分　２分の１

⑷　当　事　者　　権利者　○市○町○丁目○番○号
（信託登記申請人）　乙　株式会社
義務者　○市○町○丁目○番○号
○　　某

⑸　不動産の表示 **（省略）**

⑹　信託目録に記録すべき情報　　別紙「信託目録に記録すべき情報」

のとおり

2　登記の原因となる事実又は法律行為

(1)　信託契約の締結

受託者乙株式会社と委託者甲某は平成○年○月○日，受益者を甲某とする不動産の管理運用処分を目的とする不動産信託契約を締結し，甲某は，その所有するXの土地及びYの土地の共有持分の2分の1を乙株式会社に信託し，乙株式会社はこれを引き受けた。これにより，Xの土地及びYの土地の共有持分の2分の1については，甲某から乙株式会社へ平成○年○月○日，信託を原因として移転し登記を経由した。

当該信託契約には，受託者は信託財産に属する財産の管理又は処分及びその他の信託の目的達成のために必要な行為をする権限を有する旨の規定があり，これらの管理処分によって，新たに取得した共有持分については，信託の物上代位性（信託法16条1項）によって当該信託財産に組み入れられる。

(2)　共有物分割の協議

平成○年○月○日，乙株式会社と○某は，Xの土地及びYの土地を各々2分の1の割合で所有するところ，Xの土地については，○某の共有持分2分の1を乙株式会社へ全部移転し，Yの土地については，乙株式会社の共有持分2分の1を○某へ全部移転する旨の共有物分割協議をした。

(3)　所有権の移転

よって，本件不動産（Xの土地）の共有持分2の1は，同日，○某から乙株式会社に移転し，同時に本件不動産（Xの土地）を信託財産とした。

平成○年○月○日　○法務局○出張所　御中

上記の登記原因のとおり相違ありません。

権利者　○市○町○丁目○番○号

乙　株式会社

代表取締役　○○○○　㊞

義務者　○市○町○丁目○番○号

○　　某　　㊞

信託目録に記録すべき情報

委託者　○市○町○丁目○番○号

甲　　某

受託者　○市○町○丁目○番○号

乙　株式会社

受益者　○市○町○丁目○番○号

甲　　某

〔信託条項〕

1　信託の目的（**省略**）

2　信託財産の管理方法（**省略**）

3　信託終了の事由（**省略**）

4　その他信託条項（**省略**）

委　任　状

平成○年○月○日

○市○町○丁目○番○号

○　○　○　○

私は，上記の者を代理人として，下記の登記申請に関する一切の権限を委任する。

記

1　登記の目的　　○某持分全部移転及び信託財産の処分による信託
1　原　　　因　　平成○年○月○日共有物分割
1　移転する持分　2分の1
1　権　利　者　　○市○町○丁目○番○号
（信託登記申請人）　　乙　株式会社
1　義　務　者　　○市○町○丁目○番○号
○　　　某
1　原本還付請求及び受領に関する一切の件
1　復代理人選任に関する一切の件
1　登記識別情報の受領及び登記識別情報の受領に係る復代理人選任に関する一切の件

不動産の表示
○市○町○丁目○番○の土地

○市○町○丁目○番○号
乙　株式会社
代表取締役　○○○○　　㊞
○市○町○丁目○番○号
○　　　某　　　　　㊞

【11】　共有持分を目的とする信託の登記がされている２筆の土地について，当該２筆の土地をそれぞれ受託者と他の共有者の単独所有とする場合における，他の共有者の単独所有となる土地についての共有物分割を原因とする共有持分全部移転の登記及び信託財産の処分を原因とする信託の登記の抹消

受託者は信託の設定により信託財産に属する財産の管理又は処分及びその他の信託の目的達成のために必要な行為をする権限を有し（信託法26条），信託行為において定められた受託者の権限の範囲内である限り，共有物分割については，信託財産に属する管理・処分の一形態として許容されると考えられている。よって，受託者が共有物分割により新たに取得した共有持分については，信託の物上代位性（信託法16条１号）により，当該信託財産に組み入れられることとなり，共有物分割により他の共有者に属することとなった信託財産たる共有持分部分については，当該信託の信託財産から除かれることとなる。

そこで，他の共有者の単独所有となる土地については，共有物分割を原因とする共有持分全部移転の登記及び信託財産の処分を原因とする信託の登記の抹消をすることとなる。

この場合においては，信託の登記の抹消は，共有持分全部移転の登記と同時（一の申請情報）にしなければならない（不登法104条１項）。

共有持分全部移転の登記申請は，他の共有者を登記権利者，受託者を登記義務者とする共同申請である（不登法60条）。

信託の登記の抹消の登記申請は，受託者が単独で申請することができる（不登法104条２項）。

【11】－１　登記申請書

登　記　申　請　書

登記の目的　　乙株式会社持分全部移転及び信託登記抹消（注１）

原　　　因　　乙株式会社持分全部移転　平成○年○月○日共有物分割（注２）

信託登記抹消　信託財産の処分

権　利　者　　○市○町○丁目○番○号

持分2分の1　○　　某(注3)

義　務　者　　○市○町○丁目○番○号

(信託登記申請人)　　乙　株式会社(注4)

(会社法人等番号　1234-56-789123)

代表取締役　○○○○

添付書類

登記原因証明情報(注5)　登記識別情報(注6)　印鑑証明書(注7)

住所証明情報(注8)　会社法人等番号(資格証明書)(注9)

代理権限証明情報(注10)

登記識別情報の通知について(注11)

送付の方法により登記識別情報通知書の交付を希望します。

送付先:資格者代理人の事務所あて

平成○年○月○日申請　　○法務局○出張所

代　理　人　　○市○町○丁目○番○号

○　○　○　○　　㊞

電話先　○○-○○○○-○○○○

課税価格　　金○円(注12)

登録免許税　　金○円(注13)

移転分　　金○円(注14)

抹消分　　金○円(注15)

不動産及び信託目録の表示(**省略**)

（注１）　登記の目的として，「乙株式会社持分全部移転及び信託登記抹消」と記載し，所有権の移転登記と信託登記の抹消である旨を明記する。

（注２）　登記原因及びその日付として，「共有物分割」と登記原因を記載し，その日付として，共有物分割の協議が調った日付を記載する。

また，信託登記抹消の原因については，信託財産である当該不動産が共有物分割により他の共有者に移転することによる抹消登記であることから，原因は「信託財産の処分」となる。

（注３）　登記権利者として，他の共有者を記載する（登記原因証明情報の表示及び住所証明情報における表示と符合していることを要する。）。

他の共有者が法人であるときは，その代表者の資格及び氏名を記載する。

（注４）　登記義務者兼信託登記申請人として，所有権の登記名義人たる受託者を記載する（登記記録に記録された所有権の登記名義人の表示及び登記原因証明情報の表示と符合していることを要する。）。

受託者が法人であるときは，その代表者の資格及び氏名を記載する。

申請人の会社法人等番号を提供するときは，「申請人の名称」に続けて会社法人等番号を記載する。

（注５）　権利に関する登記を申請するときには，登記原因を証する情報を提供しなければならない（不登法61条，不登令７条１項５号ロ）。

所有権の移転登記の登記原因証明情報と信託の登記の抹消の登記原因証明情報を提供することとなる。

所有権の移転登記の登記原因証明情報については，共有物分割協議書，又は報告形式の登記原因証明情報を添付する。

信託の登記の抹消については，信託の終了事由が判る情報を添付する。

なお，報告形式の登記原因証明情報を提供する場合，一般的には，登記権利者及び登記義務者が署名若しくは記名押印すべきであるが，最低限，登記義務者が作成名義人になっていなければならない。

（注６）　登記権利者及び登記義務者が共同して権利に関する登記を申請する場合には，申請情報と併せて登記義務者の登記識別情報（登記済証）を提供しなければならない（不登法22条）。

登記義務者が所有権移転の登記等を受けたときの登記識別情報（登記済証）を提供する。

なお，紛失等の理由により登記義務者の登記識別情報（登記済証）を提供できない場合において，資格者代理人及び公証人による本人確認情報（不登法23条４項）の提供がない場合には，登記官による事前通知をすることとなる（不登法23条１項，２項）。

（注７）　所有権の登記名義人である登記義務者の作成後３か月以内の印鑑証明書を添付する（不登令16条２項，３項）。

（注８）　所有権の取得の登記を受ける登記権利者の住所を証する市町村長，登記官その他の公務員が職務上作成した情報を提供しなければならない（不登令別表30項添付情報欄ロ）。

自然人の場合には住民票等を，法人の場合には登記事項証明書（登記簿謄本）等を添付することとなる。

ただし，申請情報と併せて会社法人等番号が提供されたときは，当該住所証明情報を提供することは要しない（不登令９条，不登規則36条４項）。

（注９）　申請人が法人であり，当該法人が会社法人等番号を有する法人である場合には，当該会社法人等番号を提供しなければならない（不登令７条１項１号イ）。

なお，会社法人等番号を有する法人である場合であっても，作成後1か月以内の当該法人の代表者の資格を証する情報（代表者事項証明書等）を提供したときは，会社法人等番号の提供を要しない（不登規則36条1項1号各号，2項）。

（注10） 代理人によって登記を申請するときは，当該代理人の権限を証する情報として，委任状を添付する（不登令7条1項2号）。

委任状には，登記識別情報の通知の受領を委任する場合は，別途その旨を明らかにし，受領の復代理人の選任を委任する場合は，その旨を記載する。また，登記識別情報の通知を希望しない場合は，その旨も記載する必要がある。

なお，代理人が法人であるときには，その法人における代表権のある者がその権限に基づいて登記を申請していることを証するため，作成後3か月以内の当該法人の当該代表者の資格を証する情報を提供しなければならない（不登令7条1項2号，17条1項）。ただし，当該代理人の会社法人等番号を提供したときは，当該代理人の代表者の資格を証する情報の提供に代えることができる（不登規則37条の2）。

（注11） 登記識別情報の通知の送付を希望するときは，その旨を記載し，登記所の窓口での交付を希望するときは，何らの記載も要しない。

また，登記識別情報の通知を希望しない場合には，その旨を記載する。

（注12） 課税価格として，土地又は建物の登記時の不動産の価額（固定資産課税台帳の登録価格）を記載する。

固定資産評価証明書（市町村発行）は法定の添付書面ではないが，実務上は添付する取扱いとなっている。

（注13） 登録免許税として，所有権移転の登記分と信託登記の抹消分の合計金額を記載する。

（注14） 所有権移転の登記の登録免許税として，不動産の価額の1,000分の4の額を記載する（登録免許税法別表第一，1，㈡ロ）。

（注15） 信託の登記の抹消の登録免許税は，不動産1個につき1,000円である（登録免許税法別表第一，1，⒂）。

【11】－2　登記記録例

権利部（甲区）（所有権に関する事項）			
順位番号	登記の目的	受付年月日・受付番号	権利者その他の事項
2	所有権移転	平成○年○月○日 受付第○号	原因　平成○年○月○日売買 共有者 　○市○町○丁目○番○号 　持分2分の1 　甲　某 　○市○町○丁目○番○号 　2分の1 　○　某
3	甲某持分全部移転	平成○年○月○日 受付第○号	原因　平成○年○月○日信託 受託者　○市○町○丁目○番○号 　乙　株式会社 　（受託者持分2分の1）
	信託	余白抹消	信託目録第○号

4(注1)	乙株式会社持分移転(注2)	平成○年○月○日 受付第○号	原因　平成○年○月○日共有物分割(注3) 所有者　○市○町○丁目○番○号 持分２分の１ ○　某(注4)
	３番信託登記抹消(注2)	余白	原因　信託財産の処分(注3)

信託目録		調製	平成○年○月○日
番　号	受付年月日・受付番号	予　備	
第○号	平成○年○月○日 第○号	信託抹消　平成○年○月○日受付第○号抹消	
１　委託者に関する事項	○市○町○丁目○番○号 甲　某		
２　受託者に関する事項	○市○町○丁目○番○号 乙　株式会社		
３　受益者に関する事項等	受益者　○市○町○丁目○番○号 甲　某		
４　信託条項	**（省略）**		

（注１）　権利の移転の登記若しくは変更の登記又は権利の抹消の登記及び信託の抹消の登記をするときは，権利部の相当区に同一の順位番号を用いて記録することになる（不登規則175条２項）。

（注２）　登記の目的欄は，「乙株式会社持分全部移転」，「３番信託登記抹消」と記録するとともに，３番の信託の登記は信託財産の処分によって消滅したので，余白及び信託目録番号とともに抹消する記号（下線）を記録する。

（注３）　原因は，「平成○年○月○日共有物分割」と記録するとともに，３番信託登記の抹消の原因として「信託財産の処分」と記録する。

（注４）　権利者の表記は，○某の単独所有となるので「所有者」と記録するとともに，移転する持分である持分２分の１を記録する。

【11】－３　添付書類

登記原因証明情報

１　登記申請情報の要領

(1)　登記の目的　　乙株式会社持分全部移転及び信託登記抹消

(2)　登記の原因　　乙株式会社持分全部移転　平成○年○月○日共有物分割

信託登記抹消　信託財産の処分

⑶　移転する持分　２分の１

⑷　当　事　者　　権利者　○市○町○丁目○番○号

持分２分の１　　○　　　某

義務者　○市○町○丁目○番○号

（受託者）　　乙　株式会社

⑸　不動産及び信託目録の表示　　**（省略）**

2　登記の原因となる事実又は法律行為

⑴　信託契約の締結

受託者乙株式会社と委託者甲某は平成○年○月○日，受益者を甲某とする不動産の管理運用処分を目的とする不動産信託契約を締結し，甲某は，その所有するＸの土地及びＹの土地の共有持分の２分の１を乙株式会社に信託し，乙株式会社はこれを引き受けた。これによりＸの土地及びＹの土地の共有持分の２分の１については，甲某から乙株式会社へ，平成○年○月○日，信託を原因として移転し，登記を経由した。

当該信託契約には，受託者は信託財産に属する財産の管理又は処分及びその他の信託の目的達成のために必要な行為をする権限を有する旨の規定があり，これら管理・処分によって，当該不動産が第三者に所有権が移転し，信託が終了した際には，信託財産の処分を原因として，信託財産から除かれる。

⑵　共有物分割の協議

平成○年○月○日，乙株式会社と○某は，Ｘの土地及びＹの土地を各々２分の１の割合で所有するところ，Ｘの土地については，○某の共有持分２分の１を乙株式会社へ全部移転し，Ｙの土地については，乙株式会社の共有持分２分の１を○某へ全部移転する旨の共有物分割協議をした。

⑶　所有権の移転及び信託の終了

よって，本件不動産（Yの土地）の共有持分2分の1は，同日，乙株式会社から○某に移転し，同時に本件信託は信託財産の処分により終了した。

平成○年○月○日　　○法務局○出張所　御中

上記の登記原因のとおり相違ありません。

（権利者）　○市○町○丁目○番○号
○　　某　　㊞
（義務者）　○市○町○丁目○番○号
乙　株式会社
代表取締役　○○○○　㊞

（注）不動産ごとに信託目録番号を記載する。

委　任　状

平成○年○月○日

○市○町○丁目○番○号
○　○　○　○

私は，上記の者を代理人として，下記の登記申請に関する一切の権限を委任する。

記

1　登記の目的　　乙株式会社持分全部移転及び信託登記抹消
1　原　　　因　　乙株式会社持分全部移転　平成○年○月○日共有物分割
　　　　　　　　信託登記抹消　信託財産の処分
1　移転する持分　2分の1
1　権　利　者　　○市○町○丁目○番○号
　　　　　　　　　　○　　　某
1　義　務　者　　○市○町○丁目○番○号
　　　　　　　　　　乙　株式会社
1　原本還付請求及び受領に関する一切の件
1　復代理人選任に関する一切の件
1　登記識別情報の受領及び登記識別情報の受領に係る復代理人選任に関する一切の件

不動産及び信託目録の表示
　○市○町○丁目○番○の土地（平成○年信託目録第○号）

○市○町○丁目○番○号
　　乙　株式会社
　　　代表取締役　○○○○　㊞
○市○町○丁目○番○号
　　○　　　某　　　　　㊞

【12】　信託財産の原状回復があった場合の所有権移転の登記と同時にする受託者（１人）の単独申請による信託の登記

信託財産の受託者がその任務を怠ったことにより，信託財産たる不動産を処分するなどして信託財産に変更が生じた場合，受益者は，受託者に対して，原状回復を請求することができ（信託法40条１項２号），受託者が原状回復により再取得した不動産は信託財産となる。

この信託の登記は，所有権移転の登記と同時（一の申請情報）にしなければならない（不登法98条１項，不登令５条２項）。

所有権移転の登記申請は，受託者を登記権利者，売主である第三者を登記義務者とする共同申請である（不登法60条）。

信託の登記は，受託者が単独で申請することができる（不登法98条２項）。

【12】－１　登記申請書

登　記　申　請　書

登記の目的　　所有権移転及び信託財産の原状回復による信託（注１）
原　　　因　　平成○年○月○日売買（注２）
権　利　者　　○市○町○丁目○番○号
（信託登記申請人）　　乙　株式会社（注３）
（会社法人等番号　1234-56-789123）
代表取締役　○○○○
義　務　者　　○市○町○丁目○番○号
○　　某（注４）

添 付 書 類
登記原因証明情報（注５）　登記識別情報（注６）
信託目録に記録すべき情報（注７）　印鑑証明書（注８）

会社法人等番号（資格証明書）（注９）　住所証明情報（注10）
代理権限証明情報（注11）

登記識別情報の通知について（注12）
送付の方法により登記識別情報通知書の交付を希望します。
送付先：資格者代理人の事務所あて

平成○年○月○日申請　　○法務局○出張所

代　理　人　　○市○町○丁目○番○号
○　○　○　○　㊞
電話先　○○－○○○○－○○○○

課税価格　　金○円（注13）

登録免許税　　金○円（注14）
移転分　　金○円（注15）
信託分　　金○円（注16）

不動産の表示（省略）

（注１）　登記の目的として，「所有権移転及び信託財産の原状回復による信託」と記載し，信託財産の原状回復による所有権の移転の登記と信託の登記であることを明記する。
（注２）　信託行為によって所有権を取得したものではないので，原因は「信託」ではなく「売買」と記載し，その日付は売買契約成立の日である。
（注３）　登記権利者兼信託登記申請人として，買主である受託者を記載する（登記原因証明情報の表示及び住所証明情報における表示と符合していることを要する。）。
受託者が法人であるときは，その代表者の資格及び氏名を記載する。
申請人の会社法人等番号を提供するときは，「申請人の名称」に続けて会社法人等番号を記載する。
（注４）　登記義務者として，売主である所有権の登記名義人を記載する（登記記録に記録され

た所有権の登記名義人の表示及び登記原因証明情報の表示と符合していることを要する。)。
所有権の登記名義人が法人であるときは，その代表者の資格及び氏名を記載する。
(注５)　権利に関する登記を申請するときには，登記原因を証する情報を提供しなければならない（不登法61条，不登令７条１項５号ロ)。
所有権の移転登記の登記原因証明情報と信託の登記の登記原因証明情報を提供することとなる。
所有権の移転登記の登記原因証明情報については，売買契約書，又は報告形式の登記原因証明情報を添付する（不登令別表30項添付情報欄イ)。
信託の登記の登記原因証明情報については，信託財産に変更が生じたことによる受益者の請求に基づき，当該不動産を再取得したことが判る情報を提供することとなる（不登令別表65項添付情報欄ロ)。
なお，報告形式の登記原因証明情報を提供する場合，一般的には，登記権利者及び登記義務者が署名若しくは記名押印すべきであるが，最低限，登記義務者が作成名義人になっていなければならない。
(注６)　登記権利者及び登記義務者が共同して権利に関する登記を申請する場合には，申請情報と併せて登記義務者の登記識別情報（登記済証）を提供しなければならない（不登法22条)。
登記義務者が所有権移転の登記等を受けたときの登記識別情報（登記済証）を提供する。
なお，紛失等の理由により登記義務者の登記識別情報（登記済証）を提供できない場合において，資格者代理人及び公証人による本人確認情報（不登法23条４項）の提供がない場合には，登記官による事前通知をすることとなる（不登法23条１項，２項)。
(注７)　信託の登記の申請を書面申請によりするときは，不動産登記令15条の規定に基づき，信託目録に記録すべき情報を記載した書面（当該情報を電磁的記録で作成している場合にあっては，当該情報を記録した磁気ディスクを含む。）を添付して提出しなければならない（不登令７条１項６号，別表65項添付情報欄ハ)。
なお，信託目録に記録すべき情報を書面で提出する場合にあっては，登記事務を円滑かつ正確に行うために，実務上は，信託目録に記録すべき情報を記録した磁気ディスクを併せて提出している（詳細は，第２章第４・１(4)（107頁）を参照。)。
(注８)　所有権の登記名義人である登記義務者の作成後３か月以内の印鑑証明書を添付する（不登令16条２項，３項)。
(注９)　申請人が法人であり，当該法人が会社法人等番号を有する法人である場合には，当該会社法人等番号を提供しなければならない（不登令７条１項１号イ)。
なお，会社法人等番号を有する法人である場合であっても，作成後１か月以内の当該法人の代表者の資格を証する情報（代表者事項証明書等）を提供したときは，会社法人等番号の提供を要しない（不登規則36条１項１号各号，２項)。
(注10)　所有権の取得の登記を受ける登記権利者の住所を証する市町村長，登記官その他の公務員が職務上作成した情報を提供しなければならない（不登令別表30項添付情報欄ロ)。
自然人の場合には住民票等を，法人の場合には登記事項証明書（登記簿謄本）等を添付することとなる。
ただし，申請情報と併せて会社法人等番号が提供されたときは，当該住所証明情報を提供することは要しない（不登令９条，不登規則36条４項)。
(注11)　代理人によって登記を申請するときは，当該代理人の権限を証する情報として，委任状を添付する（不登令７条１項２号)。

委任状には，登記識別情報の通知の受領を委任する場合は，別途その旨を明らかにし，受領の復代理人の選任を委任する場合は，その旨を記載する。また，登記識別情報の通知を希望しない場合は，その旨も記載する必要がある。

なお，代理人が法人であるときには，その法人における代表権のある者がその権限に基づいて登記を申請していることを証するため，作成後3か月以内の当該法人の当該代表者の資格を証する情報を提供しなければならない（不登令7条1項2号，17条1項）。ただし，当該代理人の会社法人等番号を提供したときは，当該代理人の代表者の資格を証する情報の提供に代えることができる（不登規則37条の2）。

（注12）　登記識別情報の通知の送付を希望するときは，その旨を記載し，登記所の窓口での交付を希望するときは，何らの記載も要しない。

また，登記識別情報の通知を希望しない場合には，その旨を記載する。

（注13）　課税価格として，土地又は建物の登記時の不動産の価額（固定資産課税台帳の登録価格）を記載する。

固定資産評価証明書（市町村発行）は法定の添付書面ではないが，実務上は添付する取扱いとなっている。

（注14）　登録免許税として，所有権移転の登記分と信託の登記分の合計金額を記載する。

（注15）　所有権移転の登記の登録免許税は，不動産の価額の1,000分の20の額である（登録免許税法別表第一，1，(二)ハ)。

ただし，土地に関する売買による所有権の移転の登記の税率については，特例で，平成25年4月1日から平成29年3月31日までは1,000分の15に軽減されている（租税特別措置法72条1項1号）。

（注16）　信託の登記の登録免許税は，不動産の価額の1,000分の4の額である（登録免許税法別表第一，1，(十)イ)。

ただし，土地に関する所有権の信託の登記の税率については，特例で，平成25年4月1日から平成29年3月31日までは1,000分の3に軽減されている（租税特別措置法72条1項2号）。

【12】－２　登記記録例

権利部（甲区）（所有権に関する事項）			
順位番号	登記の目的	受付年月日・受付番号	権利者その他の事項
2	所有権移転	平成○年○月○日 受付第○号	原因　平成○年○月○日信託 受託者　○市○町○丁目○番○号 　乙　株式会社
	信託	余白抹消	信託目録第○号
3	所有権移転	平成○年○月○日 受付第○号	原因　平成○年○月○日売買 所有者　○市○町○丁目○番○号 　○　某
	２番信託登記抹消	余白	原因　信託財産の処分
4（注１）	所有権移転	平成○年○月○日 受付第○号	原因　平成○年○月○日売買（注３） 所有者　○市○町○丁目○番○号 　乙　株式会社（注４）
	信託財産の原状回復による信託（注２）	余白	信託目録第○○号（注５）

信託目録		調製	平成○年○月○日
番　号	受付年月日・受付番号	予　備	
第○○号	平成○年○月○日 第○号	余白	
１　委託者に関する事項	○市○町○丁目○番○号 　○　某		
２　受託者に関する事項	○市○町○丁目○番○号 　乙　株式会社		
３　受益者に関する事項等	受益者　○市○町○丁目○番○号 　○　某		
４　信託条項	（省略）		

（注１）　権利の保存，設定，移転又は変更の登記及び信託の登記をするときは，権利部の相当区に同一の順位番号を用いて記録することになる（不登規則175条１項）。

（注２）　登記の目的欄は「信託」ではなく「信託財産の原状回復による信託」と記録する。

（注３）　原因は原状回復請求に基づき，受託者が第三者から再取得した不動産であるから，「平成○年○月○日売買」と記録する。

（注４）　権利者の表記は「受託者」ではなく「所有者」と記録する。

（注５）　信託登記に係る内容は信託目録に記録され公示されることから，登記記録には信託目録の信託番号のみを記録し，信託目録の信託番号は不動産ごとに異なる番号が付される。

第2　所有権以外

1　抵当権の設定（いわゆるセキュリティ・トラスト）

【13】　委託者及び受託者（1人）の共同申請により受託者への抵当権設定の登記と同時にする信託の登記

信託による担保権の設定（いわゆるセキュリティ・トラスト）とは，委託者（債務者・物上保証人）が，債権者を受益者として，受託者のために担保権を設定することをいう。これは，担保権を債権から分離して信託財産に帰属させ，受託者が，債権者のために管理するという信託の方法である。このような信託の方法については，旧信託法下においては，認められるかどうかにつき疑義があったが，新信託法下では，明文で認知された（信託法3条1項1号，2号）。

その効用としては，例えば，数個の金融機関が協調して債務者に融資をし，これらの貸付債権を1個の抵当権で担保する場合において，個々の貸付債権が譲渡されると，これに抵当権が随伴することになるが，その譲渡が転々とされる事態になると，担保権の管理が極めて煩雑となる。そこで，担保権を受託者に信託して，多数の債権者のために，一元的に管理する仕組みを採用するのが効率的となる。さらに，新信託法では担保権者である受託者に，当該担保権の実行の申立てをし，売却代金の配当又は弁済金の交付を受けることができる権限を与え，債権者（受益者）の便宜を図っている（信託法55条）。

信託による担保権の設定（いわゆるセキュリティ・トラスト）には，①委託者が受託者のために直接抵当権を設定する方式（以下「直接設定方式」という。本件**【13】**の事例）と，②債務者・物上保証人が，債権者を抵当権者として抵当権を設定し，債権者が，担保権を債権と分離して，受託者に対し，担保権のみを信託により移転するという方式（以下「二段階設定方式」という。**【20】**の事例）を踏むケースがある。

目的財産の所有者が委託者となり，受託者に対して担保権を設定し，同時にこれを信託の対象とするものであり，この場合，当該担保権の被担保債権となる債権を有する者が受益者と指定される。被担保債権の債務者が委託者自身であるのが一般的であるが，委託者以外の者が債務者の場合もある（物上保証型）。

なお，本事例は，１つの債権を被担保債権とするものである。

また，被担保債権の債権者は，担保権の登記（登記面上）において公示されないが，信託目録に受益者の氏名又は名称及び住所が登記され，その者が被担保債権者であることが分かる仕組みとなっている。

信託の登記は，抵当権設定の登記と同時（一の申請情報）にしなければならない（不登法98条１項，不登令５条２項）。抵当権設定の登記の登記申請は，受託者を抵当権者，委託者を設定者とする共同申請でする（不登法60条）。

信託の登記は，受託者が単独で申請することができる（不登法98条２項）。

【13】－１　登記申請書

登　記　申　請　書

登記の目的　　抵当権設定及び信託（注１）

原　　　因　　平成○年○月○日金銭消費貸借平成○年○月○日信託（注２）

債　権　額　　金600万円

利　　　息　　年8.2％

損　害　金　　年14.5％

債　務　者　　○市○町○丁目○番○号

甲　　某（注３）

抵 当 権 者　　○市○町○丁目○番○号

（信託登記申請人）　乙　株式会社（注４）

（会社法人等番号　1234-56-789123）

代表取締役　○○○○

設　定　者　　○市○町○丁目○番○号

甲　　某（注５）

添 付 書 類

登記原因証明情報（注6）　登記識別情報（注7）
信託目録に記録すべき情報（注8）　印鑑証明書（注9）
会社法人等番号（資格証明書）（注10）　代理権限証明情報（注11）

登記識別情報の通知について（注12）
送付の方法により登記識別情報通知書の交付を希望します。
送付先：資格者代理人の事務所あて

平成○年○月○日申請　　○法務局○出張所

代　理　人　○市○町○丁目○番○号
○　○　○　○　　㊞
電話先　○○－○○○○－○○○○

課 税 価 格　金600万円（注13）

登 録 免 許 税　金36,000円（注14）
設定分　金24,000円（注15）
信託分　金12,000円（注16）

不動産の表示（省略）

（注1）　登記の目的として，「抵当権設定及び信託」と記載する。
（注2）　原因及びその日付は，被担保債権の発生原因とその日付及び担保権を信託とする信託契約の締結年月日を記載する（信託法4条1項）。
（注3）　被担保債権の債務者を記載する。一般的には委託者であるが，物上保証型の場合はその者を記載する。
（注4）　登記権利者兼信託登記申請人として，受託者である抵当権者を記載する（登記原因証明情報の表示と符合していることを要する。）。
受託者が法人であるときは，その代表者の資格及び氏名を記載する。
申請人の会社法人等番号を提供するときは，「申請人の名称」に続けて会社法人等番号

を記載する。

（注５）　登記義務者として，所有権の登記名義人たる委託者（担保権設定者）を記載する（登記記録に記録された所有権の登記名義人の表示及び登記原因証明情報の表示と符合していることを要する。）。

委託者が法人であるときは，その代表者の資格及び氏名を記載する。

（注６）　権利に関する登記を申請するときには，登記原因を証する情報を提供しなければならない（不登法61条，不登令７条１項５号ロ）。

抵当権の設定及び信託の登記においては，信託契約書又は信託契約の締結と当該抵当権の設定に関する事項を記載した書面（報告形式の登記原因証明情報）を提出する必要がある（不登令別表55項添付情報欄，不登令別表65項添付情報欄ロ）。

なお，報告形式の登記原因証明情報を提供する場合，一般的には，登記権利者及び登記義務者が署名若しくは記名押印すべきであるが，最低限，登記義務者が作成名義人になっていなければならない。

（注７）　登記権利者及び登記義務者が共同して権利に関する登記を申請する場合には，申請情報と併せて登記義務者の登記識別情報（登記済証）を提供しなければならない（不登法22条）。

登記義務者が所有権の移転の登記等を受けたときの登記識別情報（登記済証）を提供する。

なお，紛失等の理由により登記義務者の登記識別情報（登記済証）を提供できない場合において，資格者代理人及び公証人による本人確認情報（不登法23条４項）の提供がない場合には，登記官による事前通知をすることとなる（不登法23条１項，２項）。

（注８）　信託の登記の申請を書面申請によりするときは，不動産登記令15条の規定に基づき，信託目録に記録すべき情報を記載した書面（当該情報を電磁的記録で作成している場合にあっては，当該情報を記録した磁気ディスクを含む。）を添付して提出しなければならない（不登令７条１項６号，別表65項添付情報欄ハ）。

なお，信託目録に記録すべき情報を書面で提出する場合にあっては，登記事務を円滑かつ正確に行うために，実務上は，信託目録に記録すべき情報を記録した磁気ディスクを併せて提出している（詳細は，第２章第４・１(4)（107頁）を参照。）。

（注９）　所有権の登記名義人である登記義務者の作成後３か月以内の印鑑証明書を添付する（不登令16条２項，３項）。

（注10）　申請人が法人であり，当該法人が会社法人等番号を有する法人である場合には，当該会社法人等番号を提供しなければならない（不登令７条１項１号イ）。

なお，会社法人等番号を有する法人である場合であっても，作成後１か月以内の当該法人の代表者の資格を証する情報（代表者事項証明書等）を提供したときは，会社法人等番号の提供を要しない（不登規則36条１項１号各号，２項）。

（注11）　代理人によって登記を申請するときは，当該代理人の権限を証する情報として，委任状を添付する（不登令７条１項２号）。

委任状には，登記識別情報の通知の受領を委任する場合は，別途その旨を明らかにし，受領の復代理人の選任を委任する場合は，その旨を記載する。また，登記識別情報の通知を希望しない場合は，その旨も記載する必要がある。

なお，代理人が法人であるときには，その法人における代表権のある者がその権限に基づいて登記を申請していることを証するため，作成後３か月以内の当該法人の当該代表者の資格を証する情報を提供しなければならない（不登令７条１項２号，17条１項）。ただし，当該代理人の会社法人等番号を提供したときは，当該代理人の代表者の資格を証する

情報の提供に代えることができる（不登規則37条の2）。

（注12）　登記識別情報の通知の送付を希望するときは，その旨を記載し，登記所の窓口での交付を希望するときは，何らの記載も要しない。

また，登記識別情報の通知を希望しない場合には，その旨を記載する。

（注13）　課税価格として，債権金額を記載する。

（注14）　登録免許税として，抵当権設定の登記分と信託の登記分の合計金額を記載する。

（注15）　抵当権設定の登記の登録免許税は，債権額の1,000分の4の額である（登録免許税法別表第一，1，㈤）。

（注16）　信託の登記の登録免許税は，債権額の1,000分の2の額である（登録免許税法別表第一，1，㈩ロ）。

【13】－2　登記記録例

権利部（乙区）（所有権以外の権利に関する事項）			
順位番号	登記の目的	受付年月日・受付番号	権利者その他の事項
1（注1）	抵当権設定	平成○年○月○日 受付第○号	原因　平成○年○月○日金銭消費貸借 平成○年○月○日信託（注3） 債権額　金600万円 利息　年8.2% 損害金　年14.5% 債務者　○市○町○丁目○番○号 甲　某 受託者　○市○町○丁目○番○号 乙　株式会社（注4） 共同担保目録㈰第○○号
	信託（注2）	余白	信託目録第○号（注5）

信託目録		調製	平成○年○月○日
番　号	受付年月日・受付番号	予　備	
第○号	平成○年○月○日 第○号	余白	
1　委託者に関する事項	○市○町○丁目○番○号 甲　某		
2　受託者に関する事項	○市○町○丁目○番○号 乙　株式会社		
3　受益者に関する事項等	受益者　○市○町○丁目○番○号 丙　株式会社		
4　信託条項	**（省略）**		

（注１）　権利の保存，設定，移転又は変更の登記及び信託の登記をするときは，権利部の相当区に同一の順位番号を用いて記録することになる（不登規則175条１項）。
（注２）　登記の目的欄は，「信託」と記録する。
（注３）　原因は，「平成○年○月○日金銭消費貸借平成○年○月○日信託」と記録する。
（注４）　権利者の表記は，「抵当権者」ではなく，「受託者」と記録する。
（注５）　信託登記に係る内容は信託目録に記録され公示されることから，登記記録には信託目録の信託番号のみを記録し，信託目録の信託番号は不動産ごとに異なる番号が付される。

【13】－３　添付書類

登　記　原　因　証　明　情　報

１　登記申請情報の要項

⑴　登記の目的　　抵当権設定及び信託

⑵　登記の原因　　平成○年○月○日金銭消費貸借平成○年○月○日信託

⑶　当　事　者　　権利者　　○市○町○丁目○番○号
（受託者）　　　乙　株式会社
義務者　　○市○町○丁目○番○号
（委託者）　　　甲　　某

⑷　不動産の表示（省略）

⑸　信託目録に記録すべき情報　　別紙「信託目録に記録すべき情報」のとおり

２　登記の原因となる事実又は法律行為

⑴　債務者甲某は丙株式会社との間で，次のとおり金銭消費貸借契約を締結し，丙株式会社は甲某に対し，本契約に基づく金銭を貸し渡した。

平成○年○月○日　金銭消費貸借契約
債権額　　金600万円
利　息　　年8.2％

損害金　　年14.5%
債務者　　○市○町○丁目○番○号
　　　　　　　　甲　　某
債権者　　○市○町○丁目○番○号
　　　　　　　　丙　株式会社

(2)　甲某と乙株式会社は，平成○年○月○日，(1)の金銭消費貸借に係る債権を担保するために，本件不動産の所有者である甲某を委託者とし，受託者である乙株式会社に対して担保権を設定し，同時にこれを信託の対象として，当該担保権の被担保債権となる債権を有する丙株式会社を受益者とする旨の信託契約を締結した。

平成○年○月○日　　　○法務局○出張所　御中

上記の登記原因のとおり相違ありません。

権利者　　○市○町○丁目○番○号
(受託者)　　　乙　株式会社
　　　　　　　　代表取締役　○○○○　㊞
義務者　　○市○町○丁目○番○号
(委託者)　　　甲　　某　　　　　㊞

信託目録に記録すべき情報

委託者　　○市○町○丁目○番○号
　　　　　　　　甲　　某

受託者　　○市○町○丁目○番○号
　　　　　　　　乙　株式会社

受益者　　○市○町○丁目○番○号
　　　　　　　　丙　株式会社

〔信託条項〕

１　信託の目的（**省略**）

２　信託財産の管理方法（**省略**）

３　信託終了の事由（**省略**）

４　その他信託条項（**省略**）

委　任　状

平成○年○月○日

○市○町○丁目○番○号
　　○　○　○　○

私は，上記の者を代理人として，下記の登記申請に関する一切の権限を委任する。

記

１　登記の目的　　抵当権設定及び信託

１　原　　　因　　平成○年○月○日金銭消費貸借平成○年○月○日信託

１　権　利　者　　○市○町○丁目○番○号
　　　　　　　　　　乙　株式会社

1　義　務　者　　○市○町○丁目○番○号

甲　　　某

1　原本還付請求及び受領に関する一切の件

1　復代理人選任に関する一切の件

1　登記識別情報の受領及び登記識別情報の受領に係る復代理人選任に関する一切の件

不動産の表示

○市○町○丁目○番○の土地

○市○町○丁目○番地○

家屋番号○番○の建物

○市○町○丁目○番○号

乙　株式会社

代表取締役　○○○○　㊞

○市○町○丁目○番○号

甲　　　某　　　　　㊞

【14】　【13】の事例で同一人を債務者とする複数の債権を被担保債権とする場合

本事例は，同一人を債務者とする複数の債権を被担保債権とするものである。

【14】－1　登記申請書

登　記　申　請　書

登記の目的　抵当権設定及び信託（注1）
原　　　因　(あ)　平成○年○月○日金銭消費貸借，(い)　平成○年○月
　　　　　　　金銭消費貸借平成○年○月○日信託（注2）
債　権　額　金3億円
　　　　　　　内訳　(あ)　金2億円
　　　　　　　　　　(い)　金1億円
利　　　息　(あ)につき，年6.0%
　　　　　　(い)につき，年6.5%
損　害　金　年14%
債　務　者　○市○町○丁目○番○号
　　　　　　　　　　甲　　　某（注3）
抵 当 権 者　○市○町○丁目○番○号
（信託登記申請人）　乙　株式会社（注4）
　　　　　　　　　　（会社法人等番号　1234-56-789123）
　　　　　　　　　　代表取締役　○○○○
設　定　者　○市○町○丁目○番○号
　　　　　　　　　　甲　　　某（注5）

添付書類
　登記原因証明情報（注6）　登記識別情報（注7）
　信託目録に記録すべき情報（注8）　印鑑証明書（注9）

会社法人等番号（資格証明書）（注10）　代理権限証明情報（注11）

登記識別情報の通知について（注12）

送付の方法により登記識別情報通知書の交付を希望します。

送付先：資格者代理人の事務所あて

平成○年○月○日申請　　○法務局○出張所

代　理　人　　○市○町○丁目○番○号

○　○　○　○　　㊞

電話先　○○－○○○○－○○○○

課 税 価 格　　金３億円（注13）

登 録 免 許 税　　金180万円（注14）

設定分　　金120万円（注15）

信託分　　金60万円（注16）

不動産の表示（省略）

（注１）　登記の目的として，「抵当権設定及び信託」と記載する。

（注２）　原因及びその日付は，被担保債権の発生原因とその日付及び担保権を信託とする信託契約の締結年月日を記載する（信託法４条１項）。

複数の被担保債権がある場合には，各別の被担保債権の発生原因とその日付を㈠，㈡と区分けして記載する。

利息・損害金の利率が相違する場合も同様である。

（注３）　被担保債権の債務者を記載する。一般的には委託者であるが，物上保証型の場合はその者を記載する。

（注４）　登記権利者兼信託登記申請人として，受託者である抵当権者を記載する（登記原因証明情報の表示と符合していることを要する。）。

受託者が法人であるときは，その代表者の資格及び氏名を記載する。

申請人の会社法人等番号を提供するときは，「申請人の名称」に続けて会社法人等番号

を記載する。

（注５）　登記義務者として，所有権の登記名義人たる委託者（担保権設定者）を記載する（登記記録に記録された所有権の登記名義人の表示及び登記原因証明情報の表示と符合していることを要する。）。

委託者が法人であるときは，その代表者の資格及び氏名を記載する。

（注６）　権利に関する登記を申請するときには，登記原因を証する情報を提供しなければならない（不登法61条，不登令７条１項５号ロ）。

抵当権の設定及び信託の登記においては，信託契約書又は信託契約の締結と当該抵当権の設定に関する事項を記載した書面（報告形式の登記原因証明情報）を提出する必要がある（不登令別表55項添付情報欄，不登令別表65項添付情報欄ロ）。

なお，報告形式の登記原因証明情報を提供する場合，一般的には，登記権利者及び登記義務者が署名若しくは記名押印すべきであるが，最低限，登記義務者が作成名義人になっていなければならない。

（注７）　登記権利者及び登記義務者が共同して権利に関する登記を申請する場合には，申請情報と併せて登記義務者の登記識別情報（登記済証）を提供しなければならない（不登法22条）。

登記義務者が所有権の移転の登記等を受けたときの登記識別情報（登記済証）を提供する。

なお，紛失等の理由により登記義務者の登記識別情報（登記済証）を提供できない場合において，資格者代理人及び公証人による本人確認情報（不登法23条４項）の提供がない場合には，登記官による事前通知をすることとなる（不登法23条１項，２項）。

（注８）　信託の登記の申請を書面申請によりするときは，不動産登記令15条の規定に基づき，信託目録に記録すべき情報を記載した書面（当該情報を電磁的記録で作成している場合にあっては，当該情報を記録した磁気ディスクを含む。）を添付して提出しなければならない（不登令７条１項６号，別表65項添付情報欄ハ）。

なお，信託目録に記録すべき情報を書面で提出する場合にあっては，登記事務を円滑かつ正確に行うために，実務上は，信託目録に記録すべき情報を記録した磁気ディスクを併せて提出している（詳細は，第２章第４・１⑷（107頁）を参照。）。

（注９）　所有権の登記名義人である登記義務者の作成後３か月以内の印鑑証明書を添付する（不登令16条２項，３項）。

（注10）　申請人が法人であり，当該法人が会社法人等番号を有する法人である場合には，当該会社法人等番号を提供しなければならない（不登令７条１項１号イ）。

なお，会社法人等番号を有する法人である場合であっても，作成後１か月以内の当該法人の代表者の資格を証する情報（代表者事項証明書等）を提供したときは，会社法人等番号の提供を要しない（不登規則36条１項１号各号，２項）。

（注11）　代理人によって登記を申請するときは，当該代理人の権限を証する情報として，委任状を添付する（不登令７条１項２号）。

委任状には，登記識別情報の通知の受領を委任する場合は，別途その旨を明らかにし，受領の復代理人の選任を委任する場合は，その旨を記載する。また，登記識別情報の通知を希望しない場合は，その旨も記載する必要がある。

なお，代理人が法人であるときには，その法人における代表権のある者がその権限に基づいて登記を申請していることを証するため，作成後３か月以内の当該法人の当該代表者の資格を証する情報を提供しなければならない（不登令７条１項２号，17条１項）。ただし，当該代理人の会社法人等番号を提供したときは，当該代理人の代表者の資格を証する

情報の提供に代えることができる（不登規則37条の２）。

（注12）　登記識別情報の通知の送付を希望するときは，その旨を記載し，登記所の窓口での交付を希望するときは，何らの記載も要しない。

また，登記識別情報の通知を希望しない場合には，その旨を記載する。

（注13）　課税価格として，債権金額の合計を記載する。

（注14）　登録免許税として，抵当権設定の登記分と信託の登記分の合計金額を記載する。

（注15）　抵当権設定の登記の登録免許税は，債権額の1,000分の４の額である（登録免許税法別表第一，１，(五)）。

（注16）　信託の登記の登録免許税は，債権額の1,000分の２の額である（登録免許税法別表第一，１，(十)ロ）。

【14】－２　登記記録例

権利部（乙区）（所有権以外の権利に関する事項）			
順位番号	登記の目的	受付年月日・受付番号	権利者その他の事項
１（注１）	抵当権設定	平成○年○月○日 受付第○号	原因　(あ)平成○年○月○日金銭消費貸借，(い)平成○年○月○日金銭消費貸借平成○年○月○日信託（注３） 債権額　金３億円（注３） 内訳　(あ)金２億円 (い)金１億円 利息　(あ)につき年6.0% (い)につき年6.5% 損害金　年14% 債務者　○市○町○丁目○番○号 甲　某 受託者　○市○町○番地 乙　株式会社（注４）
	信託（注２）	余白	信託目録第○号（注５）

信託目録		調製　平成○年○月○日
番　号	受付年月日・受付番号	予　備
第○号	平成○年○月○日 第○号	余白
１　委託者に関する事項	○市○町○丁目○番○号 甲　某	
２　受託者に関する事項	○市○町○丁目○番○号 乙　株式会社	
３　受益者に関する事項等	受益者　○市○町○丁目○番○号 丙　株式会社	
４　信託条項	**（省略）**	

（注１）　権利の保存，設定，移転又は変更の登記及び信託の登記をするときは，権利部の相当区に同一の順位番号を用いて記録することになる（不登規則175条１項）。
（注２）　登記の目的欄は，「信託」と記録する。
（注３）　原因は，複数の債権を被担保債権とすることを明確にするため，「(あ) 平成○年○月○日金銭消費貸借，(い) 平成○年○月○日金銭消費貸借平成○年○月○日信託」と記録し，「権利者その他の事項」欄に各債権の金額を内訳として記録するとともに，利息，損害金が相違するときには，その旨も記録する。
（注４）　権利者の表記は，「抵当権者」ではなく，「受託者」と記録する。
（注５）　信託登記に係る内容は信託目録に記録され公示されることから，登記記録には信託目録の信託番号のみを記録し，信託目録の信託番号は不動産ごとに異なる番号が付される。

【15】【13】の事例の登記完了後，他管轄登記所にする追加抵当権設定登記と信託の登記

一の登記所に抵当権設定登記と信託登記を申請し，その登記が完了後，同一の債権を担保するために，他の登記所に時を異にして抵当権設定の登記の追加と同時にする信託の登記の事例である。

【15】－1　登記申請書

登　記　申　請　書

登記の目的　抵当権設定及び信託（注1）
原　　　因　平成○年○月○日金銭消費貸借平成○年○月○日信託（注2）
債　権　額　金600万円
利　　　息　年8.2%
損　害　金　年14.5%
債　務　者　○市○町○丁目○番○号
甲　　某（注3）
抵　当　権　者　○市○町○丁目○番○号
（信託登記申請人）　乙　株式会社（注4）
（会社法人等番号　1234-56-789123）
代表取締役　○○○○
設　定　者　○市○町○丁目○番○号
甲　　某（注5）

添付書類
登記原因証明情報（注6）　登記識別情報（注7）
信託目録に記録すべき情報（注8）　印鑑証明書（注9）
会社法人等番号（資格証明書）（注10）　代理権限証明情報（注11）

前登記証明書（注12）

登記識別情報の通知について（注13）

送付の方法により登記識別情報通知書の交付を希望します。

送付先：資格者代理人の事務所あて

平成○年○月○日申請　　　○法務局○出張所

代　理　人　　○市○町○丁目○番○号

○　○　○　○　　　㊞

電話先　○○－○○○○－○○○○

登録免許税　　金3,000円（注14）

設定分　　金1,500円（注15）

（登録免許税法13条２項）

信託分　　金1,500円（注16）

（登録免許税法13条２項）

不動産の表示（省略）

前に受けた登記の表示（注17）

共同担保目録

○法務局○出張所㈢第○号

又は

○市○町○丁目○○番の土地（順位番号○番）

○市○町○丁目○○番地

家屋番号○番の建物（順位番号○番）

（注1）　登記の目的として，「抵当権設定及び信託」と記載する。

（注2）　原因及びその日付は，被担保債権の発生原因とその日付及び担保権を信託とする信託契約の締結年月日を記載する（信託法4条1項）。

（注3）　被担保債権の債務者を記載する。一般的には委託者であるが，物上保証型の場合はその者を記載する。

（注4）　登記権利者兼信託登記申請人として，受託者である抵当権者を記載する（登記原因証明情報の表示と符合していることを要する。）。

受託者が法人であるときは，その代表者の資格及び氏名を記載する。

申請人の会社法人等番号を提供するときは，「申請人の名称」に続けて会社法人等番号を記載する。

（注5）　登記義務者として，所有権の登記名義人たる委託者（担保権設定者）を記載する（登記記録に記録された所有権の登記名義人の表示及び登記原因証明情報の表示と符合していることを要する。）。

委託者が法人であるときは，その代表者の資格及び氏名を記載する。

（注6）　権利に関する登記を申請するときには，登記原因を証する情報を提供しなければならない（不登法61条，不登令7条1項5号ロ）。

抵当権の設定及び信託の登記においては，信託契約書又は信託契約の締結と当該抵当権の設定に関する事項を記載した書面（報告形式の登記原因証明情報）を提出する必要がある（不登令別表55項添付情報欄，不登令別表65項添付情報欄ロ）。

なお，報告形式の登記原因証明情報を提供する場合，一般的には，登記権利者及び登記義務者が署名若しくは記名押印すべきであるが，最低限，登記義務者が作成名義人になっていなければならない。

（注7）　登記権利者及び登記義務者が共同して権利に関する登記を申請する場合には，申請情報と併せて登記義務者の登記識別情報（登記済証）を提供しなければならない（不登法22条）。

登記義務者が所有権の移転の登記等を受けたときの登記識別情報（登記済証）を提供する。

なお，紛失等の理由により登記義務者の登記識別情報（登記済証）を提供できない場合において，資格者代理人及び公証人による本人確認情報（不登法23条4項）の提供がない場合には，登記官による事前通知をすることとなる（不登法23条1項，2項）。

（注8）　信託の登記の申請を書面申請によりするときは，不動産登記令15条の規定に基づき，信託目録に記録すべき情報を記載した書面（当該情報を電磁的記録で作成している場合にあっては，当該情報を記録した磁気ディスクを含む。）を添付して提出しなければならない（不登令7条1項6号，別表65項添付情報欄ハ）。

なお，信託目録に記録すべき情報を書面で提出する場合にあっては，登記事務を円滑かつ正確に行うために，実務上は，信託目録に記録すべき情報を記録した磁気ディスクを併せて提出している（詳細は，第2章第4・1(4)（107頁）を参照。）。

（注9）　所有権の登記名義人である登記義務者の作成後3か月以内の印鑑証明書を添付する（不登令16条2項，3項）。

（注10）　申請人が法人であり，当該法人が会社法人等番号を有する法人である場合には，当該会社法人等番号を提供しなければならない（不登令7条1項1号イ）。

なお，会社法人等番号を有する法人である場合であっても，作成後1か月以内の当該法人の代表者の資格を証する情報（代表者事項証明書等）を提供したときは，会社法人等番号の提供を要しない（不登規則36条1項1号各号，2項）。

（注11）　代理人によって登記を申請するときは，当該代理人の権限を証する情報として，委任状を添付する（不登令７条１項２号）。

委任状には，登記識別情報の通知の受領を委任する場合は，別途その旨を明らかにし，受領の復代理人の選任を委任する場合は，その旨を記載する。また，登記識別情報の通知を希望しない場合は，その旨も記載する必要がある。

なお，代理人が法人であるときには，その法人における代表権のある者がその権限に基づいて登記を申請していることを証するため，作成後３か月以内の当該法人の当該代表者の資格を証する情報を提供しなければならない（不登令７条１項２号，17条１項）。ただし，当該代理人の会社法人等番号を提供したときは，当該代理人の代表者の資格を証する情報の提供に代えることができる（不登規則37条の２）。

（注12）　前登記証明書として，一般的には登記事項証明書を添付する（不登準則125条１項）。

（注13）　登記識別情報の通知の送付を希望するときは，その旨を記載し，登記所の窓口での交付を希望するときは，何らの記載も要しない。

また，登記識別情報の通知を希望しない場合には，その旨を記載する。

（注14）　登録免許税として，抵当権設定の登記分と信託の登記分の合計金額を記載する。

（注15）　抵当権設定の登録免許税は，不動産等に関する権利の件数１件につき，1,500円である（登録免許税法13条２項）。

（注16）　信託の登記の登録免許税は，不動産等に関する権利の件数１件につき，1,500円である（登録免許税法13条２項）。

同一の債権を担保するために，数個の不動産等に関する権利を目的として設定された抵当権等が信託された場合であって，当該抵当権等の信託の登記の申請が，１又は２以上の登記所に時を異にしてされたときの当該抵当権等の信託の登記に係る登録免許税の額については，当該申請が最初の申請以外のものであることを証する書類を添付して当該抵当権等の信託の登記の申請をするものに限り，当該抵当権等の信託の登記に係る不動産等に関する権利の件数１件につき，1,500円である（登録免許税法13条２項。なお，平成20年10月28日付け法務省民二第2861号法務省民事局民事第二課長通知参照）。

（注17）　前登記の記載をする。

共同担保目録があるときは，共同担保目録の記号・番号を記載し，共同担保目録がないときは，所在及び地番若しくは家屋番号，順位番号を記載する。

【15】－２　登記記録例

記録例は【13】と同様である。

2　根抵当権の設定（いわゆるセキュリティ・トラスト）

【16】　委託者及び受託者（１人）の共同申請により受託者への根抵当権設定の登記と同時にする信託の登記

信託による担保権の設定（いわゆるセキュリティ・トラスト）とは，委託者（債務者・物上保証人）が，債権者を受益者として，受託者のために担保権を設定することをいう。これは，担保権を債権から分離して信託財産に帰属させ，受託者が，債権者のために管理するという信託の方法であることについては，【13】の説明のとおりであり，新信託法下では，明文で認知された（信託法３条１項１号，２号）。

根抵当権を対象とするセキュリティ・トラストの登記に関しては，信託法上においても殊更排除する規定も理由もなく，認められると考えられているが，不動産登記法上，①根抵当権の元本確定前に被担保債権が譲渡された場合，譲渡債権を当該根抵当権によって担保するためには，被担保債権の範囲の変更の登記が必要になるのではないかという点，②受益者に変更が生じた場合においては，信託の変更の登記が必要になるのではないかという点について，疑義が生ずる。

そこで，根抵当権を対象とするセキュリティ・トラストにおいては，まず第一に，あらかじめ，転々譲渡される債権が，いつでも根抵当権の担保すべき範囲に含まれることになるよう，その範囲の定め方を工夫し，また，第二として，当該信託の受益者の地位と被担保債権の債権者の地位とが，常に一体のものであることを担保する仕組みを設けることになる。そのためには，信託契約において，被担保債権の譲渡には，必ず受益者の地位の譲渡が伴うこと（両者の地位が不可分であること）を定める必要があると考えられる。

なお，信託による根抵当権が設定され，その仮登記の申請と併せて信託の仮登記の申請がされた事案に対する登記先例（平成24年４月26日付け法務省民二第1085号民事局民事第二課長通知）が示され，受理相当の判断がされているが，この登記先例における照会事案では，信託行為において，①セキュリティ・トラストに係る受益権，②被担保債権，及び③セキュリティ・トラストに係る根抵当権の被担保債権の範囲を定める極度貸付契約に係る契約上の地位を一体として譲渡する旨（以下「三位一体譲渡」という。）が定められており，三位一体譲渡が常に確保されている場合において，実体法上，被担保債権の範囲の変更が不要であると解されるのであれば，被担保債権が譲渡されたとしても，被担保債権の範囲の変更の登記は不要であると考えられ，また，信託行為において，受益者について，不動産登記法97条１項２号に規定する「受益者を定める方法の定め」を定め，その旨を登記したときには，被担保債権の譲渡があったとしても，受益者の名称及び住所を変更する信託の変更の登記は不要と解されている。これらを検討した結果，受理相当の判断が示されている。

本事例は，担保権設定者兼債務者を委託者，担保権者を受託者，被担保債権を有する債権者を受益者として，新たに根抵当権を設定する直接設定方式によるセキュリティ・トラストである。

被担保債権の債権者は，根抵当権の登記（登記面上）において公示されないが，信託目録に受益者として登記され，誰が被担保債権者であるかが分かる仕組みとなっている。

信託の登記は，根抵当権の設定と同時（一の申請情報）にしなければならない（不登法98条１項，不登令５条２項）。根抵当権設定の登記申請は，受託者を根抵当権者，委託者を設定者とする共同申請でする（不登法60条）。

なお，根抵当権の設定の登記と同時に，同一の債権（被担保債権の範囲及び債務者が同一である場合）の担保として数個の不動産の上に根抵当権が設定された旨の登記（共同担保の旨の登記）をした場合に限って，共同担保関係が認められることとなる（民法398条の16）。

信託の登記は，受託者が単独で申請することができる（不登法98条２項）。

【16】－1　登記申請書

登　記　申　請　書

登記の目的　共同根抵当権設定及び信託（注1）
原　　　因　平成○年○月○日信託（注2）
極　度　額　金5億円（注3）
債権の範囲　平成○年○月○日継続的金銭消費貸借契約（注4）
平成○年△月△日継続的金銭消費貸借契約
平成○年□月□日継続的金銭消費貸借契約
平成○年○月○日債権譲渡（譲渡人株式会社○○銀行）にかかる債権
平成○年○月○日債権譲渡（譲渡人株式会社△△銀行）にかかる債権
平成○年○月○日債権譲渡（譲渡人株式会社□□銀行）にかかる債権
債　務　者　○市○町○丁目○番○号
甲　株式会社（注5）
代表取締役　○○○○
根抵当権者
（信託登記申請人）○市○町○丁目○番○号
乙　株式会社（注6）
（会社法人等番号　1234-56-789123）
代表取締役　○○○○
設　定　者　○市○町○丁目○番○号
甲　株式会社（注7）
（会社法人等番号　1234-56-789127）
代表取締役　○○○○

添　付　書　類

登記原因証明情報（注８）　登記識別情報（注９）

信託目録に記録すべき情報（注10）　印鑑証明書（注11）

会社法人等番号（資格証明書）（注12）　代理権限証明情報（注13）

登記識別情報の通知について（注14）

送付の方法により登記原因証明情報通知書の交付を希望します。

送付先：資格者代理人の事務所あて

平成○年○月○日申請　　　○法務局○出張所

代　　理　　人　　○市○町○丁目○番○号

○　○　○　○　　　㊞

電話先　○○－○○○○－○○○○

課　税　価　格　　金５億円（注15）

登録免許税　　金3,000,000円（注16）

設定分　　金2,000,000円（注17）

信託分　　金1,000,000円（注18）

不動産の表示（**省略**）

土地　　４筆

建物　　１個

（**注１**）　登記の目的として，「共同根抵当権設定及び信託」と記載する。

なお，同一の債権（被担保債権の範囲及び債務者が同一のもの）を担保する根抵当権が数個の不動産に設定され，共同担保の旨の登記をする約定がされ，その数個の不動産について，同一の申請で共同根抵当権（共同担保である旨の登記）の設定の登記をした場合に限り，共同担保関係が認められることとなる（民法398条の16）。

（**注２**）　原因及びその日付は，担保権を信託とする信託契約の締結年月日を記載する（信託法４条１項）。

（注3）　根抵当権の極度額を記載する（不登法88条2項1号）。本件においては，複数の継続的金銭消費貸借取引に係る極度額及び複数の債権譲渡に係る極度額の合計額を記載することとなる。

（注4）　担保すべき債権の範囲を記載する（不登法88条2項1号）が，不特定の債権の範囲を特定の継続的取引契約をもって定めた場合には，その契約の成立年月日及びその名称を，また，特定の原因に基づいて継続して生ずる債権を担保すべき債権と定めた場合には，その債権発生の原因を特定するに足りる事項を記載する。なお，これらの継続的取引契約若しくは継続して生ずる債権が複数ある場合は，それらの全てを書式例のように併記する。

（注5）　被担保債権の債務者を記載する（不登法83条1項2号）。

（注6）　登記権利者兼信託登記申請人として，受託者である根抵当権者を記載する（登記原因証明情報の表示と符合していることを要する。）。

受託者が法人であるときは，その代表者の資格及び氏名を記載する。

申請人の会社法人等番号を提供するときは，「申請人の名称」に続けて会社法人等番号を記載する。

（注7）　登記義務者として，所有権の登記名義人たる委託者（担保権設定者）を記載する（登記記録に記録された所有権の登記名義人の表示及び登記原因証明情報の表示と符合していることを要する。）。

委託者が法人であるときは，その代表者の資格及び氏名を記載する。

申請人の会社法人等番号を提供するときは，「申請人の名称」に続けて会社法人等番号を記載する。

（注8）　権利に関する登記を申請するときには，登記原因を証する情報を提供しなければならない（不登法61条，不登令7条1項5号ロ）。

根抵当権の設定及び信託の登記においては，信託契約書又は信託契約の締結と当該根抵当権の設定に関する事項を記載した書面（報告形式の登記原因証明情報）を提出する必要がある（不登令別表55項添付情報欄，不登令別表65項添付情報欄ロ）。

なお，報告形式の登記原因証明情報を提供する場合，一般的には，登記権利者及び登記義務者が署名若しくは記名押印すべきであるが，最低限，登記義務者が作成名義人になっていなければならない。

（注9）　登記権利者及び登記義務者が共同して権利に関する登記を申請する場合には，申請情報と併せて登記義務者の登記識別情報（登記済証）を提供しなければならない（不登法22条）。

登記義務者が所有権の移転の登記等を受けたときの登記識別情報（登記済証）を提供する。

なお，紛失等の理由により登記義務者の登記識別情報（登記済証）を提供できない場合において，資格者代理人及び公証人による本人確認情報（不登法23条4項）の提供がない場合には，登記官による事前通知をすることとなる（不登法23条1項，2項）。

（注10）　信託の登記の申請を書面申請によりするときは，不動産登記令15条の規定に基づき，信託目録に記録すべき情報を記載した書面（当該情報を電磁的記録で作成している場合にあっては，当該情報を記録した磁気ディスクを含む。）を添付して提出しなければならない（不登令7条1項6号，別表65項添付情報欄ハ）。

なお，信託目録に記録すべき情報を書面で提出する場合にあっては，登記事務を円滑かつ正確に行うために，実務上は，信託目録に記録すべき情報を記録した磁気ディスクを併せて提出している（詳細は，第2章第4・1(4)（107頁）を参照。）。

（注11）　所有権の登記名義人である登記義務者の作成後3か月以内の印鑑証明書を添付する

(不登令16条２項，３項)。

(注12)　申請人が法人であるときは，作成後３か月以内の当該法人の代表者の資格を証する情報（代表者事項証明書等）を提供しなければならない（不登令７条１項１号，不登令17条１項)。

申請人が法人であり，当該法人が会社法人等番号を有する法人である場合には，当該会社法人等番号を提供しなければならない（不登令７条１項１号イ)。

なお，会社法人等番号を有する法人である場合であっても，作成後１か月以内の当該法人の代表者の資格を証する情報（代表者事項証明書等）を提供したときは，会社法人等番号の提供を要しない（不登規則36条１項１号各号，２項)。

(注13)　代理人によって登記を申請するときは，当該代理人の権限を証する情報として，委任状を添付する（不登令７条１項２号)。

委任状には，登記識別情報の通知の受領を委任する場合は，別途その旨を明らかにし，受領の復代理人の選任を委任する場合は，その旨を記載する。また，登記識別情報の通知を希望しない場合は，その旨も記載する必要がある。

なお，代理人が法人であるときには，その法人における代表権のある者がその権限に基づいて登記を申請していることを証するため，作成後３か月以内の当該法人の当該代表者の資格を証する情報を提供しなければならない（不登令７条１項２号，17条１項)。ただし，当該代理人の会社法人等番号を提供したときは，当該代理人の代表者の資格を証する情報の提供に代えることができる（不登規則37条の２)。

(注14)　登記識別情報の通知の送付を希望するときは，その旨を記載し，登記所の窓口での交付を希望するときは，何らの記載も要しない。

また，登記識別情報の通知を希望しない場合には，その旨を記載する。

(注15)　課税価格として，極度額を記載する。

(注16)　登録免許税として，根抵当権設定の登記分と信託の登記分の合計金額を記載する。

(注17)　根抵当権設定の登記の登録免許税は，極度額の1,000分の４の額である（登録免許税法別表第一，1，㈤)。

(注18)　信託の登記の登録免許税は，極度額の1,000分の２の額である（登録免許税法別表第一，1，㈩ロ)。

【16】－２　登記記録例

権利部（乙区）（所有権以外の権利に関する事項）			
順位番号	登記の目的	受付年月日・受付番号	権利者その他の事項
1 (注1)	根抵当権設定	平成○年○月○日 受付第○号	原因　平成○年○月○日信託(注3) 極度額　金５億円 債権の範囲 平成○年○月○日継続的金銭消費貸借契約 平成○年△月△日継続的金銭消費貸借契約 平成○年□月□日継続的金銭消費貸借契約

			平成○年○月○日債権譲渡（譲渡人株式会社○○銀行）にかかる債権 平成○年○月○日債権譲渡（譲渡人株式会社△△銀行）にかかる債権 平成○年○月○日債権譲渡（譲渡人株式会社□□銀行）にかかる債権 債務者　○市○町○丁目○番○号 甲　株式会社 受託者　○市○町○丁目○番○号 乙　株式会社(注4) 共同担保目録(さ)第○○号
	信託(注2)	余白	信託目録第○号(注5)

信託目録		調製	平成○年○月○日
番　号	受付年月日・受付番号	予　備	
第○号	平成○年○月○日 第○号	余白	
1　委託者に関する事項	○市○町○丁目○番○号 甲　株式会社		
2　受託者に関する事項	○市○町○丁目○番○号 乙　株式会社		
3　受益者に関する事項等	受益者を定める方法 その時々における①基本契約の貸付人としての地位を有する者（地位の譲渡により当該地位を譲り受けた者を含む。），②特定債権を有する者（債権譲渡により債権を譲り受けた者を含む。）を受益者とする。		
4　信託条項	**（省略）**		

（注1）　権利の保存，設定，移転又は変更の登記及び信託の登記をするときは，権利部の相当区に同一の順位番号を用いて記録することになる（不登規則175条1項）。

（注2）　登記の目的欄は，「信託」と記録する。

（注3）　原因は，「平成○年○月○日信託」と記録する。

（注4）　権利者の表記は，「根抵当権者」ではなく，「受託者」と記録する。

（注5）　信託登記に係る内容は信託目録に記録され公示されることから，登記記録には信託目録の信託番号のみを記録し，信託目録の信託番号は不動産ごとに異なる番号が付される。

【16】－３　添付書類

登記原因証明情報

１　登記申請情報の要領

⑴　登記の目的　共同根抵当権設定及び信託

⑵　登記の原因　平成○年○月○日信託

⑶　当　事　者

権　利　者　　　○市○町○丁目○番○号
（信託登記申請人）　　乙　株式会社
（受　託　者）

義　務　者　　　○市○町○丁目○番○号
（委　託　者）　　　甲　株式会社

⑸　不動産の表示　**（省略）**

⑹　信託目録に記録すべき情報　別紙「信託目録に記録すべき情報」のとおり

２　登記の原因となるべき事実又は法律行為

⑴　共同根抵当権設定及び信託

乙株式会社と甲株式会社は，平成○年○月○日，受益者のために，本件各不動産の上に，共同担保として，下記「根抵当権の内容」及び後記「信託目録に記録すべき情報」のとおり，根抵当権を設定する方法による信託をする。

〔根抵当権の内容〕

極　度　額　　金５億円
債権の範囲　　平成○年○月○日継続的金銭消費貸借契約
　　　　　　　平成○年△月△日継続的金銭消費貸借契約
　　　　　　　平成○年□月□日継続的金銭消費貸借契約

平成○年○月○日債権譲渡（譲渡人株式会社○○銀行）にかかる債権
平成○年○月○日債権譲渡（譲渡人株式会社△△銀行）にかかる債権
平成○年○月○日債権譲渡（譲渡人株式会社□□銀行）にかかる債権

債　務　者　　○市○町○丁目○番○号　　甲　株式会社

確定期日　　定めない

⑵　受益者について

上記⑴の信託契約（根抵当権を設定する方法の信託）において，根抵当権の担保すべき債権の範囲の記載における①債権者と債務者間の継続的金銭消費貸借契約（以下「基本契約」という。）における各貸付人，②基本契約に基づく取引によって生じた債務者に対する個別の特定債権であって，当初の債権者から第三者に譲渡されたもの（以下「特定債権」という。）の債権者及び③根抵当権信託に係る受益者の三者が一体となる関係が維持されている旨，規定されている。

よって，本件被担保債権及び基本契約の貸付人としての地位が譲渡された場合並びに特定債権を有する者がその債権を譲渡した場合には，根抵当権信託に係る受益権もこれらに随伴して譲受人の下に移転することとなる。

⑶　受益者を定める方法

受益者の表記については，個々の具体的な受益者の名称及び住所を記載する方法によらず，不動産登記法97条1項2号による「受益者を定める方法の定め」によるものとし，具体的には，後記「信託目録に記録すべき情報」の「受益者に関する事項等」のとおりとする。

平成○年○月○日　　　　　○法務局○出張所　御中

上記の登記原因のとおり相違ありません。

権　利　者　　　　○市○町○丁目○番○号
（信託登記申請人）　　　　乙　株式会社
（受　託　者）　　　　　　代表取締役　　○○○○　㊞

義　務　者　　　　○市○町○丁目○番○号
（委　託　者）　　　　　　甲　株式会社
　　　　　　　　　　　　　代表取締役　　○○○○　㊞

信託目録に記録すべき情報

委　託　者　　○市○町○丁目○番○号
　　　　　　　　甲　株式会社
受　託　者　　○市○町○丁目○番○号
　　　　　　　　乙　株式会社
受　益　者　　受益者を定める方法
　その時々における①基本契約の貸付人としての地位を有する者（地位の譲渡により当該地位を譲り受けた者を含む。），②特定債権を有する者（債権譲渡により債権を譲り受けた者を含む。）を受益者とする。

〔信託条項〕
1　信託の目的
　信託不動産並びにこれらに付随する一切の権利を受益者のために管理，運用し，又はこれを処分する。
2　信託財産の管理方法
(1)　受託者は，本契約に定めるところに従い，債権者と債務者間の継続的金銭消費貸借契約（以下「基本契約」という。）に基づく取引によって生ずる不特定の債権及び基本契約に基づく取引によって生じた債務者に対する個別の特定債権であって，当初の債権者から第三者に譲渡されたもの（以下「特定債権」という。）について，受益者のために管理，運用及び処分並びに委託者の資金調達に係る一切の業務，本契約に基づき追加信託される基本契約に係る債権及び特定債権に係る債権について，受益者のために管理，運用及び処分に係る一切の業務を行う。

⑵　本信託の設定にあたっては，基本契約に基づく取引によって生じた債権及び基本契約に基づく取引によって生じた特定債権は，いずれも債務者（委託者）が所有する不動産を目的物として設定される根抵当権の担保すべき債権（根抵当権の被担保債権の範囲）とする。

なお，受益者は次の3項に定めるとおりであり，基本契約の各貸付人，特定債権の債権者及び根抵当権信託に係る受益者が一体関係にあることから，これらの債権が譲渡されたとしても，根抵当権の担保すべき債権（根抵当権の被担保債権の範囲）に変更は生じない。

⑶　受託者は，信託財産の管理運用その他の信託事務について，善良なる管理者の注意をもって処理する。

（以下省略）

3　受益者に関する事項等

受益者の表記については，個々の具体的な受益者の名称及び住所を記載する方法によらず，次のとおりの「受益者を定める方法の定め」（不動産登記法97条1項2号）によるものとする。

受益者は次のとおり定める。

受益者は，その時々における①基本契約の貸付人としての地位を有する者（地位の譲渡により当該地位を譲り受けた者を含む。），②特定債権を有する者（債権譲渡により債権を譲り受けた者を含む。）とする。

4　信託終了の事由**（省略）**

5　その他の信託条項**（省略）**

委　　任　　状

平成○年○月○日

○市○町○丁目○番○号
○　○　○　○

私は，上記の者を代理人として，下記の登記申請に関する一切の権限を委任する。

記

1　登記の目的　　共同根抵当権設定及び信託
1　登記の原因　　平成○年○月○日信託
1　権　利　者　　○市○町○丁目○番○号
乙　株式会社
義　務　者　　○市○町○丁目○番○号
甲　株式会社
1　原本還付請求及び受領に関する一切の件
1　復代理人選任に関する一切の件
1　登記識別情報の受領及び登記識別情報の受領に係る復代理人選任に関する一切の件

不動産の表示　**（省略）**

○市○町○丁目○番○号
乙　株式会社
代表取締役　○○○○　㊞
○市○町○丁目○番○号
甲　株式会社
代表取締役　○○○○　㊞

3　抵当権の設定（信託財産の管理による信託）

【17】　受託者（1人）が信託債権の管理のために，抵当権設定者との共同申請により受託者への抵当権設定の登記と同時にする信託の登記

信託財産に属する財産の管理により受託者が得た財産は，信託財産に属するものとされている（信託法16条1号）。

よって，信託契約において信託財産の管理方法として，

①　信託財産の管理・運用・処分

受託者は，本契約に定めるところに従い，ローン債権等の受益者のための管理，運用及び処分並びに委託者の資金調達に係る一切の業務，本契約に基づき追加信託される金銭の受益者のための管理，運用及び処分に係る一切の業務を行う。

②　抵当権の管理処分権限

受託者は，受託者が本契約に基づき，委託者が保有する信託債権及びこれに付随する一切の権利を，受益者のために管理，運用及び処分することを目的として受託者に信託し，受託者が信託譲渡された貸付債権とともに随伴して委託者から移転を受けた抵当権，その他受託者から本信託によって信託譲渡を受けた債権を被担保債権として取得した又は受託者が信託債権に関して有する利益のために譲り受けた一切の抵当権について，これらの管理処分（順位変更，解除を含む。）を行う権限を有する。

このような信託条項がある場合には，受託者は，信託譲渡として得たローン債権を被担保債権として，債務者との間で信託財産の管理処分権限に基づき抵当権設定契約を締結し，抵当権の登記をすることが可能と考えられる。

本事例は，債権者であるA住宅ローン株式会社（信託の委託者兼受益者）が，債務者甲某との間において金銭消費貸借契約を締結し，当該契約に基づいて金銭を貸し渡したことにより，A住宅ローン株式会社は貸付債権を取得した。その後，A住宅ローン株式会社（委託者兼受益者）と乙株式会社（受託者）との間において，信託契約に基づき当該貸付債権を乙株式会社に信託譲渡し，受託者である乙株式会社は，信託財産の管理処分権限に基づき，信託財産として有する当該貸付債権を被担保債権として甲某との間で抵当権設定契約を締結したこと

による登記申請である。

この場合においては，信託の登記は，抵当権設定の登記と同時（一の申請情報）にしなければならない（不登法98条１項，不登令５条２項）。

抵当権設定の登記申請は，受託者を抵当権者，債務者である所有権の登記名義人を設定者とする共同申請ですることになる（不登法60条）。

信託の登記は，受託者が単独で申請することができる（不登法98条２項）。

【17】－１　登記申請書

登　記　申　請　書

登記の目的　　抵当権設定及び信託財産の管理による信託（注１）

原　　　因　　平成△年△月△日金銭消費貸借平成○年○月○日設定（注２）

債　権　額　　金1,000万円

利　　　息　　年8.2％

損　害　金　　年14.5％

債　務　者　　○市○町○丁目○番○号
　　　　　　　　　甲　　某（注３）

抵　当　権　者　　○市○町○丁目○番○号
（信託登記申請人）　　乙　株式会社（注４）
　　　　　　　　　（会社法人等番号　1234-56-789123）
　　　　　　　　　代表取締役　○○○○

設　定　者　　○市○町○丁目○番○号
　　　　　　　　　甲　　某（注５）

添付書類

　登記原因証明情報（注６）　登記識別情報（注７）

　信託目録に記録すべき情報（注８）　印鑑証明書（注９）

会社法人等番号（資格証明書）[注10]　代理権限証明情報[注11]

登記識別情報の通知について[注12]

送付の方法により登記識別情報通知書の交付を希望します。

送付先：資格者代理人の事務所あて

平成○年○月○日申請　　　○法務局○出張所

代　理　人　　○市○町○丁目○番○号

○　○　○　○　　㊞

電話先　○○－○○○○－○○○○

課 税 価 格　　金1,000万円[注13]

登 録 免 許 税　　金60,000円[注14]

設定分　　金40,000円[注15]

信託分　　金20,000円[注16]

不動産の表示（省略）

（注1）　登記の目的として，「抵当権設定及び信託財産の管理による信託」と記載し，信託財産の管理処分権限に基づく抵当権の設定と信託であることを明確にする。

（注2）　原因及びその日付は，被担保債権の発生原因である金銭消費貸借契約締結の日付及び抵当権設定契約の締結年月日を記載する。

（注3）　被担保債権の債務者を記載する。一般的には所有権の登記名義人であるが，物上保証型の場合はその者を記載する。

（注4）　登記権利者兼信託登記申請人として，受託者である抵当権者を記載する（登記原因証明情報の表示と符合していることを要する。）。

受託者が法人であるときは，その代表者の資格及び氏名を記載する。

申請人の会社法人等番号を提供するときは，「申請人の名称」に続けて会社法人等番号を記載する。

（注5）　登記義務者として，所有権の登記名義人を記載する（登記記録に記録された所有権の登記名義人の表示及び登記原因証明情報の表示と符合していることを要する。）。

所有権の登記名義人が法人であるときは，その代表者の資格及び氏名を記載する。

（注6）　権利に関する登記を申請するときには，登記原因を証する情報を提供しなければならない（不登法61条，不登令7条1項5号ロ）。

抵当権の設定及び信託財産の管理による信託の登記においては，信託契約により受託者が信託財産の管理処分権限を有していること及び当該抵当権の設定に関する事項を記載した書面（報告形式の登記原因証明情報）を提出する必要がある（不登令別表55項添付情報欄，不登令別表65項添付情報欄ロ）。

なお，報告形式の登記原因証明情報を提供する場合，一般的には，登記権利者及び登記義務者が署名若しくは記名押印すべきであるが，最低限，登記義務者が作成名義人になっていなければならない。

また，本件においては，信託契約の当事者である債権者（委託者兼受益者）についても署名若しくは記名押印すべきである。

（注７）　登記権利者及び登記義務者が共同して権利に関する登記を申請する場合には，申請情報と併せて登記義務者の登記識別情報（登記済証）を提供しなければならない（不登法22条）。

登記義務者が所有権の移転の登記等を受けたときの登記識別情報（登記済証）を提供する。

なお，紛失等の理由により登記義務者の登記識別情報（登記済証）を提供できない場合において，資格者代理人及び公証人による本人確認情報（不登法23条４項）の提供がない場合には，登記官による事前通知をすることとなる（不登法23条１項，２項）。

（注８）　信託の登記の申請を書面申請によりするときは，不動産登記令15条の規定に基づき，信託目録に記録すべき情報を記載した書面（当該情報を電磁的記録で作成している場合にあっては，当該情報を記録した磁気ディスクを含む。）を添付して提出しなければならない（不登令７条１項６号，別表65項添付情報欄ハ）。

なお，信託目録に記録すべき情報を書面で提出する場合にあっては，登記事務を円滑かつ正確に行うために，実務上は，信託目録に記録すべき情報を記録した磁気ディスクを併せて提出している（詳細は，第２章第４・１⑷（107頁）を参照。）。

（注９）　所有権の登記名義人である登記義務者の作成後３か月以内の印鑑証明書を添付する（不登令16条２項，３項）。

（注10）　申請人が法人であり，当該法人が会社法人等番号を有する法人である場合には，当該会社法人等番号を提供しなければならない（不登令７条１項１号イ）。

なお，会社法人等番号を有する法人である場合であっても，作成後１か月以内の当該法人の代表者の資格を証する情報（代表者事項証明書等）を提供したときは，会社法人等番号の提供を要しない（不登規則36条１項１号各号，２項）。

（注11）　代理人によって登記を申請するときは，当該代理人の権限を証する情報として，委任状を添付する（不登令７条１項２号）。

委任状には，登記識別情報の通知の受領を委任する場合は，別途その旨を明らかにし，受領の復代理人の選任を委任する場合は，その旨を記載する。また，登記識別情報の通知を希望しない場合は，その旨も記載する必要がある。

なお，代理人が法人であるときには，その法人における代表権のある者がその権限に基づいて登記を申請していることを証するため，作成後３か月以内の当該法人の当該代表者の資格を証する情報を提供しなければならない（不登令７条１項２号，17条１項）。ただし，当該代理人の会社法人等番号を提供したときは，当該代理人の代表者の資格を証する情報の提供に代えることができる（不登規則37条の２）。

（注12）　登記識別情報の通知の送付を希望するときは，その旨を記載し，登記所の窓口での交付を希望するときは，何らの記載も要しない。

また，登記識別情報の通知を希望しない場合には，その旨を記載する。

（注13）　課税価格として，債権金額を記載する。

（注14）　登録免許税として，抵当権設定の登記分と信託の登記分の合計金額を記載する。

（注15）　抵当権設定の登記の登録免許税は，債権額の1,000分の4の額である（登録免許税法別表第一，1，(五)）。

なお，追加の抵当権設定登記の場合の登録免許税は，不動産の権利の件数1件につき，1,500円である（登録免許税法13条2項）。

（注16）　信託の登記の登録免許税は，債権額の1,000分の2の額である（登録免許税法別表第一，1，(十)ロ）。

なお，追加の信託の登記の場合の登録免許税は，不動産の権利の件数1件につき，1,500円である（登録免許税法13条2項）。

同一の債権を担保するために，数個の不動産等に関する権利を目的として設定された抵当権等が信託された場合であって，当該抵当権等の信託の登記の申請が，1又は2以上の登記所に時を異にしてされたときの当該抵当権等の信託の登記に係る登録免許税の額については，当該申請が最初の申請以外のものであることを証する書類を添付して当該抵当権等の信託の登記の申請をするものに限り，当該抵当権等の信託の登記に係る不動産等に関する権利の件数1件につき，1,500円である（登録免許税法13条2項。なお，平成20年10月28日付け法務省民二第2861号法務省民事局民事第二課長通知参照）。

【17】－2　登記記録例

権利部（乙区）（所有権以外の権利に関する事項）			
順位番号	登記の目的	受付年月日・受付番号	権利者その他の事項
1（注1）	抵当権設定（注2）	平成○年○月○日 受付第○号	原因　平成△年△月△日金銭消費貸借平成○年○月○日設定（注3） 債権額　金1,000万円 利息　年8.2% 損害金　年14.5% 債務者　○市○町○丁目○番○号 甲　某 抵当権者　○市○町○丁目○番○号 乙　株式会社（注4）
	信託財産の管理による信託（注2）	余白	信託目録第○号（注5）

信託目録		調製	平成○年○月○日
番　号	受付年月日・受付番号	予　備	
第○号	平成○年○月○日 第○号	余白	
1　委託者に関する事項	○市○町○丁目○番○号 A住宅ローン株式会社		

2 受託者に関する事項	○市○町○丁目○番○号 　乙　株式会社
3 受益者に関する事項等	受益者　○市○町○丁目○番○号 　Ａ住宅ローン株式会社
4 信託条項	**（省略）**

（注１） 権利の保存，設定，移転又は変更の登記及び信託の登記をするときは，権利部の相当区に同一の順位番号を用いて記録することになる（不登規則175条１項）。

（注２） 登記の目的欄は，「抵当権設定」,「信託財産の管理による信託」と記録し，受託者による信託財産の管理としての，信託財産である債権を被担保債権としての抵当権設定及び信託であることを明確にする。

（注３） 原因は，「平成△年△月△日金銭消費貸借平成○年○月○日設定」と記録する。

（注４） 権利者の表記は，「受託者」ではなく，「抵当権者」と記録する。

（注５） 信託登記に係る内容は信託目録に記録され公示されることから，登記記録には信託目録の信託番号のみを記録し，信託目録の信託番号は不動産ごとに異なる番号が付される。

【17】－３　添付書類

登　記　原　因　証　明　情　報

１　登記申請情報の要項

⑴　登記の目的　　抵当権設定及び信託財産の管理による信託

⑵　登記の原因　　平成△年△月△日金銭消費貸借平成○年○月○日設定

⑶　当　事　者

抵 当 権 者　　○市○町○丁目○番○号
(信託登記申請人)　　乙　株式会社
設　定　者　　○市○町○丁目○番○号
　　甲　　某

⑷　不動産の表示

○市○町○丁目○番○の土地
○市○町○丁目○番地○
　家屋番号 ○番○の建物

⑸　信託目録に記録すべき情報　　別紙「信託目録に記録すべき情報」のとおり

２　登記の原因となる事実又は法律行為

⑴　金銭消費貸借契約の締結

債務者甲某は，Ａ住宅ローン株式会社との間で，次のとおり金銭消費貸借契約を締結し，Ａ住宅ローン株式会社は，甲某に対し，本契約に基づく金銭を貸し渡し，金1,000万円の貸付債権を取得した。

平成△年△月△日金銭消費貸借契約
債権額　　金1,000万円
利　息　　年8.2％
損害金　　年14.5％
債務者　　○市○町○丁目○番○号　　甲　　某
債権者　　○市○町○丁目○番○号　　Ａ住宅ローン株式会社

⑵　信託契約の締結

Ａ住宅ローン株式会社と乙株式会社は，信託財産たる本件貸付債権の管理処分を目的として，Ａ住宅ローン株式会社を委託者兼受益者，乙株式会社を受託者として，平成○年○月○日，信託契約を締結し，乙株式会社はこれを引き受けた。

⑶　抵当権設定契約の締結

平成○年○月○日，乙株式会社は，乙株式会社が信託財産として有する本件貸付債権を被担保債権として，甲某との間で信託財産の管理として抵当権設定契約を締結し，○市○町○丁目○番○の土地及び○市○町○丁目○番地○，家屋番号○番○の建物について抵当権を取得した。

登記の目的　　抵当権設定及び信託財産の管理による信託
登記の原因　　平成△年△月△日金銭消費貸借契約平成○年○月○日設定
債　務　者　　○市○町○丁目○番○号　　甲　　某
抵 当 権 者　　○市○町○丁目○番○号　　乙株式会社
設　定　者　　○市○町○丁目○番○号　　甲　　某

平成○年○月○日　　○法務局○出張所　御中

上記の登記原因のとおり相違ありません。

○市○町○丁目○番○号
（抵当権者・受託者）　乙　株式会社
代表取締役　○○○○　㊞
○市○町○丁目○番○号
（設定者）　甲　某　㊞
○市○町○丁目○番○号
（委託者・受益者）　A住宅ローン株式会社
代表取締役　○○○○　㊞

信託目録に記録すべき情報

委託者　○市○町○丁目○番○号
A住宅ローン株式会社
受託者　○市○町○丁目○番○号
乙　株式会社
受益者　○市○町○丁目○番○号
A住宅ローン株式会社
〔信託条項〕
1　信託の目的（**省略**）
2　信託財産の管理方法（**省略**）
3　信託終了の事由（**省略**）
4　その他の信託条項（**省略**）

委　任　状

平成○年○月○日

○市○町○丁目○番○号

○　○　○　○

私は，上記の者を代理人として，下記の登記申請に関する一切の権限を委任する。

記

1　登記の目的　　抵当権設定及び信託財産の管理による信託
（ただし，登記事項については，平成○年○月○日付け登記原因証明情報の記載のとおり）

1　登記の原因　　平成△年△月△日金銭消費貸借平成○年○月○日設定

1　当　事　者

抵当権者　　○市○町○丁目○番○号
（信託登記申請人）　　乙　株式会社

設　定　者　　○市○町○丁目○番○号
甲　　某

1　原本還付請求及び受領に関する一切の件

1　復代理人選任に関する一切の件

1　登記識別情報の受領及び登記識別情報の受領に係る復代理人選任に関する一切の件

不動産及び信託目録の表示

○市○町○丁目○番○の土地
○市○町○丁目○番地○
家屋番号 ○番○の建物

○市○町○丁目○番○号
乙　株式会社
代表取締役　○○○○　㊞
○市○町○丁目○番○号
甲　　某　㊞

4　抵当権の移転

【18】　委託者及び受託者（１人）の共同申請により受託者への抵当権移転（担保付債権）の登記と同時にする信託の登記

債権も財産権の１つとして信託の目的とすることができるところ，信託財産である債権が抵当権の担保付債権であるときの抵当権移転の登記と同時にする信託の登記の手続である。

担保付債権を信託財産とした場合は，担保権の随伴性により，債権を信託によって受託者へ移転すると抵当権も受託者に移転することとなる。

この信託の登記は，抵当権移転の登記と同時（一の申請情報）にしなければならない（不登法98条１項，不登令５条２項）。

また，抵当権移転の登記申請は，受託者を登記権利者，委託者を登記義務者とする共同申請でする（不登法60条）。

信託の登記は，受託者が単独で申請することができる（不登法98条2項）。

登記原因としては，本事例のように担保付債権を信託財産とする信託に伴う抵当権移転については，「平成○年○月○日債権譲渡（信託）」となり，担保権のみを信託譲渡する抵当権移転については，「平成○年○月○日信託」とすることとされている（平成21年２月20日付け法務省民二第500号法務省民事局長通達）。

【18】－１　登記申請書

登　記　申　請　書

登記の目的　　○番抵当権移転及び信託（注１）
原　　　因　　平成○年○月○日債権譲渡（信託）（注２）
権　利　者　　○市○町○丁目○番○号
（信託登記申請人）　　乙　株式会社（注３）
（会社法人等番号　1234-56-789123）
代表取締役　○○○○
義　務　者　　○市○町○丁目○番○号

甲　　某[注4]

添付書類

登記原因証明情報[注5]　登記識別情報[注6]

信託目録に記録すべき情報[注7]　会社法人等番号（資格証明書）[注8]

代理権限証明情報[注9]

登記識別情報の通知について[注10]

送付の方法により登記識別情報通知書の交付を希望します。

送付先：資格者代理人の事務所あて

平成○年○月○日申請　　　○法務局○出張所

代　理　人　　○市○町○丁目○番○号

○　○　○　○　　㊞

電話先　○○－○○○○－○○○○

課税価格　　金○円[注11]

登録免許税　　金○円[注12]

移転分　　登録免許税法7条1項1号により非課税[注13]

信託分　　金○円[注14]

不動産の表示（省略）

(注1)　登記の目的として，「○番抵当権移転及び信託」と記載する。

(注2)　原因の日付は，信託の効力の発生した日付（信託法4条1項）である信託契約の締結年月日を記載する。その原因は，「平成○年○月○日債権譲渡（信託）」となる。

(注3)　登記権利者兼信託登記申請人として，受託者を記載する（登記原因証明情報の表示と符合していることを要する。）。

受託者が法人であるときは，その代表者の資格及び氏名を記載する。

申請人の会社法人等番号を提供するときは，「申請人の名称」に続けて会社法人等番号を記載する。

(注4)　登記義務者として，抵当権の登記名義人たる委託者（担保権設定者）を記載する（登記記録に記録された抵当権の登記名義人の表示及び登記原因証明情報の表示と符合していることを要する。）。

委託者が法人であるときは，その代表者の資格及び氏名を記載する。

(注5)　権利に関する登記を申請するときには，登記原因を証する情報を提供しなければならない（不登法61条，不登令7条1項5号ロ）。

抵当権の移転及び信託の登記においては，信託契約書又は信託契約の締結と当該権利の移転に関する事項を記載した書面（報告形式の登記原因証明情報）を提出する必要がある（不登令別表65項添付情報欄ロ）。

なお，報告形式の登記原因証明情報を提供する場合，一般的には，登記権利者及び登記義務者が署名若しくは記名押印すべきであるが，最低限，登記義務者が作成名義人になっていなければならない。

(注6)　登記権利者及び登記義務者が共同して権利に関する登記を申請する場合には，申請情報と併せて登記義務者の登記識別情報（登記済証）を提供しなければならない（不登法22条）。

登記義務者が抵当権の設定登記又は抵当権の移転の登記を受けたときの登記識別情報（登記済証）を提供する。

なお，紛失等の理由により登記義務者の登記識別情報（登記済証）を提供できない場合において，資格者代理人及び公証人による本人確認情報（不登法23条4項）の提供がない場合には，登記官による事前通知をすることとなる（不登法23条1項，2項）。

(注7)　信託の登記の申請を書面申請によりするときは，不動産登記令15条の規定に基づき，信託目録に記録すべき情報を記載した書面（当該情報を電磁的記録で作成している場合にあっては，当該情報を記録した磁気ディスクを含む。）を添付して提出しなければならない（不登令7条1項6号，別表65項添付情報欄ハ）。

なお，信託目録に記録すべき情報を書面で提出する場合にあっては，登記事務を円滑かつ正確に行うために，実務上は，信託目録に記録すべき情報を記録した磁気ディスクを併せて提出している（詳細は，第2章第4・1(4)（107頁）を参照。）。

(注8)　申請人が法人であり，当該法人が会社法人等番号を有する法人である場合には，当該会社法人等番号を提供しなければならない（不登令7条1項1号イ）。

なお，会社法人等番号を有する法人である場合であっても，作成後1か月以内の当該法人の代表者の資格を証する情報（代表者事項証明書等）を提供したときは，会社法人等番号の提供を要しない（不登規則36条1項1号各号，2項）。

(注9)　代理人によって登記を申請するときは，当該代理人の権限を証する情報として，委任状を添付する（不登令7条1項2号）。

委任状には，登記識別情報の通知の受領を委任する場合は，別途その旨を明らかにし，受領の復代理人の選任を委任する場合は，その旨を記載する。また，登記識別情報の通知を希望しない場合は，その旨も記載する必要がある。

なお，代理人が法人であるときには，その法人における代表権のある者がその権限に基づいて登記を申請していることを証するため，作成後3か月以内の当該法人の当該代表者の資格を証する情報を提供しなければならない（不登令7条1項2号，17条1項）。ただし，当該代理人の会社法人等番号を提供したときは，当該代理人の代表者の資格を証する情報の提供に代えることができる（不登規則37条の2）。

（注10）　登記識別情報の通知の送付を希望するときは，その旨を記載し，登記所の窓口での交付を希望するときは，何らの記載も要しない。

また，登記識別情報の通知を希望しない場合には，その旨を記載する。

（注11）　課税価格として，移転を受けた債権金額を記載する。

（注12）　登録免許税として，抵当権移転の登記分と信託の登記分の合計金額を記載する。

（注13）　抵当権移転の登記の登録免許税は，非課税である（登録免許税法7条1項1号）。

（注14）　信託の登記の登録免許税は，移転を受けた債権額の1,000分の2の額である（登録免許税法別表第一，1，(十)ロ）。

【18】－2　登記記録例

（受託者が1人の場合）

権利部（乙区）（所有権以外の権利に関する事項）			
順位番号	登記の目的	受付年月日・受付番号	権利者その他の事項
1	抵当権設定	平成○年○月○日 受付第○号	原因　平成○年○月○日金銭消費貸借平成○年○月○日設定 債権額　金600万円 利息　年8.2% 損害金　年14.5% 債務者　○市○町○丁目○番○号 ○　某 抵当権者　○市○町○丁目○番○号 甲　某
1付記1号(注1)	1番抵当権移転	平成○年○月○日 受付第○号	原因　平成○年○月○日債権譲渡(信託)(注3) 受託者　○市○町○丁目○番○号 乙　株式会社(注4)
	信託(注2)	余白	信託目録第○号(注5)

信託目録		調製	平成○年○月○日
番　号	受付年月日・受付番号	予　備	
第○号	平成○年○月○日 第○号	余白	
１　委託者に関する事項	○市○町○丁目○番○号 甲　某		
２　受託者に関する事項	○市○町○丁目○番○号 乙　株式会社		
３　受益者に関する事項等	受益者　○市○町○丁目○番○号 甲　某		
４　信託条項	**（省略）**		

（注１）　権利の保存，設定，移転又は変更の登記及び信託の登記をするときは，権利部の相当区に同一の順位番号を用いて記録することになる（不登規則175条１項）。所有権以外の権利の移転の登記は，付記登記によることとなる（不登規則３条５号）。

（注２）　登記の目的欄は，「信託」と記録する。

（注３）　原因は，担保付債権の抵当権移転であるので，「平成○年○月○日債権譲渡（信託）」と記録する。

（注４）　権利者の表記は，「抵当権者」ではなく，「受託者」と記録する。

（注５）　信託登記に係る内容は信託目録に記録され公示されることから，登記記録には信託目録の信託番号のみを記録し，信託目録の信託番号は不動産ごとに異なる番号が付される。

（参考）受託者が２人以上の場合

権利部（乙区）（所有権以外の権利に関する事項）			
順位番号	登記の目的	受付年月日・受付番号	権利者その他の事項
１	抵当権設定	平成○年○月○日 受付第○号	原因　平成○年○月○日金銭消費貸借平成○年○月○日設定 債権額　金600万円 利息　年8.2％ 損害金　年14.5％ 債務者　○市○町○丁目○番○号 ○　某 抵当権者　○市○町○丁目○番○号 甲　某
１付記１号	１番抵当権移転（合有）	平成○年○月○日 受付第○号	原因　平成○年○月○日債権譲渡（信託） 受託者 ○市○町○丁目○番○号 乙　株式会社 ○市○町○丁目○番○号 丙　株式会社（注）
	信託	余白	信託目録第○号

信託目録		調製	平成○年○月○日
番　号	受付年月日・受付番号	予　備	
第○号	平成○年○月○日 第○号	余白	
1　委託者に関する事項	○市○町○丁目○番○号 甲　某		
2　受託者に関する事項	○市○町○丁目○番○号 乙　株式会社 ○市○町○丁目○番○号 丙　株式会社		
3　受益者に関する事項等	受益者　○市○町○丁目○番○号 甲　某		
4　信託条項	**（省略）**		

（注）　受託者が2人以上の場合には，信託財産は合有となり持分の概念がないことから，持分の記録は要しない。

【18】－3　添付書類

登記原因証明情報

1　登記申請情報の要項

(1)　登記の目的　　　　抵当権移転及び信託

(2)　登記の原因　　　　平成○年○月○日債権譲渡（信託）

(3)　移転すべき登記　　平成○年○月○日受付第○号

(4)　当　事　者　　　　権利者　○市○町○丁目○番○号
（受託者）　　　乙　株式会社
義務者　○市○町○丁目○番○号
（委託者）　　　甲　　　某

(4)　不動産の表示**（省略）**

(5)　信託目録に記録すべき情報　　別紙「信託目録に記録すべき情報」のとおり

2　登記の原因となる事実又は法律行為

(1)　信託契約の締結

甲某（以下「甲」という。）と乙株式会社（以下「乙」という。）は平成○年○月○日，後記記載の信託条項を内容とする「住宅ローン債権信託契約」を締結した。

委託者の氏名及び住所　　○市○町○丁目○番○号
甲　　某
受託者の氏名及び住所　　○市○町○丁目○番○号
乙　株式会社
受益者の氏名及び住所　　○市○町○丁目○番○号
甲　　某

(2)　金銭消費貸借契約の締結

債務者○某は，甲との間で，次のとおり金銭消費貸借契約を締結し，甲は○某に対し，本契約に基づく金銭を貸し渡した。

平成○年○月○日　金銭消費貸借契約
債権額　　金600万円
利　息　　年8.2％
損害金　　年14.5％
債務者　　○市○町○丁目○番○号　　○　　某
債権者　　○市○町○丁目○番○号　　甲　　某

(3)　抵当権設定契約

登記義務者○某は，甲との間で，次のとおり(2)の債権を被担保債権とする抵当権を本件不動産に設定する旨を約し，その登記を経由した。

登記の目的　　抵当権設定
登記の原因　　平成○年○月○日金銭消費貸借平成○年○月○日設定
債　務　者　　○市○町○丁目○番○号　　○　　某
抵 当 権 者　　○市○町○丁目○番○号　　甲　　某
（平成○年○月○日○法務局○出張所受付第○号登記）

⑷　抵当権付債権の信託

甲（委託者）は，乙（受託者）に対し，平成○年○月○日付住宅ローン債権信託契約に定めるところに従い，平成○年○月○日，本件抵当権付債権を信託設定し，乙は引き受けた。

⑸　信託債権譲渡に係る対抗要件

甲（委託者）は，上記信託設定日までに，信託債権の甲から乙（受託者）への移転につき，債務者の承諾を取得することにより債務者対抗要件を，又，債権譲渡特例法に規定する債権譲渡登記を行うことにより第三者対抗要件を具備した。

⑹　抵当権の移転

よって本件抵当権は平成○年○月○日信託を原因として，甲から乙に移転した。

平成○年○月○日　○法務局○出張所　御中

上記登記原因のとおり相違ありません。

権利者　○市○町○丁目○番○号
（受託者）　乙　株式会社
代表取締役　○○○○　㊞
義務者　○市○町○丁目○番○号
（委託者）　甲　某　㊞

信託目録に記録すべき情報

委託者　　○市○町○丁目○番○号
　　　　　　　甲　　某
受託者　　○市○町○丁目○番○号
　　　　　　　乙　株式会社
受益者　　○市○町○丁目○番○号
　　　　　　　甲　　某

〔信託条項〕

１　信託の目的

委託者は，委託者と受託者との間の平成○年○月○日付住宅ローン債権信託契約に従い，委託者が別に定める「委託者貸付準則」に従い貸付を行い，その結果保有する本契約において規定する「ローン債権」及びこれに付随する一切の権利（以下「ローン債権等」という。）を受益者のための管理，運用及び処分並びに委託者の資金調達を目的として受託者に信託設定し，本契約において規定する当初譲受人は，本契約に基づき追加信託される金銭を，受益者のための管理，運用及び処分を目的として信託設定し，受託者はこれらを引き受ける。

２　信託財産の管理方法

（信託財産の管理・運用・処分）

⑴　受託者は，本契約に定めるところに従い，ローン債権等の受益者のための管理，運用及び処分並びに委託者の資金調達に係る一切の業務，本契約に基づき追加信託される金銭の受益者のための管理，運用及び処分に係る一切の業務（以下「信託業務」）を行う。

⑵　受託者は，本契約に定めるところに従い，信託事務の一部を第三者に委任することができる。

（善管注意義務）

受託者は，適用される本契約に定めるところの法令等及び本契約に定める信託の目的に従い，受益者のために忠実に本契約に基づく信託（以下「本信託」という。）に係る信託財産の管理運用その他信託事務等を行い，かつ本契約に定めるところに従うとともに，善良なる管理者の注意をもって処理する。

（抵当権の管理処分権限）

受託者は，受託者が本信託の設定に伴い随伴して委託者から移転を受けた信託債権を被担保債権とし，債務者が保有する不動産を目的物として設定された抵当権その他受託者が信託債権を被担保債権として取得した又は受託者が信託債権に関して有する利益のために譲り受けた一切の抵当権について，これらの管理処分（解除を含む。）を行う権限を有するものとする。

3　信託終了の事由

（信託期間）

本信託の信託期間は，当初信託設定日から次に規定する信託終了日までとする。

（信託終了日）

本信託は，次の事由のうち最も早く発生するもので，かかる事由の生じた日の属する本契約において規定する回収期間に対応する信託計算交付日に終了する。

(1)　受益権が全て償還されること。

(2)　本契約において定めるところにより信託財産に属する信託債権が全て譲渡されること。

(3)　信託財産に属する全ての信託債権が消滅すること。

（信託の解除）

委託者，及び受託者は，受託者が受益者より受益者の有する受益権の信託解除の指図を受けた場合，又は次のいずれかに該当する場合において，本契約において定める方法により，受託者が受益者に書面により通知することにより本信託を解除する場合を除き，その期間中本信託を解除することができない。

⑴　信託財産に関して課せられた税額あるいは本信託の管理及び手続に関して生じる費用を信託財産の中の金銭で支払えなくなったとき（ただし，別途受託者が受益者に請求し，受益者が支払った場合はこの限りではない。）。

⑵　戦争，天変地異等の災禍の発生，経済情勢の変化，法令，行政解釈等の変更その他相応の事由により，本信託の目的の達成又は信託事務の遂行が著しく困難若しくは不可能とする客観的かつ合理的な事由が発生したとき。

4　その他の信託条項

（当初受益者）

本信託の当初受益者は，委託者とする。

（受益権の譲渡・質入れ又はそれらの禁止事項）

⑴　受益者は，本契約に別段の定めがある場合を除き，受託者の事前の承諾があり，かつ法令等の制限に反しない場合に限り，受益権の第三者に対する譲渡，質入れ，譲渡担保又はその他の処分を行うことができるものとする。

⑵　受益者は受益権を放棄できないものとする。

（契約解除又は信託終了時における信託財産の帰属権利者に関する事項）

受託者は，信託終了日における信託の最終計算につき，信託回収金口座内の金銭から本契約に定めるところに従い，信託費用の支払並びに受益権の最終の元本償還及び収益配当を行う。ただし，本契約に定めるところに従った取り崩しが全てなされた後の本契約において規定する「現金準備金勘定」内の金銭は，全額を「受益権」の償還に充てるものとする。ただし，受託者が本契約に定める換価処分の結果，現預金以外の財産が信託財産として残存する場合は，本契約に定めるところに従い支払後，本契約において規定する「信託債権等」をかかる未償還の受益権の元本償還として現状有姿で受益者に交付する。

（信託条項の変更又は改廃に関する事項）

本契約は，本契約に別段の定めがある場合を除き，委託者，受託者及び受益者が書面により合意した場合に限り変更することができる。

（追加信託に関する事項）

委託者は，受託者に対し，本契約の定めるところに従い，ローン債権等の追加信託設定の申込みができる。

委　　任　　状

平成○年○月○日

○市○町○丁目○番○号

○　○　○　○

私は，上記の者を代理人として，下記の登記申請に関する一切の権限を委任する。

記

1　登記の目的　　　抵当権移転及び信託

1　原　　　因　　　平成○年○月○日債権譲渡（信託）

1　移転すべき登記　平成○年○月○日受付第○号

1　権　利　者　　　○市○町○丁目○番○号

乙　株式会社

1　義　務　者　　　○市○町○丁目○番○号

甲　　某

1　原本還付請求及び受領に関する一切の件

1　復代理人選任に関する一切の件

1　登記識別情報の受領及び登記識別情報の受領に係る復代理人選任に

関する一切の件

不動産の表示

○市○町○丁目○番○の土地

○市○町○丁目○番地○

家屋番号○番○の建物

○市○町○丁目○番○号

乙　株式会社

代表取締役　○○○○　㊞

○市○町○丁目○番○号

甲　　　某　　　　　　㊞

【19】　【18】の事例の登記完了後，他管轄登記所にする抵当権移転の登記と信託の登記

既に甲登記所と乙登記所の物件を共同担保として抵当権が設定されていた場合における，一方の登記所で抵当権移転と信託登記の登記完了後，他方の登記所に抵当権移転と信託登記の申請をする事例である。

【19】－1　登記申請書

登　記　申　請　書

登記の目的　　○番抵当権移転及び信託（注1）

原　　　因　　平成○年○月○日債権譲渡（信託）（注2）

権　利　者　　○市○町○丁目○番○号

（信託登記申請人）　　乙　株式会社（注3）

（会社法人等番号　1234-56-789123）

代表取締役　○○○○

義　務　者　　○市○町○丁目○番○号

甲　　　某（注4）

添付書類

登記原因証明情報（注5）　登記識別情報（注6）

信託目録に記録すべき情報（注7）

会社法人等番号（資格証明書）（注8）　代理権限証明情報（注9）

前登記証明書（注10）

登記識別情報の通知について（注11）

送付の方法により登記識別情報通知書の交付を希望します。

送付先：資格者代理人の事務所あて

平成○年○月○日申請　　　○法務局○出張所

代　理　人　　○市○町○丁目○番○号

○　○　○　○　㊞

電話先　○○－○○○○－○○○○

登録免許税　　金○円（注12）

移転分　　登録免許税法７条１項１号により非課税（注13）

信託分　　金1,500円（注14）

（登録免許税法13条２項）

不動産の表示（省略）

前に受けた登記の表示（注15）

共同担保目録

○法務局○出張所㈵第○号

又は

○市○町○丁目○○番の土地（順位番号○番）

○市○町○丁目○○番地

家屋番号○番の建物（順位番号○番）

（注１）　登記の目的として，「○番抵当権移転及び信託」と記載する。

（注２）　原因の日付は，信託の効力の発生した日付（信託法４条１項）である信託契約の締結年月日を記載する。その原因は，「平成○年○月○日債権譲渡（信託）」となる。

（注３）　登記権利者兼信託登記申請人として，受託者を記載する（登記原因証明情報の表示と符合していることを要する。）。

受託者が法人であるときは，その代表者の資格及び氏名を記載する。

申請人の会社法人等番号を提供するときは，「申請人の名称」に続けて会社法人等番号を記載する。

（注４）　登記義務者として，抵当権の登記名義人たる委託者（担保権設定者）を記載する（登記記録に記録された抵当権の登記名義人の表示及び登記原因証明情報の表示と符合していることを要する。）。

委託者が法人であるときは，その代表者の資格及び氏名を記載する。

（注5） 権利に関する登記を申請するときには，登記原因を証する情報を提供しなければならない（不登法61条，不登令7条1項5号ロ）。

抵当権の移転及び信託の登記においては，信託契約書又は信託契約の締結と当該権利の移転に関する事項を記載した書面（報告形式の登記原因証明情報）を提出する必要がある（不登令別表65項添付情報欄ロ）。

なお，報告形式の登記原因証明情報を提供する場合，一般的には，登記権利者及び登記義務者が署名若しくは記名押印すべきであるが，最低限，登記義務者が作成名義人になっていなければならない。

（注6） 登記権利者及び登記義務者が共同して権利に関する登記を申請する場合には，申請情報と併せて登記義務者の登記識別情報（登記済証）を提供しなければならない（不登法22条）。

登記義務者が抵当権の設定登記又は抵当権の移転の登記を受けたときの登記識別情報（登記済証）を提供する。

なお，紛失等の理由により登記義務者の登記識別情報（登記済証）を提供できない場合において，資格者代理人及び公証人による本人確認情報（不登法23条4項）の提供がない場合には，登記官による事前通知をすることとなる（不登法23条1項，2項）。

（注7） 信託の登記の申請を書面申請によりするときは，不動産登記令15条の規定に基づき，信託目録に記録すべき情報を記載した書面（当該情報を電磁的記録で作成している場合にあっては，当該情報を記録した磁気ディスクを含む。）を添付して提出しなければならない（不登令7条1項6号，別表65項添付情報欄ハ）。

なお，信託目録に記録すべき情報を書面で提出する場合にあっては，登記事務を円滑かつ正確に行うために，実務上は，信託目録に記録すべき情報を記録した磁気ディスクを併せて提出している（詳細は，第2章第4・1⑷（107頁）を参照。）。

（注8） 申請人が法人であり，当該法人が会社法人等番号を有する法人である場合には，当該会社法人等番号を提供しなければならない（不登令7条1項1号イ）。

なお，会社法人等番号を有する法人である場合であっても，作成後1か月以内の当該法人の代表者の資格を証する情報（代表者事項証明書等）を提供したときは，会社法人等番号の提供を要しない（不登規則36条1項1号各号，2項）。

（注9） 代理人によって登記を申請するときは，当該代理人の権限を証する情報として，委任状を添付する（不登令7条1項2号）。

委任状には，登記識別情報の通知の受領を委任する場合は，別途その旨を明らかにし，受領の復代理人の選任を委任する場合は，その旨を記載する。また，登記識別情報の通知を希望しない場合は，その旨も記載する必要がある。

なお，代理人が法人であるときには，その法人における代表権のある者がその権限に基づいて登記を申請していることを証するため，作成後3か月以内の当該法人の当該代表者の資格を証する情報を提供しなければならない（不登令7条1項2号，17条1項）。ただし，当該代理人の会社法人等番号を提供したときは，当該代理人の代表者の資格を証する情報の提供に代えることができる（不登規則37条の2）。

（注10） 抵当権（共同担保）の信託の登記が，既にある登記所において申請され，時を異に他の登記所にその抵当権の信託の登記を申請するときには，その申請が最初の申請以外のものであることを証する書類（前登記証明書，一般的には登記事項証明書，不登準則125条1項）を添付する。

（注11）　登記識別情報の通知の送付を希望するときは，その旨を記載し，登記所の窓口での交付を希望するときは，何らの記載も要しない。
また，登記識別情報の通知を希望しない場合には，その旨を記載する。
（注12）　登録免許税として，抵当権移転の登記分と信託の登記分の合計金額を記載する。
（注13）　抵当権移転の登記の登録免許税は，非課税である（登録免許税法７条１項１号）。
（注14）　信託の登記の登録免許税は，不動産等に関する権利の件数１件につき，1,500円である（登録免許税法13条２項）。
同一の債権を担保するために，数個の不動産等に関する権利を目的として設定された抵当権等が信託された場合であって，当該抵当権等の信託の登記の申請が，１又は２以上の登記所に時を異にしてされたときの当該抵当権等の信託の登記に係る登録免許税の額については，当該申請が最初の申請以外のものであることを証する書類を添付して当該抵当権等の信託の登記の申請をするものに限り，当該抵当権等の信託の登記に係る不動産等に関する権利の件数１件につき，1,500円である（登録免許税法13条２項。なお，平成20年10月28日付け法務省民二第2861号法務省民事局民事第二課長通知参照）。
（注15）　前登記の記載をする。
共同担保目録があるときは，共同担保目録の記号・番号を記載し，共同担保目録がないときは，所在及び地番若しくは家屋番号，順位番号を記載する。

【19】－２　登記記録例

記載例は【18】と同様である。

【20】　委託者及び受託者（1人）の共同申請により受託者への抵当権移転（担保権のみ）の登記と同時にする信託の登記

金融機関が土地の所有者に金銭の貸付けを行い，当該貸付債権を被担保債権とする抵当権を当該土地に設定したのちに，担保権者である当該金融機関が信託会社に対して，その担保権のみを信託する事例である。

この信託の登記は，抵当権移転の登記と同時（一の申請情報）にしなければならない（不登法98条1項，不登令5条2項）。

また，抵当権移転の登記申請は，受託者を登記権利者，委託者である被担保債権者を登記義務者とする共同申請でする（不登法60条）。

信託の登記は，受託者が単独で申請することができる（不登法98条2項）。

担保権が信託財産である信託の方法には，直接設定方式（【13】）でする方法と二段階設定方式でする方法があり，本事例は，二段階設定方式でする方法である。

なお，登記原因としては，本事例のように担保権のみを信託譲渡する抵当権移転については，「平成○年○月○日信託」となり，担保付債権を信託財産とする信託に伴う抵当権移転については，「平成○年○月○日債権譲渡（信託）」とすることとされている（平成21年2月20日付け法務省民二第500号法務省民事局長通達）。

【20】－1　登記申請書

登　記　申　請　書

登記の目的　　○番抵当権移転及び信託（注1）
原　　　因　　平成○年○月○日信託（注2）
権　利　者　　○市○町○丁目○番○号
（信託登記申請人）　　乙　株式会社（注3）
（会社法人等番号　1234-56-789123）
代表取締役　○○○○
義　務　者　　○市○町○丁目○番○号

甲　　某[注４]

添付書類
　登記原因証明情報[注５]　登記識別情報[注６]
　信託目録に記録すべき情報[注７]　会社法人等番号（資格証明書）[注８]
　代理権限証明情報[注９]

登記識別情報の通知について[注10]
　送付の方法により登記識別情報通知書の交付を希望します。
　送付先：資格者代理人の事務所あて

平成○年○月○日申請　　○法務局○出張所

代　理　人　○市○町○丁目○番○号
　　　　　　　　○　○　○　○　㊞
　　　　　電話先　○○－○○○○－○○○○

課税価格　金○円[注11]

登録免許税　金○円[注12]
　　移転分　登録免許税法７条１項１号により非課税[注13]
　　信託分　金○円[注14]

不動産の表示（**省略**）

（注1）　登記の目的として，「○番抵当権移転及び信託」と記載する。
（注2）　原因の日付は，信託の効力の発生した日付（信託法4条1項）である信託契約の締結年月日を記載する。その原因は，「平成○年○月○日信託」となる。
（注3）　登記権利者兼信託登記申請人として，受託者を記載する（登記原因証明情報の表示と符合していることを要する。）。
　受託者が法人であるときは，その代表者の資格及び氏名を記載する。
　申請人の会社法人等番号を提供するときは，「申請人の名称」に続けて会社法人等番号を記載する。
（注4）　登記義務者として，抵当権の登記名義人たる委託者（担保権設定者）を記載する（登記記録に記録された抵当権の登記名義人の表示及び登記原因証明情報の表示と符合していることを要する。）。
　委託者が法人であるときは，その代表者の資格及び氏名を記載する。
（注5）　権利に関する登記を申請するときには，登記原因を証する情報を提供しなければならない（不登法61条，不登令7条1項5号ロ）。
　抵当権の移転及び信託の登記においては，信託契約書又は信託契約の締結と当該権利の移転に関する事項を記載した書面（報告形式の登記原因証明情報）を提出する必要がある（不登令別表65項添付情報欄ロ）。
　なお，報告形式の登記原因証明情報を提供する場合，一般的には，登記権利者及び登記義務者が署名若しくは記名押印すべきであるが，最低限，登記義務者が作成名義人になっていなければならない。
（注6）　登記権利者及び登記義務者が共同して権利に関する登記を申請する場合には，申請情報と併せて登記義務者の登記識別情報（登記済証）を提供しなければならない（不登法22条）。
　登記義務者が抵当権の設定登記又は抵当権の移転の登記を受けたときの登記識別情報（登記済証）を提供する。
　なお，紛失等の理由により登記義務者の登記識別情報（登記済証）を提供できない場合において，資格者代理人及び公証人による本人確認情報（不登法23条4項）の提供がない場合には，登記官による事前通知をすることとなる（不登法23条1項，2項）。
（注7）　信託の登記の申請を書面申請によりするときは，不動産登記令15条の規定に基づき，信託目録に記録すべき情報を記載した書面（当該情報を電磁的記録で作成している場合にあっては，当該情報を記録した磁気ディスクを含む。）を添付して提出しなければならない（不登令7条1項6号，別表65項添付情報欄ハ）。
　なお，信託目録に記録すべき情報を書面で提出する場合にあっては，登記事務を円滑かつ正確に行うために，実務上は，信託目録に記録すべき情報を記録した磁気ディスクを併せて提出している（詳細は，第2章第4・1⑷（107頁）を参照。）。
（注8）　申請人が法人であり，当該法人が会社法人等番号を有する法人である場合には，当該会社法人等番号を提供しなければならない（不登令7条1項1号イ）。
　なお，会社法人等番号を有する法人である場合であっても，作成後1か月以内の当該法人の代表者の資格を証する情報（代表者事項証明書等）を提供したときは，会社法人等番号の提供を要しない（不登規則36条1項1号各号，2項）。
（注9）　代理人によって登記を申請するときは，当該代理人の権限を証する情報として，委任状を添付する（不登令7条1項2号）。
　委任状には，登記識別情報の通知の受領を委任する場合は，別途その旨を明らかにし，

受領の復代理人の選任を委任する場合は，その旨を記載する。また，登記識別情報の通知を希望しない場合は，その旨も記載する必要がある。

なお，代理人が法人であるときには，その法人における代表権のある者がその権限に基づいて登記を申請していることを証するため，作成後３か月以内の当該法人の当該代表者の資格を証する情報を提供しなければならない（不登令７条１項２号，17条１項）。ただし，当該代理人の会社法人等番号を提供したときは，当該代理人の代表者の資格を証する情報の提供に代えることができる（不登規則37条の２）。

（注10）　登記識別情報の通知の送付を希望するときは，その旨を記載し，登記所の窓口での交付を希望するときは，何らの記載も要しない。

また，登記識別情報の通知を希望しない場合には，その旨を記載する。

（注11）　課税価格として，移転を受けた債権金額を記載する。

（注12）　登録免許税として，抵当権移転の登記分と信託の登記分の合計金額を記載する。

（注13）　抵当権移転の登記の登録免許税は，非課税である（登録免許税法７条１項１号）。

（注14）　信託の登記の登録免許税は，移転を受けた債権額の1,000分の２の額である（登録免許税法別表第一，１，(十)ロ）。

【20】－２　登記記録例

（受託者が１人の場合）

権利部（乙区）（所有権以外の権利に関する事項）			
順位番号	登記の目的	受付年月日・受付番号	権利者その他の事項
1	抵当権設定	平成○年○月○日 受付第○号	原因　平成△年△月△日金銭消費貸借平成○年○月○日設定 債権額　金600万円 利息　年8.2% 損害金　年14.5% 債務者　○市○町○丁目○番○号 ○　某 抵当権者　○市○町○丁目○番○号 甲　某
１付記１号（注１）	１番抵当権移転	平成○年○月○日 受付第○号	原因　平成○年○月○日信託（注３） 受託者　○市○町○丁目○番○号 乙　株式会社（注４）
	信託（注２）	余白	信託目録第○号（注５）

信託目録		調製	平成○年○月○日
番　号	受付年月日・受付番号	予　備	
第○号	平成○年○月○日 第○号	余白	
１　委託者に関する事項	○市○町○丁目○番○号 甲　某		

2　受託者に関する事項	○市○町○丁目○番○号 　乙　株式会社
3　受益者に関する事項等	受益者　○市○町○丁目○番○号 　甲　某
4　信託条項	**（省略）**

（注1）　権利の保存，設定，移転又は変更の登記及び信託の登記をするときは，権利部の相当区に同一の順位番号を用いて記録することになる（不登規則175条1項）。所有権以外の権利の移転の登記は，付記登記によることとなる（不登規則3条5号）。

（注2）　登記の目的欄は，「信託」と記録する。

（注3）　原因は，担保権のみの抵当権移転であるため，「平成○年○月○日信託」と記録する。

（注4）　権利者の表記は，「抵当権者」ではなく，「受託者」と記録する。

（注5）　信託登記に係る内容は信託目録に記録され公示されることから，登記記録には信託目録の信託番号のみを記録し，信託目録の信託番号は不動産ごとに異なる番号が付される。

（参考）受託者が2人以上の場合

権利部（乙区）（所有権以外の権利に関する事項）			
順位番号	登記の目的	受付年月日・受付番号	権利者その他の事項
1	抵当権設定	平成○年○月○日 受付第○号	原因　平成△年△月△日金銭消費貸借平成○年○月○日設定 債権額　金600万円 利息　年8.2% 損害金　年14.5% 債務者　○市○町○丁目○番○号 　○　某 抵当権者　○市○町○丁目○番○号 　甲　某
1付記1号	1番抵当権移転(合有)	平成○年○月○日 受付第○号	原因　平成○年○月○日信託 受託者 　○市○町○丁目○番○号 　乙　株式会社 　○市○町○丁目○番○号 　丙　株式会社
	信託	余白	信託目録第○号

信託目録		調製	平成○年○月○日
番　号	受付年月日・受付番号	予　備	
第○号	平成○年○月○日 第○号	余白	
1　委託者に関する事項	○市○町○丁目○番○号		

	甲　某
2　受託者に関する事項	○市○町○丁目○番○号 乙　株式会社 ○市○町○丁目○番○号 丙　株式会社
3　受益者に関する事項等	受益者　○市○町○丁目○番○号 甲　某
4　信託条項	**（省略）**

（注）　受託者が２人以上の場合には，信託財産は合有となり持分の概念がないことから，持分の記録は要しない。

【20】－３　添付書類

登記原因証明情報

１　登記申請情報の要項

⑴　登記の目的　　○番抵当権移転及び信託

⑵　登記の原因　　平成○年○月○日信託

⑶　当　事　者　　権利者　　○市○町○丁目○番○号

乙　株式会社

義務者　　○市○町○丁目○番○号

甲　　某

⑷　不動産の表示**（省略）**

⑸　信託目録に記録すべき情報　　別紙「信託目録に記録すべき情報」のとおり

２　登記の原因となる事実又は法律行為

⑴　金銭消費貸借契約の締結

債務者○某は，甲某との間で，次のとおり金銭消費貸借契約を締結し，甲某は○某に対し，本契約に基づく金銭を貸し渡した。

平成△年△月△日金銭消費貸借契約

債権額　　金600万円

利　息　　年8.2％
損害金　　年14.5％
債務者　　○市○町○丁目○番○号　　○　　某
債権者　　○市○町○丁目○番○号　　甲　　某

(2)　抵当権設定契約

登記義務者○某は，甲某との間で，次のとおり(1)の債権を被担保債権とする抵当権を本件不動産に設定する旨を約し，その登記を経由した。

登記の目的　　抵当権設定
登記の原因　　平成△年△月△日金銭消費貸借契約平成○年○月○日設定
債　務　者　　○市○町○丁目○番○号　　○　　某
抵 当 権 者　　○市○町○丁目○番○号　　甲　　某
（平成○年○月○日○法務局○出張所受付第○○○号登記）

(3)　信託契約の締結

委託者甲某と受託者乙株式会社は，平成○年○月○日，担保権者である甲某の有する(2)の抵当権の担保権のみを信託財産として乙株式会社に信託し，甲某を受益者とする旨の信託契約を締結し，乙株式会社はこれを引き受けた。

よって，本件抵当権は，同日信託を原因として乙株式会社に移転した。

なお，同日，抵当権の債務者○某は，本件抵当権の移転について承諾した。

平成○年○月○日　　○法務局○出張所　御中

上記の登記原因のとおり相違ありません。

受託者　○市○町○丁目○番○号
乙　株式会社
代表取締役　○○○○　㊞
委託者　○市○町○丁目○番○号
甲　　某　㊞

信託目録に記録すべき情報

委託者　○市○町○丁目○番○号
甲　　某
受託者　○市○町○丁目○番○号
乙　株式会社
受益者　○市○町○丁目○番○号
甲　　某
〔信託条項〕
1　信託の目的（**省略**）
2　信託財産の管理方法（**省略**）
3　信託終了の事由（**省略**）
4　その他信託条項（**省略**）

委　　任　　状

平成○年○月○日

○市○町○丁目○番○号

○　○　○　○

私は，上記の者を代理人として，下記の登記申請に関する一切の権限を委任する。

記

1　登記の目的　　　抵当権移転及び信託
1　登記の原因　　　平成○年○月○日信託
1　移転する抵当権　平成○年○月○日○法務局○出張所受付第○号
1　権　利　者　　　○市○町○丁目○番○号
　　　　　　　　　　　乙　株式会社
1　義　務　者　　　○市○町○丁目○番○号
　　　　　　　　　　　甲　　　某
1　原本還付請求及び受領に関する一切の件
1　復代理人選任に関する一切の件
1　登記識別情報の受領及び登記識別情報の受領に係る復代理人選任に関する一切の件

不動産の表示
　○市○町○丁目○番○の土地

○市○町○丁目○番○号
乙　株式会社
代表取締役　○○○○　㊞
○市○町○丁目○番○号
甲　　　某　　　　㊞

5　地上権の移転

【21】　委託者及び受託者の共同申請により受託者への地上権移転の登記と同時にする信託の登記

委託者の有する地上権を信託財産とする信託契約により，委託者の地上権を受託者に移転するとともに，信託の登記をする登記手続である。

この信託の登記は，権利の移転の登記の申請は同時（一の申請情報）にしなければならない（不登法98条１項，不登令５条２項）。

地上権の移転の登記申請は，受託者を登記権利者，委託者を登記義務者とする共同申請となる（不登法60条）。

信託の登記は，受託者が単独で申請することができる（不登法98条２項）。

【21】－１　登記申請書

登　記　申　請　書

登記の目的　　○番地上権移転及び信託（注１）

原　　　因　　平成○年○月○日信託（注２）

権　利　者　　○市○町○丁目○番○号

（信託登記申請人）　　乙　株式会社（注３）

（会社法人等番号　1234-56-789123）

代表取締役　○○○○

義　務　者　　○市○町○丁目○番○号

甲　　某（注４）

添付書類

登記原因証明情報（注５）　登記識別情報（注６）

信託目録に記録すべき情報（注７）

会社法人等番号（資格証明書）（注８）　代理権限証明情報（注９）

登記識別情報の通知について（注10）

送付の方法により登記識別情報通知書の交付を希望します。

送付先：資格者代理人の事務所あて

平成○年○月○日申請　　○法務局○出張所

代　理　人　　○市○町○丁目○番○号

○　○　○　○　　㊞

電話先　○○－○○○○－○○○○

課 税 価 格　　金○円（注11）

登 録 免 許 税　　金○円（注12）

移転分　　登録免許税法7条1項1号により非課税（注13）

信託分　　金○円（注14）

不動産の表示（省略）

（注1）　登記の目的として，「○番地上権移転及び信託」と記載する。

（注2）　原因の日付は，信託の効力の発生した日付（信託法4条1項）である信託契約の締結年月日を記載する。

（注3）　登記権利者兼信託登記申請人として，受託者を記載する（登記原因証明情報の表示と符合していることを要する。）。

受託者が法人であるときは，その代表者の資格及び氏名を記載する。

申請人の会社法人等番号を提供するときは，「申請人の名称」に続けて会社法人等番号を記載する。

（注4）　登記義務者として，地上権の登記名義人たる委託者を記載する（登記記録に記録された地上権の登記名義人の表示及び登記原因証明情報の表示と符合していることを要する。）。

委託者が法人であるときは，その代表者の資格及び氏名を記載する。

（注5）　権利に関する登記を申請するときには，登記原因を証する情報を提供しなければならない（不登法61条，不登令7条1項5号ロ）。

地上権の移転及び信託の登記においては，信託契約書又は信託契約の締結と当該権利の移転に関する事項を記載した書面（報告形式の登記原因証明情報）を提出する必要がある

（不登令別表65項添付情報欄ロ）。

なお，報告形式の登記原因証明情報を提供する場合，一般的には，登記権利者及び登記義務者が署名若しくは記名押印すべきであるが，最低限，登記義務者が作成名義人になっていなければならない。

（注６）　登記権利者及び登記義務者が共同して権利に関する登記を申請する場合には，申請情報と併せて登記義務者の登記識別情報（登記済証）を提供しなければならない（不登法22条）。

登記義務者が地上権の設定登記又は地上権の移転の登記を受けたときの登記識別情報（登記済証）を提供する。

なお，紛失等の理由により登記義務者の登記識別情報（登記済証）を提供できない場合において，資格者代理人及び公証人による本人確認情報（不登法23条４項）の提供がない場合には，登記官による事前通知をすることとなる（不登法23条１項，２項）。

（注７）　信託の登記の申請を書面申請によりするときは，不動産登記令15条の規定に基づき，信託目録に記録すべき情報を記載した書面（当該情報を電磁的記録で作成している場合にあっては，当該情報を記録した磁気ディスクを含む。）を添付して提出しなければならない（不登令７条１項６号，別表65項添付情報欄ハ）。

なお，信託目録に記録すべき情報を書面で提出する場合にあっては，登記事務を円滑かつ正確に行うために，実務上は，信託目録に記録すべき情報を記録した磁気ディスクを併せて提出している（詳細は，第２章第４・１⑷（107頁）を参照。）。

（注８）　申請人が法人であり，当該法人が会社法人等番号を有する法人である場合には，当該会社法人等番号を提供しなければならない（不登令７条１項１号イ）。

なお，会社法人等番号を有する法人である場合であっても，作成後１か月以内の当該法人の代表者の資格を証する情報（代表者事項証明書等）を提供したときは，会社法人等番号の提供を要しない（不登規則36条１項１号各号，２項）。

（注９）　代理人によって登記を申請するときは，当該代理人の権限を証する情報として，委任状を添付する（不登令７条１項２号）。

委任状には，登記識別情報の通知の受領を委任する場合は，別途その旨を明らかにし，受領の復代理人の選任を委任する場合は，その旨を記載する。また，登記識別情報の通知を希望しない場合は，その旨も記載する必要がある。

なお，代理人が法人であるときには，その法人における代表権のある者がその権限に基づいて登記を申請していることを証するため，作成後３か月以内の当該法人の当該代表者の資格を証する情報を提供しなければならない（不登令７条１項２号，17条１項）。ただし，当該代理人の会社法人等番号を提供したときは，当該代理人の代表者の資格を証する情報の提供に代えることができる（不登規則37条の２）。

（注10）　登記識別情報の通知の送付を希望するときは，その旨を記載し，登記所の窓口での交付を希望するときは，何らの記載も要しない。

また，登記識別情報の通知を希望しない場合には，その旨を記載する。

（注11）　課税価格として，地上権の目的たる土地の登記時の不動産の価額（固定資産課税台帳の登録価格）を記載する。

固定資産評価証明書（市町村発行）は法定の添付書面ではないが，実務上は添付する取扱いとなっている。

（注12）　登録免許税として，地上権移転の登記分と信託の登記分の合計金額を記載する。

（注13）　地上権移転の登記の登録免許税は，非課税である（登録免許税法７条１項１号）。

（注14）　信託の登記の登録免許税は，不動産の価額の1,000分の2の額である（登録免許税法別表第一，1，(十)ハ）。

【21】－2　登記記録例

権利部（乙区）（所有権以外の権利に関する事項）			
順位番号	登記の目的	受付年月日・受付番号	権利者その他の事項
1	地上権設定	平成○年○月○日 受付第○号	原因　平成○年○月○日設定 目的　鉄筋コンクリート造建物所有 存続期間　60年 地代　1平方メートル1年○円 支払期　毎年○月○日 地上権者　○市○町○丁目○番○号 　甲　某
1付記1号(注1)	1番地上権移転	平成○年○月○日受付第○号	原因　平成○年○月○日信託(注3) 受託者　○市○町○丁目○番○号 　乙　株式会社(注4)
	信託(注2)	余白	信託目録第○号(注5)

信託目録		調製	平成○年○月○日
番　号	受付年月日・受付番号	予　備	
第○号	平成○年○月○日 第○号	余白	
1　委託者に関する事項	○市○町○丁目○番○号 　甲　某		
2　受託者に関する事項	○市○町○丁目○番○号 　乙　株式会社		
3　受益者に関する事項等	受益者　○市○町○丁目○番○号 　甲　某		
4　信託条項	**（省略）**		

（注1）　権利の保存，設定，移転又は変更の登記及び信託の登記をするときは，権利部の相当区に同一の順位番号を用いて記録することになる（不登規則175条1項）。所有権以外の権利の移転の登記は，付記登記によることとなる（不登規則3条5号）。

（注2）　登記の目的欄は，「信託」と記録する。

（注3）　原因は，「平成○年○月○日信託」と記録する。

（注4）　権利者の表記は，「地上権者」ではなく，「受託者」と記録する。

（注5）　信託登記に係る内容は信託目録に記録され公示されることから，登記記録には信託目録の信託番号のみを記録し，信託目録の信託番号は不動産ごとに異なる番号が付される。

【21】－3　添付書類

登 記 原 因 証 明 情 報

1　登記申請情報の要項

(1)　登記の目的　　○番地上権移転及び信託

(2)　登記の原因　　平成○年○月○日信託

(3)　当　事　者　　権利者　　○市○町○丁目○番○号
乙　株式会社
義務者　　○市○町○丁目○番○号
甲　　某

(4)　不動産の表示（**省略**）

(5)　信託目録に記録すべき情報　　別紙「信託目録に記録すべき情報」のとおり

2　登記の原因となる事実又は法律行為

(1)　地上権設定契約

地上権者甲某と設定者○某は，本件不動産につき，平成△年△月△日，下記内容①の地上権設定契約を締結し，下記内容②の登記を経由した。

①　目　　的　　　鉄筋コンクリート造建物所有
存続期間　　　60年
地　　代　　　1平方メートル1年○円
支払時期　　　毎年○月○日

②　登記の目的　　地上権設定
登記の原因　　平成△年△月△日
地 上 権 者　　○市○町○丁目○番○号　　甲　　某
（平成○年○月○日○法務局○出張所受付第○号登記）

(2)　信託契約の締結

委託者甲某と受託者乙株式会社は，平成○年○月○日，受益者を甲某とする不動産の管理・運用・処分を目的とする不動産管理処分信託契約を締結し，本件地上権も当該信託契約の信託財産とされた。

当該信託契約に基づき，甲某は本件地上権を乙株式会社に信託することとし，乙株式会社はこれを引き受けた。

(3)　地上権の移転

本件地上権は，平成○年○月○日信託を原因として甲某から乙株式会社に移転した。

平成○年○月○日　　○法務局○出張所　御中

上記の登記原因のとおり相違ありません。

受託者　　○市○町○丁目○番○号
乙　株式会社
代表取締役　○○○○　㊞
委託者　　○市○町○丁目○番○号
甲　　某　　　　㊞

信託目録に記録すべき情報

委託者　　○市○町○丁目○番○号
甲　　某
受託者　　○市○町○丁目○番○号
乙　株式会社
受益者　　○市○町○丁目○番○号
甲　　某

〔信託条項〕

1　信託の目的 **（省略）**

2　信託財産の管理方法 **（省略）**

3　信託終了の事由 **（省略）**

4　その他信託条項 **（省略）**

委　　任　　状

平成○年○月○日

○市○町○丁目○番○号

○　○　○　○

私は，上記の者を代理人として，下記の登記申請に関する一切の権限を委任する。

記

1　登記の目的　　　○番地上権移転及び信託
1　登記の原因　　　平成○年○月○日信託
1　移転する地上権　平成○年○月○日○法務局○出張所受付第○号
1　権　利　者　　　○市○町○丁目○番○号
　　　　　　　　　　乙　株式会社
1　義　務　者　　　○市○町○丁目○番○号
　　　　　　　　　　甲　　　某
1　原本還付請求及び受領に関する一切の件
1　復代理人選任に関する一切の件
1　登記識別情報の受領及び登記識別情報の受領に係る復代理人選任に関する一切の件

不動産の表示
　○市○町○丁目○番○の土地

○市○町○丁目○番○号
乙　株式会社
代表取締役　○○○○　㊞
○市○町○丁目○番○号
甲　　　某　　　　　㊞

第3　代位による登記

【22】　受益者が受託者に代位して委託者と共同して所有権移転の登記と同時にする信託の登記

委託者の所有する不動産を信託財産とする信託行為（信託契約）により，不動産の所有権を信託財産として受託者に移転する場合には，所有権移転の登記申請は，受託者を登記権利者とし，委託者を登記義務者とする共同申請でする（不登法60条）。

信託の登記は，受託者が単独で申請することができる（不登法98条2項）。

なお，この所有権移転の登記と信託の登記は，同時（一の申請情報）にしなければならない（不登法98条1項，不登令5条2項）。

この場合において，受託者が所有権移転の登記及び信託の登記の申請をしない場合には，受益者又は委託者は，受託者に代位して，所有権移転の登記については委託者と共同申請で，信託の登記については単独で，登記申請をすることができるとされている（不登法59条7号，99条）。

【22】－1　登記申請書

登　記　申　請　書

登記の目的　　所有権移転及び信託（注1）

原　　　因　　平成○年○月○日信託（注2）

権　利　者　　○市○町○丁目○番○号

（信託登記申請人）　　乙　株式会社（注3）

（会社法人等番号　1234-56-789123）

代表取締役　○○○○

代位申請人　　○市○町○丁目○番○号

（受益者）　　○　　　某（注4）

代位原因　　不動産登記法99条（注5）

義　務　者　　○市○町○丁目○番○号
甲　　某（注６）

添 付 書 類
登記原因証明情報（注７）　登記識別情報（注８）
信託目録に記録すべき情報（注９）　印鑑証明書（注10）
会社法人等番号（資格証明書）（注11）　住所証明情報（注12）
代理権限証明情報（注13）　代位原因証明情報（注14）

平成○年○月○日申請　　○法務局○出張所

代　理　人　　○市○町○丁目○番○号
○　○　○　○　　㊞
電話先　○○－○○○○－○○○○

課 税 価 格　　金○円（注15）

登 録 免 許 税　　金○円（注16）
移転分　　登録免許税法７条１項１号よにり非課税（注17）
信託分　　金○円（注18）

不動産の表示（**省略**）

（**注１**）　登記の目的として，「所有権移転及び信託」と記載し，所有権の移転登記と信託の登記である旨を明記する。
（**注２**）　原因の日付は，信託の効力の発生した日付（信託法４条１項）である信託契約の締結年月日を記載する。
（**注３**）　登記権利者兼信託登記申請人として，受託者を記載する（登記原因証明情報の表示及び住所証明情報における表示と符合していることを要する。）。

受託者が法人であるときは，その代表者の資格及び氏名を記載する。

申請人の会社法人等番号を提供するときは，「申請人の名称」に続けて会社法人等番号を記載する。

（注4）　代位申請人として，受益者を記載する（不登令3条4号）。受益者の表示は，信託目録の受益者の記録と一致することを要する。

（注5）　代位原因として，代位申請の根拠条文を記載する。

（注6）　登記義務者として，所有権の登記名義人たる委託者を記載する（登記記録に記録された所有権の登記名義人の表示及び登記原因証明情報の表示と符合していることを要する。）。

委託者が法人であるときは，その代表者の資格及び氏名を記載する。

（注7）　権利に関する登記を申請するときには，登記原因を証する情報を提供しなければならない（不登法61条，不登令7条1項5号ロ）。

所有権の移転及び信託の登記においては，信託契約書又は信託契約の締結と当該不動産の移転に関する事項を記載した書面（報告形式の登記原因証明情報）を提出する必要がある（不登令別表30項添付情報欄イ，不登令別表65項添付情報欄ロ）。

なお，報告形式の登記原因証明情報を提供する場合，一般的には，登記権利者及び登記義務者が署名若しくは記名押印すべきであるが，最低限，登記義務者が作成名義人になっていなければならない。

（注8）　登記権利者及び登記義務者が共同して権利に関する登記を申請する場合には，申請情報と併せて登記義務者の登記識別情報（登記済証）を提供しなければならない（不登法22条）。

登記義務者が所有権移転の登記等を受けたときの登記識別情報（登記済証）を提供する。

なお，紛失等の理由により登記義務者の登記識別情報（登記済証）を提供できない場合において，資格者代理人及び公証人による本人確認情報（不登法23条4項）の提供がない場合には，登記官による事前通知をすることとなる（不登法23条1項，2項）。

（注9）　信託の登記の申請を書面申請によりするときは，不動産登記令15条の規定に基づき，信託目録に記録すべき情報を記載した書面（当該情報を電磁的記録で作成している場合にあっては，当該情報を記録した磁気ディスクを含む。）を添付して提出しなければならない（不登令7条1項6号，別表65項添付情報欄ハ）。

なお，信託目録に記録すべき情報を書面で提出する場合にあっては，登記事務を円滑かつ正確に行うために，実務上は，信託目録に記録すべき情報を記録した磁気ディスクを併せて提出している（詳細は，第2章第4・1(4)（107頁）を参照。）。

（注10）　所有権の登記名義人である登記義務者の作成後3か月以内の印鑑証明書を添付する（不登令16条2項，3項）。

（注11）　申請人が法人であり，当該法人が会社法人等番号を有する法人である場合には，当該会社法人等番号を提供しなければならない（不登令7条1項1号イ）。

なお，会社法人等番号を有する法人である場合であっても，作成後1か月以内の当該法人の代表者の資格を証する情報（代表者事項証明書等）を提供したときは，会社法人等番号の提供を要しない（不登規則36条1項1号各号，2項）。

（注12）　所有権の移転の登記を受ける登記権利者の住所を証する市町村長，登記官その他の公務員が職務上作成した情報を提供しなければならない（不登令別表30項添付情報欄ロ）。

自然人の場合には住民票等を，法人の場合には登記事項証明書（登記簿謄本）等を添付することとなる。

ただし，申請情報と併せて会社法人等番号が提供されたときは，当該住所証明情報を提供することは要しない（不登令9条，不登規則36条4項）。

(注13)　代理人によって登記を申請するときは，当該代理人の権限を証する情報として，委任状を添付する（不登令7条1項2号）。

なお，代理人が法人であるときには，その法人における代表権のある者がその権限に基づいて登記を申請していることを証するため，作成後3か月以内の当該法人の当該代表者の資格を証する情報を提供しなければならない（不登令7条1項2号，17条1項）。ただし，当該代理人の会社法人等番号を提供したときは，当該代理人の代表者の資格を証する情報の提供に代えることができる（不登規則37条の2）。

(注14)　代位により登記を申請するときは，代位原因を証する情報を提供する（不登令7条1項3号）。

なお，代位を証する書面として，信託契約書を添付する。登記原因証明情報を兼ねることでも差し支えない。

(注15)　課税価格として，土地又は建物の登記時の不動産の価額（固定資産課税台帳の登録価格）を記載する。

固定資産評価証明書（市町村発行）は法定の添付書面ではないが，実務上は添付する取扱いとなっている。

(注16)　登録免許税として，所有権移転の登記分と信託の登記分の合計金額を記載する。

(注17)　所有権移転の登記の登録免許税は非課税である（登録免許税法7条1項1号）。

(注18)　信託の登記の登録免許税は，不動産の価額の1,000分の4の額である（登録免許税法別表第一，1，(十)イ）。

ただし，土地に関する所有権の信託の登記の税率については，特例で，平成25年4月1日から平成29年3月31日までは1,000分の3に軽減されている（租税特別措置法72条1項2号）。

【22】－2　登記記録例

権利部（甲区）（所有権に関する事項）			
順位番号	登記の目的	受付年月日・受付番号	権利者その他の事項
2	所有権移転	平成○年○月○日 受付第○号	原因　平成○年○月○日売買 所有者　○市○町○丁目○番○号 　甲　某
3(注1)	所有者移転	平成○年○月○日 受付第○号	原因　平成○年○月○日信託(注3) 受託者　○市○町○丁目○番○号 　乙　株式会社(注4)
	信託(注2)	余白	信託目録第○号(注5) 代位申請人（受益者）　○市○町○丁目○番○号 　○　某 代位原因　不動産登記法99条(注6)

信託目録		調製	平成○年○月○日
番　号	受付年月日・受付番号	予　備	
第○号	平成○年○月○日 第○号	余白	
1　委託者に関する事項	○市○町○丁目○番○号 　甲　某		
2　受託者に関する事項	○市○町○丁目○番○号 　乙　株式会社		
3　受益者に関する事項等	受益者　○市○町○丁目○番○号 　○　某		
4　信託条項	**（省略）**		

（注1）　権利の保存，設定，移転又は変更の登記及び信託の登記をするときは，権利部の相当区に同一の順位番号を用いて記録することになる（不登規則175条1項）。

（注2）　登記の目的欄は，「信託」と記録する。

（注3）　原因は，「平成○年○月○日信託」と記録する。

（注4）　権利者の表記は，「受託者」と記録する。

（注5）　信託登記に係る内容は信託目録に記録され公示されることから，登記記録には信託目録の信託番号のみを記録し，信託目録の信託番号は不動産ごとに異なる番号が付される。

（注6）　受益者による受託者に代わっての代位申請であることを明確にするため，代位申請人（受益者）の住所，氏名及び代位原因（不登法99条）を記録する。

【23】　信託財産の原状回復により所有権移転の登記がされている不動産について，後日，受益者が受託者に代位して，信託の登記のみを申請する場合

受益者の信託財産の原状回復請求（信託法40条１項２号）に基づき，既に受託者への所有権移転の登記がされている不動産につき，後日，受益者が受託者に代位（不登法99条）して信託の登記のみを申請する場合の手続である。

【23】－１　登記申請書

登　記　申　請　書

登記の目的　信託財産の原状回復による信託（注１）
信託登記申請人　○市○町○丁目○番○号
（受託者）　乙　株式会社（注２）
（会社法人等番号　1234-56-789123）
代表取締役　○○○○
代位申請人　○市○町○丁目○番○号
（受益者）　○　某（注３）
代位原因　不動産登記法99条（注４）

添付書類
登記原因証明情報（注５）　信託目録に記録すべき情報（注６）
会社法人等番号（資格証明書）（注７）　代理権限証明情報（注８）
代位原因証明情報（注９）

平成○年○月○日申請　○法務局○出張所

代　理　人　○市○町○丁目○番○号
○　○　○　○　㊞
電話先　○○－○○○○－○○○○

課税価格　　金○円(注10)
登録免許税　　金○円(注11)

不動産の表示（省略）

（注1）　登記の目的として，「信託財産の原状回復による信託」と記載し，信託財産の原状回復による信託のみの登記であることを明記する。
（注2）　信託登記申請人として，所有権の登記名義人たる受託者を記載する（登記記録に記録された所有権の登記名義人の表示及び登記原因証明情報の表示と符合していることを要する。）。所有者と記載することも考えられるが，信託登記の申請人は受託者であることから，信託登記申請人と記載する。
　申請人の会社法人等番号を提供するときは，「申請人の名称」に続けて会社法人等番号を記載する。
（注3）　代位申請人として，受益者を記載する（不登令3条4号）。受益者の表示は，信託目録の受益者の記録と一致することを要する。
（注4）　代位原因として，代位申請の根拠条文を記載する。
（注5）　権利に関する登記を申請するときには，登記原因を証する情報を提供しなければならない（不登法61条，不登令7条1項5号ロ）。
　信託の登記においては，信託契約書又は信託契約の締結に関する事項等を記載した書面（報告形式の登記原因証明情報）を提出する必要がある（不登令別表65項添付情報欄ロ）。
　なお，報告形式の登記原因証明情報を提供する場合，一般的には，登記権利者及び登記義務者が署名若しくは記名押印すべきであるが，最低限，登記義務者が作成名義人になっていなければならない。
（注6）　信託の登記の申請を書面申請によりするときは，不動産登記令15条の規定に基づき，信託目録に記録すべき情報を記載した書面（当該情報を電磁的記録で作成している場合にあっては，当該情報を記録した磁気ディスクを含む。）を添付して提出しなければならない（不登令7条1項6号，別表65項添付情報欄ハ）。
　なお，信託目録に記録すべき情報を書面で提出する場合にあっては，登記事務を円滑かつ正確に行うために，実務上は，信託目録に記録すべき情報を記録した磁気ディスクを併せて提出している（詳細は，第2章第4・1(4)（107頁）を参照。）。
（注7）　信託登記申請人及び代位申請人が法人であり，当該法人が会社法人等番号を有する法人である場合には，当該会社法人等番号を提供しなければならない（不登令7条1項1号イ）。
　なお，会社法人等番号を有する法人である場合であっても，作成後1か月以内の当該法人の代表者の資格を証する情報（代表者事項証明書等）を提供したときは，会社法人等番号の提供を要しない（不登規則36条1項1号各号，2項）。
（注8）　代理人によって登記を申請するときは，当該代理人の権限を証する情報として，委任状を添付する（不登令7条1項2号）。
　なお，代理人が法人であるときには，その法人における代表権のある者がその権限に基

づいて登記を申請していることを証するため，作成後３か月以内の当該法人の当該代表者の資格を証する情報を提供しなければならない（不登令７条１項２号，17条１項）。ただし，当該代理人の会社法人等番号を提供したときは，当該代理人の代表者の資格を証する情報の提供に代えることができる（不登規則37条の２）。

（注９）　代位により登記を申請するときは，代位原因を証する情報を提供する（不登令７条１項３号）。

なお，代位を証する書面として，信託契約書を添付する。登記原因証明情報を兼ねることでも差し支えない。

（注10）　課税価格として，土地又は建物の登記時の不動産の価額（固定資産課税台帳の登録価格）を記載する。

固定資産評価証明書（市町村発行）は法定の添付書面ではないが，実務上は添付する取扱いとなっている。

（注11）　信託の登記の登録免許税は，不動産の価額の1,000分の４の額である（登録免許税法別表第一，１，㈩イ）。

ただし，土地に関する所有権の信託の登記の税率については，特例で，平成25年４月１日から平成29年３月31日までは1,000分の３に軽減されている（租税特別措置法72条１項２号）。

【23】－２　登記記録例

権利部（甲区）（所有権に関する事項）			
順位番号	登記の目的	受付年月日・受付番号	権利者その他の事項
2	所有権移転	平成○年○月○日 受付第○号	原因　平成○年○月○日信託 受託者　○市○町○丁目○番○号 　乙　株式会社
	信託	余白抹消	信託目録第○号
3	所有権移転	平成○年○月○日 受付第○号	原因　平成○年○月○日売買 所有者　○市○町○丁目○番○号 　丙　某
	２番信託登記抹消	余白	原因　信託財産の処分
4	所有権移転	平成○年○月○日 受付第○号	原因　平成○年○月○日売買 所有者　○市○町○丁目○番○号 　乙　株式会社
5（注１）	信託財産の原状回復による信託（注２）	平成○年○月○日 受付第○号	信託目録第○○号（注３） 代位申請人（委託者又は受益者）　○市○町○丁目○番○号 　○　某 代位原因　不動産登記法99条（注４）

<table>
<tr><td colspan="3">信託目録</td><td>調製</td><td>平成○年○月○日</td></tr>
<tr><td>番　号</td><td>受付年月日・受付番号</td><td colspan="3">予　備</td></tr>
<tr><td>第○○号</td><td>平成○年○月○日
第○号</td><td colspan="3">余白</td></tr>
<tr><td>1　委託者に関する事項</td><td colspan="4">○市○町○丁目○番○号
○　某</td></tr>
<tr><td>2　受託者に関する事項</td><td colspan="4">○市○町○丁目○番○号
乙　株式会社</td></tr>
<tr><td>3　受益者に関する事項等</td><td colspan="4">受益者　○市○町○丁目○番○号
○　某</td></tr>
<tr><td>4　信託条項</td><td colspan="4">（省略）</td></tr>
</table>

（注1）　信託の登記のみの申請であることから，「信託財産の原状回復による信託」の記録は，所有権移転の順位番号とは異なる順位番号を記録する。

（注2）　登記の目的欄は，信託の登記のみの申請であることを明確にするため，「信託財産の原状回復による信託」と記録する。

（注3）　信託登記に係る内容は信託目録に記録され公示されることから，登記記録には信託目録の信託番号のみを記録し，信託目録の信託番号は不動産ごとに異なる番号が付される。

（注4）　受益者（委託者）が受託者に代わっての代位申請であることを明確にするため，代位申請人（受益者又は委託者）の住所・氏名及び代位原因（不登法99条）を記録する。

第２節

権利の変更の登記と信託の登記

第１　自己信託

【24】　自己信託による所有権の信託財産となった旨の権利の変更の登記と同時にする信託の登記

信託の方法として，信託契約又は遺言によるほか，特定の者が一定の目的に従い自己の有する一定の財産の管理又は処分及びその他の当該目的の達成のために必要な行為を自らすべき旨の意思表示を公正証書その他の書面又は電磁的記録に記載するなどしてする方法（「自己信託」）が認められた（信託法３条３号）。

この自己信託は，委託者自身が受託者となり，委託者が自己の有する一定の財産の管理・処分を自ら（受託者として）する信託の方法の一種である。

そのため，当該信託の対象となる権利は，自己信託されても受託者に属するものである点については変わらず，権利の移転は伴わないが，受託者の固有財産から信託財産に属することになる点で，権利の変更（不登法３条）に該当し，当該権利が信託財産となった旨の権利の変更の登記をすることとされた。

自己信託に係る信託の登記の申請は，当該権利の変更の登記の申請と同時にすべきこととされ（不登法98条１項），信託の登記の申請と当該信託に係る権利の変更の登記の申請とは，同時（一の申請情報）にしなければならない（不登令５条２項）。また，自己信託による権利の変更の登記の申請は，受託者が単独で申請することとなる（不登法98条３項）。

なお，持分の一部のみを信託財産とすることも可能であり，この場合，登記の目的は，「甲某持分２分の１が信託財産となった旨の登記及び信託」となり，信託財産として受託者に移転した持分を明らかにするため，「(受託者持分２分の１)」と申請書に記載をする。

【24】－1　登記申請書

登　記　申　請　書

登記の目的　　信託財産となった旨の登記及び信託（注1）
原　　　因　　平成○年○月○日自己信託（注2）
申　請　人　　○市○町○丁目○番○号
（受託者）　　　　　甲　　　某（注3）

添付書類
　登記原因証明情報（注4）　登記識別情報（注5）
　信託目録に記録すべき情報（注6）　印鑑証明書（注7）
　代理権限証明情報（注8）

登記識別情報の通知について（注9）
　送付の方法により登記識別情報通知書の交付を希望します。
　送付先：資格者代理人の事務所あて

平成○年○月○日申請　　○法務局○出張所

代　理　人　　○市○町○丁目○番○号
　　　　　　　　　　　　○○○○　㊞
　　　　　　　電話先　○○－○○○○－○○○○

課税価格　　金○円（注10）

登録免許税　　金○円（注11）
　　　　　　　変更分　　金○円（注12）
　　　　　　　信託分　　金○円（注13）

不動産の表示（省略）

（注1）　登記の目的として，「信託財産となった旨の登記及び信託」と記載し，権利の変更の登記（信託財産となった旨の登記）と信託の登記であることを明記する。

（注2）　登記原因及びその日付として，自己信託である旨と効力発生の年月日を記載する。

自己信託は，法定の事項を記載した公正証書又は公証人の認証を受けた書面若しくは電磁的記録によってされる場合には，その作成により効力が生じ，公正証書等以外の書面又は電磁的記録によってされる場合には，その効力は，確定日付のある証書により当該信託がされた旨及びその内容が受益者となるべきものとして指定された第三者に通知されることによってはじめて効力が生ずる（信託法4条3項）。

（注3）　申請人（受託者）として，所有権の登記名義人たる委託者を記載する（登記記録に記録された所有権の登記名義人の表示及び登記原因証明情報の表示と符合していることを要する。）。

申請人（受託者）が法人であるときは，その代表者の資格及び氏名を記載する。

（注4）　登記原因証明情報として，信託法4条3項1号に規定する公正証書等によって自己信託をした場合には当該公正証書等（公正証書については，その謄本）を，また，公正証書等以外の書面又は電磁的記録によって自己信託した場合には同項2号の書面若しくは電磁的記録及び同号の通知をしたことを証する情報を添付する（不登令別表65項添付情報欄イ，同66項の3添付情報欄）。

（注5）　信託法3条3号に掲げる方法によってされた権利の変更の登記においては，登記申請人は，登記識別情報（登記済証）を提供しなければならない（不登法22条，不登令8条1項8号）。

申請人（受託者）が所有権移転の登記等を受けたときの登記識別情報（登記済証）を提供する。

なお，紛失等の理由により登記義務者の登記識別情報（登記済証）を提供できない場合において，資格者代理人及び公証人による本人確認情報（不登法23条4項）の提供がない場合には，登記官による事前通知をすることとなる（不登法23条1項，2項）。

（注6）　信託の登記の申請を書面申請によりするときは，不動産登記令15条の規定に基づき，信託目録に記録すべき情報を記載した書面（当該情報を電磁的記録で作成している場合にあっては，当該情報を記録した磁気ディスクを含む。）を添付して提出しなければならない（不登令7条1項6号，別表65項添付情報欄ハ）。

なお，信託目録に記録すべき情報を書面で提出する場合にあっては，登記事務を円滑かつ正確に行うために，実務上は，信託目録に記録すべき情報を記録した磁気ディスクを併せて提出している（詳細は，第2章第4・1(4)（107頁）を参照。）。

（注7）　自己信託による権利の変更の登記においては，当該登記名義人が登記義務者となる権利に関する登記と同一とされている（不登規則47条3号イ(4)）ので，申請人（受託者）の作成後3か月以内の印鑑証明書を添付する（不登令16条2項，3項）。

（注8）　代理人によって登記を申請するときは，当該代理人の権限を証する情報として，委任状を添付する（不登令7条1項2号）。

委任状には，登記識別情報の通知の受領を委任する場合は，別途その旨を明らかにし，受領の復代理人の選任を委任する場合は，その旨を記載する。また，登記識別情報の通知を希望しない場合は，その旨も記載する必要がある。

なお，代理人が法人であるときには，その法人における代表権のある者がその権限に基づいて登記を申請していることを証するため，作成後3か月以内の当該法人の当該代表者の資格を証する情報を提供しなければならない（不登令7条1項2号，17条1項）。ただし，当該代理人の会社法人等番号を提供したときは，当該代理人の代表者の資格を証する情報の提供に代えることができる（不登規則37条の２）。

（注９）　登記識別情報の通知の送付を希望するときは，その旨を記載し，登記所の窓口での交付を希望するときは，何らの記載も要しない。

また，登記識別情報の通知を希望しない場合には，その旨を記載する。

（注10）　課税価格として，土地又は建物の登記時の不動産の価額（固定資産課税台帳の登録価格）を記載する。

固定資産評価証明書（市町村発行）は法定の添付書面ではないが，実務上は添付する取扱いとなっている。

（注11）　登録免許税として，権利の変更の登記分と信託の登記分の合計金額を記載する。

（注12）　権利の変更の登記の登録免許税は，不動産１個につき1,000円である（登録免許税法別表第一，１，㈣）。

登録免許税法７条１項１号（委託者から受託者に信託のために財産を移す場合における財産権の移転の登記又は登録には登録免許税を課さない。）の適用はない。

（注13）　信託の登記の登録免許税は，不動産の価額の1,000分の４の額である（登録免許税法別表第一，１，㈩イ）。

ただし，土地に関する所有権の信託の登記の税率については，特例で，平成25年４月１日から平成29年３月31日までは1,000分の３に軽減されている（租税特別措置法72条１項２号）。

【24】－２　登記記録例

権利部（甲区）（所有権に関する事項）			
順位番号	登記の目的	受付年月日・受付番号	権利者その他の事項
2	所有権移転	平成○年○月○日 受付第○号	原因　平成○年○月○日売買 所有者　○市○町○丁目○番○号 甲　某
3（注１）	信託財産となった旨の登記（注２）	平成○年○月○日 受付第○号	原因　平成○年○月○日自己信託（注３） 受託者　○市○町○丁目○番○号 甲　某（注４）
	信託（注２）	余白	信託目録第○号（注５）

信託目録		調製	平成○年○月○日
番　号	受付年月日・受付番号	予　備	
第○号	平成○年○月○日 第○号	余白	
１　委託者に関する事項	○市○町○丁目○番○号 甲　某		
２　受託者に関する事項	○市○町○丁目○番○号 甲　某		
３　受益者に関する事項等	受益者　○市○町○丁目○番○号		

	○　某
4　信託条項	**（省略）**

（注１）　権利の保存，設定，移転又は変更の登記及び信託の登記をするときは，権利部の相当区に同一の順位番号を用いて記録することになる（不登規則175条１項）。

（注２）　登記の目的欄は，「信託財産となった旨の登記」，「信託」と記録する。

（注３）　原因は，自己信託による信託であることを明確にするため，「平成○年○月○日自己信託」と記録する。

（注４）　権利者の表記は，「受託者」と記録する。

（注５）　信託登記に係る内容は信託目録に記録され公示されることから，登記記録には信託目録の信託番号のみを記録し，信託目録の信託番号は不動産ごとに異なる番号が付される。

（参考）（持分の一部のみを信託財産とした自己信託の場合）

権利部（甲区）（所有権に関する事項）			
順位番号	登記の目的	受付年月日・受付番号	権利者その他の事項
2	所有権移転	平成○年○月○日 受付第○号	原因　平成○年○月○日売買 所有者　○市○町○丁目○番○号 　甲　某
3**（注１）**	甲某持分２分の１が信託財産となった旨の登記**（注２）**	平成○年○月○日 受付第○号	原因　平成○年○月○日自己信託**（注３）** 受託者　○市○町○丁目○番○号 　甲　某 　（受託者持分２分の１）**（注４）**
	信託**（注２）**	余白	信託目録第○号**（注５）**

（注１）　権利の保存，設定，移転又は変更の登記及び信託の登記をするときは，権利部の相当区に同一の順位番号を用いて記録することになる（不登規則175条１項）。

（注２）　持分に対する信託においては，登記の目的欄は，「甲某持分２分の１が信託財産となった旨の登記」，「信託」と記録する。

（注３）　原因は，自己信託による信託であることを明確にするため，「平成○年○月○日自己信託」と記録する。

（注４）　権利者の表示は，「受託者」と記録するとともに，所有者の持分の記録とは異なり「（受託者持分２分の１）」と記録し２分の１が受託者に自己信託されたことを明記する。

（注５）　信託登記に係る内容は信託目録に記録され公示されることから，登記記録には信託目録の信託番号のみを記録し，信託目録の信託番号は不動産ごとに異なる番号が付される。

【25】　自己信託による抵当権の信託財産となった旨の権利の変更の登記と同時にする信託の登記

本事例は，抵当権設定登記がされている担保権付債権を有する当該担保権者である被担保債権者が，自己の有する債権を信託財産とする公正証書等による意思表示の方法による信託（自己信託）により，権利の変更の登記（抵当権の信託財産となった旨の登記）とともに信託の登記をする登記手続である。

自己信託に係る信託の登記の申請は，当該権利の変更の登記の申請と同時にすべきこととされ（不登法98条1項），信託の登記の申請と当該信託に係る権利の変更の登記の申請とは，一の申請情報によってしなければならない（不登令5条2項）。また，自己信託による権利の変更の登記の申請は，受託者が単独で申請することとなる（不登法98条3項）。

【25】－1　登記申請書

登　記　申　請　書

登記の目的　　抵当権の信託財産となった旨の登記及び信託（注1）
原　　　因　　平成○年○月○日自己信託（注2）
信託すべき登記の表示
　　　　　　　平成○年○月○日受付第○号
申　請　人　　○市○町○丁目○番○号
（受託者）　　　　乙　株式会社（注3）
　　　　　　　　　（会社法人等番号　1234-56-789123）
　　　　　　　　　代表取締役　○○○○

添 付 書 類
　　登記原因証明情報（注4）　登記識別情報（注5）
　　信託目録に記録すべき情報（注6）　会社法人等番号(資格証明書)（注7）
　　代理権限証明情報（注8）

登記識別情報の通知について（注9）
　送付の方法により登記識別情報通知書の交付を希望します。
　送付先：資格者代理人の事務所あて

平成○年○月○日申請　　○法務局○出張所

代　理　人　　○市○町○丁目○番○号
　　　　　　　　　　○　○　○　○　㊞
　　　　　　電話先　○○－○○○○－○○○○

課税価格　　金○円（注10）

登録免許税　　金○円（注11）
　　　　　　変更分　　金○円（注12）
　　　　　　信託分　　金○円（注13）

不動産の表示（省略）

（注1）　登記の目的として，「抵当権の信託財産となった旨の登記及び信託」と記載し，権利の変更の登記（信託財産となった旨の登記）と信託の登記であることを明記する。
　信託財産となった抵当権を特定するために，信託すべき登記の表示として，受付年月日及び受付番号を記載するか，当該抵当権の順位番号を記載する。

（注2）　登記原因及びその日付として，自己信託である旨と効力発生の年月日を記載する。
　自己信託は，法定の事項を記載した公正証書又は公証人の認証を受けた書面若しくは電磁的記録によってされる場合には，その作成により効力が生じ，公正証書等以外の書面又は電磁的記録によってされる場合には，その効力は，確定日付のある証書により当該信託がされた旨及びその内容が受益者となるべきものとして指定された第三者に通知されることによってはじめて効力が生ずる（信託法4条3項）。

（注3）　申請人（受託者）として，抵当権の登記名義人たる委託者を記載する（登記記録に記録された抵当権の登記名義人の表示及び登記原因証明情報の表示と符合していることを要する。）。
　申請人（受託者）が法人であるときは，その代表者の資格及び氏名を記載する。
　申請人の会社法人等番号を提供するときは，「申請人の名称」に続けて会社法人等番号を記載する。

（注4）　登記原因証明情報として，信託法4条3項1号に規定する公正証書等によって自己信託をした場合には当該公正証書等（公正証書については，その謄本）を，また，公正証

書等以外の書面又は電磁的記録によって自己信託した場合には同項２号の書面若しくは電磁的記録及び同号の通知をしたことを証する情報を添付する（不登令別表65項添付情報欄イ，同66項の３添付情報欄）。

（注５）　信託法３条３号に掲げる方法によってされた権利の変更の登記においては，登記申請人は，登記識別情報（登記済証）を提供しなければならない（不登法22条，不登令８条１項８号）。

申請人（受託者）が所有権移転の登記等を受けたときの登記識別情報（登記済証）を提供する。

なお，紛失等の理由により登記義務者の登記識別情報（登記済証）を提供できない場合において，資格者代理人及び公証人による本人確認情報（不登法23条４項）の提供がない場合には，登記官による事前通知をすることとなる（不登法23条１項，２項）。

（注６）　信託の登記の申請を書面申請によりするときは，不動産登記令15条の規定に基づき，信託目録に記録すべき情報を記載した書面（当該情報を電磁的記録で作成している場合にあっては，当該情報を記録した磁気ディスクを含む。）を添付して提出しなければならない（不登令７条１項６号，別表65項添付情報欄ハ）。

なお，信託目録に記録すべき情報を書面で提出する場合にあっては，登記事務を円滑かつ正確に行うために，実務上は，信託目録に記録すべき情報を記録した磁気ディスクを併せて提出している（詳細は，第２章第４・１⑷（107頁）を参照。）。

（注７）　申請人が法人であり，当該法人が会社法人等番号を有する法人である場合には，当該会社法人等番号を提供しなければならない（不登令７条１項１号イ）。

なお，会社法人等番号を有する法人である場合であっても，作成後１か月以内の当該法人の代表者の資格を証する情報（代表者事項証明書等）を提供したときは，会社法人等番号の提供を要しない（不登規則36条１項１号各号，２項）。

（注８）　代理人によって登記を申請するときは，当該代理人の権限を証する情報として，委任状を添付する（不登令７条１項２号）。

委任状には，登記識別情報の通知の受領を委任する場合は，別途その旨を明らかにし，受領の復代理人の選任を委任する場合は，その旨を記載する。また，登記識別情報の通知を希望しない場合は，その旨も記載する必要がある。

なお，代理人が法人であるときには，その法人における代表権のある者がその権限に基づいて登記を申請していることを証するため，作成後３か月以内の当該法人の当該代表者の資格を証する情報を提供しなければならない（不登令７条１項２号，17条１項）。ただし，当該代理人の会社法人等番号を提供したときは，当該代理人の代表者の資格を証する情報の提供に代えることができる（不登規則37条の２）。

（注９）　登記識別情報の通知の送付を希望するときは，その旨を記載し，登記所の窓口での交付を希望するときは，何らの記載も要しない。

また，登記識別情報の通知を希望しない場合には，その旨を記載する。

（注10）　課税価格として，債権金額を記載する。

（注11）　登録免許税として，権利の変更の登記分と信託の登記分の合計金額を記載する。

（注12）　権利の変更の登記の登録免許税は，不動産１個につき1,000円である（登録免許税法別表第一，１，㈣）。

登録免許税法７条１項１号（委託者から受託者に信託のために財産を移す場合における財産権の移転の登記又は登録には登録免許税を課さない。）の適用はない。

（注13）　信託の登記の登録免許税は，債権金額の1,000分の２の額である（登録免許税法別

表第一，１，(十)ロ）。

【25】－２　登記記録例

権利部（乙区）（所有権以外の権利に関する事項）			
順位番号	登記の目的	受付年月日・受付番号	権利者その他の事項
１	抵当権設定	平成○年○月○日 受付第○号	原因　平成○年○月○日金銭消費貸借平成○年○月○日設定 債権額　金○億円 利息　年2.81％ 損害金　年14％ 債務者　○市○町○丁目○番○号 ○　某 抵当権者　○市○町○丁目○番○号 乙　株式会社 共同担保　目録(さ)第○号
１付記１号(注１)	信託財産となった旨の登記(注２)	平成○年○月○日 受付第○号	原因　平成○年○月○日自己信託(注３) 受託者　○市○町○丁目○番○号 乙　株式会社(注４)
	信託(注２)	余白	信託目録第○号(注５)

信託目録		調製	平成○年○月○日
番　号	受付年月日・受付番号	予　備	
第○号	平成○年○月○日 第○号	余白	
１　委託者に関する事項	○市○町○丁目○番○号 乙　株式会社		
２　受託者に関する事項	○市○町○丁目○番○号 乙　株式会社		
３　受益者に関する事項等	受益者　○市○町○丁目○番○号 乙　株式会社		
４　信託条項	**（省略）**		

（注１）　権利の保存，設定，移転又は変更の登記及び信託の登記をするときは，権利部の相当区に同一の順位番号を用いて記録することになる（不登規則175条１項)。なお抵当権の信託財産となった旨の登記においては，順位番号は付記登記で記録する（不登規則３条４号)。

（注２）　登記の目的欄は「信託財産となった旨の登記｣，「信託」と記録する。

（注３）　原因は自己信託による信託であることを明確にするため，「平成○年○月○日自己信託」と記録する。

（注４）　権利者の表記は「抵当権者」ではなく「受託者」と記録する。

（注５）　信託登記に係る内容は信託目録に記録され公示されることから，登記記録には信託目録の信託番号のみを記録し，信託目録の信託番号は不動産ごとに異なる番号が付される。

【25】－3　添付書類

自　己　信　託　証　書

乙株式会社は，別紙記載の財産を保有するところ，本自己信託証書に記載する目的に従って，本自己信託証書により設定された信託の受託者として，受益者のために，信託条項に規定するとおり当該財産の管理，処分及びその他の当該目的の達成のために必要な行為を行うものとする。

1．信託の目的
　後記信託条項第1条のとおり。
2．信託をする財産
　別紙記載のとおり。
3．受益者の定め
　後記信託条項第6条のとおり。
4．信託財産に属する財産の管理又は処分の方法
　後記信託条項第9条ないし第12条のとおり。
5．信託の終了の事由
　後記信託条項第17条各項のとおり。
6．上記に掲げるものほか，信託の条項は，後記「信託条項」に定めるところによるものとする。

平成○年○月○日

自己信託をする者の名称及び住所：
○市○町○丁目○番○号
乙　株式会社
代表取締役　○○○○　㊞

信　託　条　項

第１条　（信託の目的）

本信託（本自己信託証書に基づいて行われる信託）は，乙株式会社が，受託者として信託財産を受益者のために保全し，保護することを目的とする。

第２条　（信託の期間）

本信託の期間は，信託開始日より平成○年○月末日（以下「信託期間満了日」という。）までとする。ただし，第17条の規定により早期に終了することがある。

第３条　（信託の公示等）

1　信託財産のうち信託の登記又は登録をすることができる財産に該当しないものについては，本受託者が必要と認めた場合を除き，信託の登記，登録又は信託の表示及び記載若しくは記録を省略することができる。

2　信託財産のうち別紙記載の抵当権については，本受託者は，本信託の設定後遅滞なく信託の登記を申請するものとし，その費用は，信託財産の負担とする。ただし，当該抵当権が信託開始日において登記されていない場合には，債務者の同意を得てその登記をしたときに，遅滞なく信託の登記を申請する。

3　乙株式会社は，本自己信託証書に定めるもののほか，当初委託者として，同証書に基づく信託財産の信託のために必要な一切の手続を行うものとする。かかる手続には，受託債権に関連する契約書等に従って関係者に対して行うべき通知又は関係者から取得すべき承諾がある場合には，これを含む。

第４条　（利息等の帰属）

1　受託債権から生じ，信託開始日以降に支払われる金額は全て信託財産に帰属するものとする。

2　受託債権に関する費用は，信託開始日をもって区分し，その前日までに発生したものは，当初委託者としての乙株式会社が負担し，信託開始日以降に発生したものは信託財産の負担とする。

第5条　（担保の責任等）

当初委託者としての乙株式会社は，受託債権の債務者の支払能力を担保しないものとし，受託債権に係る債務に不履行があっても，信託財産の被った損害を自己の固有財産をもって補填する責任を負わない。

第6条　（受益権の種類及び個数並びに当初の受益者）

受益権は，1種類かつ1個により構成されるものとし，当初の受益者は，乙株式会社とする。

第7条　（受益権の分割及び受益権証書の発行）

1　受益権は，分割できない。

2　本信託において，受益権証書及び受益証券は発行しない。

第8条　（受益権の譲渡・質入）

1　受益者は，機関投資家に一括して譲渡する場合を除き，受益権について，譲渡，担保権の設定又はその他の処分（設定された担保権の譲渡及び実行を含む。以下本条において同じ。）をできない。

2　前項の場合においても，受益者（当初の受益者を除く。）は，本受託者の事前の書面による承諾なしに，受益権について，譲渡，担保権の設定又はその他の処分をすることはできない。

3　受益権の譲渡を受けた者又はこれを承継した者は，本信託における委託者及び受益者の権利義務及び地位の全てを承継する。ただし，本信託に規定する当初委託者の義務は，当初委託者の義務に留まる。

第9条　（受益者の指図）

1　本受託者は，本自己信託証書により設定された信託の受託者として，信託財産の保全，保護，管理，運用及び処分その他の本信託の目的の達成のために必要な行為をなす権限を有する。ただし，本受託者は，本自己信託証書により設定された信託の受託者として，本自己信託証書に規定されている事項については当該規定に従い，本自己信託証書に規定のない事項については受益者の指図に従う。

2　受益者は，本受託者の事前の書面による承諾を得て，本受託者に対する指図権の行使を第三者に委託することができる。

第10条　（受託債権の管理及び回収等）

1　本受託者は，本自己信託証書により設定された信託の受託者として，信託財産につき以下の事項を行う。

⑴　受託債権の回収

⑵　信託財産に関する記録その他の情報の管理

⑶　信託財産の信託に関連する支払その他の財務的手続及び法令遵守手続（必要な場合に限る。）

⑷　上記各号に関連し，又は付随する事務

2　本受託者は，本自己信託証書により設定された信託の受託者として，回収し，又は受領した金銭を本信託の規定に従って受益者に交付するまで保管するものとする。

3　本受託者は，本自己信託証書により設定された信託の受託者として，受益者のために，かつ，受益者から事前の承諾を取得した場合に限り，債務者の依頼に応じて，信託財産の条件の延長，終了，変更又は放棄をし，そのための書面を作成することができる。

第11条　（信託財産に属する金銭の運用）**（省略）**

第12条　（信託事務の一部委任）

本受託者は，受益者の事前の書面による承諾を得て，本信託に基づく信託事務の処理の一部を第三者に委託することができる。

第13条　（租税その他の費用の支払）**（省略）**

第14条　（信託報酬）**（省略）**

第15条　（信託の計算）**（省略）**

第16条　（信託期間中の元本及び収益の交付）**（省略）**

第17条　（信託の終了）

1　受益者は，いつでも，その裁量により，本受託者に終了日を明示した事前の書面による通知をなすことにより本信託を終了させることができる。

2　本信託は，以下の各号に掲げる日のうちのいずれか早い日に終了するものとする。
(1)　信託期間満了日
(2)　前項に基づく書面による通知において受益者が本信託の終了日として指定した日
(3)　信託法第163条第1号から第8号までに掲げるいずれかの事由が生じた日

第18条　（信託終了時の財産の交付）**（省略）**

第19条　（善管注意義務）**（省略）**

第20条　（分別管理）**（省略）**

第21条　（受託債権の明細の閲覧）**（省略）**

第22条　（信託の変更）

本信託は，本受託者及び受益者の合意による場合に限り変更することができる。

以上

（別　紙）

1　貸付債権の目録 **（省略）**

2　担保権の目録

(1)　抵当権（仮登記を含む）

ア　○法務局○出張所管轄分

（平成○年○月○日受付第○号）

(ア)　○市○町○丁目○番○の土地

(イ)　○市○町○丁目○番地○

家屋番号　○番○の建物

イ　△法務局△出張所管轄分

（平成○年○月○日受付第○号）

(ア)　○市○町○丁目○番○の土地

(イ)　○市○町○丁目○番地○

家屋番号　○番○の建物

（以下省略）

平成○年　登簿　第　○○○　号

認　　　証

嘱託人　乙株式会社（本店○市○町○丁目○番○号）代表取締役○○○○は，添付証書の記名押印が自己のものに相違ない旨，代理人弁護士△△△△を通じ本公証人に対し自認した。

よって，これを認証する。

平成○年○月○日，本職役場において

○市○町○丁目○番○号

○法務局所属

公証人　△　△　△　△

平成○年　登簿　第　○○○　号

認　　　証

添付の「自己信託証書」の謄本はその原本と対照した結果符合すること

を認めた。

よって，これを認証する。

平成○年○月○日，本職役場において

○市○町○丁目○番○号

○法務局所属

公証人　△　△　△　△

信託目録に記録すべき情報

委託者　○市○町○丁目○番○号

乙　株式会社

受託者　○市○町○丁目○番○号

乙　株式会社

受益者　○市○町○丁目○番○号

乙　株式会社

〔信託条項〕

1　信託の目的（**省略**）

2　信託財産の管理方法（**省略**）

3　信託終了の事由（**省略**）

4　その他信託条項（**省略**）

委　任　状

平成○年○月○日

○市○町○丁目○番○号
○　○　○　○

私は，上記の者を代理人として，下記の登記申請に関する一切の権限を委任する。

記

1　登記の目的　　抵当権の信託財産となった旨の登記及び信託
1　申　請　人　　○市○町○丁目○番○号
（受託者）　　　　乙　株式会社

1　原本還付請求及び受領に関する一切の件
1　復代理人選任に関する一切の件
1　登記識別情報の受領及び登記識別情報の受領に係る復代理人選任に関する一切の件

不動産の表示
○市○町○丁目○番○の土地
○市○町○丁目○番地○
家屋番号○番○の建物

○市○町○丁目○番○号
乙　株式会社
代表取締役　○○○○　㊞

第2　信託の併合又は分割

【26】　信託の併合により他の信託の信託財産に属する財産となった旨の権利の変更の登記と同時にする信託の登記の抹消及び信託の登記

信託の併合とは，受託者を同一とする2以上の信託の信託財産の全部を1つの新たな信託の信託財産にすることであり（信託法2条10項），この財産は信託の清算を経ず（信託法175条括弧書き）に1つの信託として再組成し，併合の手続をとることにより，直接併合後の信託に承継され，債務も併合後の信託に引き継がれる（新たな信託の信託財産責任債務となる。）。

信託の併合は，原則として，各信託の委託者，受託者及び受益者の合意によってされる（信託法151条1項）。

併合により信託財産に属する不動産に関する権利の帰属に変更が生じたときは，受託者が同一であり，当該権利の登記名義人に変更がないことから，不動産登記法に特則が設けられ，信託の併合を原因とする権利の変更の登記ですることとなった（不登法104条の2第1項）。

この登記申請においては，権利の変更の登記と併せて，従前の信託の登記を抹消し，新たな信託についての信託の登記をすることになるが，これらの信託の抹消登記の申請及び信託の登記は，権利の変更の登記と同時にしなければならない（不登法104条の2第1項）。

なお，信託の併合に係る権利の変更の登記は，従前の信託の受託者及び受益者を登記義務者とし，新たな信託の受託者及び受益者を登記権利者とする（不登法104条の2第2項前段）。この場合には，受益者については，登記識別情報の提供は要しない（不登法104条の2第2項後段）。また，信託の併合をするときは，債権者保護手続を経る必要がある（信託法152条）ことから，権利の変更の登記の申請時には，債権者保護手続が適正に行われたことを証する情報を提供しなければならない（不登令別表66項の2添付情報欄ハ）。

ところで，信託契約において，「受益権の譲渡又は承継により受益権を取得した者は，本件信託契約上の委託者の地位及び受益者の地位を承継する。」旨の信託条項があった場合には，信託法146条の規定により，受益権売買に伴い，実質的には委託者の地位は受益者に承継（移転）することとなり，不動産登記法103条の規定に該当し，信託目録の委託者の変更の登記を申請すべきだが，現実には信託目録の委託者の変更の登記は余り申請されていないようである。

しかし，信託の併合又は分割おいては，各信託の委託者，受託者及び受益者の合意が要件となっているため，登記原因証明情報には実質的の委託者・受託者及び受益者の住所氏名を記載し，これらの当事者の合意があったことを記載する必要があること，また，債権者保護手続における官報公告，信託債権者への催告には，各信託の当事者（委託者・受託者・受益者）を表示することとなり，受益権売買によって委託者の地位が承継されている場合には，委託者兼受益者との表示になる。

すると，信託目録の委託者の変更の登記がされていない場合には，当該登記申請における登記官の審査の段階で，添付情報に記載された委託者の表示が信託目録の委託者の表示と相違することが明白となり，却下の対象となる。

よって，委託者が変更している場合には，信託の併合又は分割をする前に信託目録の委託者の変更の登記をする必要がある。

【26】－１　登記申請書

登　記　申　請　書

登記の目的　信託併合により別信託の目的となった旨の登記，信託登記の抹消及び信託（注１）

原　　　因　権利の変更登記　平成○年○月○日信託併合（注２）
　　　　　　信託登記の抹消　信託併合

権　利　者　○市○町○丁目○番○号
（受託者）　　　乙　株式会社
　　　　　　　　（会社法人等番号　1234-56-789123）
　　　　　　　　代表取締役　○○○○

（受益者）　○市○町○丁目○番○号
　　　　　　　　○　　某（注３）

義　務　者　　○市○町○丁目○番○号
（受 託 者）　　　　乙　株式会社
　　　　　　　　　　　（会社法人等番号　1234-56-789123）
　　　　　　　　　　代表取締役　○○○○
（受 益 者）　　○市○町○丁目○番○号
　　　　　　　　　　○　　　某（注4）

添 付 書 類
　登記原因証明情報（注5）　登記識別情報（注6）
　信託目録に記録すべき情報（注7）　印鑑証明書（注8）
　会社法人等番号（資格証明書）（注9）　債権者保護情報（注10）
　代理権限証明情報（注11）

登記識別情報の通知について（注12）
　送付の方法により登記識別情報通知書の交付を希望します。
　送付先：資格者代理人の事務所あて

平成○年○月○日申請　　○法務局○出張所
代　理　人　　○市○町○丁目○番○号
　　　　　　　　　　　○　○　○　○　　㊞
　　　　　　　　電話先　○○－○○○○－○○○○

課 税 価 格　　金○円（注13）

登録免許税　　金○円（注14）
　　　　　　　　変更分　　金○円（注15）
　　　　　　　　抹消分　　金○円（注16）
　　　　　　　　信託分　　金○円（注17）

不動産の表示（省略）

（注１）　登記の目的として，「信託併合により別信託の目的となった旨の登記，信託登記の抹消及び信託」と記載し，権利の変更の登記（信託併合により別信託の目的となった旨の登記），信託の登記の抹消及び信託の登記である旨を明記する。

（注２）　登記原因及びその日付として，信託併合の効力が生じた年月日及びその原因を記載する。

効力の発生日は，一般的には，各信託の委託者，受託者及び受益者の合意があった日であるが，信託の併合をする場合には，前もって委託者，受託者及び受益者間で将来の信託併合日（債権者保護手続が終了した後の日付）を定めており，その日が効力発生日となる。

また，信託登記抹消の原因については，信託財産について信託の併合をしたことによる抹消登記であることから原因は「信託併合」となる。

（注３）　登記権利者として，当該不動産に関する権利が属することとなる信託の受託者及び受益者を記載する（不登法104条の２第２項前段，登記記録に記録された所有権の登記名義人の表示及び登記原因証明情報の表示と符合していることを要する。）。

受託者及び受益者が法人であるときは，その代表者の資格及び氏名を記載する。

申請人の会社法人等番号を提供するときは，「申請人の名称」に続けて会社法人等番号を記載する。

（注４）　登記義務者として，当該不動産に関する権利が属していた信託の受託者及び受益者を記載する（不登法104条の２第２項前段，登記記録に記録された所有権の登記名義人の表示及び登記原因証明情報の表示と符合していることを要する。）。

受託者及び受益者が法人であるときは，その代表者の資格及び氏名を記載する。

申請人の会社法人等番号を提供するときは，「申請人の名称」に続けて会社法人等番号を記載する。

（注５）　権利に関する登記を申請するときには，登記原因を証する情報を提供しなければならない（不登法61条，不登令７条１項５号ロ）。

登記原因証明情報として，信託併合が成立したことを明らかとした，登記の原因となる事実又は法律行為を証明する事項を記載した書面（報告形式の登記原因証明情報）を提出する必要がある（不登令別表65項添付情報欄ロ）。

なお，報告形式の登記原因証明情報を提供する場合，一般的には，登記権利者及び登記義務者が署名若しくは記名押印すべきであるが，最低限，登記義務者が作成名義人になっていなければならない。

（注６）　登記権利者及び登記義務者が共同して権利に関する登記を申請する場合には，申請情報と併せて登記義務者の登記識別情報（登記済証）を提供しなければならない（不登法22条）。

登記義務者が所有権の移転の登記等を受けたときの登記識別情報（登記済証）を提供する。

なお，登記義務者である受益者については，登記識別情報の提供は要しない（不登法104条の２第２項後段）。

また，紛失等の理由により登記義務者の登記識別情報（登記済証）を提供できない場合において，資格者代理人及び公証人による本人確認情報（不登法23条４項）の提供がない場合には，登記官による事前通知をすることとなる（不登法23条１項，２項）。

（注７）　信託の登記の申請を書面申請によりするときは，不動産登記令15条の規定に基づき，信託目録に記録すべき情報を記載した書面（当該情報を電磁的記録で作成している場合にあっては，当該情報を記録した磁気ディスクを含む。）を添付して提出しなければならない（不登令７条１項６号，別表65項添付情報欄ハ）。

なお，信託目録に記録すべき情報を書面で提出する場合にあっては，登記事務を円滑かつ正確に行うために，実務上は，信託目録に記録すべき情報を記録した磁気ディスクを併せて提出している（詳細は，第2章第4・1(4)（107頁）を参照。）。

（注8）　所有権の登記名義人である登記義務者（受託者及び受益者）の作成後3か月以内の印鑑証明書を添付する（不登令16条2項，3項）。

（注9）　申請人が法人であり，当該法人が会社法人等番号を有する法人である場合には，当該会社法人等番号を提供しなければならない（不登令7条1項1号イ）。

なお，会社法人等番号を有する法人である場合であっても，作成後1か月以内の当該法人の代表者の資格を証する情報（代表者事項証明書等）を提供したときは，会社法人等番号の提供を要しない（不登規則36条1項1号各号，2項）。

（注10）　債権者保護手続が適法に行われたこと等を証する情報を提供しなければならない（不登令別表66項の2添付情報欄ハ）。

（注11）　代理人によって登記を申請するときは，当該代理人の権限を証する情報として，委任状を添付する（不登令7条1項2号）。

委任状には，登記識別情報の通知の受領を委任する場合は，別途その旨を明らかにし，受領の復代理人の選任を委任する場合は，その旨を記載する。また，登記識別情報の通知を希望しない場合は，その旨も記載する必要がある。

なお，代理人が法人であるときには，その法人における代表権のある者がその権限に基づいて登記を申請していることを証するため，作成後3か月以内の当該法人の当該代表者の資格を証する情報を提供しなければならない（不登令7条1項2号，17条1項）。ただし，当該代理人の会社法人等番号を提供したときは，当該代理人の代表者の資格を証する情報の提供に代えることができる（不登規則37条の2）。

（注12）　登記識別情報の通知の送付を希望するときは，その旨を記載し，登記所の窓口での交付を希望するときは，何らの記載も要しない。

また，登記識別情報の通知を希望しない場合には，その旨を記載する。

（注13）　課税価格として，土地又は建物の登記時の不動産の価額（固定資産課税台帳の登録価格）を記載する。

固定資産評価証明書（市町村発行）は法定の添付書面ではないが，実務上は添付する取扱いとなっている。

（注14）　登録免許税として，権利の変更の登記分，信託登記の抹消分及び信託の登記分の合計金額を記載する。

（注15）　権利の変更の登記の登録免許税は，不動産1個につき1,000円である（登録免許税法別表第一，1，㈣）。

登録免許税法7条1項1号（委託者から受託者に信託のために財産を移す場合における財産権の移転の登記又は登録には登録免許税を課さない。）の適用はない。

（注16）　信託の登記の抹消の登録免許税は，不動産1個につき1,000円である（登録免許税法別表第一，1，㈤）。

（注17）　信託の登記の登録免許税は，不動産の価額の1,000分の4の額である（登録免許税法別表第一，1，㈩イ）。

ただし，土地に関する所有権の信託の登記の税率については，特例で，平成25年4月1日から平成29年3月31日までは1,000分の3に軽減されている（租税特別措置法72条1項2号）。

【26】－2　登記記録例

権利部（甲区）（所有権に関する事項）			
順位番号	登記の目的	受付年月日・受付番号	権利者その他の事項
2	所有権移転	平成○年○月○日 受付第○号	原因　平成○年○月○日売買 所有者　○市○町○丁目○番○号 ○　某
3	所有権移転	平成○年○月○日 受付第○号	原因　平成○年○月○日信託 受託者　○市○町○丁目○番○号 乙　株式会社
	信託	余白抹消	信託目録第○号
4(注 1)	信託併合により別信託の目的となった旨の登記(注 2)	平成○年○月○日 受付第○号	原因　平成○年○月○日信託併合(注 5)
	3番信託登記抹消(注 3)	余白	原因　信託併合(注 5)
	信託(注 4)	余白	信託目録第○○号(注 6)

信託目録		調製	平成○年○月○日
番　号	受付年月日・受付番号	予　備	
第○号	平成○年○月○日 第○号	信託抹消　平成○年○月○日受付第○号抹消	
1　委託者に関する事項	○市○町○丁目○番○号 ○　某		
2　受託者に関する事項	○市○町○丁目○番○号 乙　株式会社		
3　受益者に関する事項等	受益者　○市○町○丁目○番○号 ○　某		
4　信託条項	**（省略）**		

信託目録		調製	平成○年○月○日
番　号	受付年月日・受付番号	予　備	
第○○号	平成○年○月○日 第○号	余白	
1　委託者に関する事項	○市○町○丁目○番○号 ○　某		
2　受託者に関する事項	○市○町○丁目○番○号 乙　株式会社		
3　受益者に関する事項等	受益者　○市○町○丁目○番○号 ○　某		

4 信託条項	（省略）

（注１）　権利の変更の登記及び信託の登記又は信託の抹消の登記をするときは，権利部の相当区に同一の順位番号を用いて記録することになる（不登規則175条３項)。

（注２）　登記の目的欄は「信託併合により別信託の目的となった旨の登記」と記録する。また，当該物件に複数の信託が登記されているときには，「○番信託併合により……」となる。

（注３）　３番の信託は別信託の目的となり消滅したので，登記の目的欄には「３番信託登記抹消」と記録し，３番の信託の登記，余白及び信託目録番号は抹消する記号（下線）を記録する。

（注４）　信託の登記の登記の目的欄は，「信託」と記録する。

（注５）　原因には「平成○年○月○日信託併合」と記録するとともに３番信託登記の抹消の原因として「信託併合」と記録する。

（注６）　信託登記に係る内容は信託目録に記録され公示されることから，登記記録には信託目録の信託番号のみを記録し，信託目録の信託番号は不動産ごとに異なる番号が付される。なお，４番の信託目録の信託番号は，３番の信託目録の信託番号と異なる番号が付される。

【26】－３　添付書類

登記原因証明情報

1　登記申請情報の要項

⑴　登記の目的　　信託の併合により別信託の目的となった旨の登記，
信託登記の抹消及び信託

⑵　登記の原因　　権利の変更登記　平成○年○月○日信託併合
信託登記の抹消　信託併合

⑶　当　事　者　　権利者　　○市○町○丁目○番○号
乙　株式会社
○市○町○丁目○番○号
○　　某
義務者　　○市○町○丁目○番○号
乙　株式会社
○市○町○丁目○番○号
○　　某

⑷　不動産及び信託目録の表示

①　Ａ信託の不動産の表示

○市○町○丁目○番○の土地　（順位番号３番）

（平成○年信託目録第○号）

○市○町○丁目○番△の土地　（順位番号３番）

（平成○年信託目録第○号）

②　Ｂ信託の不動産の表示

△市△町△丁目○番○の土地　（順位番号２番）

（平成○年信託目録第○号）

△市△町△丁目○番△の土地　（順位番号２番）

（平成○年信託目録第○号）

⑸　信託目録に記録すべき情報　　別紙「信託目録に記録すべき情報」のとおり

２　登記の原因となる事実又は法律行為

⑴　前記１⑷①不動産の平成△年△月△日付け信託（以下「Ａ信託」という。）の受託者である乙株式会社及び受益者兼委託者である，○某と，前記１⑷②不動産の平成◇年◇月◇日付け信託（以下「Ｂ信託」という。）の受託者である乙株式会社及び受益者兼委託者である○某との間の合意によって，平成○年○月○日を信託併合日としてＡ信託及びＢ信託を，信託目録に記録すべき情報の信託条項を内容とする新たな不動産管理処分信託（併合後の新たな信託の受託者は乙株式会社，受益者兼委託者は○某）として併合する契約（以下「本件信託併合契約」という。）を平成▽年▽月▽日に締結した。

⑵　受託者である乙株式会社は，本件信託併合契約に基づく信託の併合に際して，Ａ信託及びＢ信託の信託財産責任負担債務に係る債権を有する債権者に対し，信託法152条２項による官報による公告をし，かつ，信託法152条３項１号による各別の催告に代える公告を平成☆年☆月☆日に行った。

この両公告の結果，本件信託の併合に異議を述べる債権者はいなかった。

(3)　以上により，A信託の信託財産及びB信託の信託財産は，平成○年○月○日に信託併合され，A信託（平成△年△月△日○法務局○出張所受付第○号）及びB信託（平成◇年◇月◇日○法務局○出張所受付第○号）は信託の終了となり，新たな信託の信託財産となった。

平成○年○月○日　　○法務局○出張所　御中

上記の登記原因のとおり相違ありません。

○市○町○丁目○番○号
乙　株式会社
代表取締役　○○○○　㊞
○市○町○丁目○番○号
○　　某　㊞

信託目録に記録すべき情報

委託者　○市○町○丁目○番○号
○　　某
受託者　○市○町○丁目○番○号
乙　株式会社
受益者　○市○町○丁目○番○号
○　　某

〔信託条項〕

1　信託の目的（**省略**）
2　信託財産の管理方法（**省略**）
3　信託終了の事由（**省略**）
4　その他信託条項（**省略**）

委　任　状

平成○年○月○日

○市○町○丁目○番○号
○　○　○　○

私は，上記の者を代理人として，下記の登記申請に関する一切の権限を委任する。

記

1　登記の目的　　信託の併合により別信託の目的となった旨の登記，信託登記の抹消及び信託
（ただし，登記事項については，平成○年○月○日付け登記原因証明情報の記載のとおり）
1　登記の原因　　権利の変更登記　平成○年○月○日信託併合
信託登記の抹消　信託併合
1　権　利　者　　○市○町○丁目○番○号
乙　株式会社
○市○町○丁目○番○号
○　　某
1　義　務　者　　○市○町○丁目○番○号
乙　株式会社
○市○町○丁目○番○号
○　　某
1　原本還付請求及び受領に関する一切の件
1　復代理人選任に関する一切の件
1　登記識別情報の受領及び登記識別情報の受領に係る復代理人選任に関する一切の件

不動産及び信託目録の表示

○市○町○丁目○番○の土地　（順位番号3番）
（平成○年信託目録第○号）
○市○町○丁目○番△の土地　（順位番号3番）
（平成○年信託目録第○号）
△市△町△丁目○番○の土地　（順位番号2番）
（平成○年信託目録第○号）
△市△町△丁目○番△の土地　（順位番号2番）
（平成○年信託目録第○号）

権利者　○市○町○丁目○番○号
乙　株式会社
代表取締役　○○○○　㊞
○市○町○丁目○番○号
○　某　㊞
義務者　○市○町○丁目○番○号
乙　株式会社
代表取締役　○○○○　㊞
○市○町○丁目○番○号
○　某　㊞

上　申　書

下記「不動産の表示」に記載した不動産に係るA信託とB信託については，両信託の受託者である乙株式会社及び受益者兼委託者である○某の合意により，平成○年○月○日を信託併合日として新たな不動産管理処分信託（併合後の新たな信託の受託者は乙株式会社，受益者兼委託者は○某）として併合する契約（以下「本件信託併合契約」という。）を平成▽年▽

月▽日に締結しました。

そこで，受託者である乙株式会社は，本件信託併合契約に基づく信託の併合に際して，A信託及びB信託の信託財産責任負担債務に係る債権を有する債権者に対し，信託法第152条第2項による官報による公告（別添の官報の写し）をし，かつ，信託法第152条第3項第1号による各別の催告に代える公告（別添の日本経済新聞の写し（**省略**））を平成☆年☆月☆日に行ったところです。

この両公告の結果，本件信託の併合に異議を述べる債権者はいなかったことを上申いたします。

「不動産の表示等」

①　A信託の不動産及び信託目録の表示

○市○町○丁目○番○の土地　（順位番号3番）

（平成○年信託目録第○号）

○市○町○丁目○番△の土地　（順位番号3番）

（平成○年信託目録第○号）

②　B信託の不動産及び信託目録の表示

△市△町△丁目○番○の土地　（順位番号2番）

（平成○年信託目録第○号）

△市△町△丁目○番△の土地　（順位番号2番）

（平成○年信託目録第○号）

平成○年○月○日　　○法務局○出張所　御中

A信託及びB信託の受託者

○市○町○丁目○番○号

乙　株式会社

代表取締役　○○○○　㊞

平成○年○月○日　○曜日　　官　　報　　第○○○号

信託の併合の公告

○某及び乙株式会社（受託者）は、左記のとおり、平成○年○月○日付で左記二(一)の不動産管理処分信託契約に基づく信託（A信託）及び二(二)の不動産管理処分信託契約に基づく信託（B信託）を併合しますので公告します。

この併合に対し異議のある債権者は、本公告掲載の翌日から一箇月以内にお申し出下さい。

一、信託の併合をする各信託の当事者

(一)　A信託

委託者兼受益者

○市○町○丁目○番○号

○　某

受託者

○市○町○丁目○番○号

乙　株式会社

(二)　B信託

委託者兼受益者

○市○町○丁目○番○号

○　某

受託者

○市○町○丁目○番○号

乙　株式会社

二、信託の併合をする各信託の年月日及び各信託についての信託契約の内容

(一)　A信託

株式会社●●●銀行及び受託者間の平成△年△月△日付不動産管理処分信託契約（その後の変更を含む。）

(二)　B信託

株式会社損害保険●●●●及び受託者間の平成◇年◇月◇日付不動産管理処分信託契約（その後の変更を含む。）

なお、右記(一)及び(二)の各信託の年月日は、それぞれ右記記載の契約締結日と同日です。また、右記(一)及び(二)の各信託についての、信託法施行規則（平成十九年法務省令第四十一号）第十三条第二号及び第三号に掲げる事項については、左記連絡先にご照会願います。

三、併合後の信託の信託財産責任負担債務の履行の見込み

履行の見込みがあるものと判断しております。その詳細については左記連絡先にご照会願います。

四、連絡先

○市○町○丁目○番○号

乙　株式会社

不動産投資顧問部

電話番号　○○―○○○○―○○○○

平成二十一年○月○日

受託者

○市○町○丁目○番○号

乙　株式会社

代表取締役　○　○　○　○

【27】　信託の分割により他の信託の信託財産に属する財産となった旨の権利の変更の登記と同時にする信託の登記の抹消及び信託の登記

信託の分割とは，ある信託の信託財産の一部を受託者を同一とする他の信託の信託財産として移転すること（吸収信託分割）又はある信託の信託財産の一部を受託者を同一とする新たな信託の信託財産として移転することをいう（新規信託分割，信託法２条11項）。

信託の分割の手続等は，基本的に信託の併合の場合（事例【26】）と同様であり，その登記申請の手続についても同様である。

この登記申請においては，権利の変更の登記と併せて，従前の信託の登記を抹消し，新たな信託についての信託の登記をすることになるが，これらの信託の抹消登記の申請及び信託の登記は，権利の変更の登記と同時にしなければならない（不登法104条の２第１項）。

なお，信託の分割に係る権利の変更の登記は，従前の信託の受託者及び受益者を登記義務者とし，新たな信託の受託者及び受益者を登記権利者とする（不登法104条の２第２項前段）。この場合には，受益者については，登記識別情報の提供は要しない（不登法104条の２第２項後段）。また，信託の分割をするときは，債権者保護手続を経る必要がある（信託法156条，160条）ことから，権利の変更の登記の申請時には，債権者保護手続が適正に行われたことを証する情報を提供しなければならない（不登令別表66項の２添付情報欄ハ）。

ところで，信託契約において，「受益権の譲渡又は承継により受益権を取得した者は，本件信託契約上の委託者の地位及び受益者の地位を承継する。」旨の信託条項があった場合には，信託法146条の規定により，受益権売買に伴い，実質的には委託者の地位は受益者に承継（移転）することとなり，不動産登記法103条の規定に該当し，信託目録の委託者の変更の登記を申請すべきだが，現実には信託目録の委託者の変更の登記は余り申請されていないようである。

しかし，信託の併合又は分割おいては，各信託の委託者，受託者及び受益者の合意が要件となっているため，登記原因証明情報には実質的の委託者・受託者及び受益者の住所氏名を記載し，これらの当事者の合意があったことを記載する必要があること，また，債権者保護手続における官報公告，信託債権者への催告には，各信託の当事者（委託者・受託者・受益者）を表示することとなり，受益権売買によって委託者の地位が承継されている場合には，委託者兼受益者との表示になる。

すると，信託目録の委託者の変更の登記がされていない場合には，当該登記申請における登記官の審査の段階で，添付情報に記載された委託者の表示が信託目録の委託者の表示と相違することが明白となり，却下の対象となる。

よって，委託者が変更している場合には，信託の併合又は分割をする前に信託目録の委託者の変更の登記をする必要がある。

【27】－1　登記申請書

登　記　申　請　書

登記の目的　　信託分割により別信託の目的となった旨の登記，信託登記の抹消及び信託（注1）

原　　　因　　権利の変更登記　平成○年○月○日信託分割（注2）
　　　　　　　信託登記抹消　　信託分割

権　利　者　　○市○町○丁目○番○号
（受託者）　　　　乙　株式会社
　　　　　　　　　（会社法人等番号　1234-56-789123）
　　　　　　　　　代表取締役　○○○○
（受益者）　　○市○町○丁目○番○号
　　　　　　　　　○　　　某（注3）

義　務　者　　○市○町○丁目○番○号
（受託者）　　　　乙　株式会社
　　　　　　　　　（会社法人等番号　1234-56-789123）
　　　　　　　　　代表取締役　○○○○
（受益者）　　○市○町○丁目○番○号
　　　　　　　　　○　　　某（注4）

添付書類

登記原因証明情報（注5）　登記識別情報（注6）

信託目録に記録すべき情報（注7）　印鑑証明書（注8）

会社法人等番号（資格証明書）（注9）　債権者保護情報（注10）

代理権限証明情報（注11）

登記識別情報の通知について（注12）

送付の方法により登記識別情報通知書の交付を希望します。

送付先：資格者代理人の事務所あて

平成○年○月○日申請　　○法務局○出張所

代　理　人　○市○町○丁目○番○号

○　○　○　○　　㊞

電話先　○○－○○○○－○○○○

課税価格　金○円（注13）

登録免許税　金○円（注14）

変更分　金○円（注15）

抹消分　金○円（注16）

信託分　金○円（注17）

不動産の表示（省略）

（注1）　登記の目的として，「信託分割により別信託の目的となった旨の登記，信託登記の抹消及び信託」と記載し，権利の変更の登記（信託分割により別信託の目的となった旨の登記），信託の登記の抹消及び信託の登記である旨を明記する。

（注2）　登記原因及びその日付として，信託分割の効力が生じた年月日及びその原因を記載する。

効力の発生日は，一般的には，各信託の委託者，受託者及び受益者の合意があった日であるが，信託の分割をする場合には，前もって委託者，受託者及び受益者間で将来の信託分割日（債権者保護手続が終了した後の日付）を定めてある場合が多く，その場合はその日が効力発生日となる。

また，信託登記抹消の原因については，信託財産について信託の分割をしたことによる抹消登記であることから原因は「信託分割」となる。

（注3） 登記権利者として，当該不動産に関する権利が属することとなる信託の受託者及び受益者を記載する（不登法104条の2第2項前段，登記記録に記録された所有権の登記名義人の表示及び登記原因証明情報の表示と符合していることを要する。）。

受託者及び受益者が法人であるときは，その代表者の資格及び氏名を記載する。

申請人の会社法人等番号を提供するときは，「申請人の名称」に続けて会社法人等番号を記載する。

（注4） 登記義務者として，当該不動産に関する権利が属していた信託の受託者及び受益者を記載する（不登法104条の2第2項前段，登記記録に記録された所有権の登記名義人の表示及び登記原因証明情報の表示と符合していることを要する。）。

受託者及び受益者が法人であるときは，その代表者の資格及び氏名を記載する。

申請人の会社法人等番号を提供するときは，「申請人の名称」に続けて会社法人等番号を記載する。

（注5） 権利に関する登記を申請するときには，登記原因を証する情報を提供しなければならない（不登法61条，不登令7条1項5号ロ）。

登記原因証明情報として，信託分割が成立したことを明らかとした，登記の原因となる事実又は法律行為を証明する事項を記載した書面（報告形式の登記原因証明情報）を提出する必要がある（不登令別表65項添付情報欄ロ）。

なお，報告形式の登記原因証明情報を提供する場合，一般的には，登記権利者及び登記義務者が署名若しくは記名押印すべきであるが，最低限，登記義務者が作成名義人になっていなければならない。

（注6） 登記権利者及び登記義務者が共同して権利に関する登記を申請する場合には，申請情報と併せて登記義務者の登記識別情報（登記済証）を提供しなければならない（不登法22条）。

登記義務者が所有権の移転の登記等を受けたときの登記識別情報（登記済証）を提供する。

なお，登記義務者である受益者については，登記識別情報の提供は要しない（不登法104条の2第2項後段）。

また，紛失等の理由により登記義務者の登記識別情報（登記済証）を提供できない場合において，資格者代理人及び公証人による本人確認情報（不登法23条4項）の提供がない場合には，登記官による事前通知をすることとなる（不登法23条1項，2項）。

（注7） 信託の登記の申請を書面申請によりするときは，不動産登記令15条の規定に基づき，信託目録に記録すべき情報を記載した書面（当該情報を電磁的記録で作成している場合にあっては，当該情報を記録した磁気ディスクを含む。）を添付して提出しなければならない（不登令7条1項6号，別表65項添付情報欄ハ）。

なお，信託目録に記録すべき情報を書面で提出する場合にあっては，登記事務を円滑かつ正確に行うために，実務上は，信託目録に記録すべき情報を記録した磁気ディスクを併せて提出している（詳細は，第2章第4・1(4)（107頁）を参照。）。

（注8） 所有権の登記名義人である登記義務者（受託者及び受益者）の作成後3か月以内の

印鑑証明書を添付する（不登令16条２項，３項）。

（注９）　申請人が法人であり，当該法人が会社法人等番号を有する法人である場合には，当該会社法人等番号を提供しなければならない（不登令７条１項１号イ）。

なお，会社法人等番号を有する法人である場合であっても，作成後１か月以内の当該法人の代表者の資格を証する情報（代表者事項証明書等）を提供したときは，会社法人等番号の提供を要しない（不登規則36条１項１号各号，２項）。

（注10）　債権者保護手続が適法に行われたこと等を証する情報を提供しなければならない（不登令別表66項の２添付情報欄ハ）。

（注11）　代理人によって登記を申請するときは，当該代理人の権限を証する情報として，委任状を添付する（不登令７条１項２号）。

委任状には，登記識別情報の通知の受領を委任する場合は，別途その旨を明らかにし，受領の復代理人の選任を委任する場合は，その旨を記載する。また，登記識別情報の通知を希望しない場合は，その旨も記載する必要がある。

なお，代理人が法人であるときには，その法人における代表権のある者がその権限に基づいて登記を申請していることを証するため，作成後３か月以内の当該法人の当該代表者の資格を証する情報を提供しなければならない（不登令７条１項２号，17条１項）。ただし，当該代理人の会社法人等番号を提供したときは，当該代理人の代表者の資格を証する情報の提供に代えることができる（不登規則37条の２）。

（注12）　登記識別情報の通知の送付を希望するときは，その旨を記載し，登記所の窓口での交付を希望するときは，何らの記載も要しない。

また，登記識別情報の通知を希望しない場合には，その旨を記載する。

（注13）　課税価格として，土地又は建物の登記時の不動産の価額（固定資産課税台帳の登録価格）を記載する。

固定資産評価証明書（市町村発行）は法定の添付書面ではないが，実務上は添付する取扱いとなっている。

（注14）　登録免許税として，権利の変更の登記分，信託登記の抹消分及び信託の登記分の合計金額を記載する。

（注15）　権利の変更の登記の登録免許税は，不動産１個につき1,000円である（登録免許税法別表第一，１，(十四)）。

登録免許税法７条１項１号（委託者から受託者に信託のために財産を移す場合における財産権の移転の登記又は登録には登録免許税を課さない。）の適用はない。

（注16）　信託の登記の抹消の登録免許税は，不動産１個につき1,000円である（登録免許税法別表第一，１，(十五)）。

（注17）　信託の登記の登録免許税は，不動産の価額の1,000分の４の額である（登録免許税法別表第一，１，(十)イ）。

ただし，土地に関する所有権の信託の登記の税率については，特例で，平成25年４月１日から平成29年３月31日までは1,000分の３に軽減されている（租税特別措置法72条１項２号）。

【27】－2　登記記録例

権利部（甲区）（所有権に関する事項）			
順位番号	登記の目的	受付年月日・受付番号	権利者その他の事項
2	所有権移転	平成○年○月○日 受付第○号	原因　平成○年○月○日売買 所有者　○市○町○丁目○番○号 ○　某
3	所有権移転	平成○年○月○日 受付第○号	原因　平成○年○月○日信託 受託者　○市○町○丁目○番○号 乙　株式会社
	信託	余白抹消	信託目録第○号
4 (注1)	信託分割により別信託の目的となった旨の登記(注2)	平成○年○月○日 受付第○号	原因　平成○年○月○日信託分割(注5)
	3番信託登記抹消(注3)	余白	原因　信託分割(注5)
	信託(注4)	余白	信託目録第○○号(注6)

信託目録		調製　平成○年○月○日
番　号	受付年月日・受付番号	予　備
第○号	平成○年○月○日 第○号	信託抹消　平成○年○月○日受付第○号抹消
1　委託者に関する事項	○市○町○丁目○番○号 ○　某	
2　受託者に関する事項	○市○町○丁目○番○号 乙　株式会社	
3　受益者に関する事項等	受益者　○市○町○丁目○番○号 ○　某	
4　信託条項	（省略）	

信託目録		調製	平成○年○月○日
番　号	受付年月日・受付番号	予　備	
第○○号	平成○年○月○日 第○号	余白	
1　委託者に関する事項	○市○町○丁目○番○号 ○　某		
2　受託者に関する事項	○市○町○丁目○番○号 乙　株式会社		
3　受益者に関する事項等	受益者　○市○町○丁目○番○号 ○　某		
4　信託条項	**（省略）**		

（注１）　権利の変更の登記及び信託の登記又は信託の抹消の登記をするときは，権利部の相当区に同一の順位番号を用いて記録することになる（不登規則175条３項）。

（注２）　登記の目的欄は「信託分割により別信託の目的となった旨の登記」と記録する。また，当該物件に複数の信託が登記されているときには，「○番信託分割により……」となる。

（注３）　３番の信託は別信託の目的となり消滅したので，登記の目的欄には「３番信託登記抹消」と記録し，３番の信託の登記，余白及び信託目録番号は抹消する記号（下線）を記録する。

（注４）　信託の登記の登記の目的欄は，「信託」と記録する。

（注５）　原因には「平成○年○月○日信託分割」と記録するとともに３番信託登記の抹消の原因として「信託分割」と記録する。

（注６）　信託登記に係る内容は信託目録に記録され公示されることから，登記記録には信託目録の信託番号のみを記録し，信託目録の信託番号は不動産ごとに異なる番号が付される。なお，４番の信託目録の信託番号は，３番の信託目録の信託番号と異なる番号が付される。

第3　共有物分割

【28】　不動産に関する権利が固有財産に属する財産から信託財産に属する財産となった場合の共有物分割の登記

受託者に属する特定財産について，その共有持分が信託財産と固有財産とに属する場合には，当該財産を①信託行為に定めた方法，②受託者と受益者の協議による方法，③分割をすることが信託の目的の達成のために合理的に必要と認められる場合であって，受益者の利益を害しないことが明らかであるときなどにおいて，受託者が決する方法によって，共有物の分割をすることができるとされた（信託法19条1項）。

この共有物分割の登記（不動産に関する権利が固有財産に属する財産から信託財産に属する財産となった場合）は，権利の変更の登記でされることになるが，これに併せて信託の登記をする必要がある。そして，これらの登記の申請は，権利の変更の登記の申請と同時に申請しなければならない（不登法98条1項）。

また，不動産に関する権利が固有財産に属する財産から信託財産に属する財産となった場合には，受益者を登記権利者，受託者を登記義務者とする特例が設けられている（不登法104条の2第2項前段）。

【28】－1　登記申請書

登　記　申　請　書

登記の目的　　乙株式会社持分2分の1（順位2番で登記した持分）が信託財産となった旨の登記及び信託（注1）
原　　　因　　平成○年○月○日共有物分割（注2）
権　利　者　　○市○町○丁目○番○号
　　　　　　　　○　　某（注3）
義　務　者　　○市○町○丁目○番○号
（信託登記申請人）　乙　株式会社（注4）

（会社法人等番号　1234-56-789123）
代表取締役　○○○○

添 付 書 類
　登記原因証明情報（注５）　登記識別情報（注６）
　信託目録に記録すべき情報（注７）　印鑑証明書（注８）
　会社法人等番号（資格証明書）（注９）　代理権限証明情報（注10）

登記識別情報の通知について（注11）
　送付の方法により登記識別情報通知書の交付を希望します。
　送付先：資格者代理人の事務所あて

平成○年○月○日申請　　○法務局○出張所

代　理　人　○市○町○丁目○番○号
　　　　　　　○ ○ ○ ○　㊞
　　　電話先　○○－○○○○－○○○○

課 税 価 格　金○円（注12）

登録免許税　金○円（注13）
　　変更分　金○円（注14）
　　信託分　金○円（注15）

不動産の表示（**省略**）

（注１）　登記の目的として，「乙株式会社持分２分の１（順位２番で登記した持分）が信託財産となった旨の登記及び信託」と記載し，権利の変更の登記（固有財産が信託財産となった旨の登記）と信託の登記である旨を明記する。
（注２）　登記原因及びその日付として，「共有物分割」と登記原因を記載し，その日付とし

て，信託行為にその定めがある場合にはその日付を，受託者と受益者との協議による場合は協議が整った日付を，受託者が決する方法による場合は決定した日を記載する。

（注3）　登記権利者として，受益者を記載する（不登法104条の2第2項，登記原因証明情報の表示及び信託目録に記録された受益者の表示と符合していることを要する。）。

受益者が法人であるときは，その代表者の資格及び氏名を記載する。

（注4）　登記義務者兼信託登記申請人として，受託者を記載する（不登法104条の2第2項，登記記録に記録された所有権の登記名義人の表示及び登記原因証明情報の表示と符合していることを要する。）。

受託者が法人であるときは，その代表者の資格及び氏名を記載する。

申請人の会社法人等番号を提供するときは，「申請人の名称」に続けて会社法人等番号を記載する。

（注5）　権利に関する登記を申請するときには，登記原因を証する情報を提供しなければならない（不登法61条，不登令7条1項5号ロ）。

登記原因証明情報として，受託者に属する固有財産を信託財産とする旨の共有物の分割が成立したことを明らかとした，登記の原因となる事実又は法律行為を証明する事項を記載した書面（報告形式の登記原因証明情報）を提出する必要がある（不登令別表65項添付情報欄ロ）。

なお，報告形式の登記原因証明情報を提供する場合，一般的には，登記権利者及び登記義務者が署名若しくは記名押印すべきであるが，最低限，登記義務者が作成名義人になっていなければならない。

（注6）　登記権利者及び登記義務者が共同して権利に関する登記を申請する場合には，申請情報と併せて登記義務者の登記識別情報（登記済証）を提供しなければならない（不登法22条）。

登記義務者が所有権の移転の登記等を受けたときの登記識別情報（登記済証）を提供する。

また，紛失等の理由により登記義務者の登記識別情報（登記済証）を提供できない場合において，資格者代理人及び公証人による本人確認情報（不登法23条4項）の提供がない場合には，登記官による事前通知をすることとなる（不登法23条1項，2項）。

（注7）　信託の登記の申請を書面申請によりするときは，不動産登記令15条の規定に基づき，信託目録に記録すべき情報を記載した書面（当該情報を電磁的記録で作成している場合にあっては，当該情報を記録した磁気ディスクを含む。）を添付して提出しなければならない（不登令7条1項6号，別表65項添付情報欄ハ）。

なお，信託目録に記録すべき情報を書面で提出する場合にあっては，登記事務を円滑かつ正確に行うために，実務上は，信託目録に記録すべき情報を記録した磁気ディスクを併せて提出している（詳細は，第2章第4・1(4)（107頁）を参照。）。

（注8）　所有権の登記名義人である登記義務者の作成後3か月以内の印鑑証明書を添付する（不登令16条2項，3項）。

（注9）　申請人が法人であり，当該法人が会社法人等番号を有する法人である場合には，当該会社法人等番号を提供しなければならない（不登令7条1項1号イ）。

なお，会社法人等番号を有する法人である場合であっても，作成後1か月以内の当該法人の代表者の資格を証する情報（代表者事項証明書等）を提供したときは，会社法人等番号の提供を要しない（不登規則36条1項1号各号，2項）。

（注10）　代理人によって登記を申請するときは，当該代理人の権限を証する情報として，委任状を添付する（不登令7条1項2号）。

委任状には，登記識別情報の通知の受領を委任する場合は，別途その旨を明らかにし，受領の復代理人の選任を委任する場合は，その旨を記載する。また，登記識別情報の通知を希望しない場合は，その旨も記載する必要がある。

なお，代理人が法人であるときには，その法人における代表権のある者がその権限に基づいて登記を申請していることを証するため，作成後３か月以内の当該法人の当該代表者の資格を証する情報を提供しなければならない（不登令７条１項２号，17条１項）。ただし，当該代理人の会社法人等番号を提供したときは，当該代理人の代表者の資格を証する情報の提供に代えることができる（不登規則37条の２）。

(注11)　登記識別情報の通知の送付を希望するときは，その旨を記載し，登記所の窓口での交付を希望するときは，何らの記載も要しない。

また，登記識別情報の通知を希望しない場合には，その旨を記載する。

(注12)　課税価格として，登記時の不動産の価額（固定資産課税台帳の登録価格）に移転する持分の割合を乗じた価額を記載する。

固定資産評価証明書（市町村発行）は法定の添付書面ではないが，実務上は添付する取扱いとなっている。

(注13)　登録免許税として，権利の変更の登記分及び信託の登記分の合計金額を記載する。

(注14)　権利の変更の登記の登録免許税は，不動産１個につき1,000円である（登録免許税法別表第一，１，(十四)）。

登録免許税法７条１項１号（委託者から受託者に信託のために財産を移す場合における財産権の移転の登記又は登録には登録免許税を課さない。）の適用はない。

(注15)　信託の登記の登録免許税として，不動産の価額の1,000分の４の額を記載する（登録免許税法別表第一，１，(十)イ）。

ただし，土地に関する所有権の信託の登記の税率については，特例で，平成25年４月１日から平成29年３月31日までは1,000分の３に軽減されている（租税特別措置法72条１項２号）。

【28】－２　登記記録例

権利部（甲区）（所有権に関する事項）			
順位番号	登記の目的	受付年月日・受付番号	権利者その他の事項
2	所有権移転	平成○年○月○日 受付第○号	原因　平成○年○月○日売買 共有者 　○市○町○丁目○番○号 　持分２分の１ 　甲　某 　○市○町○丁目○番○号 　２分の１ 　乙　株式会社
3	甲某持分２分の１移転	平成○年○月○日 受付第○号	原因　平成○年○月○日信託 受託者　○市○町○丁目○番○号 　乙　株式会社 　（受託者持分２分の１）
	信託	余白	信託目録第○号

4(注1)	乙株式会社持分2分の1（順位2番で登記した持分）が信託財産となった旨の登記(注2)	平成○年○月○日 受付第○号	原因　平成○年○月○日共有物分割(注3) 受託者　○市○町○丁目○番○号 乙　株式会社 （受託者持分2分の1）(注4)
	信託(注2)	余白	信託目録第○○号(注5)

信託目録		調製	平成○年○月○日
番　号	受付年月日・受付番号	予　備	
第○号	平成○年○月○日 第○号	余白	
1　委託者に関する事項	○市○町○丁目○番○号 甲　某		
2　受託者に関する事項	○市○町○丁目○番○号 乙　株式会社		
3　受益者に関する事項等	受益者　○市○町○丁目○番○号 ○　某		
4　信託条項	（省略）		

信託目録		調製	平成○年○月○日
番　号	受付年月日・受付番号	予　備	
第○○号	平成○年○月○日 第○号	余白	
1　委託者に関する事項	○市○町○丁目○番○号 甲　某		
2　受託者に関する事項	○市○町○丁目○番○号 乙　株式会社		
3　受益者に関する事項等	受益者　○市○町○丁目○番○号 ○　某		
4　信託条項	（省略）		

（注1）　権利の変更の登記及び信託の登記をするときは，権利部の相当区に同一の順位番号を用いて記録することになる（不登規則175条1項）。

（注2）　登記の目的欄は乙株式会社の固有財産が信託財産になったことを明確にするため，「乙株式会社持分2分の1（順位2番で登記した持分）が信託財産となった旨の登記」及び「信託」と記録する。

（注3）　原因は「平成○年○月○日共有物分割」と記録する。

（注4）　権利者の表記は「受託者」と記録するとともに受託者としての持分を「（受託者持分2分の1）」と記録する。

（注5）　信託登記に係る内容は信託目録に記録され公示されることから，登記記録には信託

目録の信託番号のみを記録し，信託目録の信託番号は不動産ごとに異なる番号が付される。
なお４番の信託目録の信託番号は，３番の信託目録の信託番号と異なる番号が付される。

（参考）（受託者が２人の場合）

権利部（甲区）（所有権に関する事項）			
順位番号	登記の目的	受付年月日・受付番号	権利者その他の事項
2	所有権移転	平成○年○月○日 受付第○号	原因　平成○年○月○日売買 共有者 ○市○町○丁目○番○号 持分２分の１ 甲　某 ○市○町○丁目○番○号 ２分の１ 乙　株式会社
3	甲某持分２分の１移転（合有）	平成○年○月○日 受付第○号	原因　平成○年○月○日信託 受託者 ○市○町○丁目○番○号 乙　株式会社 ○市○町○丁目○番○号 丙　株式会社 （受託者乙株式会社，丙株式会社持分２分の１）
	信託	余白	信託目録第○号
4	乙株式会社２分の１（順位２番で登記した持分）が信託財産となった旨の登記（合有）	平成○年○月○日 受付第○号	原因　平成○年○月○日共有物分割 受託者 ○市○町○丁目○番○号 乙　株式会社 ○市○町○丁目○番○号 丙　株式会社 （受託者乙株式会社，丙株式会社持分２分の１）（注）
	信託	余白	信託目録第○○号

信託目録		調製　平成○年○月○日
番　号	受付年月日・受付番号	予　備
第○号	平成○年○月○日 第○号	余白
１　委託者に関する事項	○市○町○丁目○番○号 甲　某	
２　受託者に関する事項	○市○町○丁目○番○号 乙　株式会社	

	○市○町○丁目○番○号 　丙　株式会社
3　受益者に関する事項等	受益者　○市○町○丁目○番○号 　○　某
4　信託条項	**（省略）**

信託目録		調製	平成○年○月○日
番　号	受付年月日・受付番号	予　備	
第○○号	平成○年○月○日 第○号	余白	
1　委託者に関する事項	○市○町○丁目○番○号 　甲　某		
2　受託者に関する事項	○市○町○丁目○番○号 　乙　株式会社 ○市○町○丁目○番○号 　丙　株式会社		
3　受益者に関する事項等	受益者　○市○町○丁目○番○号 　○　某		
4　信託条項	**（省略）**		

（注）　合有の場合の権利者の表記は，持分の概念はないので受託者各自に持分の記録をすることなく，受託者２名の受託者としての持分を「（受託者乙株式会社，丙株式会社持分２分の１）」との振り合いで記録する。

【28】－３　添付書類

登記原因証明情報

1　登記申請情報の要項

(1)　登記の目的　　乙株式会社持分２分の１（順位２番で登記した持分）が信託財産となった旨の登記及び信託

(2)　登記の原因　　平成○年○月○日共有物分割

(3)　当　事　者　　権利者　○市○町○丁目○番○号
（受益者）　　○　　某
義務者　○市○町○丁目○番○号
（受託者）　　乙　株式会社

⑷　不動産の表示（省略）

⑸　信託目録に記録すべき情報　　別紙「信託目録に記録すべき情報」のとおり

２　登記の原因となる事実又は法律行為

⑴　共有

本件不動産は所有者たる乙株式会社（固有財産）と受託者たる乙株式会社（信託財産）が各２分の１の割合で共有している。

⑵　共有物分割協議

受託者たる乙株式会社が所有する信託財産に係る信託契約においては，受託者に属する特定の財産について，その共有持分が信託財産と固有財産とに属する場合には，受託者と受益者の協議によって，当該財産を分割することができると定められている。

そこで，受益者〇某と受託者乙株式会社は，平成〇年〇月〇日本件不動産について分割の協議を行い，受託者の固有財産に属する持分２分の１を信託財産に属することとすることで合意した。

⑶　所有権の帰属

よって，本件不動産の受託者の固有財産に属する２分の１は，同日，信託財産に属することとなった。

平成〇年〇月〇日　　〇地方法務局〇支局　御中

上記登記原因のとおり相違ありません。

権利者　〇市〇町〇丁目〇番〇号

〇　　　某　　　　　　㊞

義務者　〇市〇町〇丁目〇番〇号

乙　株式会社

代表取締役　〇〇〇〇　　㊞

信託目録に記録すべき情報

委託者　○市○町○丁目○番○号
　　　　　　甲　　　某
受託者　○市○町○丁目○番○号
　　　　　　乙　株式会社
受益者　○市○町○丁目○番○号
　　　　　　○　　　某
〔信託条項〕
　1　信託の目的（**省略**）
　2　信託財産の管理方法（**省略**）
　3　信託終了の事由（**省略**）
　4　その他の信託条項（**省略**）

委　　任　　状

平成○年○月○日

○市○町○丁目○番○号
○　○　○　○

私は，上記の者を代理人として，下記の登記申請に関する一切の権限を委任する。

記

1　登記の目的　　乙株式会社持分2分の1（順位2番で登記した持分）が信託財産となった旨の登記及び信託
1　原　　　因　　平成○年○月○日共有物分割
1　権　利　者　　○市○町○丁目○番○号

○　　　某

1　義　務　者　　○市○町○丁目○番○号

乙　株式会社

1　原本還付請求及び受領に関する一切の件

1　復代理人選任に関する一切の件

1　登記識別情報の受領及び登記識別情報の受領に係る復代理人選任に関する一切の件

不動産の表示

○市○町○丁目○番○の土地

○市○町○丁目○番地○

家屋番号○番○の建物

○市○町○丁目○番○号

○　　　某　　　　㊞

○市○町○丁目○番○号

乙　株式会社

代表取締役　○○○○　㊞

【29】　不動産に関する権利が信託財産に属する財産から固有財産に属する財産となった場合の共有物分割の登記

本件は，受託者に属する特定財産について，その共有持分が信託財産と固有財産とに属する場合において，共有物分割で当該不動産に関する権利が信託財産に属する財産から固有財産に属する財産となった場合の事例である。

この場合の登記も【28】の事例と同様，権利の変更の登記でされることになるが，これに併せて信託の登記の抹消をする必要がある。そして，これらの登記の申請は，権利の変更の登記の申請と同時に申請しなければならない（不登法98条1項）。

また，不動産に関する権利が信託財産に属する財産から固有財産に属する財産となった場合には，受託者が登記権利者，受益者が登記義務者とする特例が設けられている（不登法104条の2第2項前段）。

なお，この場合において，登記義務者である受益者については，登記識別情報の提供を要しないこととされている（不登法104条の2第2項後段）。

【29】－1　登記申請書

登　記　申　請　書

登記の目的　受託者乙株式会社（順位2番で登記した持分）の固有財産となった旨の登記及び信託登記の抹消（注1）

原　　　因　権利の変更登記　平成○年○月○日共有物分割（注2）
　　　　　　信託登記抹消　　共有物分割

権　利　者　○市○町○丁目○番○号
（信託登記申請人）　乙　株式会社（注3）
　　　　　　　　（会社法人等番号　1234-56-789123）
　　　　　　　　代表取締役　○○○○

義　務　者　○市○町○丁目○番○号
　　　　　　　　○　　某（注4）

添　付　書　類

　登記原因証明情報（注５）　印鑑証明書（注６）

　会社法人等番号（資格証明書）（注７）　代理権限証明情報（注８）

登記識別情報の通知について（注９）

　送付の方法により登記識別情報通知書の交付を希望します。

　送付先：資格者代理人の事務所あて

平成○年○月○日申請　　○法務局○出張所

代　理　人　　○市○町○丁目○番○号

　　　　　　　　○　○　○　○　　㊞

　　　　　電話先　○○－○○○○－○○○○

課 税 価 格　　金○円（注10）

登録免許税　　金○円（注11）

　　　　　変更分　　金○円（注12）

　　　　　抹消分　　金○円（注13）

不動産の表示（省略）

（注１）　登記の目的として，「受託者乙株式会社（順位２番で登記した持分）の固有財産となった旨の登記及び信託登記の抹消」と記載し，権利の変更の登記（信託財産が固有財産となった旨の登記）と信託登記の抹消である旨を明記する。

（注２）　登記原因及びその日付として，「共有物分割」と登記原因を記載し，その日付として，信託行為にその定めがある場合にはその日付を，受託者と受益者との協議による場合は協議が整った日付を，受託者が決する方法による場合は決定した日を記載する。

　また，信託登記抹消の原因については，共有物分割をしたことによる抹消登記であることから原因は「共有物分割」となる。

（注３）　登記権利者兼信託登記申請人として，受託者を記載する（不登法104条の２第２項，登記記録に記録された所有権の登記名義人の表示及び登記原因証明情報の表示と符合していることを要する。）。

受託者が法人であるときは，その代表者の資格及び氏名を記載する。

申請人の会社法人等番号を提供するときは，「申請人の名称」に続けて会社法人等番号を記載する。

（注４）　登記義務者として，受益者を記載する（不登法104条の２第２項，登記原因証明情報の表示及び信託目録に記録された受益者の表示と符合していることを要する。）。

受益者が法人であるときは，その代表者の資格及び氏名を記載する。

（注５）　権利に関する登記を申請するときには，登記原因を証する情報を提供しなければならない（不登法61条，不登令７条１項５号ロ）。

登記原因証明情報として，受託者に属する固有財産を信託財産とする旨の共有物の分割が成立したことを明らかとした，登記の原因となる事実又は法律行為を証明する事項を記載した書面（報告形式の登記原因証明情報）を提出する必要がある（不登令別表65項添付情報欄ロ）。

なお，報告形式の登記原因証明情報を提供する場合，一般的には，登記権利者及び登記義務者が署名若しくは記名押印すべきであるが，最低限，登記義務者が作成名義人になっていなければならない。

（注６）　登記義務者である受益者の作成後３か月以内の印鑑証明書を添付する（不登令16条２項，３項）。

（注７）　申請人が法人であり，当該法人が会社法人等番号を有する法人である場合には，当該会社法人等番号を提供しなければならない（不登令７条１項１号イ）。

なお，会社法人等番号を有する法人である場合であっても，作成後１か月以内の当該法人の代表者の資格を証する情報（代表者事項証明書等）を提供したときは，会社法人等番号の提供を要しない（不登規則36条１項１号各号，２項）。

（注８）　代理人によって登記を申請するときは，当該代理人の権限を証する情報として，委任状を添付する（不登令７条１項２号）。

委任状には，登記識別情報の通知の受領を委任する場合は，別途その旨を明らかにし，受領の復代理人の選任を委任する場合は，その旨を記載する。また，登記識別情報の通知を希望しない場合は，その旨も記載する必要がある。

なお，代理人が法人であるときには，その法人における代表権のある者がその権限に基づいて登記を申請していることを証するため，作成後３か月以内の当該法人の当該代表者の資格を証する情報を提供しなければならない（不登令７条１項２号，17条１項）。ただし，当該代理人の会社法人等番号を提供したときは，当該代理人の代表者の資格を証する情報の提供に代えることができる（不登規則37条の２）。

（注９）　登記識別情報の通知の送付を希望するときは，その旨を記載し，登記所の窓口での交付を希望するときは，何らの記載も要しない。

また，登記識別情報の通知を希望しない場合には，その旨を記載する。

（注10）　課税価格として，登記時の不動産の価額（固定資産課税台帳の登録価格）に移転する持分の割合を乗じた価額を記載する。

固定資産評価証明書（市町村発行）は法定の添付書面ではないが，実務上は添付する取扱いとなっている。

（注11）　登録免許税として，権利の変更の登記分及び信託の登記分の合計金額を記載する。

（注12）　権利の変更の登記の登録免許税は，登記原因（共有物分割）のとおり，実質的に所有権の移転の登記（共有物分割）であることから，不動産の価額の1,000分の20の額を記載する（登録免許税法別表第一，１，㈡ハ）。

ただし，登録免許税法施行令9条の適用があるときには，不動産の価額の1,000分の4の額となる。

(注13)　信託の登記の抹消の登録免許税は，不動産1個につき1,000円である（登録免許税法別表第一，1，(十五)）。

【29】－2　登記記録例

※本事例は，ある土地から他の土地を分筆したものであり，分筆時には分筆後の土地の信託目録の目録番号は変更される（不登規則176条3項に準用する同規則102条1項後段参照）。

権利部（甲区）（所有権に関する事項）			
順位番号	登記の目的	受付年月日・受付番号	権利者その他の事項
1	所有権移転	平成○年○月○日 受付第○号	原因　平成○年○月○日売買 共有者 ○市○町○丁目○番○号 持分2分の1 甲　某 ○市○町○丁目○番○号 2分の1 乙　株式会社 順位2番の登記を転写 平成○年○月○日受付 第○号
2	甲某持分2分の1移転	平成○年○月○日 受付第○号	原因　平成○年○月○日信託 受託者　○市○町○丁目○番○号 乙　株式会社 （受託者持分2分の1） 順位3番の登記を転写 平成○年○月○日受付 第○号
	信託	余白抹消	信託目録第○号 順位3番の登記を転写 平成○年○月○日受付 第○号
2付記1号	2番信託登記変更	余白抹消	信託目録第○○号 平成○年○月○日付記
3(注1)	受託者乙株式会社（順位2番で登記した持分）の固有	平成○年○月○日 受付第○号	原因　平成○年○月○日共有物分割 (注4) 所有者　○市○町○丁目○番○号 持分2分の1

	財産となった旨の登記(注2)		乙　株式会社(注5)
	2番信託登記抹消(注3)	余白	原因　共有物分割

信託目録		調製	平成○年○月○日
番　号	受付年月日・受付番号	予　備	
第○○号	平成○年○月○日 第○号	平成○年○月○日分筆により信託目録平成○年第○号から転写 信託抹消　平成○年○月○日受付第○号抹消	
1　委託者に関する事項	○市○町○丁目○番○号 甲　某		
2　受託者に関する事項	○市○町○丁目○番○号 乙　株式会社		
3　受益者に関する事項等	受益者　○市○町○丁目○番○号 ○　某		
4　信託条項	（省略）		

（注1）　権利の変更の登記及び信託の登記又は信託の抹消の登記をするときは，権利部の相当区に同一の順位番号を用いて記録することになる（不登規則175条1項，2項）。

（注2）　登記の目的欄は，受託者乙株式会社に属する信託財産が乙株式会社の固有財産となったことを明確にするため「受託者乙株式会社（順位1番で登記した持分）の固有財産となった旨の登記」と記録する。

（注3）　登記の目的欄は，「2番信託登記抹消」と記録するとともに，2番の信託の登記，2番付記1号の信託登記変更の登記，余白及び信託目録番号は抹消する記号（下線）を記録する（分筆転写された信託目録番号は分筆時の登記官の職権による2番信託登記変更により新たな信託目録番号が付された時に抹消されている。)。

（注4）　原因は，「平成○年○月○日共有物分割」と記載し，2番信託登記の抹消の原因として「共有物分割」と記録する。

（注5）　権利者の表記は「所有者」とするとともに，乙株式会社の固有財産であることから「持分2分の1」と持分の記録をする。

（参考）（受託者が2人の場合）

権利部（甲区）（所有権に関する事項）			
順位番号	登記の目的	受付年月日・受付番号	権利者その他の事項
2	所有権移転	平成○年○月○日 受付第○号	原因　平成○年○月○日売買 共有者 ○市○町○丁目○番○号 持分2分の1 甲　某 ○市○町○丁目○番○号

			2分の1 乙　株式会社
3	甲某持分2分の1移転（合有）	平成○年○月○日 受付第○号	原因　平成○年○月○日信託 受託者 ○市○町○丁目○番○号 乙　株式会社 ○市○町○丁目○番○号 丙　株式会社 （受託者乙株式会社，丙株式会社持分2分の1）(注)
	信託	余白末梢	信託目録第○号
4	受託者乙株式会社，丙株式会社持分2分の1（順位3番で登記した持分）の固有財産になった旨の登記	平成○年○月○日 受付第○号	原因　平成○年○月○日共有物分割 所有者　○市○町○丁目○番○号 持分2分の1 乙　株式会社
	3番信託登記抹消	余白	原因　共有物分割

信託目録	調製	平成○年○月○日
番　号	受付年月日・受付番号	予　備
第○号	平成○年○月○日 第○号	信託抹消　平成○年○月○日受付第○号抹消
1　委託者に関する事項	○市○町○丁目○番○号 甲　某	
2　受託者に関する事項	○市○町○丁目○番○号 乙　株式会社 ○市○町○丁目○番○号 丙　株式会社	
3　受益者に関する事項等	受益者　○市○町○丁目○番○号 ○　某	
4　信託条項	**（省略）**	

（注）　合有の場合の権利者の表記は，持分の概念はないので受託者各自に持分の記録をすることなく，受託者2名の受託者としての持分を「受託者乙株式会社，丙株式会社持分2分の1」との振り合いで記録する。

【30】　不動産に関する権利が一の信託の信託財産に属する財産から他の信託の信託財産に属する財産となった場合の共有物分割の登記

本件は，受託者に属する特定財産について，その共有持分が信託財産と他の信託の信託財産とに属する場合において，共有物分割で，当該不動産に関する権利を一の信託の信託財産に属する財産から他の信託の信託財産に属する財産となった場合の事例である。

この場合の登記も前記【28】【29】の事例と同様，権利の変更の登記でされることになるが，これに併せて信託の登記と信託の登記の抹消をする必要がある。そして，これらの登記の申請は，権利の変更の登記の申請と同時に申請しなければならない（不登法104条の２第１項）。

また，不動産に関する権利が一の信託の信託財産に属する財産から他の信託の信託財産に属する財産となった場合には，当該他の信託の受益者及び受託者が登記権利者，当該一の信託の受益者及び受託者が登記義務者とする特例が設けられている（不登法104条の２第２項前段）。

なお，この場合において，登記義務者である受益者については，登記識別情報の提供を要しないこととされている（不登法104条の２第２項後段）。

【30】－１　登記申請書

登　記　申　請　書

登記の目的	受託者乙株式会社持分２分の１（順位３番で登記した持分）が他の信託財産となった旨の登記，信託登記の抹消及び信託（注１）
原　　　因	権利の変更登記　平成○年○月○日共有物分割（注２） 信託登記抹消　　共有物分割
権　利　者 （受託者）	○市○町○丁目○番○号 乙　株式会社 （会社法人等番号　1234-56-789123）

代表取締役　○○○○

（受益者）　○市○町○丁目○番○号

○　　某[注3]

義　務　者　○市○町○丁目○番○号

（受託者）　乙　株式会社

（会社法人等番号　1234-56-789123）

代表取締役　○○○○

（受益者）　○市○町○丁目○番○号

○　　某[注4]

添 付 書 類

登記原因証明情報[注5]　登記識別情報[注6]

信託目録に記録すべき情報[注7]　印鑑証明書[注8]

会社法人等番号（資格証明書）[注9]　代理権限証明情報[注10]

登記識別情報の通知について[注11]

送付の方法により登記識別情報通知書の交付を希望します。

送付先：資格者代理人の事務所あて

平成○年○月○日申請　　○法務局○出張所

代　理　人　○市○町○丁目○番○号

○ ○ ○ ○　　㊞

電話先　○○－○○○○－○○○○

課 税 価 格　金○円[注12]

登録免許税　金○円[注13]

変更分　金○円[注14]

抹消分　金○円[注15]

信託分　金○円[注16]

不動産の表示（**省略**）

（注１）　登記の目的として，「受託者乙株式会社持分２分の１（順位３番で登記した持分）が他の信託財産となった旨の登記，信託登記の抹消及び信託」と記載し，権利の変更の登記（一の信託の信託財産に属する財産から他の信託の信託財産に属する財産となった旨の登記），信託の登記の抹消及び信託の登記である旨を明記する。

（注２）　登記原因及びその日付として，「共有物分割」と登記原因を記載し，その日付として，信託行為にその定めがある場合にはその日付を，受託者と受益者との協議による場合は協議が整った日付を，受託者が決する方法による場合は決定した日を記載する。

また，信託登記抹消の原因については，共有物分割をしたことによる抹消登記であることから原因は「共有物分割」となる。

（注３）　登記権利者として，当該他の信託の受益者及び受託者を記載する（不登法104条の２第２項，登記記録に記録された所有権の登記名義人の表示，信託目録に記録された受益者の表示及び登記原因証明情報の表示と符合していることを要する。）。

受託者及び受益者が法人であるときは，その代表者の資格及び氏名を記載する。

申請人の会社法人等番号を提供するときは，「申請人の名称」に続けて会社法人等番号を記載する。

（注４）　登記義務者として，当該一の信託の受益者及び受託者を記載する（不登法104条の２第２項，登記記録に記録された所有権の登記名義人の表示，信託目録に記録された受益者の表示及び登記原因証明情報の表示と符合していることを要する。）。

受託者及び受益者が法人であるときは，その代表者の資格及び氏名を記載する。

申請人の会社法人等番号を提供するときは，「申請人の名称」に続けて会社法人等番号を記載する。

（注５）　権利に関する登記を申請するときには，登記原因を証する情報を提供しなければならない（不登法61条，不登令７条１項５号ロ）。

登記原因証明情報として，一の信託の信託財産に属する財産から他の信託の信託財産に属する財産となった旨の共有物の分割が成立したことを明らかとした，登記の原因となる事実又は法律行為を証明する事項を記載した書面（報告形式の登記原因証明情報）を提出する必要がある（不登令別表25項添付情報欄イ，65項添付情報欄ロ）。

なお，報告形式の登記原因証明情報を提供する場合，一般的には，登記権利者及び登記義務者が署名若しくは記名押印すべきであるが，最低限，登記義務者が作成名義人になっていなければならない。

（注６）　登記権利者及び登記義務者が共同して権利に関する登記を申請する場合には，申請情報と併せて登記義務者の登記識別情報（登記済証）を提供しなければならない（不登法22条）。

登記義務者である受託者が所有権の移転の登記等を受けたときの登記識別情報（登記済証）を提供する。

なお，登記義務者である受益者については，登記識別情報の提供を要しないこととされている（不登法104条の２第２項後段）。

また，紛失等の理由により登記義務者の登記識別情報（登記済証）を提供できない場合において，資格者代理人及び公証人による本人確認情報（不登法23条４項）の提供がない場合には，登記官による事前通知をすることとなる（不登法23条１項，２項）。

（注７）　信託の登記の申請を書面申請によりするときは，不動産登記令15条の規定に基づき，信託目録に記録すべき情報を記載した書面（当該情報を電磁的記録で作成している場合にあっては，当該情報を記録した磁気ディスクを含む。）を添付して提出しなければな

らない（不登令７条１項６号，別表65項添付情報欄ハ）。

なお，信託目録に記録すべき情報を書面で提出する場合にあっては，登記事務を円滑かつ正確に行うために，実務上は，信託目録に記録すべき情報を記録した磁気ディスクを併せて提出している（詳細は，第２章第４・１⑷（107頁）を参照。）。

（注８）　登記義務者である受託者及び受益者の作成後３か月以内の印鑑証明書を添付する（不登令16条２項，３項）。

（注９）　申請人が法人であり，当該法人が会社法人等番号を有する法人である場合には，当該会社法人等番号を提供しなければならない（不登令７条１項１号イ）。

なお，会社法人等番号を有する法人である場合であっても，作成後１か月以内の当該法人の代表者の資格を証する情報（代表者事項証明書等）を提供したときは，会社法人等番号の提供を要しない（不登規則36条１項１号各号，２項）。

（注10）　代理人によって登記を申請するときは，当該代理人の権限を証する情報として，委任状を添付する（不登令７条１項２号）。

委任状には，登記識別情報の通知の受領を委任する場合は，別途その旨を明らかにし，受領の復代理人の選任を委任する場合は，その旨を記載する。また，登記識別情報の通知を希望しない場合は，その旨も記載する必要がある。

なお，代理人が法人であるときには，その法人における代表権のある者がその権限に基づいて登記を申請していることを証するため，作成後３か月以内の当該法人の当該代表者の資格を証する情報を提供しなければならない（不登令７条１項２号，17条１項）。ただし，当該代理人の会社法人等番号を提供したときは，当該代理人の代表者の資格を証する情報の提供に代えることができる（不登規則37条の２）。

（注11）　登記識別情報の通知の送付を希望するときは，その旨を記載し，登記所の窓口での交付を希望するときは，何らの記載も要しない。

また，登記識別情報の通知を希望しない場合には，その旨を記載する。

（注12）　課税価格として，登記時の不動産の価額（固定資産課税台帳の登録価格）に移転する持分の割合を乗じた価額を記載する。

固定資産評価証明書（市町村発行）は法定の添付書面ではないが，実務上は添付する取扱いとなっている。

（注13）　登録免許税として，権利の変更の登記分，信託登記の抹消分及び信託の登記分の合計金額を記載する。

（注14）　権利の変更の登記の登録免許税は，不動産１個につき1,000円である（登録免許税法別表第一，１，(十四)）。

登録免許税法７条１項１号（委託者から受託者に信託のために財産を移す場合における財産権の移転の登記又は登録には登録免許税を課さない。）の適用はない。

（注15）　信託の登記の抹消の登録免許税は，不動産１個につき1,000円である（登録免許税法別表第一，１，(十五)）。

（注16）　信託の登記の登録免許税として，不動産の価額の1,000分の４の額を記載する（登録免許税法別表第一，１，(十)イ）。

ただし，土地に関する所有権の信託の登記の税率については，特例で，平成25年４月１日から平成29年３月31日までは1,000分の３に軽減されている（租税特別措置法72条１項２号）。

【30】－２　登記記録例

権利部（甲区）（所有権に関する事項）			
順位番号	登記の目的	受付年月日・受付番号	権利者その他の事項
2	所有権移転	平成○年○月○日 受付第○号	原因　平成○年○月○日売買 所有者 ○市○町○丁目○番○号 持分２分の１ 甲　某 ○市○町○丁目○番○号 ２分の１ ○　某
3	甲某持分２分の１移転	平成○年○月○日 受付第○号	原因　平成○年○月○日信託 受託者　○市○町○丁目○番○号 乙　株式会社 （受託者持分２分の１）
	信託	余白抹消	信託目録第○号
4	○某持分２分の１移転	平成○年○月○日 受付第○号	原因　平成○年○月○日信託 受託者　○市○町○丁目○番○号 乙　株式会社 （受託者持分２分の１）
	信託	余白	信託目録第○○号
5（注１）	受託者乙株式会社持分２分の１（順位３番で登記した持分）が他の信託財産となった旨の登記（注２）	平成○年○月○日 受付第○号	原因　平成○年○月○日共有物分割（注５） 受託者　○市○町○丁目○番○号 乙　株式会社 （受託者持分２分の１）（注6）
	３番信託登記抹消（注３）	余白	原因　共有物分割
	信託（注４）	余白	信託目録第○○○号（注７）

信託目録		調製	平成○年○月○日
番　号	受付年月日・受付番号	予　備	
第○号	平成○年○月○日 第○号	信託抹消　平成○年○月○日受付第○号抹消	
１　委託者に関する事項	○市○町○丁目○番○号 甲　某		
２　受託者に関する事項	○市○町○丁目○番○号 乙　株式会社		

3　受益者に関する事項等	受益者　○市○町○丁目○番○号 　○　某
4　信託条項	**（省略）**

信託目録		調製	平成○年○月○日
番　号	受付年月日・受付番号	予　備	
第○○号	平成○年○月○日 第○号	余白	
1　委託者に関する事項	○市○町○丁目○番○号 　○　某		
2　受託者に関する事項	○市○町○丁目○番○号 　乙　株式会社		
3　受益者に関する事項等	受益者　○市○町○丁目○番○号 　○　某		
4　信託条項	（事項省略）		

信託目録		調製	平成○年○月○日
番　号	受付年月日・受付番号	予　備	
第○○○号	平成○年○月○日 第○号	余白	
1　委託者に関する事項	○市○町○丁目○番○号 　○　某		
2　受託者に関する事項	○市○町○丁目○番○号 　乙　株式会社		
3　受益者に関する事項等	受益者　○市○町○丁目○番○号 　○　某		
4　信託条項	**（省略）**		

（注１）　権利の変更の登記及び信託の登記又は信託の抹消の登記をするときは，権利部の相当区に同一の順位番号を用いて記録することになる（不登規則175条３項）。

（注２）　登記の目的欄には，３番の受託者乙株式会社に属する信託財産が４番の受託者乙株式会社に属する信託財産となったことを明確にするため，「受託者乙株式会社（順位３番で登記した持分）が他の信託財産となった旨の登記」と記載する。

（注３）　登記の目的欄は，「３番信託登記抹消」と記録し，３番の信託の登記，余白及び信託目録番号は抹消する記号（下線）を記録する。

（注４）　信託の登記の登記の目的として，「信託」と記録する。

（注５）　原因は，「平成○年○月○日共有物分割」と記載し，３番信託登記の抹消の原因として「共有物分割」と記録する。

（注６）　権利者の表記を「受託者」とするとともに，受託者としての持分を「(受託者持分２分の１)」と記録する。

（注７）　信託登記に係る内容は信託目録に記録され公示されることから，登記記録には信託目録の信託番号のみを記録し，信託目録の信託番号は不動産ごとに異なる番号が付される。５番の信託目録の信託番号は，４番の信託目録の信託番号と異なる番号が付される。

（参考）（受託者が2人の場合）

<table>
<tr><td colspan="4">権利部（甲区）（所有権に関する事項）</td></tr>
<tr><td>順位番号</td><td>登記の目的</td><td>受付年月日・受付番号</td><td>権利者その他の事項</td></tr>
<tr><td>2</td><td>所有権移転</td><td>平成○年○月○日
受付第○号</td><td>原因　平成○年○月○日売買
所有者
　○市○町○丁目○番○号
　持分2分の1
　甲　某
　○市○町○丁目○番○号
　2分の1
　○　某</td></tr>
<tr><td rowspan="2">3</td><td>甲某持分2分の1移転（合有）</td><td>平成○年○月○日
受付第○号</td><td>原因　平成○年○月○日信託
受託者
　○市○町○丁目○番○号
　乙　株式会社
　○市○町○丁目○番○号
　丙　株式会社
　（受託者乙株式会社，丙株式会社持分2分の1）(注)</td></tr>
<tr><td>信託</td><td>余白抹消</td><td>信託目録第○号</td></tr>
<tr><td rowspan="2">4</td><td>○某持分2分の1移転</td><td>平成○年○月○日
受付第○号</td><td>原因　平成○年○月○日信託
受託者　○市○町○丁目○番○号
　乙　株式会社
　（受託者持分2分の1）</td></tr>
<tr><td>信託</td><td>余白</td><td>信託目録第○○号</td></tr>
<tr><td rowspan="3">5</td><td>受託者乙株式会社，丙株式会社持分2分の1（順位3番で登記した持分）が他の信託財産となった旨の登記</td><td>平成○年○月○日
受付第○号</td><td>原因　平成○年○月○日共有物分割
受託者　○市○町○丁目○番○号
　乙　株式会社
　（受託者持分2分の1）</td></tr>
<tr><td>3番信託登記抹消</td><td>余白</td><td>原因　共有物分割</td></tr>
<tr><td>信託</td><td>余白</td><td>信託目録第○○○号</td></tr>
</table>

信託目録		調製	平成○年○月○日
番　号	受付年月日・受付番号	予　備	
第○号	平成○年○月○日 第○号	信託抹消　平成○年○月○日受付第○号抹消	
１　委託者に関する事項	○市○町○丁目○番○号 甲　某		
２　受託者に関する事項	○市○町○丁目○番○号 乙　株式会社 ○市○町○丁目○番○号 丙　株式会社		
３　受益者に関する事項等	受益者　○市○町○丁目○番○号 ○　某		
４　信託条項	**（省略）**		

信託目録		調製	平成○年○月○日
番　号	受付年月日・受付番号	予　備	
第○○号	平成○年○月○日 第○号	余白	
１　委託者に関する事項	○市○町○丁目○番○号 ○　某		
２　受託者に関する事項	○市○町○丁目○番○号 乙　株式会社		
３　受益者に関する事項等	受益者　○市○町○丁目○番○号 ○　某		
４　信託条項	**（省略）**		

信託目録		調製	平成○年○月○日
番　号	受付年月日・受付番号	予　備	
第○○○号	平成○年○月○日 第○号	余白	
１　委託者に関する事項	○市○町○丁目○番○号 ○　某		
２　受託者に関する事項	○市○町○丁目○番○号 乙　株式会社		
３　受益者に関する事項等	受益者　○市○町○丁目○番○号 ○　某		
４　信託条項	**（省略）**		

（注）　合有の場合の権利者の表記は，持分の概念はないので受託者各自に持分の記録をすることなく，受託者２名の受託者としての持分を「受託者乙株式会社，丙株式会社持分２分の１」との振り合いで記録する。

第3節

仮登記

【31】　委託者及び受託者（1人）の共同申請により受託者への所有権移転の仮登記と同時にする信託の仮登記

【5】の仮登記の事例である。

信託の登記は，信託に係る不動産に関する権利の変動の登記ではなく，当該権利が，受託者の信託財産に帰属するという権利状態を公示するものであり，このことからすれば，信託の登記の性質は，常に本登記であって，その仮登記は存在し得ない。

しかしながら，登記実務では，信託契約を原因とする所有権移転仮登記（不登法105条1号の仮登記）にあっても，不登法98条1項の規定（同時申請を義務付ける規定）が適用され，所有権移転仮登記の申請と同時に，信託の仮登記を申請しなければならないとする取扱いがされている。この取扱いは，信託に係る権利の登記と信託の登記の一体性を，仮登記の段階から確保しようとするものであり，①当該信託契約の効力は既に生じており，当該不動産の所有権が，受託者の信託財産に帰属するという権利関係も生じているから，信託の登記を申請することが可能であるが，②ただし，これと同時に（しかも一括して）申請すべき信託に係る権利の登記が所有権移転仮登記であるから，信託の登記の申請も仮登記の形式でせざるを得ない，という2つの考え方を基礎としていると考える。

ただし，信託に係る権利の登記が信託予約を原因とする所有権移転請求権仮登記（不登法105条2号の仮登記）の場合には，いまだ当該不動産の所有権が，受託者の信託財産に帰属するという権利状態が生じているわけではなく，そのような不確定な権利状態を，仮登記によって公示する実益に疑問がある。よって，信託に係る権利の登記が2号仮登記である場合には，その登記原因が何であるかを問わず，その申請と同時に信託の仮登記を申請することはできない，と解すべきことになる。

【31】－1　登記申請書

登　記　申　請　書

登記の目的　所有権移転仮登記及び信託仮登記(注1)

原　　　因　平成○年○月○日信託(注2)

権　利　者　○市○町○丁目○番○号

（信託登記申請人）　　乙　株式会社(注3)

（会社法人等番号　1234-56-789123）

代表取締役　○○○○

義　務　者　○市○町○丁目○番○号

甲　　某(注4)

添付書類

登記原因証明情報(注5)　信託目録に記録すべき情報(注6)

印鑑証明書(注7)　会社法人等番号（資格証明書）(注8)

代理権限証明情報(注9)

登記識別情報の通知について(注10)

送付の方法により登記識別情報通知書の交付を希望します。

送付先：資格者代理人の事務所あて

平成○年○月○日申請　　○法務局○出張所

代　理　人　○市○町○丁目○番○号

○　○　○　○　　㊞

電話先　○○－○○○○－○○○○

課税価格　金○円(注11)

登録免許税　金○円(注12)

移転分　登録免許税法7条1項1号により非課税(注13)

信託分　金○円(注14)

不動産の表示（省略）

（注1）　登記の目的として，「所有権移転仮登記及び信託仮登記」と記載し，所有権の移転仮登記と信託の仮登記である旨を明記する。

（注2）　原因の日付は，信託の効力の発生した日付（信託法4条1項）である信託契約の締結年月日を記載する。

（注3）　登記権利者兼信託登記申請人として，受託者を記載する（登記原因証明情報の表示と符合していることを要する。）。

受託者が法人であるときは，その代表者の資格及び氏名を記載する。

申請人の会社法人等番号を提供するときは，「申請人の名称」に続けて会社法人等番号を記載する。

（注4）　登記義務者として，所有権の登記名義人たる委託者を記載する（登記記録に記録された所有権の登記名義人の表示及び登記原因証明情報の表示と符合していることを要する。）。

委託者が法人であるときは，その代表者の資格及び氏名を記載する。

（注5）　権利に関する登記を申請するときには，登記原因を証する情報を提供しなければならない（不登法61条，不登令7条1項5号ロ）。

所有権の移転仮登記及び信託の仮登記においては，信託契約書又は信託契約の締結と当該不動産の移転に関する事項を記載した書面（報告形式の登記原因証明情報）を提出する必要がある（不登令別表30項添付情報欄イ，不登令別表65項添付情報欄ロ）。

なお，報告形式の登記原因証明情報を提供する場合，一般的には，登記権利者及び登記義務者が署名若しくは記名押印すべきであるが，最低限，登記義務者が作成名義人になっていなければならない。

（注6）　信託の登記の申請を書面申請によりするときは，不動産登記令15条の規定に基づき，信託目録に記録すべき情報を記載した書面（当該情報を電磁的記録で作成している場合にあっては，当該情報を記録した磁気ディスクを含む。）を添付して提出しなければならない（不登令7条1項6号，別表65項添付情報欄ハ）。

なお，信託目録に記録すべき情報を書面で提出する場合にあっては，登記事務を円滑かつ正確に行うために，実務上は，信託目録に記録すべき情報を記録した磁気ディスクを併せて提出している（詳細は，第2章第4・1(4)（107頁）を参照。）。

（注7）　所有権の登記名義人である登記義務者の作成後3か月以内の印鑑証明書を添付する（不登令16条2項，3項）。

（注8）　申請人が法人であり，当該法人が会社法人等番号を有する法人である場合には，当該会社法人等番号を提供しなければならない（不登令7条1項1号イ）。

なお，会社法人等番号を有する法人である場合であっても，作成後1か月以内の当該法人の代表者の資格を証する情報（代表者事項証明書等）を提供したときは，会社法人等番

号の提供を要しない（不登規則36条1項1号各号，2項）。

（注9）　代理人によって登記を申請するときは，当該代理人の権限を証する情報として，委任状を添付する（不登令7条1項2号）。

委任状には，登記識別情報の通知の受領を委任する場合は，別途その旨を明らかにし，受領の復代理人の選任を委任する場合は，その旨を記載する。また，登記識別情報の通知を希望しない場合は，その旨も記載する必要がある。

なお，代理人が法人であるときには，その法人における代表権のある者がその権限に基づいて登記を申請していることを証するため，作成後3か月以内の当該法人の当該代表者の資格を証する情報を提供しなければならない（不登令7条1項2号，17条1項）。ただし，当該代理人の会社法人等番号を提供したときは，当該代理人の代表者の資格を証する情報の提供に代えることができる（不登規則37条の2）。

（注10）　登記識別情報の通知の送付を希望するときは，その旨を記載し，登記所の窓口での交付を希望するときは，何らの記載も要しない。

また，登記識別情報の通知を希望しない場合には，その旨を記載する。

（注11）　課税価格として，土地又は建物の登記時の不動産の価額（固定資産課税台帳の登録価格）を記載する。

固定資産評価証明書（市町村発行）は法定の添付書面ではないが，実務上は添付する取扱いとなっている。

（注12）　登録免許税として，所有権移転の仮登記分と信託の仮登記分の合計金額を記載する。

（注13）　所有権移転の仮登記の登録免許税は非課税である（登録免許税法7条1項1号）。

（注14）　信託の仮登記の登録免許税として，不動産の価額の1,000分の2の額を記載する（登録免許税法別表第一，1，(十二)ニ(1)）。

【31】－2　登記記録例

権利部（甲区）（所有権に関する事項）			
順位番号	登記の目的	受付年月日・受付番号	権利者その他の事項
2	所有権移転	平成○年○月○日受付 第○号	原因　平成○年○月○日売買 所有者　○市○町○丁目○番○号 甲　某
3（注1）	所有権移転仮登記（注2）	平成○年○月○日受付 第○号	原因　平成○年○月○日信託（注3） 権利者　○市○町○丁目○番○号 乙　株式会社（注4）
	信託仮登記（注2）	余白	信託目録第○号（注5）
	余白	余白	余白
	余白	余白	余白

<table>
<tr><td colspan="3">信託目録</td><td>調製</td><td>平成○年○月○日</td></tr>
<tr><td>番　号</td><td>受付年月日・受付番号</td><td colspan="3">予　備</td></tr>
<tr><td>第○号</td><td>平成○年○月○日
第○号</td><td colspan="3">余白</td></tr>
<tr><td>1　委託者に関する事項</td><td colspan="4">○市○町○丁目○番○号
甲　某</td></tr>
<tr><td>2　受託者に関する事項</td><td colspan="4">○市○町○丁目○番○号
乙　株式会社</td></tr>
<tr><td>3　受益者に関する事項等</td><td colspan="4">受益者　○市○町○丁目○番○号
甲　某</td></tr>
<tr><td>4　信託条項</td><td colspan="4">**（省略）**</td></tr>
</table>

（注1）　権利の保存，設定，移転又は変更の登記及び信託の登記をするときは，権利部の相当区に同一の順位番号を用いて記録することになる（不登規則175条1項）。

権利部の相当区に仮登記をしたときは，その次に当該仮登記の順位番号と同一の順位番号により本登記をすることができる余白を設けなければならない（不登規則179条1項）。よって，抵当権の仮登記及び信託の仮登記の2つの余白を設ける。

（注2）　登記の目的欄は，「所有権移転仮登記」，「信託仮登記」と記録するとともに，2つの余白を設ける。

（注3）　原因は，「平成○年○月○日信託」と記録する。

（注4）　権利者の表記は，仮登記であるので，「受託者」ではなく，「権利者」と記録する。

（注5）　信託登記に係る内容は信託目録に記録され公示されることから，登記記録には信託目録の信託番号のみを記録し，信託目録の信託番号は不動産ごとに異なる番号が付される。

【32】　委託者及び受託者（１人）の共同申請により受託者への抵当権設定の仮登記と同時にする信託の仮登記

【13】の仮登記の事例である。

セキュリティ・トラストに係る抵当権設定仮登記の申請をする場合の信託の登記の申請について，登記実務では，この場合も，不動産登記法98条１項の規定（同時申請を義務付ける規定）が適用され，抵当権設定仮登記の申請と同時に，信託の仮登記を申請しなければならないとする取扱いがされている。この取扱いは，信託に係る権利の登記と信託の登記の一体性を，仮登記の段階から確保しようとするものであり，①当該信託契約の効力は既に生じており，当該不動産に設定された抵当権が，受託者の信託財産に帰属するという権利関係も生じているから，信託の登記を申請することが可能であるが，②ただし，これと同時に（しかも一括して）申請すべき信託に係る権利の登記が抵当権設定仮登記であるから，信託の登記の申請も仮登記の形式でせざるを得ない，という２つの考え方を基礎としていると考えられる。

【32】－１　登記申請書

登　記　申　請　書

登記の目的　　抵当権設定仮登記及び信託仮登記（注１）
原　　　因　　平成○年○月○日金銭消費貸借平成○年○月○日信託（注２）
債　権　額　　金600万円
利　　　息　　年8.2％
損　害　金　　年14.5％
債　務　者　　○市○町○丁目○番○号
　　　　　　　　　　甲　　某（注３）

権　利　者　　○市○町○丁目○番○号
（信託登記申請人）　　乙　株式会社（注４）

（会社法人等番号　1234-56-789123）
代表取締役　　○○○○

義　務　者　　○市○町○丁目○番○号
甲　　　某（注5）

添付書類
登記原因証明情報（注6）　信託目録に記録すべき情報（注7）
印鑑証明書（注8）　会社法人等番号（資格証明書）（注9）
代理権限証明情報（注10）

登記識別情報の通知について（注11）
送付の方法により登記原因証明情報通知書の交付を希望します。
送付先：資格者代理人の事務所あて

平成○年○月○日申請　　　○法務局○出張所

代　理　人　　○市○町○丁目○番○号
○　○　○　○　　　㊞
電話先　○○－○○○○－○○○○

課税価格　　金600万円（注12）

登録免許税　　金8,000円（注13）
設定分　　金2,000円（注14）
信託分　　金6,000円（注15）

不動産の表示（**省略**）
土地　1筆
建物　1個

（注１）　登記の目的として，「抵当権設定仮登記及び信託仮登記」と記載する。

（注２）　原因及びその日付は，被担保債権の発生原因とその日付及び担保権を信託とする信託契約の締結年月日を記載する（信託法４条１項）。

（注３）　被担保債権の債務者を記載する。一般的には委託者であるが，物上保証型の場合はその者を記載する。

（注４）　登記権利者兼信託登記申請人として，受託者を記載する（登記原因証明情報の表示と符合していることを要する。）。

受託者が法人であるときは，その代表者の資格及び氏名を記載する。

申請人の会社法人等番号を提供するときは，「申請人の名称」に続けて会社法人等番号を記載する。

（注５）　登記義務者として，所有権の登記名義人たる委託者を記載する（登記記録に記録された所有権の登記名義人の表示及び登記原因証明情報の表示と符合していることを要する。）。

委託者が法人であるときは，その代表者の資格及び氏名を記載する。

申請人の会社法人等番号を提供するときは，「申請人の名称」に続けて会社法人等番号を記載する。

（注６）　権利に関する登記を申請するときには，登記原因を証する情報を提供しなければならない（不登法61条，不登令７条１項５号ロ）。

抵当権の設定仮登記及び信託の仮登記においては，信託契約書又は信託契約の締結と当該抵当権の設定に関する事項を記載した書面（報告形式の登記原因証明情報）を提出する必要がある（不登令別表55項添付情報欄，不登令別表65項添付情報欄ロ）。

なお，報告形式の登記原因証明情報を提供する場合，一般的には，登記権利者及び登記義務者が署名若しくは記名押印すべきであるが，最低限，登記義務者が作成名義人になっていなければならない。

（注７）　信託の登記の申請を書面申請によりするときは，不動産登記令15条の規定に基づき，信託目録に記録すべき情報を記載した書面（当該情報を電磁的記録で作成している場合にあっては，当該情報を記録した磁気ディスクを含む。）を添付して提出しなければならない（不登令７条１項６号，別表65項添付情報欄ハ）。

なお，信託目録に記録すべき情報を書面で提出する場合にあっては，登記事務を円滑かつ正確に行うために，実務上は，信託目録に記録すべき情報を記録した磁気ディスクを併せて提出している（詳細は，第２章第４・1(4)（107頁）を参照。）。

（注８）　所有権の登記名義人である登記義務者の作成後３か月以内の印鑑証明書を添付する（不登令16条２項，３項）。

（注９）　申請人が法人であり，当該法人が会社法人等番号を有する法人である場合には，当該会社法人等番号を提供しなければならない（不登令７条１項１号イ）。

なお，会社法人等番号を有する法人である場合であっても，作成後１か月以内の当該法人の代表者の資格を証する情報（代表者事項証明書等）を提供したときは，会社法人等番号の提供を要しない（不登規則36条１項１号各号，２項）。

（注10）　代理人によって登記を申請するときは，当該代理人の権限を証する情報として，委任状を添付する（不登令７条１項２号）。

委任状には，登記識別情報の通知の受領を委任する場合は，別途その旨を明らかにし，受領の復代理人の選任を委任する場合は，その旨を記載する。また，登記識別情報の通知を希望しない場合は，その旨も記載する必要がある。

なお，代理人が法人であるときには，その法人における代表権のある者がその権限に基づいて登記を申請していることを証するため，作成後3か月以内の当該法人の当該代表者の資格を証する情報を提供しなければならない（不登令7条1項2号，17条1項）。ただし，当該代理人の会社法人等番号を提供したときは，当該代理人の代表者の資格を証する情報の提供に代えることができる（不登規則37条の2）。

(注11)　登記識別情報の通知の送付を希望するときは，その旨を記載し，登記所の窓口での交付を希望するときは，何らの記載も要しない。

また，登記識別情報の通知を希望しない場合には，その旨を記載する。

(注12)　課税価格として，債権金額を記載する。

(注13)　登録免許税として，抵当権設定の仮登記分と信託の仮登記分の合計金額を記載する。

(注14)　抵当権設定の仮登記の登録免許税は，不動産1個につき，1,000円である（登録免許税法別表第一，1，(十二)ヘ)。

(注15)　信託の仮登記の登録免許税は，債権額の1,000分の1の額である（登録免許税法別表第一，1，(十二)ニ(2))。

【32】－2　登記記録例

権利部（乙区）（所有権以外の権利に関する事項）			
順位番号	登記の目的	受付年月日・受付番号	権利者その他の事項
1（注1）	抵当権設定仮登記	平成○年○月○日 受付第○号	原因　平成○年○月○日金銭消費貸借平成○年○月○日設定（注3） 債権額　金600万円 利息　年8.2% 損害金　年14.5% 債務者　○市○町○丁目○番○号 甲　某 権利者　○市○町○丁目○番○号 乙　株式会社（注4） 共同担保目録(さ)第○○号
	信託仮登記（注2）	余白	信託目録第○号（注5）
	余白	余白	余白
	余白	余白	余白

信託目録		調整	平成○年○月○日
番　号	受付年月日・受付番号	予　備	
第○号	平成○年○月○日 第○号	余白	
1　委託者に関する事項	○市○町○丁目○番○号 甲　某		
2　受託者に関する事項	○市○町○丁目○番○号 乙　株式会社		
3　受益者に関する事項等	受益者　○市○町○丁目○番○号 丙　株式会社		
4　信託条項	**（省略）**		

（注1）　権利の保存，設定，移転又は変更の登記及び信託の登記をするときは，権利部の相当区に同一の順位番号を用いて記録することになる（不登規則175条1項）。

権利部の相当区に仮登記をしたときは，その次に当該仮登記の順位番号と同一の順位番号により本登記をすることができる余白を設けなければならない（不登規則179条1項）。よって，抵当権の仮登記及び信託の仮登記の2つの余白を設ける。

（注2）　登記の目的欄は，「信託仮登記」と記録する。

（注3）　原因は，「平成○年○月○日金銭消費貸借平成○年○月○日信託」と記録する。

（注4）　権利者の表記は，仮登記であるので「抵当権者」ではなく，「権利者」と記録する。

（注5）　信託登記に係る内容は信託目録に記録され公示されることから，登記記録には信託目録の信託番号のみを記録し，信託目録の信託番号は不動産ごとに異なる番号が付される。

【33】　委託者及び受託者（1人）の共同申請により受託者への根抵当権設定の仮登記と同時にする信託の仮登記

【16】の仮登記の事例である。

セキュリティ・トラストに係る根抵当権設定仮登記の申請をする場合の信託の登記の申請について，登記実務では，この場合も，不登法98条1項の規定（同時申請を義務付ける規定）が適用され，根抵当権設定仮登記の申請と同時に，信託の仮登記を申請しなければならないとする取扱いがされている。この取扱いは，信託に係る権利の登記と信託の登記の一体性を，仮登記の段階から確保しようとするものであり，①当該信託契約の効力は既に生じており，当該不動産に設定された根抵当権が，受託者の信託財産に帰属するという権利関係も生じているから，信託の登記を申請することが可能であるが，②ただし，これと同時に（しかも一括して）申請すべき信託に係る権利の登記が根抵当権設定仮登記であるから，信託の登記の申請も仮登記の形式でせざるを得ない，という2つの考え方を基礎としていると考えられる。

なお，同一の申請書で数個の不動産に累積式の根抵当権の設定の登記を申請することはできない（昭和46年10月4日付け法務省民事甲第3230号民事局長通達第14・2）とされており，累積式の根抵当権の仮登記の申請も，各々の不動産ごとにすべきである（昭和48年12月17日付け法務省民三第9170号民事局長回答）。したがって，5つの不動産に対して根抵当権設定の仮登記を申請するには，5つの申請情報を提供する必要がある。

【33】－1　登記申請書

登　記　申　請　書

登記の目的	根抵当権設定仮登記及び信託仮登記（注1）
原　　　因	平成○年○月○日信託（注2）
極　度　額	金5億円（注3）
債権の範囲	平成○年○月○日継続的金銭消費貸借契約（注4）

平成○年△月△日継続的金銭消費貸借契約
平成○年□月□日継続的金銭消費貸借契約
平成○年○月○日債権譲渡（譲渡人株式会社○○銀行）にかかる債権
平成○年○月○日債権譲渡（譲渡人株式会社△△銀行）にかかる債権
平成○年○月○日債権譲渡（譲渡人株式会社□□銀行）にかかる債権

債　務　者　○市○町○丁目○番○号
甲　株式会社(注5)
代表取締役　○○○○
権　利　者　○市○町○丁目○番○号
（信託登記申請人）　乙　株式会社(注6)
（会社法人等番号　1234-56-789123）
代表取締役　○○○○
義　務　者　○市○町○丁目○番○号
甲　株式会社(注7)
（会社法人等番号　1234-56-789127）
代表取締役　○○○○

添付書類
登記原因証明情報(注8)　信託目録に記録すべき情報(注9)
印鑑証明書(注10)　会社法人等番号（資格証明書）(注11)
代理権限証明情報(注12)

登記識別情報の通知について(注13)
送付の方法により登記原因証明情報通知書の交付を希望します。
送付先：資格者代理人の事務所あて

平成○年○月○日申請　　　　○法務局○出張所

代　理　人　　○市○町○丁目○番○号

○　○　○　○　　　㊞

電話先　○○－○○○○－○○○○

課 税 価 格　　金5億円（注14）

登録免許税　　金501,000円（注15）

設定分　金1,000円（注16）

信託分　金500,000円（注17）

不動産の表示（**省略**）

土地　1筆

（**注1**）　登記の目的として，「根抵当権設定仮登記及び信託仮登記」と記載する。
なお，仮登記の段階では，共同根抵当権の設定仮登記を申請することは認められないから，各々の不動産ごとに累積式の根抵当権として申請することとなる。

（**注2**）　原因及びその日付は，担保権を信託とする信託契約の締結年月日を記載する（信託法4条1項）。

（**注3**）　根抵当権の極度額を記載する（不登法88条2項1号）。
本件においては，複数の継続的金銭消費貸借取引に係る極度額及び複数の債権譲渡に係る極度額の合計額を記載することとなる。

（**注4**）　担保すべき債権の範囲を記載する（不登法88条2項1号）が，不特定の債権の範囲を特定の継続的取引契約をもって定めた場合には，その契約の成立年月日及びその名称を，また，特定の原因に基づいて継続して生ずる債権を担保すべき債権と定めた場合には，その債権発生の原因を特定するに足りる事項を記載する。なお，これらの継続的取引契約若しくは継続して生ずる債権が複数ある場合は，それら全てを書式例のように併記する。

（**注5**）　被担保債権の債務者を記載する（不登法83条1項2号）。

（**注6**）　登記権利者兼信託登記申請人として，受託者を記載する（登記原因証明情報の表示と符合していることを要する。）。
受託者が法人であるときは，その代表者の資格及び氏名を記載する。

申請人の会社法人等番号を提供するときは,「申請人の名称」に続けて会社法人等番号を記載する。

（注７）　登記義務者として，所有権の登記名義人たる委託者を記載する（登記記録に記録された所有権の登記名義人の表示及び登記原因証明情報の表示と符合していることを要する。)。

委託者が法人であるときは，その代表者の資格及び氏名を記載する。

申請人の会社法人等番号を提供するときは,「申請人の名称」に続けて会社法人等番号を記載する。

（注８）　権利に関する登記を申請するときには，登記原因を証する情報を提供しなければならない（不登法61条，不登令７条１項５号ロ)。

根抵当権の設定仮登記及び信託の仮登記においては，信託契約書又は信託契約の締結と当該根抵当権の設定に関する事項を記載した書面（報告形式の登記原因証明情報）を提出する必要がある（不登令別表55項添付情報欄，不登令別表65項添付情報欄ロ)。

なお，報告形式の登記原因証明情報を提供する場合，一般的には，登記権利者及び登記義務者が署名若しくは記名押印すべきであるが，最低限，登記義務者が作成名義人になっていなければならない。

（注９）　信託の登記の申請を書面申請によりするときは，不動産登記令15条の規定に基づき，信託目録に記録すべき情報を記載した書面（当該情報を電磁的記録で作成している場合にあっては，当該情報を記録した磁気ディスクを含む。）を添付して提出しなければならない（不登令７条１項６号，別表65項添付情報欄ハ)。

なお，信託目録に記録すべき情報を書面で提出する場合にあっては，登記事務を円滑かつ正確に行うために，実務上は，信託目録に記録すべき情報を記録した磁気ディスクを併せて提出している（詳細は，第２章第４・１(4)（107頁）を参照。)。

（注10）　所有権の登記名義人である登記義務者の作成後３か月以内の印鑑証明書を添付する（不登令16条２項，３項)。

（注11）　申請人が法人であり，当該法人が会社法人等番号を有する法人である場合には，当該会社法人等番号を提供しなければならない（不登令７条１項１号イ)。

なお，会社法人等番号を有する法人である場合であっても，作成後１か月以内の当該法人の代表者の資格を証する情報（代表者事項証明書等）を提供したときは，会社法人等番号の提供を要しない（不登規則36条１項１号各号，２項)。

（注12）　代理人によって登記を申請するときは，当該代理人の権限を証する情報として，委任状を添付する（不登令７条１項２号)。

委任状には，登記識別情報の通知の受領を委任する場合は，別途その旨を明らかにし，受領の復代理人の選任を委任する場合は，その旨を記載する。また，登記識別情報の通知を希望しない場合は，その旨も記載する必要がある。

なお，代理人が法人であるときには，その法人における代表権のある者がその権限に基づいて登記を申請していることを証するため，作成後３か月以内の当該法人の当該代表者の資格を証する情報を提供しなければならない（不登令７条１項２号，17条１項)。ただし，当該代理人の会社法人等番号を提供したときは，当該代理人の代表者の資格を証する情報の提供に代えることができる（不登規則37条の２)。

（注13）　登記識別情報の通知の送付を希望するときは，その旨を記載し，登記所の窓口での交付を希望するときは，何らの記載も要しない。

また，登記識別情報の通知を希望しない場合には，その旨を記載する。

(注14)　課税価格として，極度額を記載する。

(注15)　登録免許税として，根抵当権設定の仮登記分と信託の仮登記分の合計金額を記載する。

(注16)　根抵当権設定の仮登記の登録免許税は，不動産１個につき，1,000円である（登録免許税法別表第一，１，(十二)ヘ）。

(注17)　信託の仮登記の登録免許税は，極度額の1,000分の１の額である（登録免許税法別表第一，１，(十二)ニ(2)）。

【33】－２　登記記録例

<table>
<tr><td colspan="4">権利部（乙区）（所有権以外の権利に関する事項）</td></tr>
<tr><td>順位番号</td><td>登記の目的</td><td>受付年月日・受付番号</td><td>権利者その他の事項</td></tr>
<tr><td rowspan="4">１(注１)</td><td>根抵当権設定仮登記</td><td>平成○年○月○日
受付第○号</td><td>原因　平成○年○月○日信託(注３)
極度額　金５億円
債権の範囲
　平成○年○月○日継続的金銭消費貸借契約
　平成○年△月△日継続的金銭消費貸借契約
　平成○年□月□日継続的金銭消費貸借契約
　平成○年○月○日債権譲渡（譲渡人株式会社○○銀行）にかかる債権
　平成○年○月○日債権譲渡（譲渡人株式会社△△銀行）にかかる債権
　平成○年○月○日債権譲渡（譲渡人株式会社□□銀行）にかかる債権
債務者　○市○町○丁目○番○号
　甲　株式会社
権利者　○市○町○丁目○番○号
　乙　株式会社(注４)
共同担保目録(さ)第○○号</td></tr>
<tr><td>信託仮登記(注２)</td><td>余白</td><td>信託目録第○号(注５)</td></tr>
<tr><td>余白</td><td>余白</td><td>余白</td></tr>
<tr><td>余白</td><td>余白</td><td>余白</td></tr>
</table>

信託目録		調整	平成○年○月○日
番　号	受付年月日・受付番号	予　備	
第○号	平成○年○月○日 第○号	余白	
1　委託者に関する事項	○市○町○丁目○番○号 　甲　株式会社		
2　受託者に関する事項	○市○町○丁目○番○号 　乙　株式会社		
3　受益者に関する事項等	受益者を定める方法 　その時々における①基本契約の貸付人としての地位を有する者（地位の譲渡により当該地位を譲り受けた者を含む。），②特定債権を有する者（債権譲渡により債権を譲り受けた者を含む。）を受益者とする。		
4　信託条項	**（省略）**		

（注1）　権利の保存，設定，移転又は変更の登記及び信託の登記をするときは，権利部の相当区に同一の順位番号を用いて記録することになる（不登規則175条1項）。

権利部の相当区に仮登記をしたときは，その次に当該仮登記の順位番号と同一の順位番号により本登記をすることができる余白を設けなければならない（不登規則179条1項）。よって，抵当権の仮登記及び信託の仮登記の2つの余白を設ける。

（注2）　登記の目的欄は，「信託仮登記」と記録する。

（注3）　原因は，「平成○年○月○日信託」と記録する。

（注4）　権利者の表記は仮登記であるので，「根抵当権者」ではなく，「権利者」と記録する。

（注5）　信託登記に係る内容は信託目録に記録され公示されることから，登記記録には信託目録の信託番号のみを記録し，信託目録の信託番号は不動産ごとに異なる番号が付される。

【34】　委託者及び受託者（1人）の共同申請により受託者への抵当権移転（担保付債権）の仮登記と同時にする信託の仮登記

【18】の仮登記の事例である。

【34】－1　登記申請書

登　記　申　請　書

登記の目的　○番抵当権移転仮登記及び信託仮登記（注1）

原　　　因　平成○年○月○日債権譲渡（信託）（注2）

権　利　者　○市○町○丁目○番○号

（信託登記申請人）　乙　株式会社（注3）

（会社法人等番号　1234-56-789123）

代表取締役　○○○○

義　務　者　○市○町○丁目○番○号

甲　　某（注4）

添付書類

登記原因証明情報（注5）　信託目録に記録すべき情報（注6）

会社法人等番号（資格証明書）（注7）　代理権限証明情報（注8）

登記識別情報の通知について（注9）

送付の方法により登記識別情報通知書の交付を希望します。

送付先：資格者代理人の事務所あて

平成○年○月○日申請　○法務局○出張所

代　理　人　○市○町○丁目○番○号

○　○　○　○　㊞

電話先　○○－○○○○－○○○○

課 税 価 格　　金600万円(注10)
登録免許税　　金6,000円(注11)
　　　　移転分　　登録免許税法7条1項1号により非課税(注12)
　　　　信託分　　金6,000円(注13)

不動産の表示（省略）

（注1）　登記の目的として，「○番抵当権移転仮登記及び信託仮登記」と記載する。
（注2）　原因の日付は，信託の効力の発生した日付（信託法4条1項）である信託契約の締結年月日を記載する。その原因は，「平成○年○月○日債権譲渡（信託）」となる。
（注3）　登記権利者兼信託登記申請人として，受託者を記載する（登記原因証明情報の表示と符合していることを要する。）。
　受託者が法人であるときは，その代表者の資格及び氏名を記載する。
　申請人の会社法人等番号を提供するときは，「申請人の名称」に続けて会社法人等番号を記載する。
（注4）　登記義務者として，抵当権の登記名義人たる委託者（担保権設定者）を記載する（登記記録に記録された抵当権の登記名義人の表示及び登記原因証明情報の表示と符合していることを要する。）。
　委託者が法人であるときは，その代表者の資格及び氏名を記載する。
（注5）　権利に関する登記を申請するときには，登記原因を証する情報を提供しなければならない（不登法61条，不登令7条1項5号ロ）。
　抵当権の移転仮登記及び信託の仮登記においては，信託契約書又は信託契約の締結と当該権利の移転に関する事項を記載した書面（報告形式の登記原因証明情報）を提出する必要がある（不登令別表65項添付情報欄ロ）。
　なお，報告形式の登記原因証明情報を提供する場合，一般的には，登記権利者及び登記義務者が署名若しくは記名押印すべきであるが，最低限，登記義務者が作成名義人になっていなければならない。
（注6）　信託の登記の申請を書面申請によりするときは，不動産登記令15条の規定に基づき，信託目録に記録すべき情報を記載した書面（当該情報を電磁的記録で作成している場合にあっては，当該情報を記録した磁気ディスクを含む。）を添付して提出しなければならない（不登令7条1項6号，別表65項添付情報欄ハ）。
　なお，信託目録に記録すべき情報を書面で提出する場合にあっては，登記事務を円滑かつ正確に行うために，実務上は，信託目録に記録すべき情報を記録した磁気ディスクを併せて提出している（詳細は，第2章第4・1(4)（107頁）を参照。）。
（注7）　申請人が法人であり，当該法人が会社法人等番号を有する法人である場合には，当該会社法人等番号を提供しなければならない（不登令7条1項1号イ）。
　なお，会社法人等番号を有する法人である場合であっても，作成後1か月以内の当該法人の代表者の資格を証する情報（代表者事項証明書等）を提供したときは，会社法人等番

号の提供を要しない（不登規則36条1項1号各号，2項）。

（注8）　代理人によって登記を申請するときは，当該代理人の権限を証する情報として，委任状を添付する（不登令7条1項2号）。

委任状には，登記識別情報の通知の受領を委任する場合は，別途その旨を明らかにし，受領の復代理人の選任を委任する場合は，その旨を記載する。また，登記識別情報の通知を希望しない場合は，その旨も記載する必要がある。

なお，代理人が法人であるときには，その法人における代表権のある者がその権限に基づいて登記を申請していることを証するため，作成後3か月以内の当該法人の当該代表者の資格を証する情報を提供しなければならない（不登令7条1項2号，17条1項）。ただし，当該代理人の会社法人等番号を提供したときは，当該代理人の代表者の資格を証する情報の提供に代えることができる（不登規則37条の2）。

（注9）　登記識別情報の通知の送付を希望するときは，その旨を記載し，登記所の窓口での交付を希望するときは，何らの記載も要しない。

また，登記識別情報の通知を希望しない場合には，その旨を記載する。

（注10）　課税価格として，移転を受けた債権金額を記載する。

（注11）　登録免許税として，抵当権移転の仮登記分と信託の仮登記分の合計金額を記載する。

（注12）　抵当権移転仮登記の登録免許税は，非課税である（登録免許税法7条1項1号）。

（注13）　信託の仮登記の登録免許税は，移転を受けた債権額の1,000分の1の額である（登録免許税法別表第一，1，(十三) ニ (2)）。

なお，【19】の事例と同様に，抵当権（共同担保）の信託の登記が，既にある登記所において申請され，時を異に他の登記所にその抵当権の信託の登記を申請するときには，その申請が最初の申請以外のものであることを証する書類（前登記証明書，一般的には登記事項証明書，不登準則125条）を添付した場合には，不動産等に関する権利の件数1件につき，1,500円である（登録免許税法13条2項）。

【34】－2　登記記録例

権利部（乙区）（所有権以外の権利に関する事項）			
順位番号	登記の目的	受付年月日・受付番号	権利者その他の事項
1	抵当権設定	平成○年○月○日 受付第○号	原因　平成○年○月○日金銭消費貸借平成○年○月○日設定 債権額　金600万円 利息　年8.2% 損害金　年14.5% 債務者　○市○町○丁目○番○号 ○　某 抵当権者　○市○町○丁目○番○号 甲　某
1付記1号(注1)	1番抵当権移転仮登記(注2)	平成○年○月○日 受付第○号	原因　平成○年○月○日債権譲渡(信託)(注3) 権利者　○市○町○丁目○番○号 乙　株式会社(注4)
	信託仮登記(注2)	余白	信託目録第○号(注5)

	余白	余白	余白
	余白	余白	余白

信託目録		調製	平成○年○月○日
番　号	受付年月日・受付番号	予　備	
第○号	平成○年○月○日 第○号	余白	
1　委託者に関する事項	○市○町○丁目○番○号 　甲　某		
2　受託者に関する事項	○市○町○丁目○番○号 　乙　株式会社		
3　受益者に関する事項等	受益者　○市○町○丁目○番○号 　甲　某		
4　信託条項	**(省略)**		

(注１)　権利の保存，設定，移転又は変更の登記及び信託の登記をするときは，権利部の相当区に同一の順位番号を用いて記録することになる（不登規則175条１項）。所有権以外の権利の移転の登記は，付記登記によることとなる（不登規則３条５号）。

権利部の相当区に仮登記をしたときは，その次に当該仮登記の順位番号と同一の順位番号により本登記をすることができる余白を設けなければならない（不登規則179条１項）。よって，抵当権の仮登記及び信託の仮登記の２つの余白を設ける。

(注２)　登記の目的欄は，「１番抵当権移転仮登記」，「信託仮登記」と記録する。

(注３)　原因は，担保付債権の抵当権移転であるので，「平成○年○月○日債権譲渡（信託）」と記録する。

(注４)　権利者の表記は，仮登記であるので「受託者」ではなく，「権利者」と記録する。

(注５)　信託登記に係る内容は信託目録に記録され公示されることから，登記記録には信託目録の信託番号のみを記録し，信託目録の信託番号は不動産ごとに異なる番号が付される。

【35】　自己信託による仮登記抵当権の信託財産となった旨の権利の変更の仮登記と同時にする信託の仮登記

【25】の仮登記の事例である。

【35】－1　登記申請書

登　記　申　請　書

登記の目的　　仮登記抵当権の信託財産となった旨の仮登記及び信託仮登記（注1）

原　　　因　　平成○年○月○日自己信託（注2）

信託すべき登記の表示

平成○年○月○日受付第○号（注3）

申　請　人　　○市○町○丁目○番○号

（受託者）　　　乙　株式会社（注4）

（会社法人等番号　1234-56-789123）

代表取締役　○○○○

添　付　書　類

登記原因証明情報（注5）　信託目録に記録すべき情報（注6）

会社法人等番号（資格証明書）（注7）　代理権限証明情報（注8）

登記識別情報の通知について（注9）

送付の方法により登記識別情報通知書の交付を希望します。

送付先：資格者代理人の事務所あて

平成○年○月○日申請　　　○法務局○出張所

代　理　人　　○市○町○丁目○番○号

○　○　○　○　㊞

電話先　○○－○○○○－○○○○

課税価格　　金○円（注10）

登録免許税　　金○円（注11）

変更分　　金○円（注12）

信託分　　金○円（注13）

不動産の表示（省略）

（注１） 登記の目的として，「仮登記抵当権の信託財産となった旨の仮登記及び信託仮登記」と記載し，権利の変更の仮登記（信託財産となった旨の仮登記）と信託の仮登記であることを明記する。

（注２） 登記原因及びその日付として，自己信託である旨と効力発生の年月日を記載する。

自己信託によってされる信託は，法定の事項を記載した公正証書又は公証人の認証を受けた書面若しくは電磁的記録によってされる場合には，その作成により効力が生じ，公正証書等以外の書面又は電磁的記録によってされる場合には，その効力は，確定日付のある証書により当該信託がされた旨及びその内容が受益者となるべき者として指定された第三者に通知がされることによってはじめて効力が生ずる（信託法４条３項）。

（注３） 信託財産となる抵当権を特定するために，信託すべき登記の表示として，受付年月日及び受付番号を記載するとか，当該抵当権の順位番号を記載する。

（注４） 申請人（受託者）として，抵当権の登記名義人たる委託者を記載する（登記記録に記録された抵当権の登記名義人の表示及び登記原因証明情報の表示と符合していることを要する。）。

申請人（受託者）が法人であるときは，その代表者の資格及び氏名を記載する。

申請人の会社法人等番号を提供するときは，「申請人の名称」に続けて会社法人等番号を記載する。

（注５） 登記原因証明情報として，信託法４条３項１号に規定する公正証書等によって自己信託をした場合には当該公正証書等（公正証書については，その謄本）を，また，同公正証書等以外の書面又は電磁的記録によって自己信託した場合には同項第２号の書面若しくは電磁的記録及び同号の通知をしたことを証する情報を添付する（不登令別表65項添付情報欄イ，66項の３添付情報欄）。

（注６） 信託の登記の申請を書面申請によりするときは，不動産登記令15条の規定に基づき，信託目録に記録すべき情報を記載した書面（当該情報を電磁的記録で作成している場合にあっては，当該情報を記録した磁気ディスクを含む。）を添付して提出しなければな

らない（不登令7条1項6号，別表65項添付情報欄ハ）。

なお，信託目録に記録すべき情報を書面で提出する場合にあっては，登記事務を円滑かつ正確に行うために，実務上は，信託目録に記録すべき情報を記録した磁気ディスクを併せて提出している（詳細は，第2章第4・1(4)（107頁）を参照。）。

（注7）　申請人が法人であり，当該法人が会社法人等番号を有する法人である場合には，当該会社法人等番号を提供しなければならない（不登令7条1項1号イ）。

なお，会社法人等番号を有する法人である場合であっても，作成後1か月以内の当該法人の代表者の資格を証する情報（代表者事項証明書等）を提供したときは，会社法人等番号の提供を要しない（不登規則36条1項1号各号，2項）。

（注8）　代理人によって登記を申請するときは，当該代理人の権限を証する情報として，委任状を添付する（不登令7条1項2号）。

委任状には，登記識別情報の通知の受領を委任する場合は，別途その旨を明らかにし，受領の復代理人の選任を委任する場合は，その旨を記載する。また，登記識別情報の通知を希望しない場合は，その旨も記載する必要がある。

なお，代理人が法人であるときには，その法人における代表権のある者がその権限に基づいて登記を申請していることを証するため，作成後3か月以内の当該法人の当該代表者の資格を証する情報を提供しなければならない（不登令7条1項2号，17条1項）。ただし，当該代理人の会社法人等番号を提供したときは，当該代理人の代表者の資格を証する情報の提供に代えることができる（不登規則37条の2）。

（注9）　登記識別情報の通知の送付を希望するときは，その旨を記載し，登記所の窓口での交付を希望するときは，何らの記載も要しない。

また，登記識別情報の通知を希望しない場合には，その旨を記載する。

（注10）　課税価格として，債権金額を記載する。

（注11）　登録免許税として，権利の変更の仮登記分と信託の仮登記分の合計金額を記載する。

（注12）　権利の変更の仮登記の登録免許税は，不動産1個につき1,000円である（登録免許税法別表第一，1，㈣）。

（注13）　信託の仮登記の登録免許税は，債権金額の1,000分の1の額である（登録免許税法別表第一，1，㈩ニ(2)）。

【35】－2　登記記録例

権利部（乙区）（所有権以外の権利に関する事項）			
順位番号	登記の目的	受付年月日・受付番号	権利者その他の事項
1	抵当権設定仮登記	平成○年○月○日 受付第○号	原因　平成○年○月○日金銭消費貸借平成○年○月○日設定 債権額　金○億円 利息　年2.81％ 損害金　年14％ 債務者　○市○町○丁目○番○号 ○　某 権利者　○市○町○丁目○番○号 乙　株式会社 共同担保　目録㈾第○号

1付記1号(注1)	余白	余白	余白
	信託財産となった旨の仮登記(注2)	平成○年○月○日 受付第○号	原因　平成○年○月○日自己信託(注3) 権利者　○市○町○丁目○番○号 乙　株式会社(注4)
	信託仮登記(注2)	余白	信託目録第○号(注5)
	余白	余白	余白
	余白	余白	余白

信託目録		調製	平成○年○月○日
番　号	受付年月日・受付番号	予　備	
第○号	平成○年○月○日 第○号	余白	
1　委託者に関する事項	○市○町○丁目○番○号 乙　株式会社		
2　受託者に関する事項	○市○町○丁目○番○号 乙　株式会社		
3　受益者に関する事項等	受益者　○市○町○丁目○番○号 乙　株式会社		
4　信託条項	**(省略)**		

(注1)　権利の保存，設定，移転又は変更の登記及び信託の登記をするときは，権利部の相当区に同一の順位番号を用いて記録することになる（不登規則175条1項）。なお，仮登記抵当権の信託財産になった旨の仮登記においては，順位番号は付記登記で記録する（不登規則3条4号)。

権利部の相当区に仮登記をしたときは，その次に当該仮登記の順位番号と同一の順位番号により本登記をすることができる余白を設けなければならない（不登規則179条1項)。よって，抵当権の仮登記及び信託の仮登記の2つの余白を設ける。

(注2)　登記の目的欄は,「信託財産となった旨の仮登記｣,「信託仮登記」と記録する。

(注3)　原因は，自己信託による信託であることを明確にするため,「平成○年○月○日自己信託」と記録する。

(注4)　権利者の表記は，仮登記であるので,「受託者」ではなく,「権利者」と記録する。

(注5)　信託登記に係る内容は信託目録に記録され公示されることから，登記記録には信託目録の信託番号のみを記録し，信託目録の信託番号は不動産ごとに異なる番号が付される。

第4節

信託の登記の抹消

第1　信託の終了

【36】　信託の終了による受託者から委託者又は受益者への所有権移転の登記及び信託の登記の抹消

信託の信託終了事由（信託法163条ないし166条）が発生した場合には，清算受託者（信託法177条）は，信託財産に属する財産及び信託債権に係る債務等を清算し，これらの手続が終了すると，その残余を残余財産受益者及び帰属権利者等に対して交付（信託財産の引継）することになる。

この残余財産の帰属主体については，第1順位は，①信託行為において残余財産の給付を内容とする受益債権に係る受益者（残余財産受益者）となるべき者として指定された者，又は②信託行為において残余財産の帰属すべき者（帰属権利者）となるべき者として指定された者（信託法182条1項1号及び2号）であり，第2順位は，委託者又はその相続人その他の一般承継人（同条2項）であり，第3順位は，清算受託者（同条3項）である。

信託の終了により，信託財産の引継ぎがされると，信託財産は帰属権利者等に移転して信託財産でなくなる。

この場合においては，信託の登記の抹消をすることになるが，所有権の移転の登記の申請と同時にしなければならない（不登法104条1項）。

所有権移転の登記申請は，帰属権利者等を登記権利者，受託者を登記義務者とする共同申請である（不登法60条）。

信託の登記の抹消の申請は，受託者が単独で申請することができる（不登法104条2項）。

【36】－１　登記申請書

登　記　申　請　書

登記の目的　　所有権移転及び信託登記抹消（注１）

原　　　因　　所有権移転　　平成○年○月○日信託財産引継（注２）

信託登記抹消　信託財産引継

権　利　者　　○市○町○丁目○番○号

○　　某（注３）

義　務　者　　○市○町○丁目○番○号

（信託登記申請人）　乙　株式会社（注４）

代表取締役　○○○○

添付書類

登記原因証明情報（注５）　登記識別情報（注６）　印鑑証明書（注７）

住所証明書（注８）　会社法人等番号（資格証明書）（注９）

代理権限証明情報（注10）

登記識別情報の通知について（注11）

送付の方法により登記識別情報通知書の交付を希望します。

送付先：資格者代理人の事務所あて

平成○年○月○日申請　　○法務局○出張所

代　理　人　　○市○町○丁目○番○号

○　○　○　○　　㊞

電話先　○○－○○○○－○○○○

課税価格　　金○円（注12）

登録免許税　　金○円（注13）
　　　　　　　　移転分　　金○円（注14）
　　　　　　　　抹消分　　金○円（注15）

不動産及び信託目録の表示（省略）

（注1）　登記の目的として，「所有権移転及び信託登記抹消」と記載し，所有権の移転登記と信託登記の抹消である旨を明記する。

（注2）　登記原因及びその日付として，信託財産引継の旨及び引き継がれた年月日を記載する。
　また，信託登記抹消の原因については，信託財産である当該不動産を委託者又は受益者に引き継いだことによる抹消登記であることから原因は「信託財産引継」となる。

（注3）　登記権利者として，帰属権利者等を記載する（登記原因証明情報の表示及び住所証明情報における表示と符合していることを要する。）。
　帰属権利者等が法人であるときは，その代表者の資格及び氏名を記載する。

（注4）　登記義務者兼信託登記申請人として，所有権の登記名義人たる受託者を記載する（登記記録に記録された所有権の登記名義人の表示及び登記原因証明情報の表示と符合していることを要する。）。
　受託者が法人であるときは，その代表者の資格及び氏名を記載する。
　申請人の会社法人等番号を提供するときは，「申請人の名称」に続けて会社法人等番号を記載する。

（注5）　権利に関する登記を申請するときには，登記原因を証する情報を提供しなければならない（不登法61条，不登令7条1項5号ロ）。
　本件所有権の移転及び信託登記の抹消においては，信託の終了事由及びその年月日，信託財産の引継年月日及び帰属権利者等が信託行為において指定された者であるときはその旨を記載した書面（報告形式の登記原因証明情報）を提出する必要がある（不登令別表26項添付情報欄ホ，不登令別表30項添付情報欄イ）。
　なお，報告形式の登記原因証明情報を提供する場合，一般的には，登記権利者及び登記義務者が署名若しくは記名押印すべきであるが，最低限，登記義務者が作成名義人になっていなければならない。

（注6）　登記権利者及び登記義務者が共同して権利に関する登記を申請する場合には，申請情報と併せて登記義務者の登記識別情報（登記済証）を提供しなければならない（不登法22条）。
　登記義務者が所有権移転の登記等を受けたときの登記識別情報（登記済証）を提供する。
　なお，紛失等の理由により登記義務者の登記識別情報（登記済証）を提供できない場合において，資格者代理人及び公証人による本人確認情報（不登法23条4項）の提供がない場合には，登記官による事前通知をすることとなる（不登法23条1項，2項）。

（注7）　所有権の登記名義人である登記義務者の作成後3か月以内の印鑑証明書を添付する（不登令16条2項，3項）。

（注8）　所有権の取得の登記を受ける登記権利者の住所を証する市町村長，登記官その他の

公務員が職務上作成した情報を提供しなければならない（不登令別表30項添付情報欄ロ）。
　自然人の場合には住民票等を，法人の場合には登記事項証明書（登記簿謄本）等を添付することとなる。

（注９）　申請人が法人であり，当該法人が会社法人等番号を有する法人である場合には，当該会社法人等番号を提供しなければならない（不登令７条１項１号イ）。
　なお，会社法人等番号を有する法人である場合であっても，作成後１か月以内の当該法人の代表者の資格を証する情報（代表者事項証明書等）を提供したときは，会社法人等番号の提供を要しない（不登規則36条１項１号各号，２項）。

（注10）　代理人によって登記を申請するときは，当該代理人の権限を証する情報として，委任状を添付する（不登令７条１項２号）。
　委任状には，登記識別情報の通知の受領を委任する場合は，別途その旨を明らかにし，受領の復代理人の選任を委任する場合は，その旨を記載する。また，登記識別情報の通知を希望しない場合は，その旨も記載する必要がある。
　なお，代理人が法人であるときには，その法人における代表権のある者がその権限に基づいて登記を申請していることを証するため，作成後３か月以内の当該法人の当該代表者の資格を証する情報を提供しなければならない（不登令７条１項２号，17条１項）。ただし，当該代理人の会社法人等番号を提供したときは，当該代理人の代表者の資格を証する情報の提供に代えることができる（不登規則37条の２）。

（注11）　登記識別情報の通知の送付を希望するときは，その旨を記載し，登記所の窓口での交付を希望するときは，何らの記載も要しない。
　また，登記識別情報の通知を希望しない場合には，その旨を記載する。

（注12）　課税価格として，土地又は建物の登記時の不動産の価額（固定資産課税台帳の登録価格）を記載する。
　固定資産評価証明書（市町村発行）は法定の添付書面ではないが，実務上は添付する取扱いとなっている。

（注13）　登録免許税として，所有権移転の登記分と信託登記の抹消分の合計金額を記載する。

（注14）　所有権移転の登記の登録免許税として，不動産の価額の1,000分の20の額を記載する（登録免許税法別表第一，１，㈡ハ）。
　ただし，受益者に信託財産を引き継ぐ場合であって，信託の効力を生じた時から引き続き委託者のみが信託財産の元本の受益者であるときには，非課税とされている（登録免許税法７条１項２号）。
　なおこの場合にあって，当該受益者が当該信託の効力が生じたとき時における委託者の相続人（合併承継法人）であるときは，当該信託による財産の移転の登記を相続（合併）による財産権の移転の登記とみなして，登録免許税は，不動産の価額の1,000分の４となる（登録免許税法７条２項，同法別表第一，１，㈡イ）。

（注15）　信託の登記の抹消の登録免許税は，不動産１個につき1,000円である（登録免許税法別表第一，１，㈤）。

【36】－2　登記記録例

権利部（甲区）（所有権に関する事項）			
順位番号	登記の目的	受付年月日・受付番号	権利者その他の事項
2	所有権移転	平成○年○月○日 受付第○号	原因　平成○年○月○日売買 所有者　○市○町○丁目○番○号 　甲　某
3	所有権移転	平成○年○月○日 受付第○号	原因　平成○年○月○日信託 受託者　○市○町○丁目○番○号 　乙　株式会社
	信託	余白抹消	信託目録第○号
4 (注1)	所有権移転 (注2)	平成○年○月○日 受付第○号	原因　平成○年○月○日信託財産引継 (注3) 所有者　○市○町○丁目○番○号 　○　某 (注4)
	3番信託登記抹消 (注2)	余白	原因　信託財産引継 (注3)

信託目録		調製	平成○年○月○日
番　号	受付年月日・受付番号	予　備	
第○号	平成○年○月○日 第○号	信託抹消　平成○年○月○日受付第○号抹消	
1　委託者に関する事項	○市○町○丁目○番○号 　甲　某		
2　受託者に関する事項	○市○町○丁目○番○号 　乙　株式会社		
3　受益者に関する事項等	受益者　○市○町○丁目○番○号 　○　某		
4　信託条項	**（省略）**		

（注1）　権利の移転の登記若しくは変更の登記又は権利の抹消の登記及び信託の抹消の登記をするときは，権利部の相当区に同一の順位番号を用いて記録することになる（不登規則175条2項）。

（注2）　登記の目的欄は，「所有権移転」，「3番信託登記抹消」と記録するとともに，3番の信託の登記は信託財産引継によって消滅したので，信託目録番号とともに抹消する記号（下線）を記録する。

（注3）　原因は，「平成○年○月○日信託財産引継」と記録するとともに，3番信託登記の抹消の原因として「信託財産引継」と記録する。

（注4）　権利者の表記は，「所有者」として帰属権利者を記録する。

【36】－3　添付書類

登記原因証明情報

1　登記申請情報の要項

(1)　登記の目的　　所有権移転及び信託登記抹消

(2)　登記の原因　　平成○年○月○日　信託財産引継

(3)　当　事　者　　権利者　○市○町○丁目○番○号
　　（受益者）　　○　　某
　　義務者　○市○町○丁目○番○号
　　（受託者）　　乙　株式会社

(4)　不動産及び信託目録の表示　　**（省略）**（注）

2　登記の原因となる事実又は法律行為

(1)　信託契約の終了

乙株式会社を受託者とし，○某を受益者とする本件不動産を目的とした平成○年○月○日付の信託契約は，委託者甲某及び受益者○某の双方の合意により，平成○年○月○日，本件信託は終了した。

(2)　信託不動産の移転

本信託契約には，信託が終了したときは，信託財産は受益者に帰属する旨の条項があり，本件信託不動産の所有権は，信託契約の規定に基づき，受託者たる乙株式会社から受益者たる○某へ平成○年○月○日信託財産引継を原因として移転した。

平成○年○月○日　　○法務局○出張所　御中

上記の登記原因のとおり相違ありません。

（権利者）　○市○町○丁目○番○号

○　　　某　　　　　　㊞

（義務者）　○市○町○丁目○番○号

乙　株式会社

代表取締役　○○○○　㊞

（注）　不動産ごとに信託目録番号を記載する。

委　　任　　状

平成○年○月○日

○市○町○丁目○番○号

○　○　○　○

私は，上記の者を代理人として，下記の登記申請に関する一切の権限を委任する。

記

1　登記の目的　　所有権移転及び信託登記抹消

1　原　　　因　　平成○年○月○日信託財産引継

1　権　利　者　　○市○町○丁目○番○号

○　　　某

1　義　務　者　　○市○町○丁目○番○号

乙　株式会社

1　原本還付請求及び受領に関する一切の件

1　復代理人選任に関する一切の件

1　登記識別情報の受領及び登記識別情報の受領に係る復代理人選任に関する一切の件

不動産及び信託目録の表示

○市○町○丁目○番○の土地（平成○年信託目録第○号）

○市○町○丁目○番○号
乙　株式会社
代表取締役　○○○○　㊞
○市○町○丁目○番○号
○　　　某　　　　　㊞

【37】 信託の終了による受託者から委託者又は受益者への抵当権移転の登記及び信託の登記の抹消（【18】の事例の抹消）

本事例は，事例【18】の信託の終了による信託財産引継の場合である。

【37】－1　登記申請書

登　記　申　請　書

登記の目的　　○番付記○号抵当権移転及び信託登記抹消（注1）

原　　　因　　抵当権移転　　平成○年○月○日信託財産引継（注2）
　　　　　　　信託登記抹消　信託財産引継

権　利　者　　○市○町○丁目○番○号
　　　　　　　　　　　甲　　　某（注3）

義　務　者　　○市○町○丁目○番○号
（信託登記申請人）　　乙　株式会社
　　　　　　　　　　　（会社法人等番号　1234-56-789123）
　　　　　　　　　　　代表取締役　○○○○（注4）

添付書類
　登記原因証明情報（注5）　登記識別情報（注6）
　会社法人等番号（資格証明書）（注7）　代理権限証明情報（注8）

登記識別情報の通知について（注9）
　送付の方法により登記識別情報通知書の交付を希望します。
　送付先：資格者代理人の事務所あて

平成○年○月○日申請　　　○法務局○出張所

代　理　人　　○市○町○丁目○番○号

〇　〇　〇　〇　㊞

電話先　〇〇－〇〇〇〇－〇〇〇〇

課 税 価 格　　金〇円（注10）

登 録 免 許 税　　金〇円（注11）

移転分　　金〇円（注12）

抹消分　　金〇円（注13）

不動産及び信託目録の表示（省略）

（注１）　登記の目的として，「〇番付記〇号抵当権移転及び信託登記抹消」と記載し，信託財産であった担保付債権を帰属権利者等に引き継ぎ同時に信託の登記の抹消をする旨を明記する。

（注２）　登記原因及びその日付として，信託財産引継の旨及び引き継がれた年月日を記載する。

また，信託登記抹消の原因については，信託財産である担保付債権を委託者又は受益者に引き継いだことによる抹消登記であることから原因は「信託財産引継」となる。

（注３）　登記権利者として，帰属権利者等を記載する（登記原因証明情報の表示と符合していることを要する。）。

帰属権利者等が法人であるときは，その代表者の資格及び氏名を記載する。

（注４）　登記義務者兼信託登記申請人として，抵当権の登記名義人たる受託者（担保権者）を記載する（登記記録に記録された抵当権の登記名義人の表示及び登記原因証明情報の表示と符合していることを要する。）。

受託者が法人であるときは，その代表者の資格及び氏名を記載する。

申請人の会社法人等番号を提供するときは，「申請人の名称」に続けて会社法人等番号を記載する。

（注５）　権利に関する登記を申請するときには，登記原因を証する情報を提供しなければならない（不登法61条，不登令７条１項５号ロ）。

本件抵当権の移転及び信託登記の抹消においては，信託の終了事由及びその年月日，信託財産の引継年月日及び帰属権利者等が信託行為において指定された者であるときはその旨を記載した書面（報告形式の登記原因証明情報）を提出する必要がある（不登令別表26項添付情報欄ホ）。

なお，報告形式の登記原因証明情報を提供する場合，一般的には，登記権利者及び登記義務者が署名若しくは記名押印すべきであるが，最低限，登記義務者が作成名義人になっていなければならない。

（注６）　登記権利者及び登記義務者が共同して権利に関する登記を申請する場合には，申請情報と併せて登記義務者の登記識別情報（登記済証）を提供しなければならない（不登法22条）。

登記義務者である受託者が抵当権の移転の登記を受けたときの登記識別情報（登記済証）を提供する。

なお，紛失等の理由により登記義務者の登記識別情報（登記済証）を提供できない場合において，資格者代理人及び公証人による本人確認情報（不登法23条4項）の提供がない場合には，登記官による事前通知をすることとなる（不登法23条1項，2項)。

（注7） 申請人が法人であり，当該法人が会社法人等番号を有する法人である場合には，当該会社法人等番号を提供しなければならない（不登令7条1項1号イ)。

なお，会社法人等番号を有する法人である場合であっても，作成後1か月以内の当該法人の代表者の資格を証する情報（代表者事項証明書等）を提供したときは，会社法人等番号の提供を要しない（不登規則36条1項1号各号，2項)。

（注8） 代理人によって登記を申請するときは，当該代理人の権限を証する情報として，委任状を添付する（不登令7条1項2号)。

委任状には，登記識別情報の通知の受領を委任する場合は，別途その旨を明らかにし，受領の復代理人の選任を委任する場合は，その旨を記載する。また，登記識別情報の通知を希望しない場合は，その旨も記載する必要がある。

なお，代理人が法人であるときには，その法人における代表権のある者がその権限に基づいて登記を申請していることを証するため，作成後3か月以内の当該法人の当該代表者の資格を証する情報を提供しなければならない（不登令7条1項2号，17条1項)。ただし，当該代理人の会社法人等番号を提供したときは，当該代理人の代表者の資格を証する情報の提供に代えることができる（不登規則37条の2)。

（注9） 登記識別情報の通知の送付を希望するときは，その旨を記載し，登記所の窓口での交付を希望するときは，何らの記載も要しない。

また，登記識別情報の通知を希望しない場合には，その旨を記載する。

（注10） 課税価格として，移転をする債権金額を記載する。

（注11） 登録免許税として，抵当権移転の登記分と信託登記の抹消分の合計金額を記載する。

（注12） 抵当権移転の登記の登録免許税は，債権額の1,000分の2の額である（登録免許税法別表第一，1，(六)ロ)。

ただし，受益者に信託財産を引き継ぐ場合であって，信託の効力を生じた時から引き続き委託者のみが信託財産の元本の受益者であるときには，非課税とされている（登録免許税法7条1項2号)。

なおこの場合にあって，当該受益者が当該信託の効力が生じたとき時における委託者の相続人（合併承継法人）であるときは，当該信託による財産の移転の登記を相続（合併）による財産権の移転の登記とみなして，登録免許税は，不動産の価額の1,000分の1となる（登録免許税法7条2項，同法別表第一，1，(六)イ)。

（注13） 信託の登記の抹消の登録免許税は，不動産1個につき1,000円である（登録免許税法別表第一，1，(十五))。

【37】－２　登記記録例

権利部（乙区）（所有権以外の権利に関する事項）			
順位番号	登記の目的	受付年月日・受付番号	権利者その他の事項
１	抵当権設定	平成○年○月○日受付 第○号	原因　平成○年○月○日金銭消費貸借平成○年○月○日設定 債権額　金600万円 利息　年8.2％ 損害金　年14.5％ 債務者　○市○町○丁目○番○号 ○　某 抵当権者　○市○町○丁目○番○号 甲　某
１付記１号	１番抵当権移転	平成○年○月○日受付 第○号	原因　平成○年○月○日信託 受託者　○市○町○丁目○番○号 乙　株式会社
	信託	余白抹消	信託目録第○号
１付記２号(注１)	１番抵当権移転(注２)	平成○年○月○日受付 第○号	原因　平成○年○月○日信託財産引継(注３) 抵当権者　○市○町○丁目○番○号 甲　某(注４)
	１番付記１号信託登記抹消(注２)	余白	原因　信託財産引継(注３)

信託目録	調製	平成○年○月○日
番　号	受付年月日・受付番号	予　備
第○号	平成○年○月○日 第○号	信託抹消　平成○年○月○日受付第○号抹消
１　委託者に関する事項	○市○町○丁目○番○号 甲　某	
２　受託者に関する事項	○市○町○丁目○番○号 乙　株式会社	
３　受益者に関する事項等	受益者　○市○町○丁目○番○号 甲　某	
４　信託条項	（省略）	

（注1）　権利の移転の登記若しくは変更の登記又は権利の抹消の登記及び信託の抹消の登記をするときは，権利部の相当区に同一の順位番号を用いて記録することになる（不登規則175条2項)。なお，抵当権移転の登記の順位番号は付記登記ですることとなる（不登規則3条5号)。

（注2）　登記の目的欄は，「1番抵当権移転」，「1番付記1号信託登記抹消」と記録するとともに，1番付記1号の信託の登記は，信託財産引継によって消滅したので，信託目録番号とともに抹消する記号（下線）を記録する。

（注3）　原因は，「平成○年○月○日信託財産引継」と記録するとともに，1番付記1号の信託登記の抹消の原因として「信託財産引継」と記録する。

（注4）　権利者の表記は，「抵当権者」として帰属権利者を記録する。

【38】　被担保債権の全額弁済による委託者から受託者へ移転していた抵当権を含めての抵当権の登記の抹消及び信託の登記の抹消

事例【18】のように担保付債権を信託財産とした場合に，担保権の随伴性により，当該抵当権も受託者に移転したことを受けて，抵当権移転及び信託の登記がされている事例において，その被担保債権の全部が弁済された場合には，附従性の原則により，抵当権は絶対的に消滅することとなる。この場合の抵当権の登記の抹消手続は，抵当権の移転の登記を受けた現在の抵当権の登記名義人である受託者が登記義務者となって登記権利者である所有権の登記名義人と共同申請ですることとなる（この場合，抵当権移転登記及び信託登記の抹消をし，その後に，抵当権の登記の抹消という一連の登記手続をする必要はない。）。

この場合においては，信託の登記の抹消もすることになるが，抵当権の登記の抹消の申請と同時にしなければならない（不登法104条1項）。

なお，信託の登記の抹消は，受託者が単独で申請することができる（不登法104条2項）。

抵当権の登記の抹消の登記原因は，「平成○年○月○日弁済」となり，信託の登記の抹消の登記原因は，被担保債権の弁済に伴って信託法163条1号の「信託の目的を達成したとき」に当たることから，「信託終了」となる。

【38】－1　登記申請書

登　記　申　請　書

登記の目的	抵当権抹消及び信託登記の抹消（注1）
原　　　因	抵当権抹消　　平成○年○月○日弁済（注2）
	信託登記抹消　信託終了
抹消すべき登記	平成○年○年○日受付第○号（注3）
権　利　者	○市○町○丁目○番○号
	甲　　某（注4）
義　務　者	○市○町○丁目○番○号

（信託登記申請人）　　乙　株式会社

（会社法人等番号　1234-56-789123）

代表取締役　○○○○（注5）

添　付　書　類

登記原因証明情報（注6）　登記識別情報（注7）

会社法人等番号（資格証明書）（注8）　代理権限証明情報（注9）

平成○年○月○日申請　　○法務局○出張所

代　　理　　人　　○市○町○丁目○番○号

○　○　○　○　　㊞

電話先　○○－○○○○－○○○○

登録免許税　　金○円（注10）

不動産及び信託目録の表示（省略）

（注1）　登記の目的として，「抵当権抹消及び信託登記抹消」と記載する。

信託財産であった被担保債権が弁済されたことにより抵当権は絶対的に消滅し，信託もその目的を達成したことにより終了する。

（注2）　登記原因及びその日付として，被担保債権が弁済された年月日を記載する。

また，信託登記抹消の原因については，被担保債権の弁済に伴って信託の目的を達成したことになるから，「信託終了」となる。

（注3）　抹消すべき登記を特定するため，受付番号を記載する。

（注4）　登記権利者として，抵当権設定者である所有権の登記名義人を記載する（登記記録に記録された所有権の登記名義人の表示及び登記原因証明情報の表示と符合していることを要する。）。

所有権の登記名義人が法人であるときは，その代表者の資格及び氏名を記載する。

（注5）　登記義務者兼信託登記申請人として，抵当権の移転の登記を受けた現在の抵当権の登記名義人たる受託者を記載する（登記記録に記録された抵当権の登記名義人の表示及び登記原因証明情報の表示と符合していることを要する。）。

受託者が法人であるときは，その代表者の資格及び氏名を記載する。

申請人の会社法人等番号を提供するときは，「申請人の名称」に続けて会社法人等番号を記載する。

（注６）　権利に関する登記を申請するときには，登記原因を証する情報を提供しなければならない（不登法61条，不登令７条１項５号ロ）。

本件抵当権の登記の抹消及び信託の登記の抹消においては，被担保債権の全額弁済により抵当権が消滅し，それに伴い信託も終了したことが明らかとなる「抵当権消滅証書」又は報告形式の登記原因証明情報を提出する必要がある（不登令別表26項添付情報欄ホ）。

なお，報告形式の登記原因証明情報を提供する場合，一般的には，登記権利者及び登記義務者が署名若しくは記名押印すべきであるが，最低限，登記義務者が作成名義人になっていなければならない。

（注７）　登記権利者及び登記義務者が共同して権利に関する登記を申請する場合には，申請情報と併せて登記義務者の登記識別情報（登記済証）を提供しなければならない（不登法22条）。

登記義務者である受託者が抵当権の移転の登記を受けたときの登記識別情報（登記済証）を提供する。

なお，紛失等の理由により登記義務者の登記識別情報（登記済証）を提供できない場合において，資格者代理人及び公証人による本人確認情報（不登法23条４項）の提供がない場合には，登記官による事前通知をすることとなる（不登法23条１項，２項）。

（注８）　申請人が法人であり，当該法人が会社法人等番号を有する法人である場合には，当該会社法人等番号を提供しなければならない（不登令７条１項１号イ）。

なお，会社法人等番号を有する法人である場合であっても，作成後１か月以内の当該法人の代表者の資格を証する情報（代表者事項証明書等）を提供したときは，会社法人等番号の提供を要しない（不登規則36条１項１号各号，２項）。

（注９）　代理人によって登記を申請するときは，当該代理人の権限を証する情報として，委任状を添付する（不登令７条１項２号）。

なお，代理人が法人であるときには，その法人における代表権のある者がその権限に基づいて登記を申請していることを証するため，作成後３か月以内の当該法人の当該代表者の資格を証する情報を提供しなければならない（不登令７条１項２号，17条１項）。ただし，当該代理人の会社法人等番号を提供したときは，当該代理人の代表者の資格を証する情報の提供に代えることができる（不登規則37条の２）。

（注10）　登録免許税は，抵当権抹消の登記と信託登記の抹消については，同じ抹消の登記であることから，不動産１個につき，1,000円である。（登録免許税法別表第一，１，㈤）。

【38】－２　登記記録例

権利部（乙区）（所有権以外の権利に関する事項）			
順位番号	登記の目的	受付年月日・受付番号	権利者その他の事項
1	抵当権設定	平成○年○月○日受付 第○号	原因　平成△年△月△日金銭消費貸借平成○年○月○日設定 債権額　金1,000万円 利息　年8.2％ 損害金　年14.5％

			債務者　○市○町○丁目○番○号 　甲　某 抵当権者　○市○町○丁目○番○号 　A住宅ローン株式会社
1付記1号	1番抵当権移転	平成○年○月○日受付第○号	原因　平成□年□月□日債権譲渡（信託） 受託者　○市○町○丁目○番○号 　乙　株式会社
	信託	余白抹消	信託目録第○号
2（注1）	1番抵当権抹消（注2）	平成○年○月○日受付第○号	原因　平成○年○月○日弁済（注3）
	1番付記1号信託登記抹消（注2）	余白	原因　信託終了（注3）

信託目録		調製	平成○年○月○日
番　号	受付年月日・受付番号	予　備	
第○号	平成○年○月○日 第○号	信託抹消　平成○年○月○日受付第○号抹消	
1　委託者に関する事項	○市○町○丁目○番○号 　A住宅ローン株式会社		
2　受託者に関する事項	○市○町○丁目○番○号 　乙　株式会社		
3　受益者に関する事項等	受益者　○市○町○丁目○番○号 　A住宅ローン株式会社		
4　信託条項	（省略）		

（注1）　権利の移転の登記若しくは変更の登記又は権利の抹消の登記及び信託の抹消の登記をするときは，権利部の相当区に同一の順位番号を用いて記録することとなる（不登規則175条2項)。

（注2）　登記の目的欄は「1番抵当権抹消」，「1番付記1号信託登記抹消」と記録するとともに，1番の抵当権の登記，1番付記1号の抵当権移転の登記を抹消する記号（下線）を記録し，1番付記1号の信託の登記は，被担保債権の弁済により，信託の目的を達成したことにより終了することから余白及び信託目録番号とともに抹消する記号（下線）を記録する。

（注3）　原因は，「平成○年○月○日弁済」と記録するとともに，1番付記1号の信託の登記の抹消の原因として「信託終了」と記録する。

【38】－3　添付書類

登記原因証明情報

1　登記申請情報の要項

(1)　登記の目的　　抵当権抹消及び信託登記の抹消

(2)　登記の原因　　抵当権抹消　　平成○年○月○日弁済

信託登記抹消　信託終了

(3)　当　事　者

権　利　者　　○市○町○丁目○番○号

甲　　某

義　務　者　　○市○町○丁目○番○号

（信託登記申請人）　乙　株式会社

代表取締役　○○○○

(4)　不動産及び信託目録の表示

○市○町○丁目○番○の土地　（順位番号○番，○番付記○号）

（平成○年信託目録第○号）

○市○町○丁目○番地○

家屋番号　○番○の建物　（順位番号○番，○番付記○号）

（平成○年信託目録第○号）

2　登記の原因となる事実又は法律行為

(1)　金銭消費貸借契約の締結

債務者甲某は，A住宅ローン株式会社との間で，次のとおり金銭消費貸借契約を締結し，A住宅ローン株式会社は甲某に対し，本契約に基づく金銭を貸し渡した。

平成△年△月△日金銭消費貸借契約

債権額　　金1,000万円

利　息　　年8.2%

損害金　　年14.5%

債務者　　○市○町○丁目○番○号　甲　　某

債権者　　○市○町○丁目○番○号　A住宅ローン株式会社

(2)　抵当権設定契約

登記義務者甲某は，A住宅ローン株式会社との間で，次のとおり(1)の債権を被担保債権とする抵当権を本件不動産に設定する旨を約し，その登記を経由した。

登記の目的　　抵当権設定

登記の原因　　平成△年△月△日金銭消費貸借契約平成○年○月○日設定

債　務　者　　○市○町○丁目○番○号　甲　　某

抵 当 権 者　　○市○町○丁目○番○号　A住宅ローン株式会社

(平成○年○月○日○法務局○出張所受付第○号登記)

(3)　抵当権付債権の信託

A住宅ローン株式会社（委託者）は，乙株式会社（受託者）に対して，平成○年○月○日付け住宅ローン債権信託契約に定めるところに従い，平成○年○月○日，本件抵当権付債権を信託設定し，乙株式会社は引き受けた。

(4)　信託債権譲渡に係る対抗要件

A住宅ローン株式会社は，上記信託設定日までに，信託債権のA住宅ローン株式会社から乙株式会社への移転につき，債務者の承諾を取得することにより債務者対抗要件を，また，債権譲渡特例法に規定する債権譲渡登記を行うことにより第三者対抗要件を具備した。

(5)　抵当権の移転

よって本件抵当権は平成□年□月□日債権譲渡（信託）を原因として，A住宅ローン株式会社から乙株式会社に移転し，その登記を経由した。

(平成○年○月○日○法務局○出張所受付第○号登記)

(6)　抵当権の消滅及び信託の終了

債務者甲某は，平成△年△月△日金銭消費貸借に係る債務の全額を，平成○年○月○日，乙株式会社に弁済したことにより，上記抵当権及び抵当権移転は同日に消滅した。また，当該被担保債権の弁済に伴って信託契約は信託法163条１号に規定する信託の目的を達成したことになり，信託も終了した。

平成○年○月○日　　○法務局○出張所　御中

上記の登記原因のとおり相違ありません。

○市○町○丁目○番○号
乙　株式会社
代表取締役　○○○○　㊞
○市○町○丁目○番○号
甲　　某　㊞

委　任　状

平成○年○月○日

○市○町○丁目○番○号
○　○　○　○

私は，上記の者を代理人として，下記の登記申請に関する一切の権限を委任する。

記

1　登記の目的　　抵当権抹消及び信託登記の抹消

（ただし，登記事項については，平成○年○月○日付け登記原因証明情報の記載のとおり）

1　登記の原因　　抵当権抹消　　平成○年○月○日弁済

信託登記抹消　信託終了

1　当　事　者

権　利　者　　○市○町○丁目○番○号

甲　　　某

義　務　者　　○市○町○丁目○番○号

（信託登記申請人）　　　乙　株式会社

代表取締役　○○○○

1　原本還付請求及び受領に関する一切の件

1　復代理人選任に関する一切の件

不動産及び信託目録の表示

○市○町○丁目○番○の土地　（順位番号○番，○番付記○号）

（平成○年信託目録第○号）

○市○町○丁目○番地○

家屋番号　○番○の建物　　（順位番号○番，○番付記○号）

（平成○年信託目録第○号）

○市○町○丁目○番○号

乙　株式会社

代表取締役　○○○○　㊞

○市○町○丁目○番○号

甲　　　某　　　　　㊞

【39】　自己信託された不動産が信託の終了により，委託者（受託者）の固有財産になった旨の権利の変更の登記及び信託の登記の抹消（【24】の事例の抹消）

本事例は，事例【24】の自己信託された不動産は，委託者と受益者の合意又は信託行為の別段の定めに基づき信託の終了（信託法164条）をしたことにより，信託財産を委託者（受託者）に引き継ぐことになった旨の登記であるが，この場合には，所有者には変更はないものの，信託財産と固有財産との間において帰属先が変更することから，自己信託を権利の変更の登記の一類型と捉えていることから，同様に受託者単独による権利の変更の登記（固有財産になった旨の登記，不登法98条3項適用）と同時に信託の登記を抹消（不登法104条1項，2項）することになる。

【39】－1　登記申請書

登　記　申　請　書

登記の目的　固有財産となった旨の登記及び信託登記の抹消（注1）
原　　　因　権利の変更　平成○年○月○日信託財産引継（注2）
　　　　　　信託登記抹消　信託財産引継
申　請　人　○市○町○丁目○番○号
（受託者）　　　甲　　　某（注3）

添付書類
　登記原因証明情報（注4）　登記識別情報（注5）
　印鑑証明書（注6）　代理権限証明情報（注7）

登記識別情報の通知について（注8）
　送付の方法により登記識別情報通知書の交付を希望します。
　送付先：資格者代理人の事務所あて

平成○年○月○日申請　　　○法務局○出張所

代　理　人　　○市○町○丁目○番○号
　　　　　　　　　　　　　　○　○　○　○　　㊞
　　　　　　電話先　○○－○○○○－○○○○

登録免許税　　金○円（注９）
　　　　　　変更分　　金○円（注10）
　　　　　　抹消分　　金○円（注11）

不動産及び信託目録の表示（省略）

（注１）　登記の目的として，「固有財産となった旨の登記及び信託登記の抹消」と記載し，信託の終了により信託財産が委託者（受託者）の固有財産になった旨の権利の変更の登記と信託登記の抹消である旨を明記する。

（注２）　登記原因及びその日付として，信託財産引継の旨及び引き継がれた年月日を記載する。

　また，信託登記抹消の原因については，信託財産である当該不動産を委託者（受託者）に引き継いだことによる抹消登記であることから原因は「信託財産引継」となる。

（注３）　申請人として，受託者（委託者）を記載する（登記記録に記録された所有権の登記名義人の表示及び登記原因証明情報の表示と符合していることを要する。）。

　受託者（委託者）が法人であるときは，その代表者の資格及び氏名を記載する。

　申請人の会社法人等番号を提供するときは，「申請人の名称」に続けて会社法人等番号を記載する。

（注４）　権利に関する登記を申請するときには，登記原因を証する情報を提供しなければならない（不登法61条，不登令７条１項５号ロ）。

　本件権利の変更の登記（固有財産となった旨の登記）及び信託登記の抹消においては，信託の終了事由及びその年月日，信託財産の引継年月日及び帰属権利者である委託者に引き継がれたことが明らかとなる書面（報告形式の登記原因証明情報）を提出する必要がある（不登令別表26項添付情報欄ホ）。

　なお，報告形式の登記原因証明情報を提供する場合，一般的には，登記権利者及び登記義務者が署名若しくは記名押印すべきであるが，最低限，登記義務者が作成名義人になっていなければならない。

（注５）　信託法３条３号に掲げる方法によってされた権利の変更の登記においては，登記申請人は，登記識別情報（登記済証）を提供しなければならない（不登法22条，不登令８条１項８号適用）。

　申請人（受託者）が権利の変更の登記（信託財産になった旨の登記）を受けたときの登

記識別情報（登記済証）を提供する。

なお，紛失等の理由により登記義務者の登記識別情報（登記済証）を提供できない場合において，資格者代理人及び公証人による本人確認情報（不登法23条４項）の提供がない場合には，登記官による事前通知をすることとなる（不登法23条１項，２項）。

（注６）　自己信託による権利の変更の登記においては，当該登記名義人が登記義務者となる権利に関する登記と同一とされている（不登規則47条３号イ(4)）ので，申請人（受託者）の作成後３か月以内の印鑑証明書を添付する（不登令16条２項，３項）。

（注７）　代理人によって登記を申請するときは，当該代理人の権限を証する情報として，委任状を添付する（不登令７条１項２号）。

委任状には，登記識別情報の通知の受領を委任する場合は，別途その旨を明らかにし，受領の復代理人の選任を委任する場合は，その旨を記載する。また，登記識別情報の通知を希望しない場合は，その旨も記載する必要がある。

なお，代理人が法人であるときには，その法人における代表権のある者がその権限に基づいて登記を申請していることを証するため，作成後３か月以内の当該法人の当該代表者の資格を証する情報を提供しなければならない（不登令７条１項２号，17条１項）。ただし，当該代理人の会社法人等番号を提供したときは，当該代理人の代表者の資格を証する情報の提供に代えることができる（不登規則37条の２）。

（注８）　登記識別情報の通知の送付を希望するときは，その旨を記載し，登記所の窓口での交付を希望するときは，何らの記載も要しない。

また，登記識別情報の通知を希望しない場合には，その旨を記載する。

（注９）　登録免許税として，権利の変更の登記分と信託登記の抹消分の合計金額を記載する。

（注10）　権利の変更の登記の登録免許税は，不動産１個につき1,000円である（登録免許税法別表第一，１，(十四)）。

なお，登録免許税法７条１項２号の適用はない。

（注11）　信託の登記の抹消の登録免許税は，不動産１個につき1,000円である（登録免許税法別表第一，１，(十五)）。

【39】－２　登記記録例

権利部（甲区）（所有権に関する事項）			
順位番号	登記の目的	受付年月日・受付番号	権利者その他の事項
2	所有権移転	平成○年○月○日 受付第○号	原因　平成○年○月○日売買 所有者　○市○町○丁目○番○号 甲　某
3	信託財産となった旨の登記	平成○年○月○日 受付第○号	原因　平成○年○月○日自己信託 受託者　○市○町○丁目○番○号 甲　某
	信託	余白抹消	信託目録第○号
4[注1]	固有財産となった旨の登記[注2]	平成○年○月○日 受付第○号	原因　平成○年○月○日信託財産引継[注3] 所有者　○市○町○丁目○番○号 甲　某[注4]
	３番信託登記抹消[注2]	余白	原因　信託財産引継[注3]

信託目録		調製　平成○年○月○日
番　号	受付年月日・受付番号	予　備
第○号	平成○年○月○日 第○号	信託抹消　平成○年○月○日受付第○号抹消
1　委託者に関する事項	○市○町○丁目○番○号 甲　某	
2　受託者に関する事項	○市○町○丁目○番○号 甲　某	
3　受益者に関する事項等	受益者　○市○町○丁目○番○号 ○　某	
4　信託条項	**（省略）**	

（注1）　権利の移転の登記若しくは変更の登記又は権利の抹消の登記及び信託の抹消の登記をするときは，権利部の相当区に同一の順位番号を用いて記録することになる（不登規則175条2項）。

（注2）　登記の目的欄には「固有財産となった旨の登記」，「3番信託登記抹消」と記録するとともに，3番信託の登記は信託財産引継によって消滅したので，余白及び信託目録番号とともに抹消する記号（下線）を記録する。

（注3）　原因は，「平成○年○月○日信託財産引継」と記録するとともに，3番信託登記の抹消の原因として「信託財産引継」と記録する。

（注4）　権利者の表記は，「所有者」として帰属権利者である委託者を記録する。

【40】　自己信託された抵当権（担保付債権）に係る信託財産が，信託の終了により委託者（受託者）の固有財産になった旨の権利の変更の登記及び信託の登記の抹消（【25】の事例の抹消）

事例【25】の自己信託された抵当権（担保付債権）に係る信託財産は，委託者と受益者の合意又は信託行為の別段の定めに基づき信託の終了（信託法164条）をしたことにより，信託財産を委託者（受託者）に引き継ぐことになるが，この場合には，帰属者には変更はないものの，信託財産と固有財産との間において帰属先が変更することから，自己信託を権利の変更の登記の一類型と捉えていることから，同様に受託者単独による権利の変更の登記（固有財産になった旨の登記，不登法98条３項適用）と同時に信託の登記を抹消（不登法104条１項，２項）することになる。

【40】－１　登記申請書

登　記　申　請　書

登記の目的　○番付記○号抵当権の固有財産となった旨の登記及び信託登記の抹消（注１）

原　　　因　変更の登記　平成○年○月○日信託財産引継（注２）
信託登記抹消　信託財産引継

申　請　人　○市○町○丁目○番○号
（受託者）　乙　株式会社（注３）
（会社法人等番号　1234-56-789123）
代表取締役　○○○○

添 付 書 類
登記原因証明情報（注４）　登記識別情報（注５）
会社法人等番号（資格証明書）（注６）　代理権限証明情報（注７）

登記識別情報の通知について（注８）

送付の方法により登記識別情報通知書の交付を希望します。
送付先：資格者代理人の事務所あて

平成○年○月○日申請　　○法務局○出張所

代　理　人　○市○町○丁目○番○号
○　○　○　○　㊞
電話先　○○－○○○○－○○○○

登録免許税　金○円（注9）
変更分　金○円（注10）
抹消分　金○円（注11）

不動産及び信託目録の表示（省略）

（注1）　登記の目的として，「○番付記○号抵当権の固有財産となった旨の登記及び信託登記の抹消」と記載し，信託の終了により信託財産が委託者（受託者）の固有財産になった旨の権利の変更の登記と信託登記の抹消である旨を明記する。
（注2）　登記原因及びその日付として，信託財産引継の旨及び引き継がれた年月日を記載する。
また，信託登記抹消の原因については，信託財産である担保付債権を委託者（受託者）に引き継いだことによる抹消登記であることから原因は「信託財産引継」となる。
（注3）　申請人として，受託者（委託者）を記載する（登記記録に記録された抵当権の登記名義人の表示及び登記原因証明情報の表示と符合していることを要する。）。
受託者（委託者）が法人であるときは，その代表者の資格及び氏名を記載する。
申請人の会社法人等番号を提供するときは，「申請人の名称」に続けて会社法人等番号を記載する。
（注4）　権利に関する登記を申請するときには，登記原因を証する情報を提供しなければならない（不登法61条，不登令7条1項5号ロ）。
本件権利の変更の登記（固有財産となった旨の登記）及び信託登記の抹消においては，信託の終了事由及びその年月日，信託財産の引継年月日及び帰属権利者である委託者に引き継がれたことが明らかとなる書面（報告形式の登記原因証明情報）を提出する必要がある（不登令別表26項添付情報欄ホ）。
なお，報告形式の登記原因証明情報を提供する場合，一般的には，登記権利者及び登記義務者が署名若しくは記名押印すべきであるが，最低限，登記義務者が作成名義人になっていなければならない。
（注5）　信託法3条3号に掲げる方法によってされた権利の変更の登記においては，登記申請人は，登記識別情報（登記済証）を提供しなければならない（不登法22条，不登令8条

１項８号適用)。

申請人（受託者）が権利の変更の登記（信託財産になった旨の登記）を受けたときの登記識別情報（登記済証）を提供する。

なお，紛失等の理由により登記義務者の登記識別情報（登記済証）を提供できない場合において，資格者代理人及び公証人による本人確認情報（不登法23条４項）の提供がない場合には，登記官による事前通知をすることとなる（不登法23条１項，２項)。

(注６)　申請人が法人であり，当該法人が会社法人等番号を有する法人である場合には，当該会社法人等番号を提供しなければならない（不登令７条１項１号イ)。

なお，会社法人等番号を有する法人である場合であっても，作成後１か月以内の当該法人の代表者の資格を証する情報（代表者事項証明書等）を提供したときは，会社法人等番号の提供を要しない（不登規則36条１項１号各号，２項)。

(注７)　代理人によって登記を申請するときは，当該代理人の権限を証する情報として，委任状を添付する（不登令７条１項２号)。

委任状には，登記識別情報の通知の受領を委任する場合は，別途その旨を明らかにし，受領の復代理人の選任を委任する場合は，その旨を記載する。また，登記識別情報の通知を希望しない場合は，その旨も記載する必要がある。

なお，代理人が法人であるときには，その法人における代表権のある者がその権限に基づいて登記を申請していることを証するため，作成後３か月以内の当該法人の当該代表者の資格を証する情報を提供しなければならない（不登令７条１項２号，17条１項)。ただし，当該代理人の会社法人等番号を提供したときは，当該代理人の代表者の資格を証する情報の提供に代えることができる（不登規則37条の２)。

(注８)　登記識別情報の通知の送付を希望するときは，その旨を記載し，登記所の窓口での交付を希望するときは，何らの記載も要しない。

また，登記識別情報の通知を希望しない場合には，その旨を記載する。

(注９)　登録免許税として，権利の変更の登記分と信託登記の抹消分の合計金額を記載する。

(注10)　権利の変更の登記の登録免許税は，不動産１個につき1,000円である（登録免許税法別表第一，１，(十四))。

なお，登録免許税法７条１項２号の適用はない。

(注11)　信託登記の抹消の登録免許税は，不動産１個につき1,000円である（登録免許税法別表第一，１，(十五))。

【40】－２　登記記録例

権利部（乙区）（所有権以外の権利に関する事項）			
順位番号	登記の目的	受付年月日・受付番号	権利者その他の事項
1	抵当権設定	平成○年○月○日 受付第○号	原因　平成○年○月○日金銭消費貸借平成○年○月○日設定 債権額　金○億円 利息　年2.81％ 損害金　年14％ 債務者　○市○町○丁目○番○号 ○　某

			抵当権者　○市○町○丁目○番○号 　乙　株式会社 共同担保　目録(さ)第○号
1付記1号	信託財産となった旨の登記	平成○年○月○日 受付第○号	原因　平成△年△月△日自己信託 受託者　○市○町○丁目○番○号 　乙　株式会社
	信託	余白抹消	信託目録第○号
1付記2号(注1)	固有財産となった旨の登記(注2)	平成○年○月○日 受付第○号	原因　平成○年○月○日信託財産引継(注3) 抵当権者　○市○町○丁目○番○号 　乙　株式会社(注4)
	1番付記1号信託登記抹消(注2)	余白	原因　信託財産引継(注3)

信託目録		調製	平成○年○月○日
番　号	受付年月日・受付番号	予　備	
第○号	平成○年○月○日 第○号	信託抹消　平成○年○月○日受付第○号抹消	
1　委託者に関する事項	○市○町○丁目○番○号 　乙　株式会社		
2　受託者に関する事項	○市○町○丁目○番○号 　乙　株式会社		
3　受益者に関する事項等	受益者　○市○町○丁目○番○号 　○　某		
4　信託条項	**(省略)**		

(注1)　権利の移転の登記若しくは変更の登記又は権利の抹消の登記及び信託の抹消の登記をするときは，権利部の相当区に同一の順位番号を用いて記録することになる（不登規則175条2項)。なお，抵当権の固有財産となった旨の登記の順位番号は付記登記で記録する（不登規則3条4号)。

(注2)　登記の目的欄は,「固有財産となった旨の登記」,「1番付記1号信託登記抹消」と記録するとともに，1番付記1号の信託の登記は信託財産引継によって消滅したので，余白及び信託目録番号とともに抹消する記号（下線）を記録する。

(注3)　原因は,「平成○年○月○日信託財産引継」と記録するとともに，1番付記1号の信託登記の抹消の原因として「信託財産引継」と記録する。

(注4)　権利者の表記は,「抵当権者」として帰属権利者である委託者を記録する。

【40】－３　添付書類

登記原因証明情報

１　登記申請情報の要項

⑴　登記の目的　　○番付記○号抵当権の固有財産となった旨の登記及び信託登記の抹消

⑵　登記の原因　　権利の変更　　　平成○年○月○日信託財産引継
　　　　　　　　　信託登記の抹消　信託財産引継

⑶　当　事　者　　申請人　　○市○町○丁目○番○号
　　　　　　　　（受託者）　　　　乙　株式会社
　　　　　　　　　　　　　　　　　　代表取締役　○○○○

⑷　不動産及び信託目録の表示
　　○市○町○丁目○番○の土地　（順位番号○番付記○号）
　　　　　　　　　　　　　　　（平成○年信託目録第○号）

２　登記の原因となる事実又は法律行為

⑴　自己信託の終了

乙株式会社を受託者とし，乙株式会社を受益者とする貸付債権及びその担保権（本件不動産上の抵当権を含む。）を目的とした平成△年△月△日付けの自己信託証書により設定された信託は，当該自己信託証書に定める信託終了の事由に基づき平成○年○月○日終了した。

⑵　信託財産たる抵当権の受託者の固有財産となった旨及び信託登記の抹消

前記⑴の信託の終了により，本件信託財産たる抵当権は，受託者である乙株式会社の固有財産となった。

よって，本件信託財産たる抵当権は，平成○年○月○日信託財産引継を原因として，受託者（受益者）たる乙株式会社の固有財産となった。それとともに，本件信託登記も，同日，信託財産引継を原因として終了した。

平成○年○月○日　　　○法務局○出張所　御中

上記の登記原因のとおり相違ありません。

○市○町○丁目○番○号
乙　株式会社
代表取締役　○○○○　　㊞

委　　任　　状

平成○年○月○日

○市○町○丁目○番○号

○　○　○　○

私は，上記の者を代理人として，下記の登記申請に関する一切の権限を委任する。

記

1　登記の目的　　○番付記○号抵当権の固有財産となった旨の登記及び信託登記の抹消
（ただし，登記事項については，平成○年○月○日付け登記原因証明情報の記載のとおり）
1　登記の原因　　権利の変更登記　平成○年○月○日信託財産引継
信託登記の抹消　信託財産引継
1　申　請　人　　○市○町○丁目○番○号
（受託者）　　　　乙　株式会社
1　原本還付請求及び受領に関する一切の件

１　復代理人選任に関する一切の件

１　登記識別情報の受領及び登記識別情報の受領に係る復代理人選任に関する一切の件

不動産及び信託目録の表示

○市○町○丁目○番○の土地　（順位番号○番付記○号）

（平成○年信託目録第○号）

○市○町○丁目○番○号

乙　株式会社

代表取締役　○○○○　㊞

【41】　信託の終了による受託者たる権利者の抵当権移転の仮登記及び信託の仮登記の抹消（【34】の事例の抹消）

本事例は，事例【34】の信託の終了による信託財産引継の場合である。

この場合には，仮登記の移転ではなく抵当権の仮登記を抹消することにより，帰属権利者等に信託財産を引き継ぐことになる。

【41】－1　登記申請書

登　記　申　請　書

登記の目的　○番付記○号仮登記抵当権抹消及び仮登記信託抹消（注1）
原　　　因　仮登記抵当権抹消　平成○年○月○日信託財産引継
　　　　　　仮登記信託抹消　　信託終了（注2）
権　利　者　○市○町○丁目○番○号
　　　　　　　　甲　　某（注3）
義　務　者　○市○町○丁目○番○号
（信託登記申請人）　乙　株式会社
　　　　　　　　（会社法人等番号　1234-56-789123）
　　　　　　　　代表取締役　○○○○（注4）

添付書類
　登記原因証明情報（注5）　登記識別情報（注6）
　会社法人等番号（資格証明書）（注7）　代理権限証明情報（注8）

平成○年○月○日申請　　○法務局○出張所

代　理　人　○市○町○丁目○番○号
　　　　　　　　　　○　○　○　○　㊞
　　　　　　電話先　○○－○○○○－○○○○

登録免許税　金○円（注9）

不動産及び信託目録の表示（省略）

（注１）　登記の目的として，「○番付記○号仮登記抵当権抹消及び仮登記信託抹消」と記載し，仮登記抵当権の抹消及び仮登記信託の登記を抹消することにより，帰属権利者等に信託財産を引き継ぐことを明記する。

（注２）　登記原因及びその日付として，信託終了により信託財産引継の旨及び引き継がれた年月日を記載する。旧信託法においては，終了事由として「解除」としていたが，新信託法においては，「終了」の用語を用いることとなった。

（注３）　登記権利者として，帰属権利者等を記載する（登記原因証明情報の表示と符合していることを要する。）。

帰属権利者等が法人であるときは，その代表者の資格及び氏名を記載する。

（注４）　登記義務者兼信託登記申請人として，仮登記抵当権の登記名義人たる受託者（担保権者）を記載する（登記記録に記録された抵当権の登記名義人の表示及び登記原因証明情報の表示と符合していることを要する。）。

受託者が法人であるときは，その代表者の資格及び氏名を記載する。

申請人の会社法人等番号を提供するときは，「申請人の名称」に続けて会社法人等番号を記載する。

（注５）　権利に関する登記を申請するときには，登記原因を証する情報を提供しなければならない（不登法61条，不登令７条１項５号ロ）。

本件仮登記抵当権の抹消及び信託仮登記の抹消においては，信託の終了事由及びその年月日，信託財産の引継年月日及び帰属権利者等が信託行為において指定された者であるときはその旨を記載した書面（報告形式の登記原因証明情報）を提出する必要がある（不登令別表26項添付情報欄ホ）。

なお，報告形式の登記原因証明情報を提供する場合，一般的には，登記権利者及び登記義務者が署名若しくは記名押印すべきであるが，最低限，登記義務者が作成名義人になっていなければならない。

（注６）　登記権利者及び登記義務者が共同して権利に関する登記を申請する場合には，申請情報と併せて登記義務者の登記識別情報（登記済証）を提供しなければならない（不登法22条）。

登記義務者である受託者が仮登記抵当権の移転の登記を受けたときの登記識別情報（登記済証）を提供する。

なお，紛失等の理由により登記義務者の登記識別情報（登記済証）を提供できない場合において，資格者代理人及び公証人による本人確認情報（不登法23条４項）の提供がない場合には，登記官による事前通知をすることとなる（不登法23条１項，２項）。

（注７）　申請人が法人であり，当該法人が会社法人等番号を有する法人である場合には，当該会社法人等番号を提供しなければならない（不登令７条１項１号イ）。

なお，会社法人等番号を有する法人である場合であっても，作成後１か月以内の当該法人の代表者の資格を証する情報（代表者事項証明書等）を提供したときは，会社法人等番号の提供を要しない（不登規則36条１項１号各号，２項）。

（注８）　代理人によって登記を申請するときは，当該代理人の権限を証する情報として，委任状を添付する（不登令７条１項２号）。

なお，代理人が法人であるときには，その法人における代表権のある者がその権限に基づいて登記を申請していることを証するため，作成後3か月以内の当該法人の当該代表者の資格を証する情報を提供しなければならない（不登令7条1項2号，17条1項）。ただし，当該代理人の会社法人等番号を提供したときは，当該代理人の代表者の資格を証する情報の提供に代えることができる（不登規則37条の2）。

（注9）　登録免許税は，仮登記抵当権の登記の抹消分と信託仮登記の抹消分については，同じ抹消の登記であることから，不動産1個につき1,000円である（登録免許税法別表第一，1，(十五)）。

【41】－2　登記記録例

権利部（乙区）（所有権以外の権利に関する事項）			
順位番号	登記の目的	受付年月日・受付番号	権利者その他の事項
1	抵当権設定	平成○年○月○日受付第○号	原因　平成○年○月○日金銭消費貸借平成○年○月○日設定 債権額　金600万円 利息　年8.2% 損害金　年14.5% 債務者　○市○町○丁目○番○号 ○　某 抵当権者　○市○町○丁目○番○号 甲　某
1付記1号	1番抵当権移転仮登記	平成○年○月○日受付第○号	原因　平成○年○月○日債権譲渡（信託） 権利者　○市○町○丁目○番○号 乙　株式会社
	信託仮登記	余白抹消	信託目録第○号
	余白抹消	余白抹消	余白抹消
	余白抹消	余白抹消	余白抹消
2（注1）	1番付記1号仮登記抹消（注2）	平成○年○月○日受付第○号	平成○年○月○日信託財産引継（注3）
	1番付記1号信託仮登記抹消（注2）	余白	原因　信託終了（注3）

信託目録		調製	平成○年○月○日
番　号	受付年月日・受付番号	予　備	
第○号	平成○年○月○日 第○号	信託抹消　平成○年○月○日受付第○号抹消	
1　委託者に関する事項	○市○町○丁目○番○号 甲　某		
2　受託者に関する事項	○市○町○丁目○番○号 乙　株式会社		
3　受益者に関する事項等	受益者　○市○町○丁目○番○号 甲　某		
4　信託条項	**（省略）**		

（注１）　権利の移転の登記若しくは変更の登記又は権利の抹消の登記及び信託の抹消の登記をするときは，権利部の相当区に同一の順位番号を用いて記録することになる（不登規則175条２項）。

（注２）　事例**【37】**と違い，仮登記された抵当権移転及び信託についての信託終了による信託財産引継については，抵当権移転の方法ではなく，仮登記抵当権を抹消することになる。

登記の目的欄は，「１番付記１号仮登記抹消」，「１番付記１号信託仮登記抹消」と記録するとともに１番付記１号の抵当権移転仮登記，信託仮登記を，余白及び信託目録番号とともに抹消する記号（下線）を記録する。

（注３）　原因は，「平成○年○月○日信託財産引継」と記録するとともに，１番付記１号信託仮登記の抹消の原因として，「信託終了」と記録する。

第2　信託財産の処分

【42】　信託財産を処分して信託財産に属さなくなった場合における所有権移転の登記及び信託の抹消の登記

不動産の処分を目的とする信託にあっては，信託財産である不動産を処分し，信託の目的を達成した場合には，その財産は，信託財産でなくなり信託の登記を抹消することになるが，この場合の信託の登記の抹消の申請は，当該権利の移転の登記若しくは変更の登記又は当該権利の登記の抹消の申請と同時にしなければならない（不登法104条1項）。

所有権移転の登記申請は，買主を登記権利者，受託者を登記義務者とする共同申請である（不登法60条）。信託の登記の抹消の申請は，受託者が単独で申請することができる（不登法104条2項）。

【42】－1　登記申請書

登　記　申　請　書

登記の目的　所有権移転及び信託登記抹消（注1）
原　　　因　所有権移転　平成○年○月○日売買（注2）
　　　　　　信託登記抹消　信託財産の処分
権　利　者　○市○町○丁目○番○号
　　　　　　　　○　　某（注3）
義　務　者　○市○町○丁目○番○号
（信託登記申請人）　乙　株式会社（注4）
　　　　　　　　（会社法人等番号　1234-56-789123）
　　　　　　　　代表取締役　○○○○

添付書類
　　登記原因証明情報（注5）　登記識別情報（注6）

印鑑証明書（注７）　住所証明情報（注８）
会社法人等番号（資格証明書）（注９）　代理権限証明情報（注10）

登記識別情報の通知について（注11）
送付の方法により登記識別情報通知書の交付を希望します。
送付先：資格者代理人の事務所あて

平成○年○月○日申請　　○法務局○出張所

代　理　人　　○市○町○丁目○番○号
○　○　○　○　　㊞
電話先　○○－○○○○－○○○○

課 税 価 格　　金○円（注12）

登録免許税　　金○円（注13）
移転分　　金○円（注14）
抹消分　　金○円（注15）

不動産及び信託目録の表示（省略）

（注１）　登記の目的として，「所有権移転及び信託登記抹消」と記載し，信託財産の処分による所有権の移転と信託の登記の抹消であることを明記する。
（注２）　登記原因及びその日付として，売買契約の成立年月日及びその原因を記載する。
また，信託登記抹消の原因については，信託財産である当該不動産を処分したことによる抹消登記であることから原因は「信託財産の処分」となる。
（注３）　登記権利者として，買主を記載する（登記原因証明情報の表示及び住所証明情報における表示と符合していることを要する。）。
買主が法人であるときは，その代表者の資格及び氏名を記載する。
（注４）　登記義務者兼信託登記申請人として，所有権の登記名義人たる受託者を記載する（登記記録に記録された所有権の登記名義人の表示と符合していることを要する。）。

受託者が法人であるときは，その代表者の資格及び氏名を記載する。

申請人の会社法人等番号を提供するときは，「申請人の名称」に続けて会社法人等番号を記載する。

（注5）　権利に関する登記を申請するときには，登記原因を証する情報を提供しなければならない（不登法61条，不登令7条1項5号ロ）。

本件信託財産の処分による所有権の移転及び信託登記の抹消においては，信託契約の規定に基づいての信託財産の処分（売買）であることが明らかとなる売買契約書又は報告形式の登記原因証明情報を提出する必要がある（不登令別表30項添付情報欄イ，不登令別表26項添付情報欄ホ）。

なお，報告形式の登記原因証明情報を提供する場合，一般的には，登記権利者及び登記義務者が署名若しくは記名押印すべきであるが，最低限，登記義務者が作成名義人になっていなければならない。

（注6）　登記権利者及び登記義務者が共同して権利に関する登記を申請する場合には，申請情報と併せて登記義務者の登記識別情報（登記済証）を提供しなければならない（不登法22条）。

登記義務者である受託者が所有権の移転の登記等を受けたときの登記識別情報（登記済証）を提供する。

なお，紛失等の理由により登記義務者の登記識別情報（登記済証）を提供できない場合において，資格者代理人及び公証人による本人確認情報（不登法23条4項）の提供がない場合には，登記官による事前通知をすることとなる（不登法23条1項，2項）。

（注7）　所有権の登記名義人である登記義務者の作成後3か月以内の印鑑証明書を添付する（不登令16条2項，3項）。

（注8）　所有権の取得の登記を受ける登記権利者の住所を証する市町村長，登記官その他の公務員が職務上作成した情報を提供しなければならない（不登令別表30項添付情報欄ロ）。

自然人の場合には住民票等を，法人の場合には登記事項証明書（登記簿謄本）等を添付することとなる。

ただし，申請情報と併せて会社法人等番号が提供されたときは，当該住所証明情報を提供することは要しない（不登令9条，不登規則36条4項）。

（注9）　申請人が法人であり，当該法人が会社法人等番号を有する法人である場合には，当該会社法人等番号を提供しなければならない（不登令7条1項1号イ）。

なお，会社法人等番号を有する法人である場合であっても，作成後1か月以内の当該法人の代表者の資格を証する情報（代表者事項証明書等）を提供したときは，会社法人等番号の提供を要しない（不登規則36条1項1号各号，2項）。

（注10）　代理人によって登記を申請するときは，当該代理人の権限を証する情報として，委任状を添付する（不登令7条1項2号）。

委任状には，登記識別情報の通知の受領を委任する場合は，別途その旨を明らかにし，受領の復代理人の選任を委任する場合は，その旨を記載する。また，登記識別情報の通知を希望しない場合は，その旨も記載する必要がある。

なお，代理人が法人であるときには，その法人における代表権のある者がその権限に基づいて登記を申請していることを証するため，作成後3か月以内の当該法人の当該代表者の資格を証する情報を提供しなければならない（不登令7条1項2号，17条1項）。ただし，当該代理人の会社法人等番号を提供したときは，当該代理人の代表者の資格を証する情報の提供に代えることができる（不登規則37条の2）。

(注11)　登記識別情報の通知の送付を希望するときは，その旨を記載し，登記所の窓口での交付を希望するときは，何らの記載も要しない。

また，登記識別情報の通知を希望しない場合には，その旨を記載する。

(注12)　課税価格として，土地又は建物の登記時の不動産の価額（固定資産課税台帳の登録価格）を記載する。

固定資産評価証明書（市町村発行）は法定の添付書面ではないが，実務上は添付する取扱いとなっている。

(注13)　登録免許税として，所有権移転の登記分と信託登記の抹消分の合計金額を記載する。

(注14)　所有権移転の登記の登録免許税は，不動産の価額の1,000分の20の額である（登録免許税法別表第一，1，(二)ハ）。

ただし，土地に関する売買による所有権の移転の登記の税率については，特例で，平成25年4月1日から平成29年3月31日までは1,000分の15に軽減されている（租税特別措置法72条1項1号）。

(注15)　信託の登記の抹消の登録免許税は，不動産1個につき1,000円である（登録免許税法別表第一，1，(十五)）。

【42】－2　登記記録例

権利部（甲区）（所有権に関する事項）			
順位番号	登記の目的	受付年月日・受付番号	権利者その他の事項
2	所有権移転	平成○年○月○日 受付第○号	原因　平成○年○月○日売買 所有者　○市○町○丁目○番○号 甲　某
3	所有権移転	平成○年○月○日 受付第○号	原因　平成○年○月○日信託 受託者　○市○町○丁目○番○号 乙　株式会社
	信託	余白抹消	信託目録第○号
4(注1)	所有権移転(注2)	平成○年○月○日 受付第○号	原因　平成○年○月○日売買(注3) 所有者　○市○町○丁目○番○号 ○　某(注4)
	3番信託登記抹消(注2)	余白	原因　信託財産の処分(注3)

信託目録		調製	平成○年○月○日
番　号	受付年月日・受付番号	予　備	
第○号	平成○年○月○日 第○号	信託抹消　平成○年○月○日受付第○号抹消	
1　委託者に関する事項	○市○町○丁目○番○号 　甲　某		
2　受託者に関する事項	○市○町○丁目○番○号 　乙　株式会社		
3　受益者に関する事項等	受益者　○市○町○丁目○番○号 　甲　某		
4　信託条項	**（省略）**		

（注1）　権利の移転の登記若しくは変更の登記又は権利の抹消の登記及び信託の抹消の登記をするときは，権利部の相当区に同一の順位番号を用いて記録することになる（不登規則175条2項）。

（注2）　登記の目的欄は，「所有権移転」，「3番信託登記抹消」と記録するとともに，3番信託の登記は信託財産の処分によって消滅したので，余白及び信託目録番号とともに抹消する記号（下線）を記録する。

（注3）　原因は，「平成○年○月○日売買」と記録するとともに，3番付記登記の抹消の原因として，「信託財産の処分」と記録する。

（注4）　権利者の表記は，「所有者」として不動産の買主を記録する。

【42】－3　添付書類

登 記 原 因 証 明 情 報

1　登記申請情報の要項

(1)　登記の目的　　所有権移転及び信託登記抹消

(2)　登記の原因　　所有権移転　　平成○年○月○日売買
　　　　　　　　　信託登記抹消　信託財産の処分

(3)　当　事　者　　権利者　○市○町○丁目○番○号
　　　　　　　　　　　　　○　　某
　　　　　　　　　義務者　○市○町○丁目○番○号
　　　　　　　　　　　　　乙　株式会社

(4)　不動産及び信託目録の表示 **（省略）**（注）

2　登記の原因となる事実又は法律行為

(1)　乙株式会社は，平成○年○月○日付で甲某と乙株式会社との間で締結された不動産管理処分信託契約（以下「本信託契約」という）に基づく信託受託者である。

(2)　乙株式会社は，本信託契約の本旨に従い，平成○年○月○日○某に対し本件不動産を売却する契約を締結した。

当該売買契約には，本件不動産の所有権は売買代金の支払いが完了した時に○某に移転する旨の特約が付されている。

平成○年○月○日甲某は，本信託契約に基づき本件不動産の○某への売却を乙株式会社に指図した。○某は，乙株式会社に対し，平成○年○月○日，売買代金全額を支払い，乙株式会社は，これを受領した。

(3)　よって，本件不動産の所有権は，同日，乙株式会社から○某に移転し，本件不動産の信託は終了した。

平成○年○月○日　東京法務局　御中

上記の登記原因のとおり相違ありません。

権利者　○市○町○丁目○番○号
○　　　某　　　㊞
義務者　○市○町○丁目○番○号
乙　株式会社
代表取締役　○○○○　㊞

(注)　不動産ごとに信託目録番号を記載する。

委　任　状

平成○年○月○日

○市○町○丁目○番○号

○　○　○　○

私は，上記の者を代理人として，下記の登記申請に関する一切の権限を委任する。

記

1　登記の目的　所有権移転及び信託登記抹消

1　原　　　因　平成○年○月○日売買

1　権　利　者　○市○町○丁目○番○号
　　　　　　　　○　　某

1　義　務　者　○市○町○丁目○番○号
　　　　　　　　乙　株式会社

1　原本還付請求及び受領に関する一切の件

1　復代理人選任に関する一切の件

1　登記識別情報の受領及び登記識別情報の受領に係る復代理人選任に関する一切の件

不動産及び信託目録の表示

○市○町○丁目○番○の土地（平成○年信託目録第○号）

○市○町○丁目○番地○
　家屋番号○番○の建物（平成○年信託目録第○号）

○市○町○丁目○番○号
○　　某　　㊞

○市○町○丁目○番○号
乙　株式会社
代表取締役　○○○○　㊞

第３　その他

【43】 信託財産に属する財産を受託者の固有財産に属する財産とした場合の登記

信託財産に属する財産を受託者の固有財産に帰属させること（自己取引）及び信託財産に属する財産を他の信託財産に属する財産に帰属させること（信託財産間取引）については，原則，利益相反行為に当たるものとして禁止されている（信託法31条１項１号，２号）が，受益者の利益が害されるおそれのない場合には，禁止の例外を認めることが相当であるとの考えから，「信託行為に当該行為をすることを許容する旨の定めがあるとき」（同条２項１号）又は「受託者が当該行為について重要な事実を開示して受益者の承認を得たとき」（ただし，信託行為に反対の定めがない場合に限る。同条２項２号）には，例外的に許容されている。

自己取引等が原則的に禁止されているのは，受益者の利益が害されることを防止する観点からであり，受益者の利益が害されない限り，一律に無効とする必要がないといえる。

よって，信託行為に許容する旨の定めがあるとき又は受益者の承諾が得られる場合には許容されることとなる。

なお，旧法においては，信託財産を固有財産とする行為については，やむを得ない事由があって裁判所の許可を受けた場合においてのみ，例外的に許容されていた（旧信託法22条１項ただし書）。

信託財産に属する財産を受託者の固有財産に帰属させる事例としては，受託者が当該不動産を取得（売買）する場合もあるし，委託者（受益者）が受託者に債務を負っていたところ，当該信託財産を委付することにより免れる場合も考えられる。

この場合においては，信託の登記の抹消をすることになるが，それは権利の変更の登記の申請と同時に申請しなければならない（不登法104条１項）。

また，不動産に関する権利が信託財産に属する財産から固有財産に属する財産となった場合には，その変更登記は，受託者が登記権利者，受益者が登記義務者とする特例が設けられている（不登法104条の２第２項前段）。

なお，この場合において，登記義務者である受益者については，登記識別情報の提供を要しないこととされている（不登法104条の2第2項後段）。

信託の登記の抹消の申請は，受託者が単独ですることができる（不登法104条2項）。

本事例は，信託行為に許容する旨の定めがあるとき又は受益者の承諾を得て，信託財産を委付を原因として受託者の固有財産に帰属させる場合である。

【43】－1　登記申請書

登　記　申　請　書

登記の目的　受託者の固有財産となった旨の登記及び信託登記抹消（注1）

原　　　因　変更の登記　平成○年○月○日委付（注2）
　　　　　　信託登記抹消　委付

権　利　者　○市○町○丁目○番○号
（信託登記申請人）　乙　株式会社（注3）
　　　　　　（会社法人等番号　1234-56-789123）
　　　　　　代表取締役　○○○○

義　務　者　○市○町○丁目○番○号
　　　　　　○　　某（注4）

添付書類
　登記原因証明情報（注5）　印鑑証明書（注6）
　会社法人等番号（資格証明書）（注7）　代理権限証明情報（注8）

登記識別情報の通知について（注9）
　送付の方法により登記識別情報通知書の交付を希望します。
　送付先：資格者代理人の事務所あて

平成○年○月○日申請　　○法務局○出張所

代　理　人　○市○町○丁目○番○号
　　　　　　　　○　○　○　○　　㊞
　　　　電話先　○○－○○○○－○○○○

課 税 価 格　金○円（注10）

登録免許税　金○円（注11）
　　　　変更分　金○円（注12）
　　　　抹消分　金○円（注13）

不動産及び信託目録の表示（省略）

（注1）　登記の目的として，「受託者の固有財産となった旨の登記及び信託登記抹消」と記載し，信託財産が受託者の固有財産となった旨及び信託登記の抹消であることを明記する。

（注2）　登記原因及びその日付として，信託財産が受託者の固有財産となった原因とその成立した年月日を記載する。

また，信託登記抹消の原因については，信託財産である当該不動産を委付により受託者の固有財産に帰属させたことによる抹消登記であることから原因は「委付」となる。

（注3）　登記権利者兼信託登記申請人として，受託者を記載する（登記記録に記録された所有権の登記名義人の表示及び登記原因証明情報の表示と符合していることを要する。）。

受託者が法人であるときは，その代表者の資格及び氏名を記載する。

申請人の会社法人等番号を提供するときは，「申請人の名称」に続けて会社法人等番号を記載する。

（注4）　登記義務者として，受益者を記載する（登記原因証明情報の表示及び信託目録に記録された受益者の表示と符合していることを要する。）。

受益者が法人であるときは，その代表者の資格及び氏名を記載する。

（注5）　権利に関する登記を申請するときには，登記原因を証する情報を提供しなければならない（不登法61条，不登令7条1項5号ロ）。

本件受託者の固有財産となった旨の登記及び信託登記の抹消においては，信託行為に許容する旨の定め又は受益者の承諾を得て，委付を原因として信託財産に属する財産を受託者の固有財産に帰属させたことが明らかとなる書面（報告形式の登記原因証明情報）を提出する必要がある（不登令別表26項添付情報欄ホ）。

なお，報告形式の登記原因証明情報を提供する場合，一般的には，登記権利者及び登記義務者が署名若しくは記名押印すべきであるが，最低限，登記義務者が作成名義人になっていなければならない。

（注6）　登記義務者である受益者の作成後3か月以内の印鑑証明書を添付する（不登令16条

２項，３項)。

(注７)　申請人が法人であり，当該法人が会社法人等番号を有する法人である場合には，当該会社法人等番号を提供しなければならない（不登令７条１項１号イ)。

なお，会社法人等番号を有する法人である場合であっても，作成後１か月以内の当該法人の代表者の資格を証する情報（代表者事項証明書等）を提供したときは，会社法人等番号の提供を要しない（不登規則36条１項１号各号，２項)。

(注８)　代理人によって登記を申請するときは，当該代理人の権限を証する情報として，委任状を添付する（不登令７条１項２号)。

委任状には，登記識別情報の通知の受領を委任する場合は，別途その旨を明らかにし，受領の復代理人の選任を委任する場合は，その旨を記載する。また，登記識別情報の通知を希望しない場合は，その旨も記載する必要がある。

なお，代理人が法人であるときには，その法人における代表権のある者がその権限に基づいて登記を申請していることを証するため，作成後３か月以内の当該法人の当該代表者の資格を証する情報を提供しなければならない（不登令７条１項２号，17条１項)。ただし，当該代理人の会社法人等番号を提供したときは，当該代理人の代表者の資格を証する情報の提供に代えることができる（不登規則37条の２)。

(注９)　登記識別情報の通知の送付を希望するときは，その旨を記載し，登記所の窓口での交付を希望するときは，何らの記載も要しない。

また，登記識別情報の通知を希望しない場合には，その旨を記載する。

なお，この受託者の固有財産となった旨の登記（受託者が１人の場合）においては，不動産登記記録例集（平成21年２月版）の事例番号549（427頁）においては，【権利その他の事項】の記録に「所有者　何市何町何番地　乙某」の記載をする旨の記載がないことから，登記識別情報の通知がされないとの見解がある。ただし，受託者が複数の場合には，前記の記録例集の事例番号550で，【権利その他の事項】の記録に「共有者住所氏名　持分」を記載することとなっている。

(注10)　課税価格として，土地又は建物の登記時の不動産の価額（固定資産課税台帳の登録価格）を記載する。

固定資産評価証明書（市町村発行）は法定の添付書面ではないが，実務上は添付する取扱いとなっている。

(注11)　登録免許税として，権利の変更の登記分と信託登記の抹消分の合計金額を記載する。

(注12)　権利の変更の登記の登録免許税は，実質的に委付（その他の原因）による所有権の移転の登記であることから，不動産の価額の1,000分の20の額を記載する（登録免許税法別表第一，１，㈡ハ)。

(注13)　信託の登記の抹消の登録免許税は，不動産１個につき1,000円である（登録免許税法別表第一，１，㈤)。

【43】－２　登記記録例

権利部（甲区）（所有権に関する事項）			
順位番号	登記の目的	受付年月日・受付番号	権利者その他の事項
2	所有権移転	平成○年○月○日 受付第○号	原因　平成○年○月○日売買 所有者　○市○町○丁目○番○号 　甲　某
3	所有権移転	平成○年○月○日 受付第○号	原因　平成○年○月○日信託 受託者　○市○町○丁目○番○号 　乙　株式会社
	信託	余白抹消	信託目録第○号
4（注１）	受託者の固有財産となった旨の登記（注2）	平成○年○月○日受付第○号	原因　平成○年○月○日委付（注３） 所有者　○市○町○丁目○番○号 　乙　株式会社（注４）
	３番信託登記抹消（注２）	余白	原因　委付（注３）

信託目録	調製	平成○年○月○日
番　号	受付年月日・受付番号	予　備
第○号	平成○年○月○日 第○号	信託抹消　平成○年○月○日受付第○号抹消
１　委託者に関する事項	○市○町○丁目○番○号 　甲　某	
２　受託者に関する事項	○市○町○丁目○番○号 　乙　株式会社	
３　受益者に関する事項等	受益者　○市○町○丁目○番○号 　甲　某	
４　信託条項	**（省略）**	

（注１）　権利の変更の登記及び信託の登記又は信託の抹消の登記をするときは，権利部の相当区に同一の順位番号を用いて記録することになる（不登規則175条１項，２項）

（注２）　登記の目的欄は，「受託者の固有財産となった旨の登記」，「３番信託登記抹消」と記録するとともに，３番信託の登記は委付を原因として消滅したので，余白及び信託目録番号とともに抹消する記号（下線）を記録する。

（注３）　原因は，「平成○年○月○日委付」と記録するとともに，３番信託登記の抹消の原因として「委付」と記録する。

（注４）　権利者の表記は，「所有者」として受託者を記録する。

なお，この受託者の固有財産となった旨の登記における受託者が１人の場合においては，信託法等の施行に伴う不動産登記事務の取扱いについて（平成19年９月28日法務省民二第2048号民事局長通達）の第３，登記の記録例22において，【権利者その他の事項】の記録，「原因　年月日委付，所有者　何市何町何番地　乙某」と記録することとなっているが，不動産登記記録例集（平成21年２月版）の事例番号549（427頁）においては，【権利者その他の事項】の記録に「所有者　何市何町何番地　乙某」の記載をする旨の記載がない。ただし，受託者が複数の場合には，前記の通達の記録例23及び前記の記録例集の事例番号550ともに，【権利者その他の事項】の記録に「共有者住所氏名　持分」を記載することとなっており，受託者が1名の場合にあっても，所有者名は記録すべきと考えて本件の登記記録例を示した。

【43】－3　添付書類

登 記 原 因 証 明 情 報

1　登記申請情報の要項

(1)　登記の目的　　受託者の固有財産となった旨の登記及び信託登記の抹消

(2)　登記の原因　　権利の変更登記　平成○年○月○日委付
信託登記の抹消　委付

(3)　当 事 者　　権利者　　○市○町○丁目○番○号
乙　株式会社
義務者　　○市○町○丁目○番○号
甲　　某

(4)　不動産及び信託目録の表示
○市○町○丁目○番○の土地
（平成○年信託目録第○号）

2　登記の原因となる事実又は法律行為

(1)　乙株式会社（受託者）と甲某（委託者・当初受益者）は，本件不動産について，平成○年○月○日に不動産管理処分信託契約を締結し，平成○年○月○日○法務局○出張所受付第○号でその登記を経由した。

(2)　平成○年○月○日，受託者である乙株式会社は，本件信託における財政事情等を考慮した結果，本件不動産を委付を原因として乙株式会社の固有財産とすることを決定し，受益者である甲某に対して，重要な事実を開示して，その承認を得た。

(3)　よって，平成○年○月○日委付を原因として，本件不動産は乙株式会社の固有財産となった。

また，当該不動産が信託財産から固有財産となったため，同日，本件信託は終了した。

平成○年○月○日　　○法務局○出張所　御中

上記の登記原因のとおり相違ありません。

権利者　　○市○町○丁目○番○号
乙　株式会社
代表取締役　○○○○　　㊞
義務者　　○市○町○丁目○番○号
甲　　某　　　　㊞

委　　任　　状

平成○年○月○日

○市○町○丁目○番○号
○　○　○　○

私は，上記の者を代理人として，下記の登記申請に関する一切の権限を委任する。

記

1　登記の目的　　受託者の固有財産となった旨の登記及び信託登記の抹消

（ただし，登記事項については，平成○年○月○日付け登記原因証明情報の記載のとおり）

1　登記の原因　　権利の変更登記　平成○年○月○日委付
　　　　　　　　　信託登記の抹消　委付

1　当　事　者　　権利者　　○市○町○丁目○番○号
　　　　　　　　　　　　　　乙　株式会社
　　　　　　　　　義務者　　○市○町○丁目○番○号
　　　　　　　　　　　　　　甲　　　某

1　原本還付請求及び受領に関する一切の件

1　復代理人選任に関する一切の件

1　登記識別情報の受領及び登記識別情報の受領に係る復代理人選任に関する一切の件

不動産及び信託目録の表示

○市○町○丁目○番○の土地　（順位番号○番）
（平成○年信託目録第○号）

○市○町○丁目○番○号
乙　株式会社
代表取締役　○○○○　㊞

○市○町○丁目○番○号
甲　　　某　　　　　㊞

第５節

受託者の変更

第１　受託者の合併

【44】　受託者である法人が合併により解散し，合併後存続する法人（吸収合併）である新受託者の単独による所有権移転の登記

受託者である法人が合併により解散した場合については，信託行為に別段の定めがない限り，受託者の任務終了事由とはならず，合併後存続する法人（吸収合併）又は合併により設立する法人（新設合併）が任務を引き継ぐことになる（信託法56条２項，３項）。

この場合の権利の移転の登記は，法人の合併による権利の移転の登記として，新受託者である法人が単独で所有権の移転の登記を申請する（不登法63条２項）。

また，受託者である法人が分割をした場合における，分割により受託者としての権利義務を承継する法人についても同様である。

なお，本件受託者の合併を原因とする所有権移転の登記をした場合においては，登記官の職権による信託の変更の登記（信託目録の記録変更）の適用はないので（不登法101条１号），別途信託目録記録事項の変更の登記申請（事例【54】）をする必要がある。

【44】－1　登記申請書

登　記　申　請　書

登記の目的　　所有権移転(注1)

原　　　因　　平成○年○月○日受託者合併による変更(注2)

申　請　人　　（前受託者　乙　株式会社）

（受託者）　　○市○町○丁目○番○号

丙　株式会社(注3)

（会社法人等番号　1234-56-789123）

代表取締役　○○○○

添付書類

登記原因証明情報(注4)　会社法人等番号（資格証明書）(注5)

住所証明情報(注6)　代理権限証明情報(注7)

登記識別情報の通知について(注8)

送付の方法により登記識別情報通知書の交付を希望します。

送付先：資格者代理人の事務所あて

平成○年○月○日申請　　　○法務局○出張所

代　理　人　　○市○町○丁目○番○号

○　○　○　○　　㊞

電話先　○○－○○○○－○○○○

登録免許税　　登録免許税法7条1項3号により非課税(注9)

不動産及び信託目録の表示（省略）

（注１）　登記の目的として，「所有権移転」と記載する。
　当該不動産については既に信託の登記がされており，本申請は受託者の変更のみの登記である。
（注２）　登記原因及びその日付として，合併により変更した旨及び前受託者である法人の合併により解散した年月日を記載する。
（注３）　申請人として，新受託者を記載し，申請人が法人であるときは，その代表者の資格及び氏名を記載する。
　申請人の会社法人等番号を提供するときは，「申請人の名称」に続けて会社法人等番号を記載する。
（注４）　登記原因証明情報として，前受託者の変更を証する書面及び新受託者の権利の承継を証する書面として，新受託者である法人の登記事項証明書（合併の記載のあるもの）を添付する（不登令別表22項）。
（注５）　申請人が法人であり，当該法人が会社法人等番号を有する法人である場合には，当該会社法人等番号を提供しなければならない（不登令７条１項１号イ）。
　なお，会社法人等番号を有する法人である場合であっても，作成後１か月以内の当該法人の代表者の資格を証する情報（代表者事項証明書等）を提供したときは，会社法人等番号の提供を要しない（不登規則36条１項１号各号，２項）。
（注６）　所有権の取得の登記を受ける登記権利者の住所を証する市町村長，登記官その他の公務員が職務上作成した情報を提供しなければならない（不登令別表30項添付情報欄ロ）。
　自然人の場合には住民票等を，法人の場合には登記事項証明書（登記簿謄本）等を添付することとなる。
　ただし，申請情報と併せて会社法人等番号が提供されたときは，当該住所証明情報を提供することは要しない（不登令９条，不登規則36条４項）。
（注７）　代理人によって登記を申請するときは，当該代理人の権限を証する情報として，委任状を添付する（不登令７条１項２号）。
　委任状には，登記識別情報の通知の受領を委任する場合は，別途その旨を明らかにし，受領の復代理人の選任を委任する場合は，その旨を記載する。また，登記識別情報の通知を希望しない場合は，その旨も記載する必要がある。
　なお，代理人が法人であるときには，その法人における代表権のある者がその権限に基づいて登記を申請していることを証するため，作成後３か月以内の当該法人の当該代表者の資格を証する情報を提供しなければならない（不登令７条１項２号，17条１項）。ただし，当該代理人の会社法人等番号を提供したときは，当該代理人の代表者の資格を証する情報の提供に代えることができる（不登規則37条の２）。
（注８）　登記識別情報の通知の送付を希望するときは，その旨を記載し，登記所の窓口での交付を希望するときは，何らの記載も要しない。
　また，登記識別情報の通知を希望しない場合には，その旨を記載する。
（注９）　登録免許税は非課税である（登録免許税法７条１項３号）。

【44】－2　登記記録例

権利部（甲区）（所有権に関する事項）			
順位番号	登記の目的	受付年月日・受付番号	権利者その他の事項
2	所有権移転	平成○年○月○日 受付第○号	原因　平成○年○月○日売買 所有者　○市○町○丁目○番○号 　甲　某
3	所有権移転	平成○年○月○日 受付第○号	原因　平成○年○月○日信託 受託者　○市○町○丁目○番○号 　乙　株式会社
	信託	余白	信託目録第○号
4	所有権移転	平成○年○月○日 受付第○号	原因　平成○年○月○日受託者合併[注1] 受託者　○市○町○丁目○番○号 　丙　株式会社[注2]

信託目録		調製	平成○年○月○日
番　号	受付年月日・受付番号	予　備	
第○号	平成○年○月○日 第○号	余白	
2　受託者に関する事項	○市○町○丁目○番○号 　乙　株式会社		
	受託者変更 平成○年○月○日 第○号 原因　平成○年○月○日受託者合併 受託者　○市○町○丁目○番○号 　丙　株式会社[注3]		

（注1）　原因欄は「平成○年○月○日受託者合併」と記録する。

（注2）　権利者の表記は，「受託者」として，合併後に存続する法人（吸収合併）又は合併後に設立する法人（新設合併）を記録する。

　なお，受託者が変更したのみであり，信託の登記に何ら変更はないので，信託の登記及び信託目録番号の変更は必要ない。

（注3）　信託目録については，登記官の職権による信託の変更の登記（信託目録の記録変更）の適用はないので（不登法101条1号），別途信託目録の変更の登記が必要である。なお，変更した受託者を抹消する記号（下線）は記録しない。

【45】　受託者である法人が合併により解散し，合併後存続する法人（吸収合併）である新受託者の単独による抵当権移転の登記

【44】の事例の抵当権移転の登記についてである。

なお，本件受託者の合併を原因とする抵当権移転の登記をした場合においては，登記官の職権による信託の変更の登記（信託目録の記録変更）の適用はないので（不登法101条１号），別途信託目録記録事項の変更の登記申請（事例【54】）をする必要がある。

【45】－１　登記申請書

登　記　申　請　書

登記の目的　　○番抵当権移転（注１）
原　　　因　　平成○年○月○日受託者合併による変更（注２）
申　請　人　　（前受託者　乙　株式会社）
（受託者）　　○市○町○丁目○番○号
　　　　　　　　丙　株式会社（注３）
　　　　　　　　　（会社法人等番号　1234-56-789124）
　　　　　　　　代表取締役　○○○○

添付書類
　登記原因証明情報（注４）　会社法人等番号（資格証明書）（注５）
　代理権限証明情報（注６）

登記識別情報の通知について（注７）
　送付の方法により登記識別情報通知書の交付を希望します。
　送付先：資格者代理人の事務所あて

平成○年○月○日申請　　○法務局○出張所

代　理　人　　〇市〇町〇丁目〇番〇号
〇　〇　〇　〇　　　㊞
電話先　〇〇－〇〇〇〇－〇〇〇〇

登録免許税　　登録免許税法7条1項3号により非課税（注8）

不動産及び信託目録の表示（省略）

（注1）　登記の目的として，「〇番抵当権移転」と記載する。
当該不動産については既に信託の登記がされており，本申請は受託者の変更のみの登記である。

（注2）　登記原因及びその日付として，合併により変更した旨及び前受託者である法人の合併により解散した年月日を記載する。

（注3）　申請人として，新受託者を記載し，申請人が法人であるときは，その代表者の資格及び氏名を記載する。
申請人の会社法人等番号を提供するときは，「申請人の名称」に続けて会社法人等番号を記載する。

（注4）　登記原因証明情報として，前受託者の変更を証する書面及び新受託者の権利の承継を証する書面として，新受託者である法人の登記事項証明書（合併の記載のあるもの）を添付する（不登令別表22項）。

（注5）　申請人が法人であり，当該法人が会社法人等番号を有する法人である場合には，当該会社法人等番号を提供しなければならない（不登令7条1項1号イ）。
なお，会社法人等番号を有する法人である場合であっても，作成後1か月以内の当該法人の代表者の資格を証する情報（代表者事項証明書等）を提供したときは，会社法人等番号の提供を要しない（不登規則36条1項1号各号，2項）。

（注6）　代理人によって登記を申請するときは，当該代理人の権限を証する情報として，委任状を添付する（不登令7条1項2号）。
委任状には，登記識別情報の通知の受領を委任する場合は，別途その旨を明らかにし，受領の復代理人の選任を委任する場合は，その旨を記載する。また，登記識別情報の通知を希望しない場合は，その旨も記載する必要がある。
なお，代理人が法人であるときには，その法人における代表権のある者がその権限に基づいて登記を申請していることを証するため，作成後3か月以内の当該法人の当該代表者の資格を証する情報を提供しなければならない（不登令7条1項2号，17条1項）。ただし，当該代理人の会社法人等番号を提供したときは，当該代理人の代表者の資格を証する情報の提供に代えることができる（不登規則37条の2）。

（注7）　登記識別情報の通知の送付を希望するときは，その旨を記載し，登記所の窓口での交付を希望するときは，何らの記載も要しない。
また，登記識別情報の通知を希望しない場合には，その旨を記載する。

（注8）　登録免許税は非課税である（登録免許税法7条1項3号）。

【45】－２　登記記録例

<table>
<tr><td colspan="4">権利部（乙区）（所有権以外の権利に関する事項）</td></tr>
<tr><td>順位番号</td><td>登記の目的</td><td>受付年月日・受付番号</td><td>権利者その他の事項</td></tr>
<tr><td>1</td><td>抵当権設定</td><td>平成○年○月○日受付
第○号</td><td>原因　平成○年○月○日金銭消費貸借平成○年○月○日設定
債権額　金600万円
利息　年8.2%
損害金　年14.5%
債務者　○市○町○丁目○番○号
○　某
抵当権者　○市○町○丁目○番○号
甲　某</td></tr>
<tr><td rowspan="2">１付記１号</td><td>１番抵当権移転</td><td>平成○年○月○日受付
第○号</td><td>原因　平成○年○月○日信託
受託者　○市○町○丁目○番○号
乙　株式会社</td></tr>
<tr><td>信託</td><td>余白</td><td>信託目録第○号</td></tr>
<tr><td>１付記２号</td><td>１番抵当権移転</td><td>平成○年○月○日受付
第○号</td><td>原因　平成○年○月○日受託者合併（注1）
受託者　○市○町○丁目○番○号
丙　株式会社（注2）</td></tr>
</table>

<table>
<tr><td colspan="2">信託目録</td><td>調製</td><td>平成○年○月○日</td></tr>
<tr><td>番　号</td><td>受付年月日・受付番号</td><td colspan="2">予　備</td></tr>
<tr><td>第○号</td><td>平成○年○月○日
第○号</td><td colspan="2">余白</td></tr>
<tr><td rowspan="2">２　受託者に関する事項</td><td colspan="3">○市○町○丁目○番○号
乙　株式会社</td></tr>
<tr><td colspan="3">受託者変更
平成○年○月○日
第○号
原因　平成○年○月○日受託者合併
受託者　○市○町○丁目○番○号
丙　株式会社（注3）</td></tr>
</table>

（注１）　原因は「平成○年○月○日受託者合併」と記録する。

（注２）　権利者の表記は，「受託者」として，合併後に存続する法人（吸収合併）又は合併後に設立する法人（新設合併）を記録する。

なお，受託者が変更したのみであり，信託の登記に何ら変更はないので，信託の登記及び信託目録番号の変更は必要ない。

（注３）　信託目録については，登記官の職権による信託の変更の登記（信託目録の記録変更）の適用はないので（不登法101条１号），別途信託目録記録事項の変更の登記が必要である。なお，変更した受託者を抹消する記号（下線）は記録しない。

【46】　共同受託者（2人）の1人（法人）が会社の合併又は分割により変更となった場合の受託者の変更の登記

本事例は，【44】の事例にあって，共同受託者（2人）の1人（法人）が合併により解散した場合の受託者の変更の登記である。

受託者が2人以上ある信託においては，信託財産は，その合有とする（信託法79条）と規定された。

その内容は，①共同受託者は，信託財産に対して，固有の利益を持たず，潜在的にすら持分を有しないこと，②共同受託者は，それぞれ信託財産の分割を請求したり，持分があるとしてこれを譲渡することができないこと，③共同受託者の一部が欠けた場合には，信託財産は，残りの受託者に当然に帰属することとなるとされている。

この共同受託者による信託財産の所有形態については，常に合有とすることとし，信託行為で別段の定めをすることは認められていない。

共同受託の場合は，持分の概念がないので移転登記ではなく，合有登記名義人変更登記による。

そこで，共同受託者の1人である法人が合併により解散した場合の登記申請手続は，当該受託者の任務を引き継いだ法人が単独で受託者の変更登記をする。

また，受託者である法人が分割をした場合における分割により受託者としての権利義務を承継する法人についても同様である。

なお，本件受託者の合併を原因とする合有登記名義人変更の登記をした場合においては，登記官の職権による信託の変更の登記（信託目録の記録変更）の適用はないので（不登法101条2号），別途信託目録記録事項の変更の登記申請（事例【54】）をする必要がある。

【46】－１　登記申請書

登　記　申　請　書

登記の目的　　○番合有登記名義人変更（注１）
原　　　因　　平成○年○月○日受託者乙株式会社合併による変更（注２）
変更後の事項　受託者　丙株式会社，丁株式会社（注３）
権　利　者　　（前受託者　　乙株式会社）
（申 請 人）　○市○町○丁目○番○号
　　　　　　　　丁　株式会社（注４）
　　　　　　　　　（会社法人等番号　1234-56-789125）
　　　　　　　　代表取締役　○○○○

添 付 書 類
　登記原因証明情報（注５）　会社法人等番号（資格証明書）（注６）
　住所証明情報（注７）　代理権限証明情報（注８）

登記識別情報の通知について（注９）
　送付の方法により登記識別情報通知書の交付を希望します。
　送付先：資格者代理人の事務所あて

平成○年○月○日申請　　○法務局○出張所

代　理　人　　○市○町○丁目○番○号
　　　　　　　　　○　○　○　○　　㊞
　　　　　　　電話先　○○－○○○○－○○○○

登録免許税　　登録免許税法７条１項３号により非課税（注10）

不動産及び信託目録の表示（省略）

(注１)　登記の目的として，「○番合有登記名義人変更」と記載する。
当該不動産については既に信託の登記がされており，本申請は受託者の変更のみの登記である。
(注２)　登記原因及びその日付として，合併により解散した共同受託者についての合併により変更した旨及び法人の合併により解散した年月日を記載する。
(注３)　変更後の共同受託者を「受託者丙株式会社，丁株式会社」と振り合いで記載する。
(注４)　権利者（申請人）として，合併後存続する法人（吸収合併）又は合併により設立する法人（新設合併）を記載し，その代表者の資格及び氏名を記載する。
申請人の会社法人等番号を提供するときは，「申請人の名称」に続けて会社法人等番号を記載する。
(注５)　登記原因証明情報として，前受託者の変更を証する書面及び新受託者の権利の承継を証する書面として，新受託者である法人の登記事項証明書（合併の記載のあるもの）を添付する（不登令別表22項添付情報欄）。
(注６)　申請人が法人であり，当該法人が会社法人等番号を有する法人である場合には，当該会社法人等番号を提供しなければならない（不登令７条１項１号イ）。
なお，会社法人等番号を有する法人である場合であっても，作成後１か月以内の当該法人の代表者の資格を証する情報（代表者事項証明書等）を提供したときは，会社法人等番号の提供を要しない（不登規則36条１項１号各号，２項）。
(注７)　所有権の取得の登記を受ける登記権利者の住所を証する市町村長，登記官その他の公務員が職務上作成した情報を提供しなければならない（不登令別表30項添付情報欄ロ）。
自然人の場合には住民票等を，法人の場合には登記事項証明書（登記簿謄本）等を添付することとなる。
ただし，申請情報と併せて会社法人等番号が提供されたときは，当該住所証明情報を提供することは要しない（不登令９条，不登規則36条４項）。
(注８)　代理人によって登記を申請するときは，当該代理人の権限を証する情報として，委任状を添付する（不登令７条１項２号）。
委任状には，登記識別情報の通知の受領を委任する場合は，別途その旨を明らかにし，受領の復代理人の選任を委任する場合は，その旨を記載する。また，登記識別情報の通知を希望しない場合は，その旨も記載する必要がある。
なお，代理人が法人であるときには，その法人における代表権のある者がその権限に基づいて登記を申請していることを証するため，作成後３か月以内の当該法人の当該代表者の資格を証する情報を提供しなければならない（不登令７条１項２号，17条１項）。ただし，当該代理人の会社法人等番号を提供したときは，当該代理人の代表者の資格を証する情報の提供に代えることができる（不登規則37条の２）。
(注９)　登記識別情報の通知の送付を希望するときは，その旨を記載し，登記所の窓口での交付を希望するときは，何らの記載も要しない。
また，登記識別情報の通知を希望しない場合には，その旨を記載する。
(注10)　登録免許税は非課税である（登録免許税法７条１項３号）。

【46】－２　登記記録例

権利部（甲区）（所有権に関する事項）			
順位番号	登記の目的	受付年月日・受付番号	権利者その他の事項
2	所有権移転	平成○年○月○日 受付第○号	原因　平成○年○月○日売買 所有者　○市○町○丁目○番○号 　甲　某
3	所有権移転（合有）	平成○年○月○日 受付第○号	原因　平成○年○月○日信託 受託者 　○市○町○丁目○番○号 　乙　株式会社 　○市○町○丁目○番○号 　丙　株式会社
	信託	余白	信託目録第○号
３付記１号	３番合有登記名義人変更（注１）	平成○年○月○日 受付第○号	原因　平成○年○月○日受託者乙株式会社合併（注２） 受託者（注３） 　○市○町○丁目○番○号 　丁　株式会社 　○市○町○丁目○番○号 　丙　株式会社

信託目録	調製	平成○年○月○日
番　号	受付年月日・受付番号	予　備
第○号	平成○年○月○日 第○号	余白
2　受託者に関する事項	○市○町○丁目○番○号 　乙　株式会社 ○市○町○丁目○番○号 　丙　株式会社	
	受託者変更 原因　平成○年○月○日受託者乙株式会社合併 受託者 　○市○町○丁目○番○号 　丁　株式会社 　○市○町○丁目○番○号 　丙　株式会社（注４）	

（注１）　登記の目的欄は，「３番合有登記名義人変更」と記録する。

（注２）　原因は「平成○年○月○日受託者乙株式会社合併」と記録する。

（注３）　権利者の表記は「受託者」として，変更後の受託者全員（２人）の本店・商号を記録し，変更前の受託者の表示を抹消する記号（下線）は記録しない。

（注４）　信託目録については，登記官の職権による信託の変更の登記（信託目録の記録変更）の適用はないので（不登法101条２号），別途信託目録記録事項の変更の登記が必要である。なお，合併（分割）による受託者変更においては，変更した受託者を抹消する記号（下線）は記録しない。

第2　受託者の辞任

【47】　受託者の変更により前受託者及び新受託者の共同申請によってする所有権移転の登記

受託者の任務の終了した場合において，新受託者が就任したときは，新受託者は，前受託者の任務が終了した時に，その時に存する信託に関する権利義務を前受託者から承継したものとみなす（信託法75条1項）とされていることから（ただし，受託者が委託者及び受益者の同意を得て辞任した場合は，新受託者が就任した時，同条2項），信託財産である不動産の所有権が前受託者の任務終了時において新受託者に移転したものとみなされ，前受託者から新受託者への所有権の移転の登記を申請しなければならない。

この登記申請にあって，受託者の任務の終了事由が，死亡，法人の合併以外の理由による解散，破産手続開始の決定，後見人開始又は保佐開始の審判等の場合には，新受託者の単独申請となり（不登法100条1項），辞任，解任の場合には，前受託者と新受託者の共同申請となる（不登法60条）。

受託者の辞任を原因とする所有権移転の登記を申請することにより，登記官は，職権で，信託の変更の登記（信託目録の記録変更）をすることとなっている（不登法101条1号）。

【47】－1　登記申請書

登　記　申　請　書

登記の目的　　所有権移転（注1）
原　　　因　　平成○年○月○日受託者辞任による変更（注2）
権　利　者　　○市○町○丁目○番○号
　　　　　　　　丙　株式会社（注3）
　　　　　　　　　（会社法人等番号　1234-56-789124）
　　　　　　　　　代表取締役　○○○○

義　務　者　○市○町○丁目○番○号
乙　株式会社（注4）
（会社法人等番号　1234-56-789123）
代表取締役　○○○○

添 付 書 類
登記原因証明情報（注5）　登記識別情報（注6）
印鑑証明書（注7）　会社法人等番号（資格証明書）（注8）
住所証明情報（注9）　代理権限証明情報（注10）

登記識別情報の通知について（注11）
送付の方法により登記識別情報通知書の交付を希望します。
送付先：資格者代理人の事務所あて

平成○年○月○日申請　○法務局○出張所

代　理　人　○市○町○丁目○番○号
○　○　○　○　㊞
電話先　○○－○○○○－○○○○

登 録 免 許 税　登録免許税法7条1項3号により非課税（注12）

不動産及び信託目録の表示（省略）

（注1）　登記の目的として，「所有権移転」と記載する。
当該不動産については既に信託の登記がされており，本申請は受託者の変更のみの登記である。

（注2）　登記原因及びその日付として，受託者の辞任による変更の旨及び任務終了年月日を記載する。
前受託者の辞任が，委託者及び受益者の同意を得ての場合には，新受託者が就任した年月日を記載し，裁判所の許可を得ての場合には，前受託者の辞任の年月日を記載する。

（注3）　登記権利者として，新受託者を記載する。
新受託者が法人であるときは，その代表者の資格及び氏名を記載する。
申請人の会社法人等番号を提供するときは，「申請人の名称」に続けて会社法人等番号を記載する。

（注4）　登記義務者として，前受託者を記載する。
前受託者が法人であるときは，その代表者の資格及び氏名を記載する。
申請人の会社法人等番号を提供するときは，「申請人の名称」に続けて会社法人等番号を記載する。

（注5）　登記原因証明情報として，前受託者の変更を証する書面及び新受託者の選任を証する書面を添付する（不登令別表30項添付情報欄イ）。
委託者及び受益者の同意を得ての場合には，委託者及び受益者の同意を得て辞任した旨の書面，裁判所の許可を得ての場合には，許可の決定正本の写し及び信託行為に別段の定めがありそれに従った場合には，その選任を証する書面等を添付することとなる。
なお，報告形式の登記原因証明情報を提供する場合，一般的には，登記権利者及び登記義務者が署名若しくは記名押印すべきであるが，最低限，登記義務者が作成名義人になっていなければならない。

（注6）　登記権利者及び登記義務者が共同して権利に関する登記を申請する場合には，申請情報と併せて登記義務者の登記識別情報（登記済証）を提供しなければならない（不登法22条）。
登記義務者が所有権移転の登記等を受けたときの登記識別情報（登記済証）を提供する。
なお，紛失等の理由により登記義務者の登記識別情報（登記済証）を提供できない場合において，資格者代理人及び公証人による本人確認情報（不登法23条4項）の提供がない場合には，登記官による事前通知をすることとなる（不登法23条1項，2項）。

（注7）　登記義務者である受託者及び受益者の作成後3か月以内の印鑑証明書を添付する（不登令16条2項，3項）。

（注8）　申請人が法人であり，当該法人が会社法人等番号を有する法人である場合には，当該会社法人等番号を提供しなければならない（不登令7条1項1号イ）。
なお，会社法人等番号を有する法人である場合であっても，作成後1か月以内の当該法人の代表者の資格を証する情報（代表者事項証明書等）を提供したときは，会社法人等番号の提供を要しない（不登規則36条1項1号各号，2項）。

（注9）　所有権の取得の登記を受ける登記権利者の住所を証する市町村長，登記官その他の公務員が職務上作成した情報を提供しなければならない（不登令別表30項添付情報欄ロ）。
自然人の場合には住民票等を，法人の場合には登記事項証明書（登記簿謄本）等を添付することとなる。
ただし，申請情報と併せて会社法人等番号が提供されたときは，当該住所証明情報を提供することは要しない（不登令9条，不登規則36条4項）。

（注10）　代理人によって登記を申請するときは，当該代理人の権限を証する情報として，委任状を添付する（不登令7条1項2号）。
委任状には，登記識別情報の通知の受領を委任する場合は，別途その旨を明らかにし，受領の復代理人の選任を委任する場合は，その旨を記載する。また，登記識別情報の通知を希望しない場合は，その旨も記載する必要がある。
なお，代理人が法人であるときには，その法人における代表権のある者がその権限に基づいて登記を申請していることを証するため，作成後3か月以内の当該法人の当該代表者の資格を証する情報を提供しなければならない（不登令７条１項２号，17条１項）。ただし，当該代理人の会社法人等番号を提供したときは，当該代理人の代表者の資格を証する情報の提供に代えることができる（不登規則37条の２）。

（注11）　登記識別情報の通知の送付を希望するときは，その旨を記載し，登記所の窓口での交付を希望するときは，何らの記載も要しない。

また，登記識別情報の通知を希望しない場合には，その旨を記載する。

（注12）　登録免許税は非課税である（登録免許税法７条１項３号）。

【47】－２　登記記録例

権利部（甲区）（所有権に関する事項）			
順位番号	登記の目的	受付年月日・受付番号	権利者その他の事項
2	所有権移転	平成○年○月○日受付 第○号	原因　平成○年○月○日売買 所有者　○市○町○丁目○番○号 甲　某
3	所有権移転	平成○年○月○日受付 第○号	原因　平成○年○月○日信託 受託者　○市○町○丁目○番○号 乙　株式会社
	信託	余白	信託目録第○号
4	所有権移転	平成○年○月○日受付 第○号	原因　平成○年○月○日受託者変更（受託者辞任による変更）（注１） 受託者　○市○町○丁目○番○号 丙　株式会社（注２）

信託目録		調製	平成○年○月○日
番　号	受付年月日・受付番号	予　備	
第○号	平成○年○月○日 第○号	余白	
2　受託者に関する事項	○市○町○丁目○番○号 乙　株式会社		
	受託者変更 原因　平成○年○月○日変更（辞任による変更） 受託者　○市○町○丁目○番○号 丙　株式会社 平成○年○月○日付記（注３）		

（注１）　原因には，標準記録例では「平成○年○月○日受託者変更」となっているが，具体的な変更事由として「平成○年○月○日受託者辞任（任務終了）による変更」と記録しても差し支えない。

（注２）　権利者の表記は，「受託者」として，新受託者の商号・本店を記録する。

（注３）　受託者の辞任による権利の移転の登記があった場合には，登記官は職権により，信託目録について信託の変更の登記をすることになる（不登法101条１号）。

なお，辞任により任務終了となった変更前の受託者を抹消する記号（下線）を記録する。

【47】－3　添付書類

登記原因証明情報

1　登記申請情報の要項

⑴　登記の目的　　所有権移転

⑵　登記の原因　　平成○年○月○日受託者辞任による変更

⑶　当　事　者　　権利者　　○市○町○丁目○番○号

丙　株式会社

義務者　　○市○町○丁目○番○号

乙　株式会社

⑷　不動産及び信託目録の表示

○市○町○丁目○番○の土地

（平成○年信託目録第○号）

○市○町○丁目○番地○

家屋番号　○番○の建物

（平成○年信託目録第○号）

2　登記の原因となる事実又は法律行為

⑴　乙株式会社（受託者）と甲某（委託者・当初受益者）は，本件不動産について，平成○年○月○日に不動産管理処分信託契約を締結し，平成○年○月○日○法務局○出張所受付第○号でその登記を経由した。

⑵　平成○年○月○日，受託者である乙株式会社は，諸事情を考慮した結果受託者として本件信託事務を遂行することが困難となったことから，同日，委託者兼受益者である甲某の同意を得て，受託者を辞任することになり，受託者の任務が終了した。

なお，同日，丙株式会社が新受託者として，信託事務の遂行をすることが決定した。

⑶　よって，平成○年○月○日受託者辞任による変更を原因として，本件不動産の所有権は，乙株式会社から丙株式会社へ移転した。

平成○年○月○日　　○法務局○出張所　御中

上記の登記原因のとおり相違ありません。

権利者　　○市○町○丁目○番○号
丙　株式会社
代表取締役　○○○○　　㊞

義務者　　○市○町○丁目○番○号
乙　株式会社
代表取締役　○○○○　　㊞

委　　任　　状

平成○年○月○日

○市○町○丁目○番○号
○　○　○　○

私は，上記の者を代理人として，下記の登記申請に関する一切の権限を委任する。

記

1　登記の目的　　所有権移転
（ただし，登記事項については，平成○年○月○日付

け登記原因証明情報の記載のとおり）

1　登記の原因　　平成○年○月○日受託者辞任による変更

1　当　事　者　　権利者　　○市○町○丁目○番○号

丙　株式会社

義務者　　○市○町○丁目○番○号

乙　株式会社

1　原本還付請求及び受領に関する一切の件

1　復代理人選任に関する一切の件

1　登記識別情報の受領及び登記識別情報の受領に係る復代理人選任に関する一切の件

不動産及び信託目録の表示

○市○町○丁目○番○の土地　（平成○年信託目録第○号）

○市○町○丁目○番地○

家屋番号　○番○の建物　（平成○年信託目録第○号）

○市○町○丁目○番○号

丙　株式会社

代表取締役　○○○○　㊞

○市○町○丁目○番○号

乙　株式会社

代表取締役　○○○○　㊞

【48】　共同受託者の１人の任務が辞任等によって終了したため他の受託者の単有となった場合の受託者の変更の登記

受託者が２人以上ある信託において，受託者の１人の任務の終了による権利の変更の登記（共同受託の場合は，持分概念がないので，合有登記名義人変更登記）申請にあっては，当該受託者の任務の終了事由が，死亡，法人の合併以外の理由による解散，破産手続開始の決定，後見人開始又は保佐開始の審判等の場合には，残存受託者の単独申請（残存受託者が複数のときは，連名で）となり（共同申請の例外，不登法100条２項），辞任，解任の場合には，任務が終了した受託者と残存受託者の共同申請となる（不登法60条）。

受託者の辞任を原因とする合有登記名義人変更の登記を申請することにより，登記官は，職権で，信託の変更の登記（信託目録の記録変更）をすることとなっている（不登法101条２号）。

【48】－１　登記申請書

登　記　申　請　書

登記の目的　　○番合有登記名義人変更（注１）
原　　　因　　平成○年○月○日受託者乙株式会社任務終了による変更（注２）
変更後の事項　受託者　丙　株式会社（注３）
権　利　者　　○市○町○丁目○番○号
　　　　　　　　丙　株式会社（注４）
　　　　　　　　（会社法人等番号　1234-56-789124）
　　　　　　　　代表取締役　○○○○
義　務　者　　○市○町○丁目○番○号
　　　　　　　　乙　株式会社（注５）
　　　　　　　　（会社法人等番号　1234-56-789123）
　　　　　　　　代表取締役　○○○○

添 付 書 類

登記原因証明情報（注6）　登記識別情報（注7）

印鑑証明書（注8）　会社法人等番号（資格証明書）（注9）

代理権限証明情報（注10）

登記識別情報の通知について（注11）

送付の方法により登記識別情報通知書の交付を希望します。

送付先：資格者代理人の事務所あて

平成○年○月○日申請　　○法務局○出張所

代　理　人　○市○町○丁目○番○号

○　○　○　○　　印

電話先　○○－○○○○－○○○○

登 録 免 許 税　登録免許税法7条1項3号により非課税（注12）

不動産及び信託目録の表示（省略）

（注1）　登記の目的として，「○番合有登記名義人変更」と記載する。

当該不動産については既に信託の登記がされており，本申請は受託者の変更のみの登記である。

（注2）　登記原因及びその日付として，辞任した共同受託者についての任務終了の年月日及びその原因を記載する。なお，原因として「平成○年○月○日受託者乙株式会社辞任による変更」と具体的に記載しても差し支えない。

前受託者の辞任が，委託者及び受益者の同意を得ての場合には，新受託者が就任した年月日を記載し，裁判所の許可を得ての場合には，前受託者の辞任の年月日を記載する。

（注3）　変更後の受託者を「受託者　丙株式会社」と記載する。

（注4）　登記権利者として，残存受託者を記載する。

残存受託者が法人であるときは，その代表者の資格及び氏名を記載する。

申請人の会社法人等番号を提供するときは，「申請人の名称」に続けて会社法人等番号を記載する。

（注５）　登記義務者として，辞任する受託者を記載する。
　辞任する受託者が法人であるときは，その代表者の資格及び氏名を記載する。
　申請人の会社法人等番号を提供するときは，「申請人の名称」に続けて会社法人等番号を記載する。

（注６）　登記原因証明情報として，辞任する受託者の辞任を証する書面を添付する。
　委託者及び受益者の同意を得ての場合には，委託者及び受益者の同意を得て辞任した旨の書面，裁判所の許可を得ての場合には，許可の決定正本の写し及び信託行為に別段の定めがありそれに従った場合には，その選任を証する書面等を添付することとなる。
　なお，報告形式の登記原因証明情報を提供する場合，一般的には，登記権利者及び登記義務者が署名若しくは記名押印すべきであるが，最低限，登記義務者が作成名義人になっていなければならない。

（注７）　登記権利者及び登記義務者が共同して権利に関する登記を申請する場合には，申請情報と併せて登記義務者の登記識別情報（登記済証）を提供しなければならない（不登法22条）。
　登記義務者が所有権移転の登記等を受けたときの登記識別情報（登記済証）を提供する。
　なお，紛失等の理由により登記義務者の登記識別情報（登記済証）を提供できない場合において，資格者代理人及び公証人による本人確認情報（不登法23条４項）の提供がない場合には，登記官による事前通知をすることとなる（不登法23条１項，２項）。

（注８）　登記義務者である受託者及び受益者の作成後３か月以内の印鑑証明書を添付する（不登令16条２項，３項）。

（注９）　申請人が法人であり，当該法人が会社法人等番号を有する法人である場合には，当該会社法人等番号を提供しなければならない（不登令７条１項１号イ）。
　なお，会社法人等番号を有する法人である場合であっても，作成後１か月以内の当該法人の代表者の資格を証する情報（代表者事項証明書等）を提供したときは，会社法人等番号の提供を要しない（不登規則36条１項１号各号，２項）。

（注10）　代理人によって登記を申請するときは，当該代理人の権限を証する情報として，委任状を添付する（不登令７条１項２号）。
　委任状には，登記識別情報の通知の受領を委任する場合は，別途その旨を明らかにし，受領の復代理人の選任を委任する場合は，その旨を記載する。また，登記識別情報の通知を希望しない場合は，その旨も記載する必要がある。
　なお，代理人が法人であるときには，その法人における代表権のある者がその権限に基づいて登記を申請していることを証するため，作成後３か月以内の当該法人の当該代表者の資格を証する情報を提供しなければならない（不登令７条１項２号，17条１項）。ただし，当該代理人の会社法人等番号を提供したときは，当該代理人の代表者の資格を証する情報の提供に代えることができる（不登規則37条の２）。

（注11）　登記識別情報の通知の送付を希望するときは，その旨を記載し，登記所の窓口での交付を希望するときは，何らの記載も要しない。
　また，登記識別情報の通知を希望しない場合には，その旨を記載する。

（注12）　登録免許税は非課税である（登録免許税法７条１項３号）。

【48】－2　登記記録例

権利部（甲区）（所有権に関する事項）			
順位番号	登記の目的	受付年月日・受付番号	権利者その他の事項
2	所有権移転	平成○年○月○日 受付第○号	原因　平成○年○月○日売買 所有者　○市○町○丁目○番○号 　甲　某
3	所有権移転（合有）	平成○年○月○日 受付第○号	原因　平成○年○月○日信託 受託者 　○市○町○丁目○番○号 　乙　株式会社 　○市○町○丁目○番○号 　丙　株式会社
	信託	余白	信託目録第○号
3付記1号	3番合有登記名義人変更（注1）	平成○年○月○日受付第○号	原因　平成○年○月○日受託者乙株式会社任務終了（注2） 受託者 　丙　株式会社（注3）

信託目録		調製　平成○年○月○日
番　号	受付年月日・受付番号	予　備
第○号	平成○年○月○日 第○号	余白
2　受託者に関する事項	○市○町○丁目○番○号 　乙　株式会社 ○市○町○丁目○番○号 　丙　株式会社	
	受託者変更 原因　平成○年○月○日受託者乙株式会社任務終了 受託者　丙　株式会社 平成○年○月○日付記（注4）	

（注1）　登記の目的欄は「3番合有登記名義人変更」と記録する。

（注2）　原因には，標準記録例では「受託者乙株式会社任務終了」となっているが，具体的な変更事由として「平成○年○月○日受託者乙株式会社辞任による変更」と記録しても差し支えない。

（注3）　権利者の表記は「受託者」として，変更後の残存受託者（1人）の商号のみを記録し，変更前の受託者の表示は朱抹しない。

（注4）　受託者の辞任による権利の変更の登記があった場合には，登記官は職権により，信託目録について，信託の変更の登記をすることになるが，受託者として変更後の残存受託者（1人）の商号のみを記録する（不登法101条2号）。

なお，辞任により任務の終了した受託者は抹消する記号（下線）を記録する。

第３　受託者の死亡

【49】　受託者の死亡により新受託者のみの申請によってする所有権移転の登記

受託者の任務の終了した場合において，新受託者が就任したときは，新受託者は，前受託者の任務が終了した時に，その時に存する信託に関する権利義務を前受託者から承継したものとみなす（信託法75条１項）とされていることから，信託財産である不動産の所有権が前受託者の任務終了時において新受託者に移転したものとみなされ，前受託者から新受託者への所有権の移転の登記を申請しなければならない。

受託者である個人の死亡によって任務が終了した場合は，受託者である地位は，一身専属的なものであり，受託者の相続人に承継されることはなく，その信託財産は法人とし（信託法74条１項），その後に新受託者が就任したときは，信託財産法人は初めから成立しなかったものと規定している（信託法74条４項）。

この登記申請にあって，受託者の任務の終了事由が，死亡，法人の合併以外の理由による解散，破産手続開始の決定，後見人開始又は保佐開始の審判等の場合には，新受託者が単独で所有権移転の登記をする（不登法100条１項）。

受託者の死亡を原因とする所有権移転の登記を申請することにより，登記官は，職権で，信託の変更の登記（信託目録の記録変更）をすることとなっている（不登法101条１号）。

【49】－１　登記申請書

登　記　申　請　書

登記の目的　　所有権移転（注１）
原　　　因　　平成○年○月○日受託者死亡による変更（注２）
　　　　　　　（前受託者　乙某）

権　利　者　　○市○町○丁目○番○号
(申 請 人)　　　　　丙　　　某(注3)

添 付 書 類
　　登記原因証明情報(注4)　住民証明情報(注5)
　　代理権限証明情報(注6)

登記識別情報の通知について(注7)
　送付の方法により登記識別情報通知書の交付を希望します。
　送付先：資格者代理人の事務所あて

平成○年○月○日申請　　○法務局○出張所

代　理　人　　○市○町○丁目○番○号
　　　　　　　　　　○　○　○　○　　㊞
　　　　　　　電話先　○○－○○○○－○○○○

登 録 免 許 税　　登録免許税法7条1項3号により非課税(注8)

不動産及び信託目録の表示（省略）

(注1)　登記の目的として，「所有権移転」と記載する。
　当該不動産については既に信託の登記がされており，本申請は受託者の変更のみの登記である。
(注2)　登記原因及びその日付として，前受託者の死亡により変更した旨及び前受託者の死亡した年月日を記載する。
(注3)　権利者（申請人）として，新受託者を記載する。
　新受託者が法人であるときは，その代表者の資格及び氏名を記載する。
(注4)　登記原因証明情報として，前受託者の変更を証する書面とし，死亡を証する戸籍謄本等の添付と新受託者の選任を証する書面を添付する。
　なお，報告形式の登記原因証明情報を提供する場合，一般的には，登記権利者及び登記義務者が署名若しくは記名押印すべきであるが，最低限，登記義務者が作成名義人になっ

ていなければならない。

（注5）　所有権の取得の登記を受ける登記権利者の住所を証する市町村長，登記官その他の公務員が職務上作成した情報を提供しなければならない（不登令別表30項添付情報欄ロ）。

自然人の場合には住民票等を，法人の場合には登記事項証明書（登記簿謄本）等を添付することとなる。

ただし，申請情報と併せて会社法人等番号が提供されたときは，当該住所証明情報を提供することは要しない（不登令9条，不登規則36条4項）。

（注6）　代理人によって登記を申請するときは，当該代理人の権限を証する情報として，委任状を添付する（不登令7条1項2号）。

委任状には，登記識別情報の通知の受領を委任する場合は，別途その旨を明らかにし，受領の復代理人の選任を委任する場合は，その旨を記載する。また，登記識別情報の通知を希望しない場合は，その旨も記載する必要がある。

なお，代理人が法人であるときには，その法人における代表権のある者がその権限に基づいて登記を申請していることを証するため，作成後3か月以内の当該法人の当該代表者の資格を証する情報を提供しなければならない（不登令7条1項2号，17条1項）。ただし，当該代理人の会社法人等番号を提供したときは，当該代理人の代表者の資格を証する情報の提供に代えることができる（不登規則37条の2）。

（注7）　登記識別情報の通知の送付を希望するときは，その旨を記載し，登記所の窓口での交付を希望するときは，何らの記載も要しない。

また，登記識別情報の通知を希望しない場合には，その旨を記載する。

（注8）　登録免許税は非課税である（登録免許税法7条1項3号）。

【49】－2　登記記録例

権利部（甲区）（所有権に関する事項）			
順位番号	登記の目的	受付年月日・受付番号	権利者その他の事項
2	所有権移転	平成○年○月○日 受付第○号	原因　平成○年○月○日売買 所有者　○市○町○丁目○番○号 甲　某
3	所有権移転	平成○年○月○日 受付第○号	原因　平成○年○月○日信託 受託者　○市○町○丁目○番○号 乙　某
	信託	余白	信託目録第○号
4	所有権移転	平成○年○月○日 受付第○号	原因　平成○年○月○日受託者変更（受託者死亡による変更）（注1） 受託者　○市○町○丁目○番○号 丙　某（注2）

<table>
<tr><td colspan="2">信託目録</td><td>調製　平成○年○月○日</td></tr>
<tr><td>番　号</td><td>受付年月日・受付番号</td><td>予　備</td></tr>
<tr><td>第○号</td><td>平成○年○月○日
第○号</td><td>余白</td></tr>
<tr><td rowspan="2">2　受託者に関する事項</td><td colspan="2">○市○町○丁目○番○号
　乙　某</td></tr>
<tr><td colspan="2">受託者変更
原因　平成○年○月○日変更（死亡による変更）
受託者　○市○町○丁目○番○号
　丙　某
平成○年○月○日付記(注3)</td></tr>
</table>

（注1）　原因には，標準記録例では「平成○年○月○日受託者変更」となっているが，具体的な変更事由として「平成○年○月○日受託者死亡（任務終了）による変更」と記録しても差し支えない。

（注2）　権利者の表記は，「受託者」として新受託者の住所，氏名を記録する。

（注3）　受託者の死亡による権利の移転の登記があった場合には，登記官は職権により，信託目録について信託の変更の登記をすることになる（不登法101条1号）。

なお，死亡により任務終了となった変更前の受託者は抹消する記号（下線）を記録する。

【50】　共同受託者の１人が死亡したことにより他の受託者の合有となった場合の受託者の変更の登記

受託者が２人以上ある信託において，受託者の１人の任務の終了による権利の変更の登記（共同受託の場合は，持分概念がないので，合有登記名義人変更登記）申請にあっては，当該受託者の任務の終了事由が，死亡，法人の合併以外の理由による解散，破産手続開始の決定，後見人開始又は保佐開始の審判等の場合には，残存受託者の単独申請（残存受託者が複数のときは，連名で）となり（共同申請の例外，不登法100条２項），辞任，解任の場合には，任務が終了した受託者と残存受託者の共同申請となる（不登法60条）。

本事例は，受託者３名の共同受託のうち，１名の受託者の死亡による，残存受託者２名の連名での登記申請である。

受託者の死亡を原因とする合有登記名義人変更の登記を申請することにより，登記官は，職権で，信託の変更の登記（信託目録の記録変更）をすることとなっている（不登法101条２号）。

【50】－１　登記申請書

登　記　申　請　書

登記の目的　　○番合有登記名義人変更（注１）
原　　　因　　平成○年○月○日受託者乙某死亡による変更（注２）
変更後の事項　　受託者 丙某，丁某（注３）
権　利　者　　○市○町○丁目○番○号
（申請人）　　　丙　　某
　　　　　　　　○市○町○丁目○番○号
　　　　　　　　　丁　　某（注４）
添付書類
　　登記原因証明情報（注５）　代理権限証明情報（注６）

登記識別情報の通知について（注7）

送付の方法により登記識別情報通知書の交付を希望します。

送付先：資格者代理人の事務所あて

平成○年○月○日申請　　○法務局○出張所

代　理　人　　○市○町○丁目○番○号

○　○　○　○　　㊞

電話先　○○－○○○○－○○○○

登録免許税　　登録免許税法7条1項3号により非課税（注8）

不動産及び信託目録の表示（省略）

（注1）　登記の目的として，「○番合有登記名義人変更」と記載する。

当該不動産については既に信託の登記がされており，本申請は受託者の変更のみの登記である。

（注2）　登記原因及びその日付として，共同受託者の1名の死亡により任務が終了した旨及びその受託者の死亡した年月日を記載する。

（注3）　変更後の共同受託者を「受託者丙某，丁某」と振り合いで記載する。

（注4）　権利者（申請人）として，残存受託者を記載する（登記記録に記録された所有権の登記名義人の表示と符合していることを要する。）。

残存受託者が法人であるときは，その代表者の資格及び氏名を記載する。

（注5）　登記原因証明情報として，「一部の受託者の任務が終了したことを証する市町村長，登記官その他の公務員が職務上作成した情報」を提供する（不登令別表67項添付情報欄）。

任務終了の事由が死亡の場合は，死亡した受託者の死亡を証する戸籍謄本等を添付する。

（注6）　代理人によって登記を申請するときは，当該代理人の権限を証する情報として，委任状を添付する（不登令7条1項2号）。

委任状には，登記識別情報の通知の受領を委任する場合は，別途その旨を明らかにし，受領の復代理人の選任を委任する場合は，その旨を記載する。また，登記識別情報の通知を希望しない場合は，その旨も記載する必要がある。

なお，代理人が法人であるときには，その法人における代表権のある者がその権限に基づいて登記を申請していることを証するため，作成後3か月以内の当該法人の当該代表者の資格を証する情報を提供しなければならない（不登令7条1項2号，17条1項）。ただし，当該代理人の会社法人等番号を提供したときは，当該代理人の代表者の資格を証する

情報の提供に代えることができる（不登規則37条の２）。

（注７）　登記識別情報の通知の送付を希望するときは，その旨を記載し，登記所の窓口での交付を希望するときは，何らの記載も要しない。

また，登記識別情報の通知を希望しない場合には，その旨を記載する。

（注８）　登録免許税は非課税である（登録免許税法７条１項３号）。

【50】－２　登記記録例

権利部（甲区）（所有権に関する事項）			
順位番号	登記の目的	受付年月日・受付番号	権利者その他の事項
２	所有権移転	平成○年○月○日 受付第○号	原因　平成○年○月○日売買 所有者　○市○町○丁目○番○号 甲　某
３	所有権移転（合有）	平成○年○月○日 受付第○号	原因　平成○年○月○日信託 受託者 ○市○町○丁目○番○号 乙　某 ○市○町○丁目○番○号 丙　某 ○市○町○丁目○番○号 丁　某
	信託	余白	信託目録第○号
３付記１号	３番合有登記名義人変更（注１）	平成○年○月○日 受付第○号	原因　平成○年○月○日受託者乙某任務終了（注２） 受託者 丙　某 丁　某（注３）

信託目録	調製	平成○年○月○日
番　号	受付年月日・受付番号	予　備
第○号	平成○年○月○日 第○号	余白
２　受託者に関する事項	○市○町○丁目○番○号 乙　某 ○市○町○丁目○番○号 丙　某 ○市○町○丁目○番○号 丁　某	
	受託者変更 原因　平成○年○月○日受託者乙某任務終了 受託者 丙　某 丁　某 平成○年○月○日付記（注４）	

（注1）　登記の目的欄は「3番合有登記名義人変更」と記録する。

（注2）　原因には，標準記録例では「受託者乙某任務終了」となっているが，具体的な変更事由として「平成○年○月○日受託者乙某死亡による変更」と記録しても差し支えない。

（注3）　権利者の表記は，「受託者」として，変更後の残存受託者（2人）の氏名のみを記録し，変更前の受託者の表示は抹消する記号（下線）を記録しない。

（注4）　受託者の死亡による権利の変更の登記があった場合には，登記官は職権により，信託目録について信託の変更の登記をすることになるが，受託者として変更後の残存受託者（2人）の氏名のみを記録する（不登法101条2号）。

なお，死亡により任務終了となった受託者は抹消する記号（下線）を記録する。

第４　受託者の本店及び商号変更

【51】　受託者の氏名若しくは名称又は住所若しくは本店に変更が生じた場合の登記名義人表示変更の登記

登記名義人の氏名若しくは名称又は住所若しくは本店についての変更の登記は，登記名義人が単独で申請する（不登法64条１項）。

受託者である登記名義人の表示変更の登記を申請することにより，登記官は，職権で，信託の変更の登記（信託目録の記載変更）をすることとなっている（不登法101条３号）。

本件事例は，受託者である所有権登記名義人の本店，商号に変更があった場合である。

【51】－１　登記申請書

登　記　申　請　書

登記の目的　　○番所有権登記名義人表示変更（注１）
原　　　因　　平成○年○月○日本店移転
　　　　　　　平成○年○月○日商号変更　（注２）
変更後の事項　本店　○市○町○丁目○番○号
　　　　　　　商号　丙　株式会社　（注３）
申　請　人　　○市○町○丁目○番○号
　　　　　　　丙　株式会社　（注４）
　　　　　　　（会社法人等番号　1234-56-789123）
　　　　　　　代表取締役　○○○○

添付書類
　登記原因証明情報（注５）　会社法人等番号（資格証明書）（注６）
　代理権限証明情報（注７）

平成○○年○月○日申請　　　○法務局○出張所

代　理　人　　○市○町○丁目○番○号

○　○　○　○　㊞

電話先　○○－○○○○－○○○○

登録免許税　　金○円（注8）

不動産及び信託目録の表示（省略）

（注1）　登記の目的として，「○番所有権登記名義人表示変更」と記載する。

（注2）　原因の日付は，所有権登記名義人である受託者の本店を移転した日及び商号を変更した日を記載する。

（注3）　変更後の事項として，移転後の本店及び現在の商号を記載する。

（注4）　申請人として，受託者を記載する（登記原因証明情報である登記事項証明書等の表示と符合していることを要する。）。

受託者が法人であるときは，その代表者の資格及び氏名を記載する。

申請人の会社法人等番号を提供するときは，「申請人の名称」に続けて会社法人等番号を記載する。

（注5）　登記名義人の氏名若しくは名称又は住所についての変更の登記においては，登記原因証明情報として変更等を証する市町村長，登記官その他の公務員が職務上作成した情報を提供しなければならない（不登令別表23項添付情報欄）。

法人の本店及び商号の変更の登記においては，本店及び商号の変更を証する書面（登記事項証明書，法人の登記簿謄本等）を添付する。

ただし，登記原因証明情報として会社法人等番号が提供されたときは，当該登記事項証明書等を提供することは要しないこととされた（不登令9条，不登規則36条4項）。

（注6）　申請人が法人であり，当該法人が会社法人等番号を有する法人である場合には，当該会社法人等番号を提供しなければならない（不登令7条1項1号イ）。

なお，会社法人等番号を有する法人である場合であっても，作成後1か月以内の当該法人の代表者の資格を証する情報（代表者事項証明書等）を提供したときは，会社法人等番号の提供を要しない（不登規則36条1項1号各号，2項）。

（注7）　代理人によって登記を申請するときは，当該代理人の権限を証する情報として，委任状を添付する（不登令7条1項2号）。

なお，代理人が法人であるときには，その法人における代表権のある者がその権限に基づいて登記を申請していることを証するため，作成後3か月以内の当該法人の当該代表者の資格を証する情報を提供しなければならない（不登令7条1項2号，17条1項）。ただし，当該代理人の会社法人等番号を提供したときは，当該代理人の代表者の資格を証する

情報の提供に代えることができる（不登規則37条の２）。

（注８）　登録免許税は，不動産１個につき1,000円である（登録免許税法別表第一，１，㈣）。

【51】－２　登記記録例

<table>
<tr><td colspan="4">権利部（甲区）（所有権に関する事項）</td></tr>
<tr><td>順位番号</td><td>登記の目的</td><td>受付年月日・受付番号</td><td>権利者その他の事項</td></tr>
<tr><td>２</td><td>所有権移転</td><td>平成○年○月○日
受付第○号</td><td>原因　平成○年○月○日売買
所有者　○市○町○丁目○番○号
　甲　某</td></tr>
<tr><td rowspan="2">３</td><td>所有権移転</td><td>平成○年○月○日
受付第○号</td><td>原因　平成○年○月○日信託
受託者　○市○町○丁目○番○号
　乙　株式会社</td></tr>
<tr><td>信託</td><td>余白</td><td>信託目録第○号</td></tr>
<tr><td>３付記１号</td><td>３番登記名義人住所，名称変更（注１）</td><td>平成○年○月○日
受付第○号</td><td>原因　平成○年○月○日本店移転
　平成○年○月○日商号変更（注２）
本店商号　○市○町○丁目○番○号
　丙　株式会社（注３）</td></tr>
</table>

<table>
<tr><td colspan="2">信託目録</td><td>調製</td><td>平成○年○月○日</td></tr>
<tr><td>番　号</td><td>受付年月日・受付番号</td><td colspan="2">予　備</td></tr>
<tr><td>第○号</td><td>平成○年○月○日
第○号</td><td colspan="2">余白</td></tr>
<tr><td rowspan="2">２　受託者に関する事項</td><td colspan="3">○市○町○丁目○番○号
　乙　株式会社</td></tr>
<tr><td colspan="3">受託者住所，名称変更
原因　平成○年○月○日本店移転，平成○年○月○日商号変更
本店　○市○町○丁目○番○号
商号　丙　株式会社
平成○年○月○日付記（注４）</td></tr>
</table>

（注１）　登記の目的欄は，「３番登記名義人住所，名称変更」と記録する。

（注２）　原因は，「平成○年○月○日本店移転」，「平成○年○月○日商号変更」と記録する。

（注３）　受託者の変更後の本店，商号を記録し，変更前の本店・商号は抹消する記号（下線）を記録する。

（注４）　受託者である登記名義人の本店，商号変更の登記があった場合には，登記官は職権により，信託目録について信託の変更の登記をすることになる（不登法101条３号）。

　なお，変更に係る受託者の本店，商号は抹消する記号（下線）を記録する。

第6節

信託目録の記録事項の変更

【52】　受益権売買があった場合の受益者に係る信託の変更の登記

受益者は，その有する受益権を受託者の承諾を要することなく，譲渡することができる。ただし，民法上の指名債権の譲渡の場合と同様に，受益権の性質上その譲渡が許されないときは，譲渡することができないと規定している（信託法93条1項）。

信託行為に別段の定めがあるとき（譲渡禁止や，受託者の承諾）は，適用しないとされている（信託法93条2項）。

受益権の譲渡は，譲渡人が受託者に通知をし，又は受託者が承諾しなければ，受託者その他の第三者に対抗することができず（信託法94条1項），この通知及び承諾は，確定日付のある証書によってしなければならない（信託法94条2項）。

そこで，一般的には，信託行為（信託契約）に受託者の承諾を要する旨の定めをしている。

受益者の変更があった場合も，信託目録に記録した登記事項について変更があったときに該当し，受託者は，遅滞なく，当該信託の変更を申請しなければならない（不登法103条）。

信託目録について，法務大臣による信託目録に係る登記手続についてのオンライン指定（不登法附則6条指定）となるまでの間は，信託目録の記録事項の変更の登記申請に当たっては，①登記原因を証する書面であって不動産所在事項，登記の目的及び登記原因その他の申請に係る登記を特定できる事項を記載したもの，又は申請書と同一の内容を記載した書面（申請書写し）を提出することとされ（不登規則附則15条2項），登記官は，この規則附則15条2項の書面に登記済みの手続をして，申請人に還付することとされていた。ところで，法務大臣による信託目録の電子化指定（不登法附則3条1項指定）及び法務大臣による信託目録に係る登記手続についてのオンライン指定がされたことから，信託の変更の登記（信託目録の記録事項の変更の登記）についても，信託目録に記録すべき情報（目録記録の変更情報）を添付することとなり，「申請書写し」の提出は不要となる。また，変更登記が完了した際には，登記完了証が交付される。

【52】－1　登記申請書（信託目録記録申請書）

信託目録記録申請書

登記の目的　　受益者変更（注1）
原　　　因　　平成○年○月○日売買（注2）
変更後の事項　受益者　○市○町○丁目○番○号
株式会社　○○○○（注3）

申　請　人　　○市○町○丁目○番○号
（受託者）　　乙　株式会社（注4）
（会社法人等番号　1234-56-789123）
代表取締役　○○○○

添付書類
登記原因証明情報兼信託目録に記録すべき情報（注5）
会社法人等番号（資格証明書）（注6）　代理権限証明情報（注7）

平成○年○月○日申請　　○法務局○出張所

代　理　人　　○市○町○丁目○番○号
○○○○　㊞
電話先　○○－○○○○－○○○○

登録免許税　　金○円（注8）

不動産及び信託目録の表示（省略）

（注1）　登記の目的として，「受益者変更」と記載し，信託目録の受益者に関する事項等欄の受益者の変更の登記である旨を明記する。

（注2）　登記原因及びその日付として，受益権の売買が成立した年月日とその旨を記載する。

（注3）　変更後の事項として，受益権譲受人である新受益者の住所，氏名及び名称を記載する（登記原因証明情報の表示と符合していることを要する。）。

新受益者が法人であるときは，その代表者の資格及び氏名を記載する。

（注4）　申請人として，受託者を記載する（登記記録に記録された登記名義人の表示及び登記原因証明情報の表示と符合していることを要する。）。

受託者が法人であるときは，その代表者の資格及び氏名を記載する。

申請人の会社法人等番号を提供するときは，「申請人の名称」に続けて会社法人等番号を記載する。

（注5）　権利に関する登記を申請するときには，登記原因を証する情報を提供しなければならない（不登法61条，不登令7条1項5号ロ）。

受益権売買による受益者変更の登記については，受益者の譲渡証明書又は受益権売買があったことを証する書面（報告形式の登記原因証明情報）を提出する必要がある。

受益権売買における受益者変更に係る登記原因証明情報の作成に際しては，信憑性を担保する観点から受益権譲受人，受益権譲渡人及び受託者が記名押印（代表者印・実印）し，印鑑証明書を添付することが望ましいが，最低限，権利を失う受益権譲渡人については，記名押印（代表者印・実印）をするとともに，印鑑証明書を添付する実務上の取扱いをしているところである。

また，受託者の承諾がある旨の記載をし，受益権譲受人，受益権譲渡人が法人の場合には，代表者事項証明書又は登記事項証明書を添付するという実務上の取扱いをしている。

ところで，質権の実行による信託受益権の移転に伴う受益者の変更の登記手続に関して，登記原因証明情報として，質権設定契約書，質権実行通知書等が提供されている場合には，旧受益者が承諾している証明書及び印鑑証明書は要しない旨の回答がある（平成22年11月24日付け法務省民二第2949号法務省民事局民事第二課長回答）。

信託の登記の申請を書面申請によりするときは，不動産登記令15条の規定に基づき，信託目録に記録すべき情報を記載した書面（当該情報を電磁的記録で作成している場合にあっては，当該情報を記録した磁気ディスクを含む。）を添付して提出しなければならない（不登令7条1項6号，別表65項添付情報欄ハ）が，登記原因証明情報に信託目録の記録変更事項が明らかにされている場合には，兼用しても差し支えないと考える。

（注6）　申請人が法人であり，当該法人が会社法人等番号を有する法人である場合には，当該会社法人等番号を提供しなければならない（不登令7条1項1号イ）。

なお，会社法人等番号を有する法人である場合であっても，作成後1か月以内の当該法人の代表者の資格を証する情報（代表者事項証明書等）を提供したときは，会社法人等番号の提供を要しない（不登規則36条1項1号各号，2項）。

（注7）　代理人によって登記を申請するときは，当該代理人の権限を証する情報として，委任状を添付する（不登令7条1項2号）。

なお，代理人が法人であるときには，その法人における代表権のある者がその権限に基づいて登記を申請していることを証するため，作成後3か月以内の当該法人の当該代表者の資格を証する情報を提供しなければならない（不登令7条1項2号，17条1項）。ただし，当該代理人の会社法人等番号を提供したときは，当該代理人の代表者の資格を証する情報の提供に代えることができる（不登規則37条の2）。

（注8）　信託目録の変更に関する登録免許税は，不動産1個につき1,000円である（登録免許税法別表第一，1，(四)）。

【52】－2　登記記録例

信託目録	調製	平成○年○月○日
番　号	受付年月日・受付番号	予　備
第○号	平成○年○月○日 第○号	余白
3　受益者に関する事項等	受益者　○市○町○丁目○番○号 ○　某	
	受益者変更 平成○年○月○日 第○号 原因　平成○年○月○日売買 受益者　○市○町○丁目○番○号 株式会社　○○○○	

（注）　受益権譲渡人である旧受益者を抹消する記号（下線）を記録する。

【52】－3　添付書類

登記原因証明情報兼信託目録に記録すべき情報

1　登記申請情報の要項（信託目録に記録すべき情報）

(1)　登記の目的　　受益者変更

(2)　登記の原因　　平成○年○月○日　売買

(3)　変更後の事項　　受益者　○市○町○丁目○番○号
株式会社　○○○○

(4)　申　請　人　　○市○町○丁目○番○号
（受託者）　　乙　株式会社

(5)　不動産及び信託目録の表示（**省略**）（注）

2　登記の原因となる事実又は法律行為

(1)　信託契約の締結

受託者乙株式会社（以下「甲」という）と委託者○某（以下「乙」という）は，平成○年○月○日，受益者を乙とする不動産管理処分信託契約を締結し，登記を経由した（平成○年○月○日受付第○号）。

(2)　信託受益権の売買契約

平成○年○月○日，乙は，株式会社○○○○（以下「丙」という）に，不動産の信託受益権を売り渡した。

(3)　受託者の承諾

甲は同日，前記(1)不動産管理処分信託契約に定めるところにより，前記(2)の受益権売買を承諾した。

(4)　受益権の移転

よって，本件受益権は，同日，乙から丙に移転した。

平成○年○月○日　○法務局○出張所　御中

上記の登記原因のとおり相違ありません。

受益権譲渡人　○市○町○丁目○番○号
○　　　某　　　　　㊞
受益権譲受人　○市○町○丁目○番○号
株式会社　○○○○
代表取締役　○○○○　㊞
受　託　者　○市○町○丁目○番○号
乙　株式会社
代表取締役　○○○○　㊞

（注）　不動産ごとに信託目録番号を記載する。

受益権譲渡証明書

平成○年○月○日

○市○町○丁目○番○号
株式会社○○○○　御中

○市○町○丁目○番○号
○　　某　　　　㊞

私は，下記の信託受益権「売買」契約書に基づき，下記信託の信託受益権を譲渡いたしました。

１．受益権売買契約の表示
平成○年○月○日付信託受益権「売買」契約書
但し受益権譲渡日：平成○年○月○日
２．信託契約の表示
不動産管理処分信託契約書
当初委託者：　○　　某
受　託　者：　乙　株式会社
当初受益者：　○　　某
信託の種類：　不動産管理処分信託
信託設定日：　平成○年○月○日

不動産の表示及び信託目録に記録すべき情報（**省略**）

委　任　状

平成○年○月○日

○市○町○丁目○番○号
○　○　○　○

私は，上記の者を代理人として，下記の登記申請に関する一切の権限を委任する。

記

1　登記の目的　　受益者変更
1　原　　　因　　平成○年○月○日売買
1　変更後の事項　受益者　○市○町○丁目○番○号
株式会社　○○○○
1　申　請　人　　○市○町○丁目○番○号
（受託者）　　　　乙　株式会社
1　原本還付請求及び受領に関する一切の件
1　復代理人選任に関する一切の件

不動産及び信託目録の表示
○市○町○丁目○番○の土地（平成○年信託目録第○号）
○市○町○丁目○番地○
家屋番号○番○の建物（平成○年信託目録第○号）

○市○町○丁目○番○号
乙　株式会社
代表取締役　○○○○　㊞

【53】　委託者に係る信託の変更の登記

信託法146条１項は，「委託者の地位は，受託者及び受益者の同意を得て，又は信託行為において定めた方法に従い，第三者に移転することができる。」と規定し，委託者の地位を第三者に移転することができることを明示している。

改正前の信託法においては，委託者の地位移転に関する規定がなく，委託者の地位の変更が可能であるか否かは明らかでなかったことから，信託原簿の委託者の変更の登記は現実には行われていなかった。

ところで，改正前の信託法においても，信託条項上「受益権の譲受又は承継により受益権を取得した者は，本件信託契約上の受益者及び委託者としての権利及び義務をすべて承継し，かつ，本件信託契約上の委託者の地位及び受益者の地位を承継するものとする。」旨の条項が存在していたようである（そのため，実質的には委託者の地位は受益者に承継されていた。）。しかし，受益権の売買があった場合には，信託原簿記載事項変更としては，受益者の変更の登記（年月日売買）のみを行い，委託者の地位の移転に関する規定が存在しなかったため，委託者の変更の登記はされていなかった。

しかし，前述のような信託条項の定めがあった場合には，新信託法においては，146条１項の規定により，受益権売買があったときには，当該受益者に信託契約上の委託者の地位も承継（移転）することが明らかであり，不登法103条の「〔不登法〕第97条第１項各号に掲げる登記事項について変更があったときは，受託者は，遅滞なく，信託の変更の登記を申請しなければならない。」の規定に該当し，信託目録の委託者の変更の登記を申請する必要がある。

なお，委託者の地位は，信託法上の委託者の権利義務との関係で意義を有するが，これにより信託財産に属することとなった不動産の譲渡人であった事実までが変更されたことになるわけではないので，信託目録のみの変更登記で足りる（登記記録上の従前の所有者の表示を変える必要もなく，そのような登記も許されない。）。

また，受益者の変更の登記の原因は「平成○年○月○日受益権売買」となり，委託者の変更の登記の原因は「平成○年○月○日変更」となることから，登記の原因が相違するので，委託者の変更の登記と受益者の変更の登記は別申請ですることとなる。

信託目録について，法務大臣による信託目録に係る登記手続についてのオンライン指定（不登法附則6条指定）となるまでの間は，信託目録の記録事項の変更の登記申請に当たっては，①登記原因を証する書面であって不動産所在事項，登記の目的及び登記原因その他の申請に係る登記を特定できる事項を記載したもの，又は申請書と同一の内容を記載した書面（申請書写し）を提出することとされ（不登規則附則15条2項），登記官は，この規則附則15条2項の書面に登記済みの手続をして，申請人に還付することとされていた。ところで，法務大臣による信託目録の電子化指定（不登法附則3条1項指定）及び法務大臣による信託目録に係る登記手続についてのオンライン指定がされたことから，信託の変更の登記（信託目録の記録事項の変更の登記）についても，信託目録に記録すべき情報（目録記録の変更情報）を添付することとなり，「申請書写し」の提出は不要となる。また，変更登記が完了した際には，登記完了証が交付される。

【53】－1　登記申請書（信託目録記録申請書）

信託目録記録申請書

登記の目的　　委託者変更（注1）

原　　　因　　平成○年○月○日変更（注2）

変更後の事項　　委託者　○市○町○丁目○番○号

株式会社　○○○○（注3）

申　請　人　　○市○町○丁目○番○号

（受託者）　　乙　株式会社（注4）

（会社法人等番号　1234-56-789123）

代表取締役　○○○○

添 付 書 類

登記原因証明情報兼信託目録に記録すべき情報（注5）

会社法人等番号（資格証明書）(注６)　代理権限証明情報(注７)

平成○年○月○日申請　　○法務局○出張所

代　理　人　　○市○町○丁目○番○号
○　○　○　○　　㊞
電話先　○○－○○○○－○○○○

登録免許税　　金○円(注８)

不動産及び信託目録の表示（省略）

（注１）　登記の目的として，「委託者変更」と記載し，信託目録の委託者に関する事項等欄の委託者の変更の登記である旨を明記する。

（注２）　登記原因及びその日付として，受益権の売買が成立し，委託者の地位が移転した場合には，受益権売買契約成立の年月日を，受託者及び受益者の同意を得て委託者の地位が移転した場合には同意のあった年月日を，「平成○年○月○日変更」と記載する。

（注３）　変更後の事項として，委託者の地位を承継した新委託者の住所，氏名及び名称を記載する（登記原因証明情報の表示と符合していることを要する。）。
新委託者が法人であるときは，その代表者の資格及び氏名を記載する。

（注４）　申請人として，受託者を記載する（登記記録に記録された登記名義人の表示及び登記原因証明情報の表示と符合していることを要する。）。
受託者が法人であるときは，その代表者の資格及び氏名を記載する。
申請人の会社法人等番号を提供するときは，「申請人の名称」に続けて会社法人等番号を記載する。

（注５）　権利に関する登記を申請するときには，登記原因を証する情報を提供しなければならない（不登法61条，不登令７条１項５号ロ）。
信託条項に規定され受益権売買により委託者の地位が移転した場合には，受益者の譲渡証明書又は受益権売買があったことを証する書面（報告形式の登記原因証明情報）を提出し，受託者及び受益者の同意を得て委託者の地位が移転した場合には，その旨を記載した書面（報告形式の登記原因証明情報）を提出することとなる。
受益権売買における受益者変更に係る登記原因証明情報の作成に際しては，信憑性を担保する観点から受益権譲受人，受益権譲渡人及び受託者が記名押印（代表者印・実印）し，印鑑証明書を添付することが望ましいが，最低限，権利を失う受益権譲渡人については，記名押印（代表者印・実印）をするとともに，印鑑証明書を添付する実務上の取扱いをしているところである。

また，受託者の承諾がある旨の記載をし，受益権譲受人，受益権譲渡人が法人の場合には，代表者事項証明書又は登記事項証明書を添付するという実務上の取扱いをしている。

ところで，質権の実行による信託受益権の移転に伴う受益者の変更の登記手続に関して，登記原因証明情報として，質権設定契約書，質権実行通知書等が提供されている場合には，旧受益者が承諾している証明書及び印鑑証明書は要しない旨の回答がある（平成22年11月24日付け法務省民二第2949号法務省民事局民事第二課長回答）。

信託の登記の申請を書面申請によりするときは，不動産登記令15条の規定に基づき，信託目録に記録すべき情報を記載した書面（当該情報を電磁的記録で作成している場合にあっては，当該情報を記録した磁気ディスクを含む。）を添付して提出しなければならない（不登令７条１項６号，別表65項添付情報欄ハ）が，登記原因証明情報に信託目録の記録変更事項が明らかにされている場合には，兼用しても差し支えないと考える。

（注６）　申請人が法人であり，当該法人が会社法人等番号を有する法人である場合には，当該会社法人等番号を提供しなければならない（不登令７条１項１号イ）。

なお，会社法人等番号を有する法人である場合であっても，作成後１か月以内の当該法人の代表者の資格を証する情報（代表者事項証明書等）を提供したときは，会社法人等番号の提供を要しない（不登規則36条１項１号各号，２項）。

（注７）　代理人によって登記を申請するときは，当該代理人の権限を証する情報として，委任状を添付する（不登令７条１項２号）。

なお，代理人が法人であるときには，その法人における代表権のある者がその権限に基づいて登記を申請していることを証するため，作成後３か月以内の当該法人の当該代表者の資格を証する情報を提供しなければならない（不登令７条１項２号，17条１項）。ただし，当該代理人の会社法人等番号を提供したときは，当該代理人の代表者の資格を証する情報の提供に代えることができる（不登規則37条の２）。

（注８）　信託目録の変更に関する登録免許税は，不動産１個につき1,000円である（登録免許税法別表第一，１，㈥）。

【53】－２　登記記録例

信託目録		調製	平成○年○月○日
番　号	受付年月日・受付番号	予　備	
第○号	平成○年○月○日 第○号	余白	
１　委託者に関する事項	○市○町○丁目○番○号 　○　某		
	委託者変更 平成○年○月○日 第○号 原因　平成○年○月○日変更 委託者　○市○町○丁目○番○号 　株式会社　○○○○		

（注）　委託者の地位を喪失した旧受益者を抹消する記号（下線）を記録する。

【53】－3　添付書類

登記原因証明情報兼信託目録に記録すべき情報

1　登記申請情報の要項（信託目録に記録すべき情報）

(1)　登記の目的　　委託者変更

(2)　登記の原因　　平成○年○月○日変更

(3)　変更後の事項　委託者　○市○町○丁目○番○号
　　　　　　　　　　　　　株式会社　○○○○

(4)　当　事　者　　受託者　○市○町○丁目○番○号
　　　　　　　　　　　　　乙　株式会社

(5)　不動産及び信託目録の表示

○市○町○丁目○番○の土地
（平成○年信託目録第○号）

○市○町○丁目○番地○
家屋番号　○番○の建物
（平成○年信託目録第○号）

2　登記の原因となる事実又は法律行為

(1)　信託契約の締結

乙株式会社（受託者）と○某（委託者・当初受益者）は，本件不動産について，平成△年△月△日に不動産管理処分信託契約を締結し，平成△年△月△日○法務局○出張所受付第○号でその登記を経由した。

(2)　信託受益権の売買

平成○年○月○日，○某は，株式会社○○○○に本件不動産の信託受益権を売り渡し，同日，乙株式会社は不動産管理処分信託契約に定めるところにより，当該受益権売買を承諾した。

よって，本件受益権は，同日，○某から株式会社○○○○に移転した。

(3)　委託者の地位の移転

ところで，本件不動産管理処分信託契約の信託条項には，「受益権の譲受又は承継により受益権を取得した者は，本件信託契約上の受益者及び委託者としての権利及び義務をすべて承継し，かつ，本件信託契約上の委託者の地位及び受益者の地位を承継する者とする。」旨の条項があることから，平成○年○月○日，当該受益権売買によって，委託者の地位は○某から株式会社○○○○に移った。

平成○年○月○日　　○法務局○出張所　御中

上記の登記原因のとおり相違ありません。

受益権譲渡人　○市○町○丁目○番○号
○　　某　　㊞

受益権譲受人　○市○町○丁目○番○号
株式会社　○○○○
代表取締役　○○○○　㊞

受　託　者　○市○町○丁目○番○号
乙　株式会社
代表取締役　○○○○　㊞

委　任　状

平成○年○月○日

○市○町○丁目○番○号
○　○　○　○

私は，上記の者を代理人として，下記の登記申請に関する一切の権限を委任する。

記

1　登記の目的　　委託者変更
1　登記の原因　　平成○年○月○日変更
1　変更後の事項　委託者　○市○町○丁目○番○号
　　　　　　　　　　　　　株式会社　○○○○
1　当　事　者　　受託者　○市○町○丁目○番○号
　　　　　　　　　　　　　乙　株式会社

1　原本還付請求及び受領に関する一切の件
1　復代理人選任に関する一切の件

不動産及び信託目録の表示
　○市○町○丁目○番○の土地
　　　　　　　（平成○年信託目録第○号）
　○市○町○丁目○番地○
　　家屋番号　○番○の建物
　　　　　　　（平成○年信託目録第○号）

○市○町○丁目○番○号
乙　株式会社
代表取締役　○○○○　㊞

【54】　受託者である法人が合併（分割）により解散等をし，新たな受託者が任務を引き継いだことにより，受託者の変更に関する登記申請をした場合の信託目録記録事項の変更の登記

事例【44】【45】【46】の受託者合併等を原因とする受託者の変更に関する登記（権利の移転の登記）をした際には，併せて信託目録の受託者の変更の登記も申請する必要がある。

旧信託法においては，受託者の更迭又は任務の終了により，受託者の変更の登記が申請され，当該登記をするときは，登記官は，職権で当該信託の変更の登記（信託目録の受託者の変更）をしなければならないとされていた（信託法施行前の不登法101条）。

ところが，新信託法56条2項において受託者である法人の合併（分割）については，任務の終了事由ではなく，新たな受託者に権利義務が承継することになり，受託者の死亡等の新信託法56条1項各号に掲げる受託者の任務の終了とは別立てとなった。

このことにより，不登法101条1号に規定されている登記官の職権による信託の変更の登記（信託目録の記録変更）から除外された。

信託目録について，法務大臣による信託目録に係る登記手続についてのオンライン指定（不登法附則6条指定）となるまでの間は，信託目録の記録事項の変更の登記申請に当たっては，①登記原因を証する書面であって不動産所在事項，登記の目的及び登記原因その他の申請に係る登記を特定できる事項を記載したもの，又は申請書と同一の内容を記載した書面（申請書写し）を提出することとされ（不登規則附則15条2項），登記官は，この規則附則15条2項の書面に登記済みの手続をして，申請人に還付することとされていた。ところで，法務大臣による信託目録の電子化指定（不登法附則3条1項指定）及び法務大臣による信託目録に係る登記手続についてのオンライン指定がされたことから，信託の変更の登記（信託目録の記録事項の変更の登記）についても，信託目録に記録すべき情報（目録記録の変更情報）を添付することとなり，「申請書写し」の提出は不要となる。また，変更登記が完了した際には，登記完了証が交付される。

【54】－１　登記申請書（信託目録記録申請書）

信託目録記録申請書

登記の目的　　受託者変更（注１）
原　　　因　　平成○年○月○日受託者合併による変更（注２）

変更後の事項　　受託者　○市○町○丁目○番○号
　　　　　　　　乙　株式会社（注３）

申　請　人　　○市○町○丁目○番○号
　　　　　　乙　株式会社（注４）
　　　　　　（会社法人等番号　1234-56-789123）
　　　　　　代表取締役　○○○○

添付書類
　登記原因証明情報兼信託目録に記録すべき情報（注５）
　会社法人等番号（資格証明書）（注６）　代理権限証明情報（注７）

平成○年○月○日申請　　　○法務局○出張所

代　理　人　　○市○町○丁目○番○号
　　　　　　○　○　○　○　　㊞
　　　　　　電話先　○○－○○○○－○○○○

登録免許税　　金○円（注８）

不動産及び信託目録の表示（省略）

（注１）　登記の目的として，「受託者変更」と記載し，信託目録の受託者に関する事項欄の変更の登記である旨を明記する。
（注２）　登記原因及びその日付として，合併により変更した旨及び前受託者の合併により解散した年月日を「平成○年○月○日受託者合併による変更」と記載する。
（注３）　変更後の事項として，新受託者の本店及び商号を記載する（登記原因証明情報の表示及び登記事項証明書（合併の記載のあるもの）の表示と符合していることを要する。）。
（注４）　申請人として，受託者を記載する（登記原因証明情報の表示及び登記事項証明書（合併の記載のあるもの）の表示と符合していることを要する。）。
　受託者が法人であるときは，その代表者の資格及び氏名を記載する。
　申請人の会社法人等番号を提供するときは，「申請人の名称」に続けて会社法人等番号を記載する。
（注５）　権利に関する登記を申請するときには，登記原因を証する情報を提供しなければならない（不登法61条，不登令７条１項５号ロ）。
　合併による受託者の変更の登記については，前受託者の変更を証する書面及び新受託者の権利の承継を証する書面として，新受託者である法人の登記事項証明書（合併の記載のあるもの）を添付する（不登令別表22項添付情報欄）。
　信託の登記の申請を書面申請によりするときは，不動産登記令15条の規定に基づき，信託目録に記録すべき情報を記載した書面（当該情報を電磁的記録で作成している場合にあっては，当該情報を記録した磁気ディスクを含む。）を添付して提出しなければならない（不登令７条１項６号，別表65項添付情報欄ハ）が，登記原因証明情報に信託目録の記録変更事項が明らかにされている場合には，兼用しても差し支えないと考える。
（注６）　申請人が法人であり，当該法人が会社法人等番号を有する法人である場合には，当該会社法人等番号を提供しなければならない（不登令７条１項１号イ）。
　なお，会社法人等番号を有する法人である場合であっても，作成後１か月以内の当該法人の代表者の資格を証する情報（代表者事項証明書等）を提供したときは，会社法人等番号の提供を要しない（不登規則36条１項１号各号，２項）。
（注７）　代理人によって登記を申請するときは，当該代理人の権限を証する情報として，委任状を添付する（不登令７条１項２号）。
　なお，代理人が法人であるときには，その法人における代表権のある者がその権限に基づいて登記を申請していることを証するため，作成後３か月以内の当該法人の当該代表者の資格を証する情報を提供しなければならない（不登令７条１項２号，17条１項）。ただし，当該代理人の会社法人等番号を提供したときは，当該代理人の代表者の資格を証する情報の提供に代えることができる（不登規則37条の２）。
（注８）　信託目録の変更に関する登録免許税は，不動産１個につき1,000円である（登録免許税法別表第一，１，(14)）。

【54】－2　登記記録例

信託目録の記録については，事例【44】【45】【46】を参照。

【55】　委託者又は受益者の氏名若しくは名称又は住所若しくは本店に変更が生じた場合の信託の変更の登記

信託目録に記録した登記事項について変更があったときは，受託者は，遅滞なく，当該信託の変更を申請しなければならない（不登法103条）。

信託目録に記録されている委託者，受益者の氏名若しくは名称又は住所若しくは本店に変更が生じたとき，また，信託の目的，信託財産の管理方法，信託終了の事由，その他信託の条項等について変更したときは，信託目録の記録事項の変更を申請することとなる。

受託者の氏名若しくは名称又は住所若しくは本店に変更が生じたときには，登記名義人の表示変更の登記を申請することにより，登記官は，職権で，信託の変更の登記（信託目録の記録変更）をすることとなっている（不登法101条3号）。

本件事例は，受益者の本店，商号に変更があった場合の信託目録の記録の変更の登記申請である。

信託目録について，法務大臣による信託目録に係る登記手続についてのオンライン指定（不登法附則6条指定）となるまでの間は，信託目録の記録事項の変更の登記申請に当たっては，①登記原因を証する書面であって不動産所在事項，登記の目的及び登記原因その他の申請に係る登記を特定できる事項を記載したもの，又は申請書と同一の内容を記載した書面（申請書写し）を提出することとされ（不登規則附則15条2項），登記官は，この規則附則15条2項の書面に登記済みの手続をして，申請人に還付することとされていた。ところで，法務大臣による信託目録の電子化指定（不登法附則3条1項指定）及び法務大臣による信託目録に係る登記手続についてのオンライン指定がされたことから，信託の変更の登記（信託目録の記録事項の変更の登記）についても，信託目録に記録すべき情報（目録記録の変更情報）を添付することとなり，「申請書写し」の提出は不要となる。また，変更登記が完了した際には，登記完了証が交付される。

【55】－1　登記申請書（信託目録記録申請書）

信託目録記録申請書

登記の目的　受益者の本店，商号変更（注1）
原　　　因　平成○年○月○日本店移転（注2）
　　　　　　平成○年○月○日商号変更

変更後の事項　受益者の本店・商号
　　　　　　○市○町○丁目○番○号
　　　　　　　　株式会社　○○○○（注3）

申　請　人　○市○町○丁目○番○号
　　　　　　　　乙　株式会社（注4）
　　　　　　　　　（会社法人等番号　1234-56-789123）
　　　　　　　　　　代表取締役　○○○○

添付書類
　登記原因証明情報兼信託目録に記録すべき情報（注5）
　会社法人等番号（資格証明書）（注6）　代理権限証明情報（注7）

平成○年○月○日申請　　○法務局○出張所

代　理　人　○市○町○丁目○番○号
　　　　　　　　　　○　○　○　○　　㊞
　　　　　　電話先　○○－○○○○－○○○○

登録免許税　金○円（注8）

不動産及び信託目録の表示（省略）

（注１）　登記の目的として，「受益者の本店，商号変更」と記載し，信託目録の受益者に関する事項等欄の受益者の本店及び商号変更の登記である旨を明記する。
（注２）　登記原因及びその日付として，受益者の本店移転，商号変更の旨及びその日付を記載する。
（注３）　変更後の事項として，受益者の変更後の本店及び商号を記載する（登記原因証明情報の表示及び変更証明書の表示と符合していることを要する。）。
（注４）　申請人として，受託者を記載する（登記記録に記録された登記名義人の表示及び登記原因証明情報の表示と符合していることを要する。）。
　受託者が法人であるときは，その代表者の資格及び氏名を記載する。
　申請人の会社法人等番号を提供するときは，「申請人の名称」に続けて会社法人等番号を記載する。
（注５）　権利に関する登記を申請するときには，登記原因を証する情報を提供しなければならない（不登法61条，不登令７条１項５号ロ）。
　受益者の本店，商号変更の登記については，受益者の住所を証する市町村長，登記官その他の公務員が職務上作成した情報を添付する。
　自然人の場合には住民票等を，法人の場合には本店，商号変更の記載のある登記事項証明書（登記簿謄本）等を添付する。
　信託の登記の申請を書面申請によりするときは，不動産登記令15条の規定に基づき，信託目録に記録すべき情報を記載した書面（当該情報を電磁的記録で作成している場合にあっては，当該情報を記録した磁気ディスクを含む。）を添付して提出しなければならない（不登令７条１項６号，別表65項添付情報欄ハ）が，登記原因証明情報に信託目録の記録変更事項が明らかにされている場合には，兼用しても差し支えないと考える。
（注６）　申請人が法人であり，当該法人が会社法人等番号を有する法人である場合には，当該会社法人等番号を提供しなければならない（不登令７条１項１号イ）。
　なお，会社法人等番号を有する法人である場合であっても，作成後１か月以内の当該法人の代表者の資格を証する情報（代表者事項証明書等）を提供したときは，会社法人等番号の提供を要しない（不登規則36条１項１号各号，２項）。
（注７）　代理人によって登記を申請するときは，当該代理人の権限を証する情報として，委任状を添付する（不登令７条１項２号）。
　なお，代理人が法人であるときには，その法人における代表権のある者がその権限に基づいて登記を申請していることを証するため，作成後３か月以内の当該法人の当該代表者の資格を証する情報を提供しなければならない（不登令７条１項２号，17条１項）。ただし，当該代理人の会社法人等番号を提供したときは，当該代理人の代表者の資格を証する情報の提供に代えることができる（不登規則37条の２）。
（注８）　信託目録の変更に関する登録免許税は，不動産１個につき1,000円である（登録免許税法別表第一，１，㈣）。

【55】－2　登記記録例

<table>
<tr><td colspan="3">信託目録</td><td>調製</td><td>平成○年○月○日</td></tr>
<tr><td>番　号</td><td>受付年月日・受付番号</td><td colspan="3">予　備</td></tr>
<tr><td>第○号</td><td>平成○年○月○日
第○号</td><td colspan="3">余白</td></tr>
<tr><td rowspan="2">３　受益者に関する事項等</td><td colspan="4">受益者　○市○町○丁目○番○号
　乙　株式会社</td></tr>
<tr><td colspan="4">受益者住所，名称変更
平成○年○月○日
第○号
原因　平成○年○月○日本店移転，平成○年○月○日商号変更
本店　○市○町○丁目○番○号
商号　株式会社○○○○</td></tr>
</table>

(注)　受益者（委託者）の変更前の本店・商号は抹消する記号（下線）を記録する。

【56】　信託の目的，信託財産の管理方法，信託終了の事由，その他信託の条項を変更した場合の信託の変更の登記

信託の変更とは，信託行為に定められた信託の目的，信託財産の管理方法，信託終了の事由，受益者に対する給付内容その他信託の条項について，事後的に変更を行うものである。

旧信託法においては，裁判所による信託財産の管理方法の変更に関する規定があるほか，信託の変更の規定は存しなかった。

新信託法においては，裁判所によらない信託の変更に関する一般的な規定と信託の変更を命ずる裁判に関する規定を設けた。

信託の変更は，原則，委託者，受託者及び受益者の合意によってすることができるが，この場合においては，変更後の信託行為の内容を明らかにしなければならない（信託法149条１項)。

また，信託の目的に反しないことが明らかであるとき等には，受託者及び受益者の合意又は受託者の書面によってする意思表示でも可能となった（この場合には，変更後の信託行為の内容の通知を要する。信託法149条２項，３項)。

本件事例は，受託者及び受益者の合意（信託契約の変更）によって，信託行為の信託の目的，信託財産の管理方法，信託終了の事由，その他信託の条項を変更した場合の信託の変更の登記申請である。

信託目録について，法務大臣による信託目録に係る登記手続についてのオンライン指定（不登法附則６条指定）となるまでの間は，信託目録の記録事項の変更の登記申請に当たっては，①登記原因を証する書面であって不動産所在事項，登記の目的及び登記原因その他の申請に係る登記を特定できる事項を記載したもの，又は申請書と同一の内容を記載した書面（申請書写し）を提出することとされ（不登規則附則15条２項)，登記官は，この規則附則15条２項の書面に登記済みの手続をして，申請人に還付することとされていた。ところで，法務大臣による信託目録の電子化指定（不登法附則３条１項指定）及び法務大臣による信託目録に係る登記手続についてのオンライン指定がされたことから，信託の変更の登記（信託目録の記録事項の変更の登記）についても，信託目録に記録すべき情報（目録記録の変更情報）を添付することとなり，「申請書写し」の提出は不要

となる。また，変更登記が完了した際には，登記完了証が交付される。

【56】－1　登記申請書（信託目録記録申請書）

信託目録記録申請書

登記の目的　信託の目的，信託財産の管理方法，
信託終了の事由，その他信託条項の変更（注1）

原　　　因　平成○年○月○日変更（注2）

変更後の事項　「信託目録に記録すべき情報」のとおり
申　請　人　○市○町○丁目○番○号
乙　株式会社（注3）
（会社法人等番号　1234-56-789123）
代表取締役　○○○○

添付書類
登記原因証明情報（注4）　信託目録に記録すべき情報（注5）
会社法人等番号（資格証明書）（注6）　代理権限証明情報（注7）

平成○年○月○日申請　　○法務局○出張所

代　理　人　○市○町○丁目○番○号
○　○　○　○　　㊞
電話先　○○－○○○○－○○○○

登録免許税　金○円（注8）

不動産及び信託目録の表示（省略）

（注１）　登記の目的として，「信託の目的，信託財産の管理運用処分方法，信託終了の事由，その他信託条項の変更」と記載し，信託目録の信託条項に関する事項等欄の変更の登記である旨を明記する。

（注２）　登記原因及びその日付として，受託者及び受益者間での合意（信託契約の変更）がされた年月日を記載する。

（注３）　申請人として，受託者を記載する（登記記録に記録された登記名義人の表示及び登記原因証明情報の表示と符合していることを要する。）。

受託者が法人であるときは，その代表者の資格及び氏名を記載する。

申請人の会社法人等番号を提供するときは，「申請人の名称」に続けて会社法人等番号を記載する。

（注４）　権利に関する登記を申請するときには，登記原因を証する情報を提供しなければならない（不登法61条，不登令７条１項５号ロ）。

信託（条項）の変更は，原則，委託者，受託者及び受益者の合意によってすることになるため，変更事項及び合意の旨を記載した報告形式の登記原因証明情報を提出することになる。

（注５）　信託の登記の申請を書面申請によりするときは，不動産登記令15条の規定に基づき，信託目録に記録すべき情報を記載した書面（当該情報を電磁的記録で作成している場合にあっては，当該情報を記録した磁気ディスクを含む。）を添付して提出しなければならない（不登令７条１項６号，別表65項添付情報欄ハ）。信託目録の記録事項の変更の登記においても同様である。

なお，信託条項について大幅な変更がされる場合にあっては，登記事務を円滑かつ正確に行うために，実務上は，信託目録に記録すべき情報（変更情報）を記録した磁気ディスクを併せて提出している。

（注６）　申請人が法人であり，当該法人が会社法人等番号を有する法人である場合には，当該会社法人等番号を提供しなければならない（不登令７条１項１号イ）。

なお，会社法人等番号を有する法人である場合であっても，作成後１か月以内の当該法人の代表者の資格を証する情報（代表者事項証明書等）を提供したときは，会社法人等番号の提供を要しない（不登規則36条１項１号各号，２項）。

（注７）　代理人によって登記を申請するときは，当該代理人の権限を証する情報として，委任状を添付する（不登令７条１項２号）。

なお，代理人が法人であるときには，その法人における代表権のある者がその権限に基づいて登記を申請していることを証するため，作成後３か月以内の当該法人の当該代表者の資格を証する情報を提供しなければならない（不登令７条１項２号，17条１項）。ただし，当該代理人の会社法人等番号を提供したときは，当該代理人の代表者の資格を証する情報の提供に代えることができる（不登規則37条の２）。

（注８）　信託目録の変更に関する登録免許税は，不動産１個につき1,000円である（登録免許税法別表第一，１，㈣）。

【56】－2　登記記録例

信託目録		調製	平成○年○月○日
番　号	受付年月日・受付番号	予　備	
第○号	平成○年○月○日 第○号	余白	
4 信託条項	1　信託の目的（**省略**） 2　信託財産の管理方法（**省略**） 3　信託終了の事由（**省略**） 4　その他信託条項（**省略**）		
	信託の目的，信託財産の管理方法，信託終了の事由，その他信託条項変更 平成○年○月○日 第○号 原因　平成○年○月○日変更 1　信託の目的（**省略**） 2　信託財産の管理方法（**省略**） 3　信託終了の事由（**省略**） 4　その他信託条項（**省略**）		

（注）　変更前の信託条項は抹消する記号（下線）を記録する。

【56】－3　添付書類

登 記 原 因 証 明 情 報

1　登記申請情報の要項

⑴　登記の目的　　信託条項変更

⑵　登記の原因　　平成○年○月○日変更

⑶　変更後の事項　別紙「信託目録に記録すべき情報」のとおり

⑷　申　請　人　　○市○町○丁目○番○号

（受託者）　　　　乙　株式会社

⑸　不動産及び信託目録の表示（**省略**）（注）

2　登記の原因となる事実又は法律行為

⑴　信託契約の締結

受託者乙株式会社（以下「甲」という。）と委託者○某（以下「乙」という。）は，平成○年○月○日，受益者を乙とする不動産管理処分信託契約を締結し，登記を経由した（平成○年○月○日受付第○号）。

(2)　信託条項の変更

甲と乙は，本件不動産につき，前記(1)の不動産管理処分信託契約に定めるところにより，受託者（甲）と受益者（乙）の合意により，平成○年○月○日別紙のとおり，信託の目的，信託財産の管理方法，信託終了の事由及びその他信託条項を変更した。

平成○年○月○日　○法務局○出張所　御中

上記の登記原因のとおり相違ありません。

受託者　○市○町○丁目○番○号
乙　株式会社
代表取締役　○○○○　㊞
受益者　○市○町○丁目○番○号
（委託者）　○　　某　㊞

（注）　不動産ごとに信託目録番号を記載する。

信託目録に記録すべき情報

登記の目的　信託条項変更
登記の原因　平成○年○月○日変更
〔変更後の信託条項〕
1　信託の目的 **（省略）**
2　信託財産の管理方法 **（省略）**
3　信託終了の事由 **（省略）**

4　その他信託条項（**省略**）

不動産及び信託目録の表示
　○市○町○丁目○番○号（平成○年信託目録第○号）

委　　任　　状

平成○年○月○日

○市○町○丁目○番○号
○　○　○　○

私は，上記の者を代理人として，下記の登記申請に関する一切の権限を委任する。

記

1　登記の目的　　信託条項変更
1　原　　　因　　平成○年○月○日変更
1　変更後の事項　別紙記載のとおり（変更後の信託条項を記載）
1　申　請　人　　○市○町○丁目○番○号
　（受託者）　　　　　乙　株式会社
1　原本還付請求及び受領に関する一切の件
1　復代理人選任に関する一切の件

不動産及び信託目録の表示
　○市○町○丁目○番○の土地（平成○年信託目録第○号）

○市○町○丁目○番○号

乙　株式会社

代表取締役　○○○○　　㊞

【57】　受託者の解任，信託管理人若しくは受益者代理人の選任若しくは解任，信託の変更（信託事務の処理の方法に係る信託行為の定めの変更）の信託の変更の登記の嘱託が裁判所書記官からあった場合

裁判所書記官は，受託者の解任の裁判があったとき（信託法58条4項），信託管理人若しくは受益者代理人の選任若しくは解任の裁判があったとき（信託法123条4項，128条2項で準用する58条4項，142条1項で準用する62条4項，141条2項で準用する58条4項），信託の変更を命ずる裁判があったとき（信託法150条1項）は，職権で，遅滞なく，信託の変更の登記を登記所に嘱託しなければならないとされている（不登法102条1項）。

これらの信託の変更の登記の嘱託がされたときには，登記官は，信託目録に変更事項を記録しなければならない（不登規則176条4項）。

なお，受託者の解任の登記の嘱託に基づく信託の変更の登記をするときには，従前は不動産登記規則177条の規定で，当該信託に係る権利の保存，設定，移転又は変更の登記についてする付記登記によって，受託者を解任した旨及び登記の年月日を記録することを要するとされていたが，同規則は廃止することとされたため，登記記録には何らの記録も要せず，信託目録にのみ変更事項を記録することとなる。

本事例は，受託者の解任の登記嘱託である。

【57】－1　登記申請書（信託目録記録嘱託書）

信託目録記録嘱託書

登記の目的　　受託者の解任（注1）
原　　　因　　平成○年○月○日○地方裁判所解任（注2）
添付書類
　　登記原因証明情報（注3）

平成○年○月○日　　○法務局○出張所

嘱　託　者　〇地方裁判所
　　　　　　　　書記官　〇　〇　〇　〇　㊞（注４）

登録免許税　金〇円（注５）

信託目録の表示（省略）

（注１）　登記の目的として，「受託者の解任」と記載し，委託者又は受益者の申立てに基づき，受託者を解任したことを明記する。
（注２）　登記原因及びその日付として，裁判所の解任決定の年月日及びその旨を記載する。
（注３）　登記原因証明情報として，受託者解任決定正本を添付する。
（注４）　裁判所書記官が嘱託者と規定されているので，裁判所書記官名で嘱託することとなる。
（注５）　登録免許税は，不動産１個につき1,000円である（登録免許税法別表第一，１，㈥）。

【57】－２　登記記録例

信託目録		調製	平成〇年〇月〇日
番　号	受付年月日・受付番号	予　備	
第〇号	平成〇年〇月〇日 第〇号	余白	
２　受託者に関する事項	〇市〇町〇丁目〇番〇号 〇　某		
	受託者解任 平成〇年〇月〇日 第〇号 原因　平成〇年〇月〇日地方裁判所解任		

（注）　解任された受託者を抹消する記号（下線）を記録する。
　なお，受託者が２人以上の場合には，登記の目的は，「受託者〇某解任」とする。

第7節

嘱託の登記

【58】　信託財産管理命令に係る登記の嘱託があった場合

受託者の任務が終了（信託法56条1項各号）した場合にあって，新受託者が選任されず，かつ，必要があると認められるときは，新受託者が選任されるまでの間，裁判所は，利害関係人の申立により，信託財産管理者による管理を命ずる処分（信託財産管理命令，信託法63条1項）をし，信託財産管理者を選任しなければならない（信託法64条1項）。

信託財産管理命令があった場合において，信託財産に属する権利で登記又は登録がされたものがあることを知ったときは，裁判所書記官は，職権で，信託財産管理命令の登記を嘱託しなければならないとされている（信託法64条5項）。

また，信託財産管理命令を取り消す裁判又は新受託者が選任された場合であって当該新受託者が信託財産管理命令の登記又は登録の抹消の嘱託の申立てをしたときは，裁判所書記官は，職権で，遅滞なく，信託財産管理命令の登記又は登録の抹消を嘱託しなければならないとされている（信託法64条6項）。

【58】－1　登記申請書（登記嘱託書）

登　記　嘱　託　書

登記の目的　　信託財産管理命令（注1）

原　　　　因　　平成○年○月○日○地方裁判所決定（注2）

添付書類

　登記原因証明情報（注3）

平成○年○月○日嘱託　　　○法務局○出張所

嘱　　託　　者　　○地方裁判所

書記官　○　○　○　○　　　㊞（注４）

登録免許税　　金○円（注５）

不動産の表示（省略）

（注１）　登記の目的として，「信託財産管理命令」と記載し，信託財産管理者による管理を命ずる処分があったことを明記する。

（注２）　登記原因及びその日付として，信託財産管理者による管理を命ずる処分（信託財産管理命令）決定の年月日及びその旨を記載する。

（注３）　登記原因証明情報として，信託財産管理命令の決定正本を添付する。

（注４）　裁判所書記官が嘱託者と規定されているので，裁判所書記官名で嘱託することとなる。

（注５）　登録免許税は，不動産１個について1,000円である（登録免許税法別表第一，１，(十四)）。

【58】－２　登記記録例

権利部（甲区）（所有権に関する事項）			
順位番号	登記の目的	受付年月日・受付番号	権利者その他の事項
2	所有権移転	平成○年○月○日 受付第○号	原因　平成○年○月○日売買 所有者　○市○町○丁目○番○号 甲　某
3	所有権移転	平成○年○月○日 受付第○号	原因　平成○年○月○日信託 受託者　○市○町○丁目○番○号 乙　株式会社
	信託	余白	信託目録第○号
4	信託財産管理命令	平成○年○月○日受付第○号	原因　平成○年○月○日○地方裁判所決定

信託目録		調製 平成○年○月○日
番　号	受付年月日・受付番号	予　備
第○号	平成○年○月○日 第○号	余白
3　受益者に関する事項等	信託財産管理者選任	

	平成○年○月○日 第○号 原因　平成○年○月○日○地方裁判所選任 信託財産管理者　○市○町○丁目○番○号 　丙　某

（信託財産管理者選任の取消し嘱託があった場合）

権利部（甲区）（所有権に関する事項）			
順位番号	登記の目的	受付年月日・受付番号	権利者その他の事項
2	所有権移転	平成○年○月○日 受付第○号	原因　平成○年○月○日売買 所有者　○市○町○丁目○番○号 　甲　某
3	所有権移転	平成○年○月○日 受付第○号	原因　平成○年○月○日信託 受託者　○市○町○丁目○番○号 　乙　株式会社
	信託	余白	信託目録第○号
4	信託財産管理命令	平成○年○月○日 受付第○号	原因　平成○年○月○日○地方裁判所決定
5	４番信託財産管理命令抹消	平成○年○月○日 受付第○号	原因　平成○年○月○日○地方裁判所取消

信託目録		調製	平成○年○月○日
番　号	受付年月日・受付番号	予　備	
第○号	平成○年○月○日 第○号	余白	
3　受益者に関する事項等	信託財産管理者選任 平成○年○月○日 第○号 原因　平成○年○月○日○地方裁判所選任 信託財産管理者　○市○町○丁目○番○号 　丙　某		
	信託財産管理者解任 平成○年○月○日 第○号 原因　平成○年○月○日○地方裁判所解任		

【59】　信託財産に関する保全処分に係る登記の嘱託があった場合

裁判所は，公益を確保するため信託の存立を許すことができないと認めるときは，法務大臣又は委託者，受益者，信託債権者その他の利害関係人の申立てにより，信託の終了を命ずることができる（信託法166条１項）。

また，信託法166条１項の申立てがあった場合には，法務大臣又は委託者，受益者，信託債権者その他の利害関係人の申立てにより又は職権で，当該申立てについての決定があるまでの間，信託財産に関し，管理人による管理を命ずる処分（管理命令）その他の必要な保全処分を命ずることができる（信託法169条１項）。

そして，信託財産に属する権利で登記又は登録がされたものに関し，保全処分（管理命令を除く。）があったときは，裁判所書記官は，職権で，遅滞なく，当該保全処分の登記を嘱託しなければならない（信託法170条５項）。

【59】－１　登記申請書（登記嘱託書）

登　記　嘱　託　書

登記の目的　　保全処分（注１）

原　　　因　　平成○年○月○日○地方裁判所信託財産保全の仮処分命令（注２）

禁止事項　　譲渡，質権，抵当権，賃借権の設定その他一切の処分（注３）

添付書類

　　登記原因証明情報（注４）

平成○年○月○日申請　　　○法務局○出張所

嘱　託　者　　○地方裁判所

　　　　　　　　書記官　○　○　○　○　　㊞（注５）

登録免許税　　金○円（注６）

不動産の表示（省略）

(注1)　登記の目的として，「保全処分」と記載し，信託財産に関し，保全処分を命ずる決定があったことを明記する。
(注2)　登記原因及びその日付として，保全処分の決定の年月日及びその旨を記載する。
(注3)　仮処分の禁止事項を記載する。
(注4)　登記原因証明情報として，保全処分の決定正本を添付する。
(注5)　裁判所書記官が嘱託者と規定されているので，裁判所書記官名で嘱託することとなる。
(注6)　登録免許税は，不動産1個につき1,000円である（登録免許税法別表第一，1，(十四))。

【59】－2　登記記録例

権利部（甲区）（所有権に関する事項）			
順位番号	登記の目的	受付年月日・受付番号	権利者その他の事項
2	所有権移転	平成○年○月○日 受付第○号	原因　平成○年○月○日売買 所有者　○市○町○丁目○番○号 　甲　某
3	所有権移転	平成○年○月○日 受付第○号	原因　平成○年○月○日信託 受託者　○市○町○丁目○番○号 　乙　株式会社
	信託	余白	信託目録第○号
4	保全処分	平成○年○月○日 受付第○号	原因　平成○年○月○日○地方裁判所信託財産保全の仮処分命令 禁止事項　譲渡，質権，抵当権，貸借権の設定その他一切の処分

（信託財産に関する保全処分の取消しの嘱託があった場合）

権利部（甲区）（所有権に関する事項）			
順位番号	登記の目的	受付年月日・受付番号	権利者その他の事項
2	所有権移転	平成○年○月○日 受付第○号	原因　平成○年○月○日売買 所有者　○市○町○丁目○番○号 　甲　某
3	所有権移転	平成○年○月○日 受付第○号	原因　平成○年○月○日信託 受託者　○市○町○丁目○番○号 　乙　株式会社
	信託	余白	信託目録第○号
<u>4</u>	<u>保全処分</u>	<u>平成○年○月○日</u> <u>受付第○号</u>	<u>原因　平成○年○月○日○地方裁判所信託財産保全の仮処分命令</u> <u>禁止事項　譲渡，質権，抵当権，貸借権の設定その他一切の処分</u>
5	4番保全処分抹消	平成○年○月○日 受付第○号	原因　平成○年○月○日○地方裁判所取消

第８節

その他（限定責任信託登記を含む。）

【60】 信託登記がある土地の合筆

信託の登記がされている不動産について合筆の登記の申請がされた場合には，受理することができないとするのが登記実務の取扱いであったが（昭和48年８月30日付け法務省民事三第6677号法務省民事局長回答），不動産登記規則105条が改正され，「信託の登記であって，法第97条第１項各号に掲げる登記事項が同一のもの」（不登規則105条３号）である場合には，合筆の登記ができることとされ，合筆の登記の制限が緩和された。

なお，登記官は，合筆後の土地の登記記録の甲区にする信託目録番号については，合筆前の信託目録番号とは異なる番号（新たに信託目録を作成）を付すことになる。

また，建物の合併においても，同様に合併の登記の緩和がされ，「信託の登記であって，法第97条第１項各号に掲げる登記事項が同一のもの」（不登規則131条２号）である場合には，合併の登記ができるとされ，合併の登記における権利部の記録方法については，合筆の登記の記録方法を準用している。

【60】－１　登記申請書

登　記　申　請　書

登記の目的　　土地合筆登記（注１）

添付書類

　登記識別情報（注２）　印鑑証明書（注３）

会社法人等番号（資格証明書）(注4)　代理権限証明情報(注5)
調査報告書(注6)　申請書写し(注7)

登記識別情報の通知について(注8)
送付の方法により登記識別情報通知書の交付を希望します。
送付先：資格者代理人の事務所あて

登録免許税　　金○円(注9)

平成○○年○月○日申請　　　○法務局○出張所

申　請　人　　○市○町○丁目○番○号
乙　株式会社　(注10)
（会社法人等番号　1234-56-789123）
代表取締役　○○○○

代　理　人　　○市○町○丁目○番○号
○　○　○　○　㊞
電話先　○○－○○○○－○○○○

	所　在	○○市○○町○丁目			
		①地　番	②地目	③地積　㎡	登記原因及びその日付
土地の表示		○○番1	宅地	73 75	
		○○番2	宅地	37 32	○○番1に合筆
		○○番1	宅地	111 07	③○○番1，○○番2を合筆

（注1）　登記の目的として，「合筆」と記載する。
（注2）　いずれも所有権の登記のあるA地とB地の合筆の登記を申請するときには，申請人

である受託者が合筆前のA地又はB地の所有権の登記を受けたときの登記識別情報（登記済証）を提供する（不登法22条，不登令8条1項1号，同条2項1号）。

また，紛失等の理由により登記義務者の登記識別情報（登記済証）を提供できない場合において，資格者代理人及び公証人による本人確認情報（不登法23条4項）の提供がない場合には，登記官による事前通知をすることとなる（不登法23条1項，2項）。

（注3）　申請人である受託者の作成後3か月以内の印鑑証明書を添付する（不登令16条2項，3項，不登規則47条3号イ(5)）。

（注4）　申請人が法人であり，当該法人が会社法人等番号を有する法人である場合には，当該会社法人等番号を提供しなければならない（不登令7条1項1号イ）。

なお，会社法人等番号を有する法人である場合であっても，作成後1か月以内の当該法人の代表者の資格を証する情報（代表者事項証明書等）を提供したときは，会社法人等番号の提供を要しない（不登規則36条1項1号各号，2項）。

（注5）　代理人によって登記を申請するときは，当該代理人の権限を証する情報として，委任状を添付する（不登令7条1項2号）。

委任状には，登記識別情報の通知の受領を委任する場合は，別途その旨を明らかにし，受領の復代理人の選任を委任する場合は，その旨を記載する。また，登記識別情報の通知を希望しない場合は，その旨も記載する必要がある。

なお，代理人が法人であるときには，その法人における代表権のある者がその権限に基づいて登記を申請していることを証するため，作成後3か月以内の当該法人の当該代表者の資格を証する情報を提供しなければならない（不登令7条1項2号，17条1項）。ただし，当該代理人の会社法人等番号を提供したときは，当該代理人の代表者の資格を証する情報の提供に代えることができる（不登規則37条の2）。

（注6）　資格者代理人である土地家屋調査士が申請代理人となって登記申請をするときには，各庁の土地建物調査要領において，正確性を確認するため，調査報告書の提出を求めている。

（注7）　法定添付書類ではないが，市町村長への通知用（地方税法382条1項）として添付する。

（注8）　登記識別情報の通知の送付を希望するときは，その旨を記載し，登記所の窓口での交付を希望するときは，何らの記載も要しない。

また，登記識別情報の通知を希望しない場合には，その旨を記載する。

（注9）　登録免許税は，所有権の登記のある場合，合筆後の不動産1個につき1,000円である（登録免許税法別表第一，1，(十三)ロ）。

（注10）　申請人として，所有権の登記名義人である受託者を記載する（登記原因証明情報である登記事項証明書等の表示と符合していることを要する。）。

受託者が法人であるときは，その代表者の資格及び氏名を記載する。

申請人の会社法人等番号を提供するときは，「申請人の名称」に続けて会社法人等番号を記載する。

【60】－2　登記記録例

権利部（甲区）（所有権に関する事項）			
順位番号	登記の目的	受付年月日・受付番号	権利者その他の事項
2	所有権移転	平成○年○月○日 受付第○号	原因　平成○年○月○日売買 所有者　○市○町○丁目○番○号 甲　某
3	所有権移転	平成○年○月○日 受付第○号	原因　平成○年○月○日信託 受託者　○市○町○丁目○番○号 乙　株式会社
	信託	余白抹消	信託目録第○号
4	合併による所有権登記(注1)	平成○年○月○日 受付第○号	受託者　○市○町○丁目○番○号 乙　株式会社(注2)
	信託(注1)	余白	信託目録第○○号(注3)

信託目録		調製	平成○年○月○日
番　号	受付年月日・受付番号	予　備	
第○号	平成○年○月○日 第○号	信託抹消　平成○年○月○日受付第○号抹消	
1　委託者に関する事項	（省略）		
2　受託者に関する事項	（省略）		
3　受益者に関する事項等	（省略）		
4　信託条項	（省略）		

信託目録		調製	平成○年○月○日
番　号	受付年月日・受付番号	予　備	
第○○号	平成○年○月○日 第○号	余白	
1　委託者に関する事項	（省略）		
2　受託者に関する事項	（省略）		
3　受益者に関する事項等	（省略）		
4　信託条項	（省略）		

（注1）　登記の目的欄は，「合併による所有権登記」，「信託」の記録をするとともに従前の信託の登記及び信託目録番号を抹消する記号（下線）を記録する（不登規則107条1項1号，4号）。

（注2）　登記名義人の表記は，「受託者」を記録する。

（注3）　登記官は職権で新たな信託記録を作成し，新たな信託目録番号を付す（従前の信託目録番号とは異なる）。

（参考）合筆された土地の不動産の信託目録

<table>
<tr><td colspan="3">信託目録</td><td>調製</td><td>平成○年○月○日</td></tr>
<tr><td>番　号</td><td>受付年月日・受付番号</td><td colspan="3">予　備</td></tr>
<tr><td>第△号</td><td>平成○年○月○日
第○号</td><td colspan="3">信託抹消　平成○年○月○日受付第○号抹消</td></tr>
<tr><td>1　委託者に関する事項</td><td colspan="4">**（省略）**</td></tr>
<tr><td>2　受託者に関する事項</td><td colspan="4">**（省略）**</td></tr>
<tr><td>3　受益者に関する事項等</td><td colspan="4">**（省略）**</td></tr>
<tr><td>4　信託条項</td><td colspan="4">**（省略）**</td></tr>
</table>

【61】　限定責任信託の定めの登記

「限定責任信託」については，まず，「限定責任信託の定めの登記」（商業・法人登記の類型）を行い，限定責任信託であることを公示し，その後に当該不動産に関する権利が，受託者の信託財産に帰属するという権利状態を公示する「所有権移転及び信託の登記」（不動産登記の類型）をすることとなる。その場合の不動産登記の手続については，事例【４】を参照されたい。以下では，参考として，限定責任信託の定めの登記の申請等について解説する（「信託法の施行に伴う限定責任信託の登記事務の取扱いについて」（平成19年８月20日付け法務省民商第1680号法務省民事局長通達）参照。なお，中野竹司＝田中和明「限定責任信託のすすめ」信託フォーラム４号104頁以下に，限定責任信託の事例が紹介されているので，併せて参照されたい。)。

【61】－1　登記申請書

限定責任信託設定登記申請書

名　　　称　　○○○○限定責任信託（注１）

事務処理地　　○市○町○丁目○番○号（注２）

登記の事由　　限定責任信託の定め（注３）

登記すべき事項　別添ＣＤ－Ｒのとおり（注４）

登録免許税　　金30,000円（注５）

添付書類

限定責任信託の信託行為を証する書面	１通（注６）
登記事項証明書	１通（注７）
委任状	１通（注８）

上記のとおり登記の申請をします。

平成27年10月５日申請

○市○町○丁目○番○号
申請人　　○○○○限定責任信託（注９）

○市○町○丁目○番○号
受託者　　□□信託銀行株式会社（注10）
代表取締役　○○○○

○市○町○丁目○番○号
代理人　　○　○　○　○　　㊞（注11）
連絡先の電話番号　○○○－○○○－○○○○

○法務局○出張所　御中

（注１）　限定責任信託の名称を記載する。
（注２）　事務処理地（限定責任信託の主たる信託事務の処理を行うべき場所）を記載する。
（注３）　登記の事由として，「限定責任信託の定め」である旨を記載する。
（注４）　「登記すべき事項」を記載する。
磁気ディスクを提出する場合には，「別添ＣＤ－Ｒのとおり」と記載する。
（注５）　限定責任信託の定めの登記の登録免許税は，１件につき３万円である（登録免許税法別表第一，28の２，㈠）。
（注６）　限定責任信託の信託行為を証する書面として，契約書，遺言書，公正証書，公証人の認証を受けた書面又は電磁的記録，受益者となる者として指定された第三者に対する確定日付のある証書による通知等を添付する。
（注７）　受託者が法人である場合は，当該法人の登記事項証明書を添付する。ただし，申請する登記所と同一の登記所に当該法人がある場合には，添付を省略できる。また，申請する登記所と同一の登記所に当該法人の登記がない場合でも，申請書に当該法人の会社法人等番号を記載することにより，添付を省略できる。この場合には，以下のように記載する。
登記事項証明書　　添付省略
（会社法人等番号　1234-56-789126）
（注８）　代理人によって登記を申請するときは，当該代理人の権限を証する情報として，委任状を添付する。
委任状には，受託者の登記所に提出した印鑑を押印する。
（注９）　申請人として，当該限定責任信託の名称を記載する。

(注10)　受託者の氏名又は名称及び住所を記載し，登記所に提出した印鑑を押印する。
なお，代理人が申請する場合には，押印は不要である。

(注11)　代理人が申請する場合は，代理人の氏名又は名称及び住所を記載し，代理人の印鑑を押印する。

(注)　会計監査設置信託の場合には，就任を承諾したことを証する書面，登記事項証明書（監査法人の場合），資格証明書（公認会計士の場合）を添付する。

【61】－2　印鑑届書

＊　印鑑の提出

登記の申請書に押印すべき者は，あらかじめ，その印鑑を登記所に提出しなければならない（信託法247条，商法20条1項準用）。

「限定責任信託の定めの登記」の申請にあっては，受託者（法人にあっては，代表取締役）の印鑑を提出する（限定責任信託登記規則3条1項）。

個人の場合は，市区町村長の作成した証明書で作成後3か月以内の印鑑証明書（限定責任信託登記規則3条3項1号）を，法人の場合には，当該法人に係る代表取締役の登記所の作成した証明書で作成後3か月以内の資格証明書及び印鑑証明書（限定責任信託登記規則3条3項2号）を添付する。ただし，申請する登記所と同一の登記所に当該法人がある場合には，添付を省略できる（限定責任信託登記規則3条3項ただし書）。

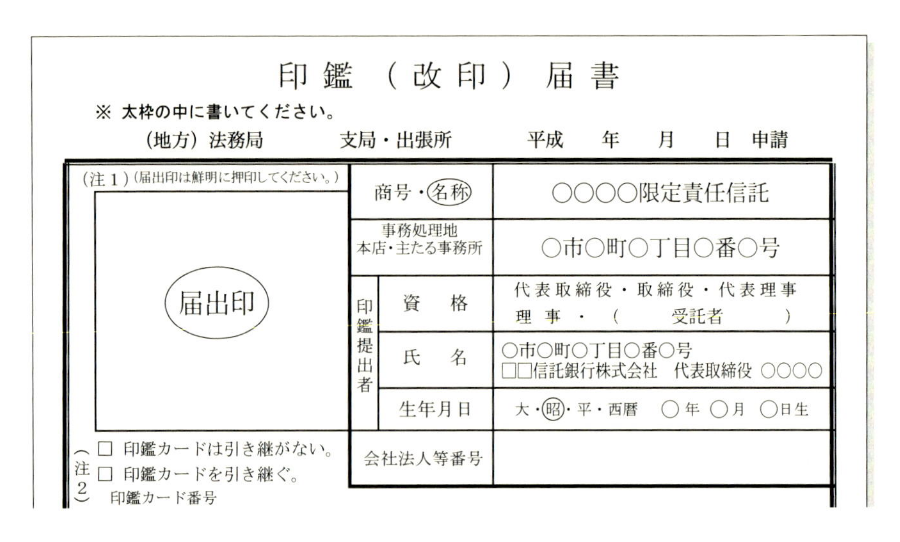

印鑑（改印）届書

※ 太枠の中に書いてください。

（地方）法務局　　支局・出張所　　平成　年　月　日　申請

（注1）（届出印は鮮明に押印してください。）		
届出印	商号・名称	○○○○限定責任信託
	事務処理地 本店・主たる事務所	○市○町○丁目○番○号
	印鑑提出者　資　格	代表取締役・取締役・代表理事 理　事・（　受託者　）
	印鑑提出者　氏　名	○市○町○丁目○番○号 □□信託銀行株式会社　代表取締役　○○○○
	印鑑提出者　生年月日	大・昭・平・西暦　○年　○月　○日生
（注2）□ 印鑑カードは引き継がない。 □ 印鑑カードを引き継ぐ。 印鑑カード番号	会社法人等番号	

前任者

届出人（注３）　□ 印鑑提出者本人　☑ 代理人　（注３）の印

住所	○市○町○丁目○番○号	印
フリガナ		
氏名	○　○　○　○	

委　任　状

私は，（住所）　○市○町○丁目○番○号

（氏名）　○　○　○　○

を代理人と定め，印鑑（改印）の届出の権限を委任します。

平成 27 年 10 月 5 日

住　所　○市○町○丁目○番○号

氏　名　□□信託銀行株式会社　代表取締役 ○○○○ ㊞（注）　（注３）の印〔市区町村に登録した印鑑〕

□　市区町村長作成の印鑑証明書は，登記申請書に添付のものを援用する。（注４）

（注１）　印鑑の大きさは，辺の長さが１㎝を超え，３㎝以内の正方形の中に収まるものでなければなりません。

（注２）　印鑑カードを前任者から引き継ぐことができます。該当する□にレ印をつけ，カードを引き継いだ場合には，その印鑑カードの番号・前任者の氏名を記載してください。

（注３）　本人が届け出るときは，本人の住所・氏名を記載し，**市区町村に登録済みの印鑑**を押印してください。代理人が届け出るときは，代理人の住所・氏名を記載，押印（認印で可）し，委任状に所要事項を記載し，本人が**市区町村に登録済みの印鑑**を押印してください。

（注４）　この届書には作成後３か月以内の**本人の印鑑証明書**を添付してください。登記申請書に添付した印鑑証明書を援用する場合は，□にレ印をつけてください。

印鑑処理年月日				
印鑑処理番号	受付	調査	入力	校合

（乙号・８）

（注）　□□信託銀行株式会社の代表取締役○○○○の代表者印を押印する。

【61】－３　登記記録例

限定責任信託の名称	○○○○限定責任信託
限定責任信託の事務処理地	○市○町○丁目○番○号
限定責任信託の効力発生日	平成27年10月５日
限定責任信託の目的	土地及び建物並びにこれらに付帯する設備，構築物を，受益者のため管理及び運用並びに処分すること
受託者等に関する事項	○市○町○丁目○番○号 □□信託銀行株式会社
限定責任信託の終了の事由	当限定責任信託は，平成35年９月30日に終了する。
登記記録に関する事項	設定　平成27年10月５日登記

【61】－4　添付書類

登記すべき事項を磁気ディスクに記録して提出する場合の入力例

「限定責任信託の名称」
　　○○○○限定責任信託
「限定責任信託の事務処理地」
　　○市○町○丁目○番○号
「限定責任信託の効力発生日」
　　平成27年10月５日(注１)
「限定責任信託の目的」
　　土地及び建物並びにこれらに付帯する設備，構築物を，受益者のため管理及び運用並びに処分すること
「受託者等に関する事項」
「資格」受託者
「住所」○市○町○丁目○番○号
「氏名」□□信託銀行株式会社
「限定責任信託の終了の事由」
　　当限定責任信託は，平成35年９月30日に終了する。
「登記記録に関する事項」設定

(注１)　登記の申請日を記載する。
(注)　磁気ディスクの作成方法は，「商業・法人登記申請における登記すべき事項を記録した磁気ディスクの提出について」(http//www.moj.go.jp/MINJI/MINJI50/minji50.html) を参照されたい。

(参考)(「限定責任信託契約」参考例)

不動産管理処分限定責任信託契約書(抄)

△△不動産株式会社(以下「当初委託者」という。)と□□信託銀行株

式会社（以下「受託者」という。）は，以下の条項により不動産管理処分限定責任信託契約書（以下「本限定責任信託契約」という。）を締結した。

第１章　総則

第１条（信託の目的）

当初委託者は，土地及び建物並びにこれらに付帯する設備，構築物（以下総称して「信託不動産」という。）を，受益者のため管理（修繕，改良その他の行為を含む。）及び運用並びに処分することを目的として受託者に信託し，受託者はこれを引き受けた。

第２条（限定責任信託である旨の定め）

本件信託においては，受託者が信託事務の処理として行った取引から生じた債務を含む当該信託のすべての信託財産責任負担債務（受託者が信託財産に属する財産をもってその履行を負う債務）については，信託財産に属する財産のみをもって，その履行を負うものとする。

第３条（限定責任信託の名称及び事務処理地）

１　本件信託は，「○○○○限定責任信託」と称する。

２　本件信託の事務処理地（限定責任信託の主たる信託事務の処理を行うべき場所）は，○市○町○丁目○番○号とする。

第４条（信託契約の期間）

１　本件信託契約の期間は，本件契約締結日（平成27年10月１日）から平成35年９月30日までとする。

２　前項に定める期間は，受益者と受託者との合意により，これを延長することができる。

受益者は，延長を希望する場合には，信託期間満了の３か月前までに受託者に対して申出を行うものとする。

第５条（当初委託者の事実表明及び保証）**（略）**

第６条（受託者の事実表明及び保証）**（略）**

第７条（瑕疵担保責任）**（省略）**

第２章　限定責任信託の定めの登記

第８条（限定責任信託の定めの登記）

受託者は，本件信託契約に基づき，本件契約締結日（平成27年10月１日）から２週間以内に，「限定責任信託の定めの登記」を行うものとし，その費用は当初委託者がすべて負担する。

第３章　信託不動産の承継等

第９条（信託不動産の所有権の移転及び対抗要件）

１　当初委託者及び受託者は，信託不動産の「所有権移転の登記及び信託の登記」を前条の「限定責任信託の定めの登記」の終了後速やかに行うものとし，その費用は当初委託者がすべて負担する。

２　**（省略）**

第10条（信託不動産の引渡）

当初委託者は，本件契約締結日後に，信託不動産を受託者に引き渡すとともに，次の各号に定める書類等を受託者又は受託者の指定する者に引き渡す。

（以下，省略）

第11条，第12条**（省略）**

第４章　信託不動産の管理及び運用並びに処分

第13条（信託不動産の管理及び運用）

１　受託者は，信託不動産の管理及び運用の信託事務につき，本信託契約に別段の定めがある場合を除き，受益者又は本信託契約に定める代理人（以下「受益者等」という。）による指図に基づいて行うものとする。

（以下，省略）

第14条（受託者の善管注意義務及び免責等）

１　受託者は，信託財産を受託者の固有財産又は他の信託財産と分別して管理しなければならない。

（以下，省略）

第15条（信託不動産の処分）

１　受託者は，信託不動産の売却に係る受益者等からの指図があった場合は，当該指図に従い信託不動産の処分をするもとする。

（以下，省略）

第16条ないし第21条（**省略**）

第５章　受益権

第22条（受益権の種類及び当初受益者等）

１　本受益権は，１種類とする。

２　本件信託の当初受益者は，当初委託者とする。

３　本受益権は，分割することができない。

（以下，省略）

第23条（受益権の譲渡及び質入）

１　受益者は，受託者の事前の承諾を得なければ，受益権を譲渡又は質入することはできない。

２　受益権の譲渡又は承継により受益権を取得した者は，本信託契約上の受益者及び委託者としての権利及び義務を承継し，かつ委託者の地位も承継する。

（以下，省略）

第６章　信託財産の計算

第24条（信託財産，信託元本，信託収益）

１　本件信託の信託財産は，次の各号に掲げるものとする。

（以下，省略）

第25条ないし第29条（**省略**）

第７章　限定責任信託の計算書類等

第30条（会計帳簿の作成，貸借対照表の作成）

（以下，省略）

第８章　信託の終了

第31条（信託の終了）

１　本件信託契約は，次の各号に掲げる事由が発生した場合には，終了する。

⑴　信託期間満了のとき

⑵　本件信託契約の定めるところに従い本契約が解除されたとき

⑶　受託者が本契約の規定に基づき信託不動産の全部を売却処分し，信託目的が達成されたとき

（以下，省略）

第32条（信託終了時における信託財産の交付・引継等）

1　本件信託が終了した場合には，受託者は，受益者の承認を得た上で，受益者に対し，次の各号に定めるとおり信託財産を交付する。

⑴　信託財産が不動産である場合，受託者は，当該不動産を現状有姿にて引き渡し，受益者に対し，所有権移転の登記をするとともに，信託の登記の抹消も行う。かかる費用は信託財産から支払われる。

（以下，省略）

第8章　雑則

第33条（秘密保持義務）**（省略）**

第34条ないし第46条 **（省略）**

本信託契約を証するため正本2通を作成し，当初委託者及び受託者が各1通を保有する。

平成27年10月1日

（当初委託者）

○市○町○丁目○番○号

△△不動産株式会社

代表取締役　○○○○　　㊞

（受託者）

○市○町○丁目○番○号

□□信託銀行株式会社

代表取締役　○○○○　　㊞

第三版　信託登記の実務

2009年11月24日　初　版発行
2016年２月25日　第三版発行
2020年１月17日　第三版第二刷発行

編　著　信託登記実務研究会
発行者　和　田　　裕

発行所　日本加除出版株式会社
本　社　郵便番号 171-8516
東京都豊島区南長崎３丁目16番６号
TEL　(03)3953-5757（代表）
(03)3952-5759（編集）
FAX　(03)3953-5772
URL　www.kajo.co.jp
営業部　郵便番号 171-8516
東京都豊島区南長崎３丁目16番６号
TEL　(03)3953-5642
FAX　(03)3953-2061

組版　㈱条川印刷　／　印刷・製本　京葉流通倉庫㈱

落丁本・乱丁本は本社でお取替えいたします。

Printed in Japan
ISBN978-4-8178-4286-2